現代イギリスの児童虐待防止とソーシャルワーク

新労働党政権下の子ども社会投資・
児童社会サービス改革・虐待死亡事件を検証する

田邉 泰美 著

明石書店

はじめに

　本書は、前書『イギリスの児童虐待防止とソーシャルワーク』（明石書店、2006年）の続編であり、新労働党政権（1997年〜2010年）の児童社会サービス改革が児童ソーシャルワーク（虐待防止を含む）にもたらした影響と、それによる児童ソーシャルワークの変化を論じた内容になっている。前書においても新労働党政権の児童ソーシャルワークについて論じているが、第一期における児童社会サービス行政組織改革（ベストバリュー）が中心で、児童ソーシャルワークそれ自体を考察するまでには至っていなかった。

　本書では、前書と同様に児童虐待死亡事件調査報告書を取り上げ、事件の概要と当児に対するソーシャルワークの内容を整理し、その時の組織的／構造的な問題、社会的／経済的な脈絡をオーバーラップさせながら、事件の根底に横たわる根源的なもの、核心的なもの、すなわちソーシャルワークが抱える根本問題を抽出しようとしている。そして調査報告書の勧告が、政府や自治体の構造改革をもたらし、それがいかにソーシャルワーク改革に連動していったのかを考察している。

　新労働党政権では、子ども関連の社会政策、社会サービス、法令／法規の大胆な改革／策定に取り組まれたが、その誘因となったのが、政治的に構築された子ども社会投資という政策理念であり、社会的共同親という超歴史的な理念に上書きされた状態が出来上がった。

　子ども社会投資とは、生来のそして幼少期を通じて、自らの手で書き換えることのできない運命的なもの、宿命的なものによって、子どもの可能性が葬り去られてはならないという政策理念である。たとえば、児童貧困が子どもの就学時における教育格差さらには社会的／経済的自立の格差につながるのであれ

ば、就学前の教育／保育施策を充実させ、就学時の段階における教育格差を是正する必要がある。それは子どもの可能性を引き出し、ゆくゆくは就労機会を高めることで経済成長と社会公正を達成することができる。このように、子ども社会投資は、社会／経済政策の脈絡からみれば、財政均衡、所得均衡、高い雇用率の3つを同時に達成させる可能性を秘めており、福祉国家の現代化におけるキイ政策理念となる。

そして、子ども社会投資の政策理念を具体化させたのが、緑書『すべての子どもはかけがえのない存在である』(Every Child Matters: ECM、2003年)であり、まさしく児童社会サービス大改革であった。好調な経済を追い風に、児童関連分野にも積極的な財政出動がなされた。持続可能な福祉国家（福祉国家の現代化）を構想するにあたり、すべての子どもの潜在能力を開花させ、ライフチャンスを活かせるよう支援することが国家の責任とされる。機会の平等だけでは不十分であり、めぐり合えた機会を手元に引き寄せ活かすことができる能力の育成こそが重要であり、それが国家の責任とされたのである。とりわけ、児童貧困の予防と克服は、社会的排除に陥り、世代を跨ぐ貧困悪循環を断ち切るためにも優先施策として位置づけられた。そして児童虐待は、社会的排除の1つであり、「子どもの潜在能力を開花させ、ライフチャンスを活かす」ことを妨げる要因とされ、ECMの5つの到達目標のなかの1つである「安心できる生活」の中に組み込まれた。

虐待防止の脈絡では、すべての子どもを対象とした早期予防介入という壮大かつ野心的な計画が立てられた。それを可能とする3つのツールとして、すべての子どもに関する基本情報を共通のデータベースで管理し、必要時に専門家の間で当児の基本情報を照会／共有することができるコンタクトポイント・データベース（ContactPoint database: CPd）、（一定の研修を積めば）専門領域に関係なく全ての実践家が利用可能であり、しかも初期アセスメントの専門性が担保される共通アセスメントフレームワーク（Common Assessment Framework: CAF）、被虐待児を含めた要保護児童に関するケースファイルの情報がデータベースにされ、アクションを決定するアセスメントに重要な情報を提供してくれる児童ケースファイル情報管理システム（Information Children's System: ICS）が整備された。またソーシャルワークにおける専門

性の担保は、実証主義（科学的根拠）に裏付けられた合理的／客観的／科学的アプローチに委ねられ、精神分析や力動精神医学に学的根拠をもつ心理社会的アプローチからの移行が鮮明となった。

　ECMの取り組みは「創造的な社会実験」（児童社会サービス大改革）といえるかもしれない。政府はECM改革のペースを上げるよう自治体に強い要請をかけ、早期の成果達成を目論んだ。それでも準備期間を経て全国規模で足並みをそろえてECMが実施に移されたのは2008年頃である。しかし2008年には世界金融危機が起こり、好況に沸いていたイギリス経済を直撃した。これまでのように好調な経済を追い風にした財政出動を期待することはできず、緊縮に向かった。新労働党政権は経済運営に翻弄され、2010年には下野することになる。ECMの成果は確認されないまま、そして残された課題に対する解決の道筋や粘り強い地道な改革／修正の積み重ねを確認することなく、「創造的な社会実験」は終了した感が強い。本書においては、否定的な評価を下しているところが散見されるかもしれないが、それは「創造的な社会実験」に付随する克服／修正すべき課題であって、そこには豊饒な可能性と期待を見出すことができるはずである。また、イギリスと比較して、我が国の児童社会サービスやソーシャルワークの後進性は、その基盤となる歴史的背景や共同体の形成過程そして社会構造における根源的な差異が少なからず影響していると思われるが、理念や哲学、運営手法やフレームワークの形成などからは、多くの示唆が得られるはずである。

目次

はじめに 3

序章　本書の概要と全体の構成　17
〔1〕本書を読む前に——児童虐待死亡事件調査報告書とは何か　17
〔2〕本書の構成　20

Ⅰ部　子ども社会投資の社会哲学的根拠とその実際

1章　子ども社会投資の社会哲学的根拠
　　　——ギデンズ、エスピン-アンデルセンらの社会哲学を中心に——　26
〔1〕ギデンズの社会哲学　27
　（1）自己とは何か：自己アイデンティティ　27
　（2）社会とは何か：解放の政治から生き方の政治そして生成の政治へ　30
　（3）国家ヴィジョンとしての『第三の道：効率と公正の新たな同盟』　33
〔2〕エスピン-アンデルセン、ギデンズらの子ども社会投資の社会哲学　36
　（1）ヴァンデンブラウックの社会哲学：新たな社会民主主義のヴィジョン　36
　（2）エスピン-アンデルセンの社会哲学：子ども社会投資戦略　41
　（3）ギデンズ、エスピン-アンデルセンの子ども社会投資戦略　44
〔3〕福祉国家の現代化における子ども社会投資の社会哲学的根拠とその意義　46

2章　子ども社会投資と福祉国家の現代化　57
〔1〕福祉国家の現代化：子ども社会投資の積極的意義　57
　（1）グローバリゼーションにおける福祉国家　57
　（2）福祉国家の現代化：社会投資国家とは　58
　（3）イギリスにおける福祉国家の現代化：子ども社会投資と機会の平等　60
〔2〕子ども社会投資とシティズンシップの変化：
　　社会的権利モデルから社会投資モデルへ　62
　（1）社会的権利に基づくシティズンシップ　62
　（2）社会投資に基づくシティズンシップ　64
　（3）2つのシティズンシップの比較検討　64

〔3〕子ども社会投資戦略の実際：児童貧困対策を中心に　65
　　（1）ワークフェア（福祉から就労へ）　66
　　（2）税制改革による再分配（勤労に報いる）　68
　　（3）子育て総合支援対策（女性の就労支援と就学前早期予防介入）　70
〔4〕子ども社会投資の意義と限界　72
　　（1）児童貧困対策としての社会投資の意義　72
　　（2）児童貧困対策としての社会投資の限界　73

Ⅱ部　ビクトリア・クリンビエ虐待死亡事件調査報告書と ソーシャルワーク改革

3章　ビクトリア・クリンビエ虐待死亡事件とソーシャルワーク　その1 ──イーリングとブレントにおけるビクトリアへの対応──　86

〔1〕児童社会サービス改革におけるビクトリア・クリンビエ事件の位置づけ　86
〔2〕ビクトリア・クリンビエ虐待死亡事件の概要　88
　　（1）ビクトリア、イギリスに渡る　88
　　（2）虐待の兆候　89
　　（3）虐待の強い疑い　90
　　（4）ビクトリアの体調異変（失禁）　93
　　（5）ソーシャルワーカーの対応　95
　　（6）最後のビクトリア　97
〔3〕ビクトリアへの対応におけるソーシャルワークの課題　99
　　（1）イーリングのビクトリア　99
　　（2）ブレントのビクトリア　106
　　（3）小結：イーリングとブレントにおけるビクトリアへの対応　112

4章　ビクトリア・クリンビエ虐待死亡事件とソーシャルワーク　その2 ──ハーリンゲイにおけるビクトリアへの対応──　118

〔1〕ビクトリアへの対応におけるソーシャルワークの課題　118
　　（1）ハーリンゲイのビクトリア　118

(2) 小結：ハーリンゲイにおけるビクトリアへの対応　133
〔2〕ビクトリア・クリンビエ虐待死亡事件の深層　135
　　　(1) 構造／組織と専門職倫理の問題　135
　　　(2) ソーシャルワーカーの専門性の問題　136
〔3〕ラミング報告書の勧告と構造改革の方向　138
　　　(1) 構造／組織と職業倫理の問題　140
　　　(2) ソーシャルワーカーの専門性の問題　142
〔4〕児童虐待死亡事件調査報告書とは何か：
　　　ラミング報告書のソーシャルワークへの影響　143
　　　(1) ソーシャルワークの専門性の低下　143
　　　(2) 調査報告書のソーシャルワークへの影響　144
　　　(3) ラミング報告書のソーシャルワークへの影響　145

Ⅲ部　ECMの理論とその実際

5章　緑書『すべての子どもはかけがえのない存在である』
　　　　（Every Child Matters: ECM）の成立過程とその構想内容　150

〔1〕ECMの成立に至るまで：早期予防介入の実現に向けて　150
　　　(1) 90年代の予防介入：非行／少年犯罪の脈絡から　150
　　　(2) ブレア政権第一期の予防介入：社会的排除の脈絡から　152
　　　(3) ブレア政権第二期の予防介入：児童貧困の脈絡から　154
　　　(4) 早期予防介入の成立に向けて：財務省の戦略　155
〔2〕Every Child Matters: ECMとは　158
　　　(1) ECMの基本理念　158
　　　(2) ECMの改革案　160
〔3〕ECMの地方改革プラン：アウトカムズ・フレームワークと児童トラスト　164
　　　(1) CfCと2004年児童法　164
　　　(2) アウトカムズ・フレームワーク　165
　　　(3) 児童トラスト　173
〔4〕ECMの到達点：これまでの整理　179

6章　コンタクトポイント・データベース（ContactPoint database: CPd）、共通アセスメントフレームワーク（Common Assessment Framework: CAF）、児童ケースファイル情報管理システム（Information Children's System: ICS）が児童（虐待防止）ソーシャルワークに与える影響について　184

〔1〕予防介入としてのCPd、CAF、ICS　184

〔2〕CPd、CAF、ICSの目的と連携　185

〔3〕CPd　186
- （1）CPdとは　186
- （2）CPdの導入過程：2004年児童法の前後　187
- （3）CPdのソーシャルワーク的課題　188

〔4〕CAF　190
- （1）CAFとは　190
- （2）CAFの構成と内容　191
- （3）CAFの実際　193

〔5〕ICS　196
- （1）ICSとは　196
- （2）ICSの構成と内容　199
- （3）ICSの実際　200

〔6〕CPd、CAF、ICS：電子情報管理システムの根本問題　202
- （1）CPdの根本問題：社会統治における理念／価値観の喪失　202
- （2）CAF、ICSの根本問題：ソーシャルワークにおけるナラティヴの喪失　204

〔7〕ソーシャルワークの原点：ナラティヴかデータベースか　206
- （1）データベース（情報）を中心とするソーシャルワーク　206
- （2）ナラティヴ（関係）を中心とするソーシャルワーク　207

Ⅳ部　児童性的虐待／誘拐殺害事件における政府、市民、メディアの対応

7章　ペドファイル（児童性愛者／集団）対策における予防管理の新しい意味　218

〔1〕ペドファイル対策とは：家庭-内-虐待から家庭-外-虐待へ　218
〔2〕イギリスにおける刑事司法法（性犯罪者対策）の変遷　219
  （1）1997年性犯罪者法（Sex Offenders Act 1997）　219
  （2）1998年犯罪及び秩序違反法（Crime and Disorder Act 1998）　220
  （3）2000年刑事司法及び裁判所業務法
    （Criminal Justice and Court Services Act 2000）　220
  （4）2003年性犯罪法（The Sexual Offences Act 2003）　223
  （5）ミーガン法（アメリカ）　224
〔3〕サラ・ペイン性的虐待／誘拐殺害事件：
 メディア報道と市民の自警団的暴力（vigilantism）　225
  （1）サラ・ペイン性的虐待／誘拐殺害事件の概要　225
  （2）サラ・ペイン性的虐待／誘拐殺害事件の社会的影響　228
〔4〕ソーハム地区女児性的虐待／誘拐殺害事件：ビチャード報告（Bichard Report 2004年6月）とケリー報告（Kelly Report 2004年7月）　229
  （1）ソーハム地区女児性的虐待／誘拐殺害事件の概要　229
  （2）ビチャード報告　230
  （3）ケリー報告　231
  （4）ビチャード報告とケリー報告におけるペドファイル対策　232
〔5〕ペドファイル対策とは何か：刑事司法の変遷と予防／管理の新しい戦略　233
  （1）戦後福祉国家に至るまでの犯罪者対策　233
  （2）戦後福祉国家における犯罪者対策　234
  （3）高犯罪社会におけるペドファイル対策：刑事司法と市民感情　236
  （4）高犯罪社会におけるペドファイル対策：予防の新しい意味　238

Ⅴ部　ベビーＰ虐待死亡事件調査報告書とソーシャルワーク改革

8章　ベビーＰ虐待死亡事件とソーシャルワーク
　　　──繰り返される第二のクリンビエ虐待死亡事件── 246

〔1〕はじめに：ベビーＰ虐待死亡事件とは　246
〔2〕ベビーＰ虐待死亡事件の社会／政治的背景：児童社会サービスを中心に　247
　　（1）新労働党政権第三期における児童社会サービス戦略　247
　　（2）新労働党政権第三期における児童ソーシャルワーク　249
〔3〕ベビーＰ虐待死亡事件の概要　250
　　（1）2006年3月1日から12月11日まで　251
　　（2）2006年12月12日から12月22日まで　252
　　（3）2006年12月23日から2007年3月16日まで　253
　　（4）2007年3月17日から6月1日まで　254
　　（5）2007年6月2日から7月10日まで　255
　　（6）2007年7月11日から7月25日まで　256
　　（7）2007年7月26日から8月2日まで　257
〔4〕SCRの見解　258
　　（1）家族支援の妥当性？：未熟な初期アセスメント　259
　　（2）権威的な対応の必要性：虐待防止の意味　260
〔5〕児童虐待防止ソーシャルワークへの直接的影響　262
　　（1）虐待防止（Child Protection）への揺り戻し　262
　　（2）ソーシャルワーク専門職の見直し　264
〔6〕児童虐待防止ソーシャルワークへの間接的影響　265
　　（1）ラミング報告書とは：児童保護／虐待防止の進捗状況に関する全国調査　265
　　（2）政府各省庁の改革　266
　　（3）地方自治体の改革　267
〔7〕ベビーＰ虐待死亡事件と連立政権　270
　　（1）早期予防介入の後退　270
　　（2）政府規制の撤廃　271

9章　政争そしてスキャンダルとしてのベビーP虐待死亡事件
——スケープゴートにされたソーシャルワーク—— 278

〔1〕もう1つのベビーP虐待死亡事件：「政争そしてスキャンダル」の意味　278

〔2〕ベビーP虐待死亡事件をめぐるメディアと政治の対応　279
 (1)　警察、CYPS、政府の対応　279
 (2)　ブラウンとキャメロンとの衝突　281
 (3)　サン紙のキャンペーンと政府の対応　282

〔3〕JARに対する政治的介入　283
 (1)　政治的介入の疑惑：JARの書き直し　283
 (2)　政治的介入の疑惑：JARの評価変更　284
 (3)　ボールズ（政府）の対応　285

〔4〕SCRのやり直し（改訂版SCR）　286
 (1)　SCRとは：SCRのやり直し　286
 (2)　初版SCRと改訂版SCRの比較検討　288

〔5〕ベビーP虐待死亡事件の責任問題　293
 (1)　責任追及されたソーシャルワーク　293
 (2)　責任追及された小児医療サービス　295
 (3)　責任追及を逃れたロンドン警視庁と司法サービス　296

〔6〕スケープゴートにされたソーシャルワーク　298
 (1)　レベソン委員会の設置：メディアの不正と政界との癒着　298
 (2)　レベッカ・ブルックスとメディア報道：報道倫理の崩壊　300
 (3)　スケープゴートにされたソーシャルワーカー　302

Ⅵ部　新労働党政権の社会統治とソーシャルワーク

10章　新労働党政権の児童社会サービス改革がソーシャルワークに与える影響と変化　310

〔1〕「刷新された社会民主主義」の社会統治：4つのモデルを手掛かりに　311
 (1)　政治／政策に関する社会統治　311
 (2)　社会サービスとソーシャルワーク専門職に関する社会統治　313

〔2〕児童虐待防止システムの発展とソーシャルワークの変化
　　——普遍的な早期予防介入（ECM, 2003）とアウトカムズ・フレームワーク（CfC, 2005）に至るまで——　315
　　（1）シーボーム改革とジェネリック・ソーシャルワーク　315
　　（2）ジェネリック・ソーシャルワークと虐待防止　317
　　（3）普遍的な早期予防介入とアウトカムズ・フレームワーク　320
〔3〕普遍的な早期予防介入とソーシャルワーク
　　——マネジリアリズムの脈絡から——　322
　　（1）予備的考察1：リスク社会の人間観——個人を単位とする社会　323
　　（2）予備的考察2：リスク社会の連帯（社会）観——統計学の役割　323
　　（3）2つの予備的考察の整理と普遍的な早期予防介入の考察視点　325
　　（4）普遍的な早期予防介入：
　　　　リスク集団の構築とリスク集団を単位とする予防介入　326
〔4〕アウトカムズ・フレームワークとソーシャルワーク
　　——マネジリアリズムの脈絡から——　328
　　（1）ソーシャルワークと精神分析　329
　　（2）ソーシャルワークと反精神分析　331
　　（3）ソーシャルワークとマネジリアリズム　333
〔5〕新労働党政権の社会統治と児童ソーシャルワーク　338

結章　副題の3つのテーマから全体を振り返って　347
〔1〕子ども社会投資　347
〔2〕児童社会サービス改革　350
〔3〕虐待死亡事件　353

あとがき　357

序章

本書の概要と全体の構成

〔1〕本書を読む前に——児童虐待死亡事件調査報告書とは何か

　本書では、ビクトリア・クリンビエとベビーPに関する2つの児童虐待死亡事件調査報告書を取り上げているが、ビクトリア・クリンビエ虐待死亡事件（2000年）が新労働党政権による児童社会サービス大改革の契機になったとすれば、ベビーP虐待死亡事件（2007年）は新労働党政権の終焉を象徴する事件であった。というのは、虐待死亡事件調査報告書の意義と社会的影響力に大きな変化がみられたからである。しかしながら本書において、調査報告書それ自体に言及した章は設けられていない。ここで調査報告書の意義と社会への影響を素描することで、本書を俯瞰してもらうと同時に本書への導入としたい。

　虐待死亡事件が起こるたびに国や自治体は、客観的な原因究明を行うために、当事件の利害関係から独立した専門家からなる調査委員会を、公費を使って設置する。調査委員会が提出した報告書には、制度、政策、法律、専門職実務の改善が勧告されており、それに基づいて自治体（政府）は新たな制度によるサービス提供システムを構築し、ソーシャルワークの専門性を担保する。調査報告書は、虐待死亡事件の原因をソーシャルワーカー個人の資質の問題や当該家族の特異性に社会の関心を向けさせないよう世論をリードする役割がある。そ

れは子どもの命の重さを、制度、政策、法律、専門職実務へ反映させ、2度と同じことを繰り返してはならないという決意の表れといえるであろう[1]。

　ところで、調査報告書の勧告を制度、政策、法律、専門職実務の改革／改善へつなげるエートスとは何であろうか。制度、政策、法律、専門職実務の改革／改善につなげられてこそ、調査報告書の意義と価値が認められることになる。そのエートスとは、1948年児童法の精神、すなわち社会的共同親（Corporate Parent: CP）であろう[2]。社会的共同親とは、親と離れて生活している子に社会が提供する支援は、「実親が実子に行う親業と同質あるいはそれ以上のもの」でなければならず、その責任は自治体にあることを明確にした超歴史的な理念であり、またそれは児童ソーシャルワークの実務を支える理念でもあった。自治体の実質的な担い手は地方議員であることを考えれば、地方議員に社会的養護を必要とする子どもに対する責務の自覚を迫る理念であるといえる[3]。選挙で当選し市民の信託を得た地方議員が、社会的にもっとも弱い立場にある子ども一人ひとりに関心を寄せ、最善の利益のために制度、政策、法律、専門職実務の改革／改善に取り組むことは、地方民主主義の原点である[4]。社会的共同親を召命観として受け止め、議会に働きかける地方議員や官僚、子どもへの個別対応に専念する専門職、それらを支援する市民、そこにはキリスト教を基盤とする成熟した市民社会を垣間見ることができる。

　ビクトリア・クリンビエ虐待死亡事件調査報告書（2003年）は、ECMの原案では含まれていなかった虐待防止をECMに押し込み優先施策として認知させただけでなく、その勧告の多くをECMに結実させた。そして、超歴史的な社会的共同親に、政治的に構築された子ども社会投資という理念が加わり、財務省主導による児童社会サービス大改革（ECM）が進められることになる。子ども社会投資は、ブレア首相、ブラウン財務相がクリスチャン・ソーシャリストであった[5]ことも少なからず影響しているはずであり、けっして長期的な経済的利益だけを目的とした理念ではない。

　ビクトリア・クリンビエ虐待死亡事件調査報告書では、社会的共同親の理念を踏みにじる行為や事実がいくつか明らかにされた。1つは、地方議員や上級管理職が児童虐待防止を優先施策として認知していないこと、すなわち虐待防止を含めた児童社会サービスに財源を優先的に配分し、定数の専門職担保（欠

員の補填）に努め、優れた質のサービスを提供するという責任を全く果たしていないことである。もう1つは、調査委員会が事実究明のために証言を要請した上級管理職及び専門家の何人かは、証言に対する嫌悪感を露わにし、また多くの記録やファイルが破壊／喪失されたことである。そのために調査は大幅に遅れ、2度の時期に分けて再招集されることになった。職業倫理の崩壊という一言では片付けられない深刻な事態である。政府は、2004年児童法を制定し、自治体に子ども問題を専門とする地方議員を主任児童問題対策委員（Lead Council Member for Children）として任命することを義務づけた。すなわち、制度や法律の改正、予算の確保において議会に働きかける地方議員、児童サービスの提供やソーシャルワークの専門性など実務に責任をもつ児童サービス部長（Director of Children's Services）、この2人を両輪として社会的共同親の徹底を図ろうとした。

　ビクトリア・クリンビエ虐待死亡事件以降、政府が調査委員会を設置し、調査報告書を作成して事件の解明と虐待防止施策の勧告／提言を行うことはされていない。その役割は、自治体の地方児童安全保障委員会（Local Safeguarding Children Board: LSCB）に委ねられた。そのLSCBが作成する「深刻な虐待ケースの見直し調査報告書」(*Serious Case Review*: SCR) が、虐待（死亡事件）調査報告書に該当する。SCRには、迅速に事件あるいは重大なケースを究明し、制度、政策、法律、専門職実務の改善にフィードバックさせようとするねらいがあった。しかし迅速なフィードバックへの過剰な期待はSCRの質の低下をもたらすことになった。さらに政府が設置した調査委員会の報告書のような権威と市民からの信託を持ち合わせているわけでもない。ベビーP虐待死亡事件では、SCRに代わって世論を盛り上げリードしたのが大衆紙サンであった。しかしながら大衆紙による事件の究明とは、加害者に対する極刑、ソーシャルワーク関係者に対する「名指して辱める」行為と解雇の要求といった内容であり、発行部数を上げるためのスキャンダル化である。そしてこの事件は、党首討論（ブラウンとキャメロン）でも取り上げられ、総選挙を見据えた新労働党政権批判の材料として、保守党と大衆紙は積極的に取り上げた。事件が政権党批判へ直結するのを恐れた新労働党政権は、早期の終息を目論んだ。客観的で公平／中立であるべき調査に政権党が介入し、事件の責任をソー

シャルワーク関係者にすべて押しつける内容に改ざんしたという疑いがもたれた。真相は9章を読んでいただき読者に判断してもらうしかないが、世論を味方につけるために大衆紙の要求を丸呑みしたといわれても仕方ない結末であった。ベビーP虐待死亡事件の余韻は総選挙まで続き、新労働党は下野することになる。

　ベビーP虐待死亡事件では、大衆紙に振り回される結果になったが、それは調査報告書の意義と社会的影響力を改めて確認させる機会になったであろう。繰り返しになるが、調査報告書とは、子どもの命の重さを、制度、政策、法律、専門職実務へ反映させ、2度と同じことを繰り返してはならないという決意の表れであり、そして調査報告書の勧告が具体化された程度は、議員、官僚、専門職においては社会的共同親の理念が、そして市民社会においては民主主義の理念が、どの程度浸透し根づいているのかを示す指標であるといえよう。ここでいう民主主義とは、「子どもの死は、われわれ市民が共有する制度、政策、法律、専門職実務の不備によるものであり、そのような自覚は市民に制度、政策、法律、専門職実務を共有し合う他者への想像力と配慮を喚起させ、制度、政策、法律、専門職実務のあり方を見直すという責任を促す」[6]という意味である。

　社会的共同親そして民主主義という理念はイギリスに限られたものではなく、国境を越えた普遍的な理念であり、子どもとかかわるすべての専門職の理念であり倫理でなくてはならないはずである。

〔2〕本書の構成

　本書は、Ⅵ部10章で構成されている。
　Ⅰ部1章は、児童社会サービス改革の理論的根拠となった子ども社会投資という理念が、どのような経緯で生まれ、ブレア政権第二期に導入されていったのかを、ギデンズ、エスピン-アンデルセンらの社会哲学に拠りながら考察した。1節「ギデンズの社会哲学」がなじみにくいのであれば、2節「エスピン-アンデルセン、ギデンズらの子ども社会投資の社会哲学」から読み始めてもらうのがよい。Ⅰ部2章は、子ども社会投資という理念が、イギリスの「福祉国家の現代化」という脈絡でどのように実施されたのか、そして人的資本として

の子どもへの社会投資の積極的な意義とその限界を考察した。

Ⅱ部では、3章、4章に跨り、ビクトリア・クリンビエ虐待死亡事件の概要と調査報告書の勧告を整理し検討した。2つの章を費やして本事件を論じた理由は2つある。1つは、「はじめに」で述べたように、ソーシャルワークの専門性（内容）を、その時の組織的／構造的な問題、社会的／経済的な脈絡とオーバーラップさせ、ソーシャルワークが抱える根本問題を、できる限り客観的に抽出しようとしたからである。もう1つは、本事件によって、原案のECMには含まれていなかった虐待防止がECMに含まれ、調査報告書の勧告がECMへ発展的に結実していったからである。

Ⅲ部5章では、ECMの成立過程と構想内容、そして地方での具体的な展開プランを整理した。筆者は、ECMの成果は、就学前早期予防介入の実施、地方における児童トラストの設置とアウトカムズ・フレームワークの導入であると考えており、この3点を中心に考察した。Ⅲ部6章では、児童トラストが提供する個別サービス、すなわち省庁／部局横断的に統合されたサービスの提供において利用される、コンタクトポイント・データベース（ContactPoint database: CPd）、共通アセスメントフレームワーク（Common Assessment Framework: CAF）、児童ケースファイル情報管理システム（Information Children's System: ICS）が児童（虐待防止）ソーシャルワークに与える影響について考察した。

Ⅳ部7章では、児童性的虐待／誘拐殺害事件における政府、市民、メディアの対応、すなわちペドファイル（児童性愛者／集団）対策における予防管理の新しい意味を考察した。イギリスでは、1990年後半から2000年初頭にかけて、虐待防止に対する市民の関心は、家庭-外-性的犯罪に向けられていた。

Ⅴ部では、8章、9章に跨り、ベビーP虐待死亡事件を扱った。新労働党政権には、ECMはラミング報告書（クリンビエ虐待死亡事件）の勧告を汲んで実施されたプロジェクトであり、児童虐待防止に関しても十分な手立てを打ったという自信が少なからずあった。その矢先に、ベビーP虐待死亡事件が、しかもクリンビエと同地区であるハーリンゲイで起こった。ベビーP虐待死亡事件が周知の事実となったのは、事件後1年以上経った2008年11月、加害者である3人の有罪判決がメディアで報道されてからである。キャメロン（保守党）

が党首討論でベビーP虐待死亡事件を取り上げブラウン首相と激しく衝突した。1年後には総選挙を控え失点を重ねたくない新労働党政権は、世論の鎮静化を図ろうとしたのだが……。様々な問題が交錯した複雑な事件であり論点を整理するために、8章ではベビーP虐待死亡事件が児童虐待防止ソーシャルワークに与えた影響、9章ではベビーP虐待死亡事件が政治的スキャンダルに発展していった経緯に分けて考察した。

VI部10章では、新労働党政権における児童社会サービス改革が、ソーシャルワークに与えた影響とその変化を、社会統治とオーバーラップさせて考察した。具体的にいえば、新労働党政権による児童社会サービス改革の到達点は、ベストバリュー（Best Value）という脈絡で実施された、普遍的な早期予防介入（*Every Child Matters*: ECM, 2003）とアウトカムズ・フレームワーク（*Every Child Matters*; *Change for Children*: CfC, 2005）であり、これら2つの政治理念／手法がソーシャルワークにどのような影響と変化をもたらしたのかを考察している。最終章にあたる本章は、新労働党政権における児童関連施策とソーシャルワークの総括に該当すると考えてもらってよい。

本書における個人情報は、すべて一般に公開されており、誰でもアクセス可能な情報源から引用している。3章、4章では、Lord Laming (2003) *The Victoria Climbié Inquiery: Report of an Inquiry by Lord Laming*, Cm. 5730, The Stationery Office. 7章では、① Sir Michael Bichard (2004) *The Bichard Inquiry Report,* HC653, The Stationery Office, ② Sir Christopher Kelly KCB (2004) *Serious Case Review, IAN HUNTLEY, North East Lincolnshire 1995-2001,* North East Lincolnshire ACPC. 8章では、① Timeline: 'The short life of Baby P' in *guardian*.co.uk, Tuesday 11 November 2008（http://www.theguardian.com/society/2008/nov/11/baby-p-death）、② Haringey LSCB（2009）*Serious Case Review: Baby Peter, Executive Summary,* February 2009（https://www.haringeylscb.org/sites/haringeylscb/files/executive_summary_peter_final.pdf）. 9章では、Jones, R.（2014）*The story of Baby P: setting the record straight,* Policy Press. である。なお、8章で引用した、自治体（実際はLSCB）が実施した虐待調査報告書（*Serious Case Review*）は、新労働党政権では一般に公開されたが、個人情報に配慮して内容は要約編纂され個人名も伏せられていた。連

立政権（2010年5月以降）に移ると完全公開されることになった。

注 記
(1) 津崎哲雄（2013）『英国の社会的養護の歴史——子どもの最善の利益を保障する理念・施策の現代化のために』明石書店、pp. 52-56、p. 259。
(2) 社会的共同親に関しては、ボブ・ホルマン著、津崎哲雄／山川宏和訳（2001）『社会的共同親と養護児童——イギリス・マンチェスターの児童福祉実践』明石書店、pp. 52-56、p. 259を参照。
(3) 同上、pp. 180-213。
(4) 同上、p. 20、p. 336。
(5) 津崎（2013）、前掲書、p. 287。
(6) 齋藤純一（2009）「制度による自由／デモクラシーによる社会統合」齋藤純一編著（2009）『社会統合——自由の相互承認に向けて』岩波書店、pp. 42-43。

I 部

子ども社会投資の
社会哲学的根拠とその実際

1章

子ども社会投資の社会哲学的根拠
——ギデンズ、エスピン-アンデルセンらの社会哲学を中心に——

　新労働党（ブレア）政権では、復帰直後の2年間は財政規律が重視され、財政支出は厳しく抑えられた。しかし2000年に入ると教育、医療、社会保障に関する財政支出は増大し、とりわけ子どもに関連する予算の増額は目を見張るものがあった。このような子どもに関連する予算の増額には様々な理由が考えられるが、その1つをギデンズ、エスピン-アンデルセンらの社会哲学の中に見出そうとするのが本章の目的である。

　とりわけ、ギデンズが新労働党のブレーンとしてブレア政権に与えた影響は小さくない。ギデンズの著書『第三の道——効率と公正の新たな同盟』（『第三の道』と略す）[1]を読めば、ブレアがギデンズの影響を強く受けていたことが分かる。しかしながら『第三の道』には子どもをターゲットにした社会投資の重要性が訴えられているわけではなく、ましてやそのような政策が提示されているわけでもない。何がギデンズの社会哲学に変化をもたらしたのか。

　EUでは2000年にリスボン会議が開催され、グローバル市場経済に対応できる新たな福祉国家の近未来像が議論された。財政均衡（健全な財政）、所得均衡（社会的格差の縮小）、高い雇用率をいかに同時達成することができるのかという難問への挑戦である。その回答の1つとしてエスピン-アンデルセンらの研究グループは、子どもとりわけ就学前の乳幼児期をターゲットにした積極的な社会投資の必要性を訴えた。すなわち子ども社会投資である。このような

提言はギデンズの社会哲学に新たな視点をもたらした。ギデンズはエスピン-アンデルセンらの提言を高く評価し、ブレア政権第二期の政策に反映されるよう進言することになる。

　ギデンズの子ども社会投資に関する高い評価は、けっして唐突なものではない。彼の社会哲学には、精神分析理論から導入された存在論的安心という概念がある。存在論的安心の源泉は乳幼児期の適切な養育環境のもとで培われた基本的信頼であり、それが自己アイデンティティを支える基盤を形成しているという。このようなギデンズの存在論的安心に関する理解は、心に留めておく必要があるだろう。

　まず1節では、宮崎恒平の所論[2]に拠りながら、新たな社会民主主義のモデルとされるギデンズの社会哲学を俯瞰する。とくに、自己アイデンティティを確かなものとするために必要とされる存在論的安心と社会共同性への関与を中心に考察する。続いて2節では、子ども社会投資が表舞台に現れてきた背景と経緯を、エスピン-アンデルセンやギデンズらの社会哲学と関連づけながら検討する。

〔1〕ギデンズの社会哲学

（1）自己とは何か：自己アイデンティティ

1）自己の再帰的モニタリングとアイデンティティ

　ギデンズは、個人化が徹底し準拠枠を喪失した流動性の高い社会における個人の特徴を再帰性という言葉で表現する。再帰性とは、自分自身を意識的に対象化し、メタレベルから反省的視点に立って自己を再構築していく能力[3]あるいは自分自身を振り返る能力[4]のことであり[5]、その振り返りをギデンズは行為の再帰的モニタリングと呼ぶ[6]。したがって、自己アイデンティティとは、ギデンズによれば、生活史という観点から自分自身によって再帰的に理解された自己[7]であり、行為主体によって再帰的に解釈される継続性[8]となる。行為状況を絶えず再帰的にモニタリングし、自らの環境に即した形に再構成していかねばならない[9]。すなわち、自分自身で選択し作り出してゆくものであり、常に書き加えられ書き直されてゆく自伝のようなもの[10]である。自己ア

イデンティティが自己物語という形式をとるのは、このような理由からである。準拠枠が揺らぎ規範や価値観が多様化／流動化している社会では、自らの行為そのものが自己アイデンティティの拠り所となり、不安から生活を守るための保護皮膜として個人のアイデンティティが一層重要になる[11]。

　もっとも自己アイデンティティは、自分自身で選択し作り出してゆくものであったとしても、他者の承認を必要とする。すなわち、共有知に基づいた行為の再帰的モニタリング（共有知による行為の制御）により最適な結果を生み出すことで、行為者は他者から相応しい能力をもつ存在とみなされ、他者との信頼関係を涵養する基盤が形成される[12]。ここで留意すべきことは、「共有知に基づいた」とは、個人が超個人的な社会共同性に関与していることを意味するが、けっして個人に対する社会共同性の優越性を意味するものではない。社会共同性は、個人成立のための条件であるが、同時に個人による相互行為関係が社会共同性にフィードバックされ再生産されたものである[13]。

2）存在論的安心

　他者から信頼されているという確信は、自らの存在が他者にとって相互行為を営む上で前提になっているという確信、すなわち存在理由の確信を必然的に伴うことになる[14]。それが行為者の存在論的な安心感（存在論的安心）につながっているのである。存在論的安心とは、ほとんどの人が、自己のアイデンティティの連続性に対して、また、行為を取り囲む社会的、物質的環境の安定性に対していだく確信[15]のことであり、個人の直接の知覚環境にないものをも含む出来事に対する連続性や秩序の感覚[16]である。存在論的安心を基盤とする自己アイデンティティは安定しており、未来に何が期待されているのかという観点から、様々に想起された自らの過去を利用する[17]ことができる。すなわち、自己は過去から予期される未来へと続く発達の軌跡を形づくる[18]ことになり、その軌跡は一貫性を備えている。こうして現在を結末とする物語の一貫性が未来へと続くことになる。

　さらにギデンズは、何が存在論的安心の感覚を作り出すのか、その源泉についての議論を深めてゆく。その源泉は乳幼児期の適切な養育環境のもとで培われた基本的信頼であるという[19]。基本的信頼とはアメリカの精神分析家エ

リクソンから引用された概念であり、それは人格に対する信頼に由来している[20]。乳幼児期の個々の要求に対する親たちの適切な養育が、親に対する信頼すなわち相手の人間の誠実さに対する信頼（人格的信頼性）を育み、それは自分自身が誠実で信頼に足るという存在であるという感情をも育んでゆく[21]。養育者との間に基本的信頼が確立されていない幼児は、物事や他者の実在性に対する感覚がほとんど発達しない[22]。そして人格に対する信頼は、何らかの形でおそらく終生持続する他者の信頼性に対する欲求を生じさせてゆく[23]。

　こうして培われた他者に対する信頼と自己に対する信頼は、ゆくゆくは一体化され、自分は他の人たちが将来自分になってほしいと要望しているような人間になりたいという意識、すなわち他者の評価と結びついた自己アイデンティティの基盤を形成してゆくことになる[24]。ギデンズは、自己アイデンティティを支えるものとして、再帰性の外部にある精神分析理論から存在論的安心という概念を導入している[25]ことに留意を必要とする。自己アイデンティティは、言語の習得以前の、養育者との信頼関係によって培われた存在論的安心を基盤としており、身体にまで及んでいることが明らかにされている[26]。

3）脆弱な自己アイデンティティ：純粋な関係

　自己の再帰的プロジェクト（自己の物語の再帰的組織化によって自己アイデンティティが構成される過程）[27]は、自己実現と自己統制のためのプログラムであるが[28]、その内実すなわち自己アイデンティティの物語は本質的に脆弱である[29]。というのは、自己の再帰的プロジェクトの鍵となるのが、純粋な関係だからである[30]。純粋な関係とは、外的な準拠枠（道徳的基準）を欠いている関係、すなわち関係そのものが与える満足や見返りに根本的に依拠する関係（内的準拠的な関係）[31]のことである。個人化が徹底された社会では、人々はその関係が自らにもたらす満足感に基づいて人間（社会）関係を選択したり構築したりするようになり、そのような満足感がもたらされない場合は、自らの意志によって関係性を自由に解消させるようになる[32]。すなわち、当事者が十分に心理的見返りを得ているかぎりで維持されるが、そうでない場合は随時に終わらすことが可能な人間（社会）関係である[33]。純粋な関係は、伝統に縛られない新たな人間（社会）関係を創造することができるが、外的な

準拠枠（道徳的基準）を欠いているために、運命決定的な時（重大な結果を伴う決定を下したり、そのような行為を始めたりしなければならない瞬間）[34]や人生の他の大きな局面においては、安心の源泉としては脆弱なものである[35]。

個人化が徹底された社会では、制度やシステムそして対人関係において、一人で向き合わなければならなくなる。自己アイデンティティが個人生活の中で再帰的に作り上げられるべきものとなったとき、個人が自らの生に対する道徳的な意味づけの機会（道徳的資源）から切り離されているため、善きことや共同性に関与しているという感覚から遠ざかることになる。個人は、自律的な行為主体である一方、根底に人格的無意味性への漠然とした恐れを抱えた不安な存在なのである[36]。

(2) 社会とは何か：解放の政治から生き方の政治そして生成の政治へ

再帰的自己は自己アイデンティティを確かなものとするために、社会共同性の関与を必要とする。ギデンズは、解放の政治、生き方の政治、生成の政治という3つの政治モデルを提唱し、それぞれにおいて自己と社会の関係を検討している。本項では、宮崎の所論[37]に拠りながら要点を整理し明確にしていきたい。

1) 解放の政治から生き方の政治へ

解放の政治とは、何よりも生活機会を不利にする束縛から個人や集団を解放することを目的とする。すなわち搾取、不平等、抑圧を除去すること、そして正義、平等、参加を普遍的なものにしてゆくことである[38]。もっとも解放の政治は、搾取、不平等、抑圧から人々の解放を目的としているので、その基本的な方向性は「……に向けて」ではなく「……から離れて」ということになりやすい。未来に向かって生活を構築する行為者の主体性は明確ではない[39]。

生き方の政治は、搾取、不平等、抑圧がある程度克服された段階を前提としている。階級としての共同性や地域での紐帯が弱体化し、そこに帰属しているという意識が弱まると、人々が自らの人生を第一に考える生活中心の過程に入っていくことになる[40]。行為の再帰的モニタリングを働かせ、外的基準に制約されない自ら選択した人生を歩むことになる。解放の政治と生き方の政治を

制度やシステムとのかかわりという観点で比較すると、解放の政治とは、抑圧や差別を除去し、社会を構成するすべての人々が自ら利益のために資源や機会を平等に使えることをめざす実践、すなわち生活機会の政治であるのに対し、生き方の政治とは、自己の再帰的プロジェクトとして自己アイデンティティに対して意識的になり、生活様式の選択を通じて自己実現と制度の改変をめざす実践、すなわち生活様式の政治となる[41]。生き方の政治では、個人は急速に変化する社会生活の環境に注意を払い、自らの行為状況を絶えず再帰的にモニタリングして、自己アイデンティティの物語をその都度構築し、変更しながら維持しなくてはならない。無理のない一貫性のある仕方で未来の計画と過去の経験を結びつける能力が求められている[42]。

2) 生き方の政治から生成の政治へ

　自己実現としての生き方の政治における個人は、自己利益の最大化を目的とする利己的な個人ではなくリベラルな個人であり、ギデンズはそれをデュルケームに倣って道徳的個人主義と呼ぶ。自己の再帰的プロジェクトは他者の存在を前提として可能であり、自己実現には他者への配慮が含まれている。自己実現には他者の存在は不可欠であり、その自覚が他者の生き方を尊重することになる。それは社会全体の平等／公正／正義の始原となり得るはずであり、社会連帯の回復はこのような自覚（道徳的個人主義）を条件とするしかないとギデンズは主張する[43]。

　また国家についてもデュルケームに倣って道徳規律の機関と定義する。すなわち、国家は個人の自己実現が可能となるよう支援すること（制度の整備）に意義があり、国家の本質的な機能は、個人の人格を解放することである[44]。こうして生き方の政治と生成の政治が関連づけられることになる。道徳的個人主義に基づく自己実現（生き方の政治）を支援するのが国家の役割（生成の政治）となり、具体的には社会投資国家となるわけである。社会連帯の回復もその担い手は個人であり、制度を通じて他者への配慮と敬意を備えた個人を育成することも国家の責任であるとされる[45]。

3）生成の政治とコミュニタリズム

　ところで個人と国家を具体的にどのように結びつけるのか、という問題がある。その役割を果たすのがコミュニティであり、ギデンズは自己実現を達成し社会連帯を回復させる場所として、また民主制を保障するものとして、コミュニティ（ローカルな小規模コミュニティ）を重視する。ただし、特定の社会的、文化的、歴史的脈絡を強調するコミュニタリアンとは区別し、あらゆるレベルの関係性における民主化の推進を提唱する[46]。すなわち、こういうことである。コミュニタリズムでは、個人は自己完結としてではなく、その個人が属する共同体の中で培われる価値観が、各人の自己理解の基盤を提供していると理解される[47]。そのような価値観は伝統、慣習、儀礼、超越性として、コミュニティの内外を仕分ける境界線となり、排他的傾向を強めるおそれがある。そうではなく、共同体的なものに拘束されていることを認識しながらも、それを善いこととは考えず、批判的に距離を取ろうとする立場である[48]。すなわち、コミュニティの開放性を維持することであり、その鍵となるのか市民アソシエーションである。

　ギデンズは市民アソシエーションという概念について、マイケル・オークショットの市民結社からヒントを得ている[49]。オークショットの市民結社に関しては、仲正昌樹の所論[50]によると次のようになる。オークショットは、統一体と社交体という概念を提示し、統一体とは「共通の目標によって統一された仲間意識を持った一団」であり、社交体とは「互いに保護し合うために協力しているが、同調することは避けようとする人々の一団」であるとする。前者は人間の魂の神秘的部分に由来するとみなされるのに対して、後者は人間によって偶然に作り出されたものであり、時と場所と共に移り変わりするものであること、すなわち自分の属する共同体の価値観が偶然の産物であることを知っており、他者に強制すべきではないことを知っている[51]。この社交体という概念は市民アソシエーションと共通する。異なる複数の価値観が併存するコミュニティにおいて、個人の間で自由に展開される対話や討議を通して現れてくる合意にこそ普遍的妥当性を見出そうとする[52]。このような市民アソシエーションによるコミュニティ連帯の再生が、アクティヴで民主的な市民社会の基盤となるのである。

(3) 国家ヴィジョンとしての『第三の道：効率と公正の新たな同盟』

　ギデンズの社会哲学を具体的な国家ヴィジョンとして明確にしたのが、『第三の道』である。そこでなされた政策提言は、ギデンズの社会哲学を踏まえて検討すれば、けっして左派と右派の折衷案ではない新たな社会民主主義のヴィジョンであることが分かる。『第三の道』は、ブレア政権第一期に大きな影響を与えることになった[53]。『第三の道』の文脈に拠りながらその骨格を要約しておこう。

1）新しい個人主義と社会公正

　ギデンズのヴィジョンは、新たな個人主義に基づく社会連帯を構築し社会民主主義を刷新することにある。新たな個人主義は、伝統や習慣にとらわれることなく、また市場によって育まれた利己主義とも異なる。自己実現にあたって他者の存在を前提とし、共有知に基づいた行為の再帰的モニタリングによって最適の結果を生み出そうとする。すなわち共同性を前提とした自己実現を自覚しており、そこには社会連帯の始原がある[54]。

　刷新された社会民主主義は、社会公正に強い関心をもつ。そのためには個人と共同体の関係を再構築し、権利と責任のあり方を見直すことが求められている。その1つは権利には責任が伴うことを政府と市民の間で確認すことである。市民に対して政府は様々な責任を負っているが、個人主義が浸透するにつれ、無条件に権利を要求する声が強くなった。新たな公共空間の構築には、権利には責任を伴うことが福祉受給者だけでなく、すべての市民が遵守すべき倫理でなければならない[55]。もう1つは、民主主義による権威の再構築である。国家、政府、家族等の諸制度における権威を正当化させる根拠として右派は伝統的シンボルを掲げる。伝統的価値基準がなくなれば権威が崩れ人々は正邪を識別する能力を失うという。ギデンズはこういう見解を否定する。伝統や慣習が影響力を失った社会では、民主主義なしに権威を確立することはでない。新しい個人主義は、人々の責任ある行動と参加による権威の再構築が求められている[56]。

2）民主主義の民主化とアクティヴな市民社会

 とりわけ、国家と政府の改革は民主主義の深化／拡大の過程でなければならず、同時に政府は市民社会の様々な組織と協力して、コミュニティの再生と発展を促すための方策を講じなければならない。すなわち民主主義の民主化である。その内容は、中央から地方への権限委譲、公共部門の刷新（腐敗防止のための透明性と開放性の確保）、行政の効率化、直接民主制の導入（多くの市民の政策決定への参画）、リスクを管理する政府（リスク管理における政府、専門家、一般市民との協働）、上下双方の民主化などである[57]。

 一方、民主主義の民主化を市民の側からみれば、市民には、異なる複数の価値観が併存するコミュニティにおいて、個人の間で自由に展開される対話や討議を通して現れてくる合意に普遍的妥当性を見出そうとする[58]姿勢が求められる。このような民主主義の民主化によるコミュニティ連帯の再生が、アクティヴな市民社会の基盤となるのである。その内容は、政府と市民社会の協力関係、地域主導によるコミュニティの再生、第三セクターの活用、地域の公的領域の保全、コミュニティを基盤とする犯罪防止、民主的家族である。とくに民主的家族に関しては、家族は市民社会の基本単位であり、刷新された社会民主主義の成否は家族政策にかかっているとギデンズはいう。具体的な内容はつまびらかではないが、伝統的家族への回帰は明確に否定されている。民主的家族とは、感情と性の面での平等、家族内での対等の権利と義務、子どもの共同養育、子どもとの話し合いに基づく親の権威のあり方、社会的に統合された家族である[59]。

 このように新たな社会連帯の再生は、民主主義という政治過程の中にあるとギデンズは考えている。では、どのような「民主主義の政治過程」が「新たな社会連帯の再生」の鍵となるのであろうか。この点については、齋藤純一の所論[60]に拠りながらその輪郭を明確にしておきたい。民主主義の政治過程とは、民主的な意思決定過程にできるだけ多くの市民が参加でき、意思決定が十分な対話と討議に基づいて行われることが重要となる[61]。それは、対話や討議を積み重ねることで、異なる他者の意見を受け止め自らの考え方を相対化させる機会を得るとともに、互いに政治的に対等な者として認めあう相互承認や信頼感が培われることになる[62]。こうして策定させた制度は市民の信頼と支持を

得ることになり、政府と市民社会のパートナーシップ（政府への信頼）へと発展してゆく。社会的排除の存在は、市民が共有する制度の不備によるものであり、そのような自覚は市民に制度を共有し合う他者への想像力と配慮を喚起させ、制度のあり方を見直すという責任を促す[63]。それは、共有する制度のもとで個人の自由な生き方を保障（善き生の構想）することへの関心にとどまらず、同時にどのような制度が社会公正を可能（正義の構想）にするのかという関心にまで及んでいる[64]。

3）新たな国家ヴィジョン：社会投資国家とポジティヴ・ウェルフェア

　最後に、以上のようなヴィジョンを包括する新たな国家ヴィジョンとして社会投資国家が提案される。それは従来の福祉国家における根本原理の組み換えが目論まれている。

　社会投資国家は新しい混合経済を前提とする。新しい混合経済は、公共の利益に配慮しつつ、市場のダイナミックな力をうまく活用し、公的部門と私的部門を結合して相乗効果を発揮させることを目的とする[65]。次に平等という言葉の意味の再検討が行われる。ネオリベラリズムが主張する機会平等すなわち能力主義は、深刻な結果の不平等をもたらし、社会的結束を揺るがすことになる。そこで平等は包含、不平等は排除と定義される[66]。包含とは「市民権の尊重を意味する……また機会を与えること、そして公共空間に参加する権利を保障することも意味する」[67]。すなわち、平等／不平等を所得格差という量的尺度に還元せず[68]、自律的な市民生活が送れ、市民社会と連帯がもてる状態を包含、そうでない状態が排除となる[69]。したがって、政府は市民が自律した市民生活が送れるよう教育、医療、保育、福祉サービスを整備し、それを受ける権利をすべての市民に保障しなくてはならない。また「自尊心を満足させ、生活水準を高める上で、労働が中心的な役割を果たす社会」では、教育は雇用の可能性を拡げる手段としての重要な役割を担うこととなる[70]。したがって教育への社会投資は可能性の再分配[71]を目的としており、市民に十分な教育機会を保障し、与えられた機会を十分に活かす可能性（潜在能力）を平等に与えようとする[72]。このような脈絡でポジティヴ・ウェルフェアというヴィジョンが提唱される。生活費を直接支給するのではなく人的資本への社会投資

が中心となる⁽⁷³⁾。こうして所得の再分配は後景に押しやられ、可能性の再分配が前景に出てくる。市民が権利を主張し政府から一方的に受け取る福祉ではなく、権利に伴う責任を自覚し、個人やNPOが中心となって積極的に対応し政府はそれを支援する福祉社会という構想である。

〔2〕エスピン-アンデルセン、ギデンズらの子ども社会投資の社会哲学

ブレア政権第一期（とりわけ最初の2年）では財政規律が優先され、財政出動は保守党政権以上に厳しく抑えられた。「増税と歳出増」という党のイメージを払拭し、経済政策に対する国民の信頼を広く取りつける必要があった。ところがブレア政権第二期に入ると教育、医療、社会保障に関する財政支出は増大し、とりわけ子どもに関する予算の増加は目覚ましいものであった。確かにギデンズの『第三の道』では家族政策（民主的家族）への言及はあったし、ブレアも教育の重要性を訴えてはいたが、いずれも子どもをターゲットにした政策を明らかにしたわけではない。もっとも、ギデンズは、乳幼児期における養育環境の重要性をよく理解しており、存在論的安心の感覚を作り出す源泉は、乳幼児期に培われた基本的信頼である⁽⁷⁴⁾と主張していたし、ブレアも1999年のベヴァリッジ講義で児童貧困について言及していたことを忘れてはならない⁽⁷⁵⁾。いずれにせよ、ブレア政権第二期では、子ども社会投資が政権党を支える屋台骨の1つになるまでに至った。その経緯を辿りながら、子ども社会投資の社会哲学を明らかにしてゆきたい。

（1）ヴァンデンブラウックの社会哲学：新たな社会民主主義のヴィジョン
1）リスボン戦略とアクティヴな福祉国家

2000年3月、ヨーロッパ委員会（European Council）がリスボンで開催され、来る10年に向けてEUが取り組むべき新たな戦略（リスボン戦略）が明確にされた。それは、知識集約型経済において、持続可能な経済成長（雇用促進）とより強固な社会連帯を達成することであり、社会公正の実現に向けての挑戦といえるであろう。具体的にいえば、財政均衡、所得均衡、そして高い雇用率を同時に達成させるという難問への挑戦である。この3つを同時に達成すること

は不可能であるという通説もあるが、北欧諸国では健全な財政、低い不平等、高水準の雇用を達成しているところもある(76)。

リスボン会議でベルギー社会保障・年金大臣ヴァンデンブラウック（Frank Vandenbroucke: Minister for Social Affairs and Pensions）は、持続可能な高齢者保障（年金問題）のヴィジョンを明確にするために、ヨーロッパ福祉国家の新たな近未来像に関する報告書の作成をエスピン - アンデルセンらの研究グループに依頼し、2001年10月レーベンで開催される会議に提出するよう要請した(77)。その研究報告書は、書籍『なぜわれわれは新しい福祉国家を必要とするのか』(78)として2002年に出版された。その序文をヴァンデンブラウックが執筆している。その内容は、EUが目指す新たな福祉国家の核心に触れている。ヴァンデンブラウックの文脈に拠りながら、その内容を一瞥しておこう。

ヴァンデンブラウックのリスボン戦略に関する理解はこうである。「リスボン会議では、アクティヴな福祉国家の建設が議論されている。アクティヴな福祉国家という理念は、EU加盟国では90年代に概ね合意に至っている。その特徴の1つは、積極的労働市場政策でありEU加盟国共通の政策である。職業訓練や教育を通じて人的資本に社会投資し、雇用可能性を開花させ就労支援を行う（アクティベーション政策）。個人の自発性や責任が求められる点で社会投資国家と親和的である。さらに男性稼主雇用モデルから男女平等雇用モデルへの移行に伴い、新たに表面化するニーズやリスクに対して、従来の福祉国家が前提としていた家族単位から個人単位による社会政策や福祉サービスの充実が求められてきている」(79)。

このようなアクティヴな福祉国家の理解は通説の範囲にとどまる。しかしながら彼は、福祉国家の基本的人間像において「個人の脆弱さ」を認め、それを起点に社会包含（連帯）の達成を追求している点で通説を凌駕している。確かにアクティヴな福祉国家では、個人は権利に伴う責任の行使が求められる。しかしそれは市場原理主義と親和的な新古典派経済学が前提とする人間像、すなわち短期だけではなく長期の将来も合理的に見通して自己利益だけを追求する合理的経済人(80)とは異なる。アクティベーション政策のように個人の潜在能力の開花を積極的に支援しながら、一方では個人のもつ弱さを皆で共有し、すべての市民が社会／経済活動へ参画できるよう支援すること、すなわち社会包

含（連帯）の達成が追求されている[81]のである。

　ここで興味深いのは、ヴァンデンブラウックがロールズの社会哲学に言及し、参加という問題を取り上げ、自尊心の重要性を指摘していることである。ここで言われている参加とは、労働市場への参加だけを意味するのではなく、社会生活への参加を含む広義の参加である。「人は参加を通じて自尊心を育むことができる。自尊心は各人が『自由な人生設計の追求を保障されているという感覚』と『所属するコミュニティの共有の利益にかかわり、そのかかわりが仲間によって承認されているという自覚』から生まれる。それは社会的基本財の中でも最も重要なものであり、平等に分配されなくてはならない」[82]とヴァンデンブラウックはいう。すなわち、自尊心が保障される社会は、各人がかけがえのない存在として相互承認され多様性が認められる社会であり、このような社会こそ平等な社会であり社会的包含である、と考えているのである。

2）ロールズの社会哲学

　なぜヴァンデンブラウックがロールズの社会哲学に言及したのか。彼がロールズの社会哲学に共鳴したのは、ヨーロッパ福祉国家の新たな近未来像に多くの示唆を与えてくれると考えたからである。ここでロールズの社会哲学を川本隆史、仲正昌樹、齋藤純一の所論[83]に拠りながら一瞥しておこう。

①正義の二原理：格差原理とは

　ロールズの社会哲学は、正義（justice）を公正さ（fairness）として捉え直すことに特徴がある[84]。まずロールズは、それぞれ各人がどのような人生設計（善の構想）をいだいていても、社会生活を続けるためにどうしても必要な「善いもの」、例えば自由、所得や富、生きがいをもって人生を送るための基盤となる社会的地位などを社会的基本財（the social primary goods）と呼び、これをどう配分するかが社会制度の最重要課題になるという[85]。ここで注目すべきことは、社会的基本財に自尊心（生きがいをもって人生を送るための基盤となる社会的地位）が含まれていることである。自尊心とは、①各人が自分のやり方で自分の幸福を追求することができているという感覚（自らの生き方に価値と誇りをもつ）と②社会的協働に参加し社会の対等な成員のひとりであると

いう確信、である⁽⁸⁶⁾。各人の自尊心が守られる社会、すなわち互いに相手を尊重し社会的な協働の促進が保障される社会を根底で支える基本制度が、正義の二原理である。

　第一原理は平等な基本的自由の原理であり、基本的自由（選挙権／被選挙権などの政治的自由、言論／集会の自由、思想および良心の自由など）に関しては、全員に平等な分配を保障する。しかし基本的自由を全員に平等に分配して社会生活を始めても、自由競争の結果、社会的／経済的格差（不平等）は必然的に生じる。このような格差（不平等）を是正するのが第二原理である。第二原理は、社会的／経済的格差（不平等）を、①公正な機会均等、および②最も不遇な人々の利益を最大化する（格差原理）、という2つの条件であわせて調整する⁽⁸⁷⁾。

　もっとも「格差原理に皆が同意するのか」という疑問が生じる。その疑問に対するロールズの回答はこうである。格差原理の導入に先立つ原初状態において、各人には無知のヴェール（目隠し）がかけられる⁽⁸⁸⁾。無知のヴェールとは、誰も社会の中での自分の境遇や階級上の地位、社会的身分を知らないだけでなく、親から受け取る資産や生まれつきの諸能力、知性、体力その他分配も自分の場合はどれほど恵まれているのかわからない状態のことである⁽⁸⁹⁾。このような状況にあれば、最悪の事態を想定し、そのような状況に陥った場合にも救済され人並みの社会生活が保障される仕組みを公正と考えるはずである⁽⁹⁰⁾。すなわち、最悪の事態に陥っている私を想像し、それを起点に社会の他の構成員への配慮へと結びつけている⁽⁹¹⁾。このように正義の二原理が、最も不遇な人の自尊心を阻害しないということがわかれば、格差原理に積極的な支持が与えられるはずである⁽⁹²⁾。

②財産所有デモクラシーと格差原理

　このような格差原理の根本には、才能や能力など他者より優越した資質（の分配）は、偶然（自然の恵み）によるものであり、個人の所有物ではなく共有資産（common asset）であると考えるロールズの社会哲学がある。したがって、その結果としての報酬は「その人のもの」であるとは認めない。だから才能や能力の資質の相違に基づく所有物の格差を正義に基づいて分配することが可能

になる⁽⁹³⁾。ところが格差原理は事後的な資源の再分配に他ならない。そこでロールズは事前的な資源の再分配を提案する。それが財産所有デモクラシーである。財産所有デモクラシーとは、「……それはいわば各期の終わりに、さほどもたざる人々に所得を再分配することによってではなく、むしろ各期のはじめに、生産用資産と人的資本（つまり教育と訓練された技能）の広く行き渡った所有を確保すること、しかも、これらすべてを公正な機会の平等を背景にして確保することによってである。そのねらいは……適正な社会的・経済的平等を足場にして、自分自身のことは自分で何とかできる立場にすべて市民をおくということである」⁽⁹⁴⁾。

　事前的資源分配とは、生を規定する様々な偶然性、例えば生まれもった才能という自然的偶然性、家庭環境などの社会的偶然性、自然災害などの予期しえぬ偶然性が及ぼす効果をできるかぎり緩和するための資源の分配である。とりわけ負の偶然性は、各人にとって運命的／宿命的なものであり、各人の責任を問うことはできない。しかし負の偶然性は、スタート時点で各人に不利な条件を背負わせ、人生の展望を開いてゆくこと自体を断念せざるをえないようなことにもなりかねない⁽⁹⁵⁾。個人の責任を問う社会は、その前提条件をすなわち対等の立場でスタート時点に立てるよう制度的な保障が必要である⁽⁹⁶⁾。それは正義の二原理を導くにあたって各人に無知のヴェールをかけ、他者より優越した資質の違いを含む自然的／社会的偶然性をできる限り排除し、最も不遇な人にとっても自尊心が損なわれることがないよう資源を分配する、という考え方に共通する⁽⁹⁷⁾。このように事前的資源分配は、個人の不利な条件を是正するだけでなく、個人の潜在能力を開花させる機会を提供する。したがって、物的資本や制度設計だけでなく人的資本に対する積極的な資源分配が必要となる。

3）機会の平等と再分配の原理

　このように財産所有デモクラシーは、事前的資源分配により生来的な社会的不利な条件を是正し、将来の展望に希望をもたせる。各人は同じスタート時点に立つ対等で自由な個人として尊重される。そして最悪の事態に陥ったとしても制度的保障によって、自尊心が損なわれることなく再出発の機会が与えられる。社会が、各人を対等な個人として自尊心を守ってくれることが分かれば、

人々はその社会を守っていこうとするはずであり、社会全体を豊かにしてゆくという方向で協働（連帯）することができるはずである[98]。

　ロールズの社会哲学をヴァンデンブラウックの文脈で解釈すれば概ねこのような内容であろう。さらにヴァンデンブラウックは、ロールズの社会哲学との共通性を確認しながら次の点を強調する。「私の考える平等は、人は自ら責任を負うことができない特質や環境によって不利益を被ることは不公平である、という確信を基本としている。自己責任という原理は、自ら統制の及ばない諸要因による犠牲者と連帯することを前提とする。また平等の追求は結果の平等を意味するのではないが、だからといって機会の平等だけでよいわけではない。平等な機会が提供されても、個人の選択は生来のそして幼少期を通じて個人が受ける素質や才能そして環境によって大きく左右される。そのような差異を無視した機会の平等は、自己責任に関する狭い能力主義である。したがって人的資本への社会投資を必要とする。しかしそれは市場に適応できるよう準備するための社会投資ではない。幼少期も含めた人的資本への社会投資が行われ、そして機会が平等に提供され就労できたとしても、市場による報酬の格差をすべて個人の責任に帰することはできない。負の格差を余儀なくされる者に対して社会公正という観点から所得再分配が必要となる」[99]。

（2）エスピン-アンデルセンの社会哲学：子ども社会投資戦略

　ヴァンデンブラウックの序文では、EUが進むべき福祉国家の近未来像が明らかにされた。そしてエスピン-アンデルセンらの研究グループが提出した報告書は、「子ども中心社会投資戦略」（Child-Centred Social Investment Strategy）と題されて、『なぜわれわれは新しい福祉国家を必要とするのか』に収録され、具体的な政策提言がされている[100]。

　子どもをターゲットにした政策は、ギデンズの社会哲学において深く掘り下げられていなかったし、ブレア政権第一期においても実施されていない。ところがブレア政権のブレーンである政策ネットワーク（Policy Network：ピーター・マンデルソンを委員長とする「第三の道」の政策集団。マンデルソンはブレア政権で重要閣僚を務めた後、EUの通商担当委員に就任）[101] は、エスピン-アンデルセンらの研究グループに、2003年7月、ロンドンで開催される

国際進歩的統治管理会議（International Progressive Governance Conference）に提出する報告書の作成を依頼している[102]。このようなことは、新労働党が、子どもをターゲットにした社会投資戦略に大きな関心を寄せていることを物語っており、実際にブレア政権第二期では「すべての子どもはかけがえのない存在である」（*Every Child Matters*: ECM, 2003）と称される「子ども期総合支援対策」が実施された。

このように本報告書は、ギデンズの社会哲学に新たな視点をもたらし、ブレア政権第二期の政策に大きな影響を与えた点で、重要な意味をもつ。エスピン-アンデルセンの文脈に拠りながら、その内容を一瞥しておこう。

1) 世代を跨ぐ負の社会的連鎖（貧困／不平等の世代間連鎖）の根絶

「EU加盟諸国はすべて共通の難問に直面している。知識集約型経済に対応できる競争力を涵養しながら、いかにして経済成長と社会公正を達成持続できるのかという問題である。これらの難問に取り組むためには戦後福祉国家の根本的な再構築が必要である。このような再構築にあたって重要な提言をしたのが2000年3月のリスボン会議である」[103]。

「本報告書の目的は、EU加盟国が共通に取り組むべき課題と目標を検証し明確にすることである。それぞれ加盟国の事情もあり、何を政策目的の最優先におくかは加盟国に委ねられるが、社会的包含が重要課題としてあることは確かである[104]。もちろん社会的包含の取り組みは、市民の連帯意識の再構築と軌を一にする。というのは、グローバルな市場経済は所得格差を広げ市民の分断と連帯意識の弱体をもたらした。とくに社会的排除の問題は社会的包含の大きな障壁となる。社会的排除の脅威とは、一時的な生活リスクが長期化し回復の目途が立たず深刻な貧困を引き起こし、家族のライフチャンス[105]を決定づけ、さらに悪いことに次世代へと社会的連鎖してしまうことである。負の社会的連鎖は過去と同様に今日においても強い。戦後福祉国家は、社会保障と大衆教育のレベルを向上させ、市民の生活水準と社会的リスクに対する対応力を高めはしたが、社会的出自や家族背景が人々のライフチャンスに与える負の影響を絶ち切ることはできなかった。この問題への取り組みなくして経済成長と社会公正の実現は不可能である」[106]。

「福祉国家の再構築にあたってターゲットになるのが家族である。戦後福祉国家は、わずかな例外は別にして、子どもを持つ家族に対する政策は優先度が低かった。完全雇用を前提とする男性稼主と性的役割分担が家族の基盤を形成していた。このような基盤が安定しているかぎり家族ニーズの顕在化を抑えることはできたが、今や基盤そのものが大きく揺らいでいる[107]。にもかかわらず、家族は個人が生きていく上で必要とされる基本的能力を培う場所であり、また社会的リスクやニーズが最初に発見され、セーフティーネットが最初に作動する場所として重要である」[108]。

2) 子ども社会投資戦略

このように本報告書では、家族政策の重要性を訴えながらターゲットを絞り、子ども期とりわけ就学前乳幼児期に焦点が合わされている[109]。子ども期こそ市民が認識能力と学習動機の基礎を身につける時期であり、子ども期の質がとりわけ重要になるという考え方である。それは子どもに重点をおいた社会投資戦略と換言できる。

「社会公正と機会平等という視点から、負の社会的連鎖を絶ち切らなくてはならない[110]。親の社会的／経済的諸条件がそのまま子のライフチャンスを左右することがあってはならない。親の貧困が子のライフチャンスを制約する負の悪循環は絶たなくてはならない[111]。このような機会不平等は過去と同様、今日でも強くある[112]。そして経済成長という視点から、子どもの潜在能力を最大限引き出すために、子どもの認知能力の発達に社会投資する必要がある。つまり、子どもの認知能力への社会投資は、将来的にみれば、ライフチャンスを拡げるだけでなく、グローバル市場のなかで対応できる知識や技能を培い、経済成長に貢献する[113]。というのも、成人を対象としたアクティベーション政策は、当人がすでに十分な能力と動機を持ちえている場合にのみ効果的である[114]。基本的な認知能力や学習意欲が未熟なまま人生を始める者は、知識経済において、低賃金、雇用訓練機会の喪失、不安定な就労という困難なライフコースに直面するであろう[115]。子ども期（とりわけ幼少期）の質は、子どものライフチャンスだけでなく、経済成長や社会公正（社会的排除の予防）の達成にも大きな影響力をもつ」[116]。

「子ども期の質に大きな影響を与えるのが児童貧困である。貧困は衣食住の基本的生活資源に大きな制約をもたらすばかりか、家庭での子どもの養育環境に負の影響をもたらす。基本的認知能力や学習動機を培うことができなければ、学業到達度に著しい支障をもたらし、ゆくゆくは就労機会を失うことにもなりかねない。それは世代間に跨る負の連鎖（貧困悪循環）に発展する恐れがある[117]。したがって、子ども期への社会投資が重要になるわけだが、それは将来の大人の福祉問題すなわち高齢者貧困リスクも抑えることにもつながる[118]。子どもへの資源分配は高齢者を犠牲にすると考えられているが、これは誤った考えである。高齢者貧困や児童貧困は北欧諸国やベルギーではどちらも低い。一方、アメリカやイギリスは高い。高齢者貧困は国際的に減少傾向にあるが、児童貧困は国によって格差が激しい[119]。もっとも児童貧困が低く抑えられている国々では、社会的再分配機能の充実とともに、男女稼主モデル（ジェンダー平等）を前提とした女性が就労しやすい環境が整備されている。児童貧困対策において親の就労は重要であり、とりわけ女性（単親）の就労参加を促進／支援する必要がある。それには子育てする就労女性の視点から労働条件／環境を是正し、育児支援の整備が求められる。すなわち、子ども期（とくに幼少期）への社会投資には、児童貧困対策として女性の就労参加の促進／支援が伴わなければならない。それにはジェンダー平等の視点から、労働機会／条件／環境の是正（雇用政策）、社会手当の充実（所得保障）、育児支援の整備が不可欠となる。その結果、世代に跨る負の連鎖を断ち切り社会的排除を克服することができる」[120]。

(3) ギデンズ、エスピン-アンデルセンの子ども社会投資戦略
1) ギデンズの子ども社会投資に対する積極的評価

　2003年7月、国際進歩的統治管理会議（International Progressive Governance Conference）に提出された報告書が一冊の書籍としてまとめられた。それが『進歩主義マニフェスト：中道左派のための新しい理念』（*The Progressive Manifesto: New Ideas for the Centre-Left*, 2003）[121]である。編著者はギデンズで、彼自身も序章「進歩主義：社会民主主義のための新しいアジェンダ」を執筆している。ここで興味深いのは、ギデンズが負の社会的連鎖の根絶をブレア政権第二期の新たな政策として掲げるべきである[122]と主張した

ことである。その理由はこうである。ギデンズもリスボン戦略と同様に、グローバル市場経済のなかでいかに経済成長と社会公正を達成させることができるのか、という課題を共有している。グローバル市場経済は社会的格差を拡げただけでなく、貧困／不平等の世代間連鎖をもたらした。貧困階層の固定化である。しかし、デンマークやスウェーデンでは負の社会的連鎖が弱い。それは児童貧困の水準が低いからである。負の社会的連鎖を根絶するには、幼少期とりわけ就学前の子どもに対する普遍的な保育／教育制度、そして児童貧困に陥らないための女性の就労支援が必要である。このように彼は認識する。そして、認知能力や社会適応力の基礎は幼少期とりわけ就学前の生活経験に強く影響を受けており、負の社会的連鎖を根絶するには、すべての子どもを対象とした社会投資戦略が必要であると主張したエスピン-アンデルセンをギデンズは高く評価する[123]。そして第4章には「世代を跨ぐ負の社会的連鎖との戦い」(*Against Social Inheritance*)と題されたエスピン-アンデルセンの報告書が掲載されている。エスピン-アンデルセンの文脈に拠りながら、その内容を一瞥しておこう。

2) エスピン-アンデルセンの社会哲学：子ども社会投資と機会の平等

「社会民主主義には、平等という概念の見直しが求められている。結果の平等に対して機会の平等が主張されるが、その機会の平等は市場経済と親和的な個人主義の影響をあまりにも強く受けている。スタート時点において貧困／不平等の世代間連鎖に縛られたなら、機会にめぐり合えることもなく、めぐり合えても活用することはできない。教育制度の充実と拡大は機会の平等をもたらすと考えられていた。しかし貧困／不平等の世代間連鎖を断ち切ることはできていない」[124]。

「知識経済では人的資本への社会投資が重要になる。どのような知識や技能の修得が必要なのか特定はできないが、認知能力であることは確かである。情報を理解し、解釈し、要請や環境の変化に素早く対応できる能力全般というべきであろう。これらの認知能力が十分に備わっていなければ、アクティベーション政策も効果をもたない[125]。そして何よりも重要なことは、この認知能力の基礎は就学前の段階で培われるものであり、それが不十分であると、年齢を

重ねるにつれその格差は拡がってゆくことになる。すなわち、ライフチャンスは就学前の子どもの生活体験に強く影響を受けており、教育改革が貧困／不平等の世代間連鎖を根絶できず、親の社会的地位が子どもの教育、所得、就労などへ影響を与え続けているのは、このような理由からである」(126)。

「では、貧困／不平等の世代間連鎖を根絶するには、どうすればよいのか。2つの格差是正が必要である。1つは経済的なもの。児童貧困に陥らないよう単親への就労支援および所得補償などである。もう1つは文化的なもの。子どもの認知能力や動機の発達向上は、家族のもつ認知的資源（教育力）に大きく左右される(127)。すなわち、就学前の子どもを対象とする普遍的な保育／教育制度の充実が必要である。どのような家庭に生まれたとしても、家族背景による認知的刺激の不平等はあってはならない。家族背景とは関係なく、すべての子どもは同じような認知的刺激を受け、登校初日を迎えるべきである。認知能力の発達は就学前の生活経験に強く影響を受ける。というのも、学校は就学前の認知的ハンディキャップを是正／補償するための十分な資源を準備していないからである。このように機会の平等とは、就労支援だけでなく、就学前の子ども受ける認知的刺激の格差を是正する手段として理解されなければならない」(128)。

〔3〕福祉国家の現代化における子ども社会投資の社会哲学的根拠とその意義

最後にこれまでの考察を踏まえ、ギデンズの福祉国家の現代化を整理し、子ども社会投資の社会的意義を明確にしたい(129)。

グローバル市場で生き残れる競争力をもち継続的な経済成長が担保され、高い水準の社会保障／社会福祉を達成するには、どのような国家ヴィジョンを必要とするのか。ギデンズが構想する新たな福祉国家（福祉国家の現代化）とは、これらの問いかけに対する挑戦といえる。この挑戦は問いを「自己とは何か」という根源的な段階にまで深化させ、そこから反転・上向させて国家ヴィジョンが構築されている。

ギデンズによれば、規範や価値観が多様化／流動化している社会では、自らの行為そのものが自己アイデンティティの拠り所になるという。自己アイデンティティとは、行為状況を絶えず再帰的にモニタリングし、自らの環境に即し

た形に再構成していくことである。もっとも自己アイデンティティは、他者の承認、すなわち共有知に基づいた行為の制御を必要とする。共有知とは、社会共同性のことであり、個人成立のための条件であると同時に、個人による相互行為関係がフィードバックされ再生産されたものである。

このような個人と共同性（社会）の社会哲学をより具体化させたのが、『第三の道』であり、新たな個人主義に基づく社会連帯を再構築し社会公正を達成することが国家ヴィジョン（社会民主主義の刷新）の基幹に据えられる。新たな個人主義とは、伝統や習慣にとらわれることなく、また市場によって育まれた利己主義とも異なる。自己実現にあたって他者の存在を前提とし、他者への配慮が含まれているという意味で、道徳的個人主義である。すなわち共同性を前提とした自己実現が自覚されており、そこには社会連帯の始原がある。そして新たな社会連帯の再生は、「民主主義の民主化（刷新）」の中にあるとギデンズは考えており、政府と市民、それぞれに対していくつかの取り組みを要請している。とりわけ、市民に対する要請として、異なる複数の価値観が併存するコミュニティにおいて、個人の間で自由に展開される対話や討議を通して現れてくる合意に普遍的妥当性を見出そうとする姿勢が求められている。民主的なルールによる対話や討議の積み重ねは、他者への想像力と配慮を喚起させ、社会公正を可能（正義の構想）にする制度のあり方への関心を促すことになる。

新たな個人主義は、新たな社会連帯すなわち市民アソシエーションによるコミュニティ連帯の再生だけでなく、新たな自己統治と社会公正の関係も提示する。自己アイデンティティが自分自身で選択し作り出してゆくものであるならば、ライフチャンスを活かし、自己実現を達成することは個人の責任となる。そうすると、結果の平等よりも機会の平等が強調されるようになる。戦後福祉国家のように結果の平等を限りなく追求することはできないにしても、ネオリベラリズムが主張する機会の平等は能力主義であり、深刻な結果の不平等を招き、社会連帯を揺るがすことになる。機会の平等は社会公正を達成する一手段と考えなくてはならない。自己実現を社会的／経済的安定と考えるのであれば、就労へのアクセスは個人の生き方において大きな比重を占める。そうであるならば、ライフチャンスを活かすための教育機会を市民に十分保障する必要がある。このような教育機会の保障は人的資本への社会投資であり、結果の修正／

再分配に対する可能性の事前再分配すなわち機会の平等となる。

このように市民が自己統治能力を高め、市民アソシエーションによるコミュニティ連帯を再生し、政府と協調しながらあらゆる問題を解決する新たな国家ヴィジョンを、ギデンズはポジティヴ・ウェルフェアと呼ぶ。それはベヴァリッジが掲げた、克服すべき「社会の五つの巨大悪」である「無知、不潔、貧困、怠惰、病気」を「教育と学習、繁栄、人生選択、社会や経済への積極的参加、健康的なライフスタイル」へ置き換えることになる[130]。

ギデンズが構想する新たな福祉国家（ポジティヴ・ウェルフェア）では、社会公正は、人的資本への社会投資すなわち可能性の再分配であり教育機会の保障であった。それはギデンズが生成の政治において、国家の本質的な機能は個人の人格を解放すること、すなわち個人の自己実現が可能となるよう支援することであり、そのための制度を整備することを国家の責務としたことに由来する。確かに、機会を活かす能力を培うこと（教育機会の保障）を国家の責任であることを明確にした点で、従来の機会の平等を凌駕しているが、就労可能性を高めることが中心であり、乳幼児を含めた子どもの潜在能力を対象としたものではない。もっとも、彼の社会哲学には、精神分析理論から導入された存在論的安心という概念がある。存在論的安心の源泉は乳幼児期の適切な養育環境のもとで培われた基本的信頼であり、それが自己アイデンティティを支える基盤を形成しているという。このようなギデンズの存在論的安心に関する理解は、エスピン-アンデルセンらの社会哲学と共鳴することになる。

ヴァンデンブラウックの平等に関する優れた社会哲学は、新たな福祉国家における社会公正の意味を明確にする。それは結果の再分配に対比される可能性の再分配の市場原理的な部分に歯止めをかけ、人的資本への社会投資に明確な根拠を与えることになる。ヴァンデンブラウックは、機会の平等といっても機会を活かすだけの認知能力が備わっていなければ平等にならないという。すなわち、生来のそして幼少期を通じて個人が自ら責任を負うことができない特質や環境、たとえば、親の社会的／経済的諸条件によって不利益を被ることは不公平であり、このような不公平が是正されてこそ機会の平等であり、自己責任を引き受けることが可能となる。ヴァンデンブラウックの社会哲学は、人的資本への社会投資に関する対象について、生来のそして幼少期を通じて個人が自

ら責任負うことができない特質や環境に焦点を合わせた。このような考え方はロールズが主張する格差原理、財産所有デモクラシーとも共通する。彼の主張はそれだけに留まらない。続けて次のようにいう。「人的資本への社会投資は市場に適応できるよう準備するための投資ではない。幼少期も含めた人的資本への社会投資が行われ、そして機会が平等に提供され就労できたとしても、市場による報酬の格差をすべて個人の責任に帰することはできない。負の格差を余儀なくされる者に対して社会公正という観点から所得再分配が必要となる」。制度的な再分配の機能がしっかり裏づけされてこそ、人的資本への社会投資が有効であると主張される。

そして、「生来のそして幼少期を通じて個人が自ら責任を負うことができない特質や環境」に対する社会投資は、エスピン-アンデルセンらの社会哲学において、子ども社会投資戦略として明確に位置づけられることになる。戦後福祉国家は、市民の生活水準と社会的リスクに対する対応力を高めはしたが、社会的出自や家族背景が人々のライフチャンスに与える負の社会的連鎖を絶ち切ることはできなかった。この問題への取り組みなくして経済成長と社会公正の実現は不可能である。社会公正と機会平等という視点から、負の社会的連鎖を絶ち切るためには、市民のライフチャンスの基盤となる子ども期とりわけ就学前乳幼児期をターゲットにした社会投資が必要であると明言される。

人生の早い段階で、負の社会的連鎖という不利な条件のもとにおかれるために、自らの手で将来への希望を閉ざすようなことはあってはならない[131]。子ども期こそ市民が認識能力と学習動機の基礎を身につける時期であり、親の社会的／経済的諸条件によって阻害されてはならない。子どもの潜在能力を最大限引き出すために、子どもの認知能力の発達に社会投資する必要があり、それは将来的にみれば、ライフチャンスを拡げるだけでなく、グローバル市場のなかで対応できる知識や技能を培い、経済成長に貢献することにもなる。すなわち、子ども期（とりわけ幼少期）の社会投資は、子どものライフチャンスだけでなく、経済成長や社会公正（社会的排除の予防）の達成にも大きな影響力をもつとされる。

そして具体的な投資戦略として児童貧困対策があげられる。児童貧困は家庭での子どもの養育環境に負の影響をもたらし、基本的認知能力や学習動機を培

うことができなければ、学業到達度に著しい支障をもたらしかねない。ゆくゆくは就労機会を失うことにもなりかねず、負の社会的連鎖に発展する恐れがある。それを予防するために次の2つの対策が提示される。1つは女性（単親）の就労支援である。子育てする就労女性の視点から労働機会／条件／環境の是正（雇用政策）、社会手当の充実（所得保障）、育児支援の整備が不可欠となる。もう1つは就学前の子どもを対象とする普遍的な保育／教育制度の充実である。どのような家庭に生まれたとしても、家族背景による認知的刺激の不平等はあってはならない。

こうして子ども社会投資の社会哲学的根拠が明確にされることになった。子ども社会投資がイギリスの福祉国家の現代化という脈絡に移行されたとき、どのような政策が展開され、どのような結果が予測されるのか、次章で考察を深めたい。

注　記

(1) アンソニー・ギデンズ著、佐和隆光訳（1999）『第三の道――効率と公正の新たな同盟』日本経済新聞社。
(2) ①宮崎恒平（2003）「〈近代的主体〉の構成と時間――ギデンズ構造化理論に関する一考察」『名古屋大学社会学論集』（24）、②宮崎恒平（2004）「『第三の道』の基礎――構造化理論から『生き方の政治』へ」『名古屋大学社会学論集』（25）、③宮崎恒平（2005）「政治的実践としての『自己実現』の可能性と限界――ギデンズ『生き方の政治』に関する一考察」『名古屋大学社会学論集』（26）、④宮崎恒平（2006）「個人の『自己実現』と国家――ギデンズ政治社会学に関する一考察」『名古屋大学社会学論集』（27）、⑤宮崎恒平（2006-12）「グローバル化時代における社会的連帯性の回復――ギデンズ政治社会学に関する一考察」『人間環境学研究』4（2）。
(3) 樫村愛子（2007）『ネオリベラリズムの精神分析』光文社新書、p. 62。
(4) 同上、p. 63。
(5) 再帰性に関しては、畑本祐介の解説が詳しい。再帰性とは「行為の持続的な流れ」がモニタされただけの状況を指しており、モニタリングによってよい結果がもたらされるとは限らない。また意識的に結果が必ず統制されるということでもなく、「意図しない結果」「思わしくない状況」を招くことも起こりうる。反省のように「良い結果がもたらされるよう行為の不備を検討し改善してゆく」という「結果に対する意識的な統制」はされておらず、「思わしくない結果」も起こり得るという意味で中立的である。一方、反射のように「刺激に即応」するのではなく「主体的なモ

ニタリング」が働いている状態である（①畑本祐介（2008）『再帰性と社会福祉・社会保障——〈生〉と福祉国家の空白化』生活書院、p. 82、②畑本祐介（2007）「再帰性とグローバリゼーションの理論的検討——アンソニー・ギデンズの哲学的保守主義を中心に」『明星大学社会学研究紀要』（27）、pp. 15-16）。
(6) アンソニー・ギデンズ著、松尾精文／小幡正敏訳（1993）『近代とはいかなる時代か？ モダニティの帰結』而立書房、小幡の解説文、p. 245。
(7) アンソニー・ギデンズ著、秋吉美都／安藤太郎／筒井淳也訳（2005）『モダニティと自己アイデンティティ——後期近代における自己と社会』ハーベスト社、p. 57。
(8) 同上、p. 57。
(9) 宮崎恒平（2004）「『第三の道』の基礎——構造化理論から『生き方の政治』へ」『名古屋大学社会学論集』（25）、pp. 9-10、p. 14。
(10) 浅野智彦「物語アイデンティティを越えて？」上野千鶴子編（2005）『脱アイデンティティ』勁草書房、p. 78。
(11) ①宮崎恒平（2003）「〈近代的主体〉の構成と時間——ギデンズ構造化理論に関する一考察」『名古屋大学社会学論集』（24）、p. 150、②宮崎（2004）、前掲論文、p. 6、③畑本（2008）、前掲書、pp. 210-211。
(12) 宮崎（2003）、前掲論文、p. 150。
(13) 同上、p. 152。
(14) 同上、pp. 150-151。
(15) ギデンズ著、松尾／小幡訳（1993）、前掲書、pp. 116-117。
(16) ギデンズ著、秋吉／安藤／筒井訳（2005）、前掲書、p. 279。
(17) 同上、p. 83。
(18) 同上、p. 83。
(19) ギデンズ著、松尾／小幡訳（1993）、前掲書、p. 119。
(20) ギデンズ著、秋吉／安藤／筒井訳（2005）、前掲書、p. 41。
(21) ギデンズ著、松尾／小幡訳（1993）、前掲書、p. 119、p. 143。
(22) 同上、p. 120。
(23) 同上、p. 143。
(24) ①ギデンズ著、松尾／小幡訳（1993）、前掲書、p. 121、②ギデンズ著、秋吉／安藤／筒井訳（2005）、前掲書、p. 41。
(25) 樫村、前掲書、p. 66。
(26) 片桐雅隆（2011）『自己の発見——社会学史のフロンティア』世界思想社、pp. 176-177。
(27) ギデンズ著、秋吉／安藤／筒井訳（2005）、前掲書、p. 278。
(28) 同上、p. 10。
(29) 同上、p. 210。
(30) 同上、p. 211。

(31) 同上、p. 279。
(32) 浅野智彦編（2010）『考える力が身につく社会学入門』中経出版、pp. 105-106。
(33) ギデンズ著、秋吉／安藤／筒井訳（2005）、前掲書、p. 211。
(34) 同上、p. 277。
(35) 同上、p. 212。
(36) 宮崎恒平（2005）「政治的実践としての『自己実現』の可能性と限界——ギデンズ『生き方の政治』に関する一考察」『名古屋大学社会学論集』（26）、pp. 138-139。
(37) ①宮崎恒平（2005）「政治的実践としての『自己実現』の可能性と限界——ギデンズ『生き方の政治』関する一考察」『名古屋大学社会学論集』（26）、②宮崎恒平（2006）「個人の『自己実現』と国家——ギデンズ政治社会学に関する一考察」『名古屋大学社会学論集』（27）、③宮崎恒平（2006-12）「グローバル化時代における社会的連帯性の回復——ギデンズ政治社会学に関する一考察」『人間環境学研究』4（2）。
(38) ギデンズ著、秋吉／安藤／筒井訳（2005）、前掲書、pp. 238-239。
(39) 同上、p. 241。
(40) 畑本（2008）、前掲書、p. 134。
(41) 宮崎（2005）、前掲論文、p. 140。
(42) ①ギデンズ著、秋吉／安藤／筒井訳（2005）、前掲書、p. 243、②宮崎（2005）、前掲論文、p. 142。
(43) ①宮崎恒平（2006）「個人の『自己実現』と国家——ギデンズ政治社会学に関する一考察」『名古屋大学社会学論集』（27）、pp. 4-6、p. 9、②宮崎（2005）、前掲論文、pp. 144-145。
(44) 宮崎（2006）、前掲論文、p. 8。
(45) 同上、p. 11。
(46) ①宮崎恒平（2006-12）「グローバル化時代における社会的連帯性の回復——ギデンズ政治社会学に関する一考察」『人間環境学研究』4（2）、p. 62、②宮崎（2006）、前掲書、p. 11。
(47) 仲正昌樹（2008）『集中講義！　アメリカ現代思想——リベラリズムの冒険』NHK出版、p. 138。
(48) 同上、p. 139。
(49) 宮崎（2006-12）、前掲論文、p. 61。
(50) 仲正昌樹（2008）『集中講義！　アメリカ現代思想——リベラリズムの冒険』NHK出版、p. 205、pp. 206-207、p. 216。
(51) 同上、p. 205。
(52) 同上、pp. 206-207、p. 216。
(53) アンソニー・ギデンズ著、佐和隆光訳（1999）『第三の道——効率と公正の新たな同盟』日本経済新聞社。訳者の佐和隆光はあとがき「第三の道はどこへ行く」（pp. 260-261）の中で1998年9月21日の朝日新聞上にブレア首相が寄せた「第三の道」

と題する論考はギデンズが著した本書の要約以外の何物でもなかったと述べている。
(54) 同上、pp. 69-72。
(55) 同上、p. 116。
(56) 同上、p. 117。
(57) 同上、pp. 122-136。
(58) 仲正、前掲書、pp. 206-207、p. 216。
(59) ギデンズ著、佐和訳（1999）、前掲書、pp. 137-167。
(60) 齋藤純一（2009）「制度による自由／デモクラシーによる社会統合」齋藤純一編著（2009）『社会統合——自由の相互承認に向けて』岩波書店、p. 35、p. 36、pp. 42-43、p. 46。
(61) 同上、p. 35。
(62) 同上、p. 36。
(63) 同上、pp. 42-43。
(64) 同上、p. 46。
(65) ギデンズ著、佐和訳（1999）、前掲書、p. 169。
(66) 同上、p. 173。
(67) 同上、p. 174。
(68) ギデンズ著、佐和訳（1999）、前掲書、佐和による訳者あとがき「第三の道はどこへ行く」p. 269。
(69) 宮本幸二（2007）「『第三の道』の社会理論——ギデンズの社会思想」『桃山学院大学社会学論集』41（1）、p. 9。
(70) ギデンズ著、佐和訳（1999）、前掲書、p. 174。
(71) 同上、p. 184。
(72) 同上、佐和による訳者あとがき「第三の道はどこへ行く」、p. 270。
(73) ギデンズ著、佐和訳（1999）、前掲書、p. 196。
(74) ギデンズ著、松尾／小幡訳（1993）、前掲書、p. 119。
(75) Blair, T. (1999) Beveridge Lecture, Toynbee Hall, London, 18 March, Reproduced in Walker, R. (ed) *Ending Child Poverty*, Policy Press, p. 16.
(76) アンソニー・ギデンズ／渡辺聰子（2009）『日本の新たな「第三の道」——市場主義改革と福祉改革の同時推進』ダイヤモンド社、pp. 137-138。
(77) Vandenbroucke, F. Belgian Minister for Social Affairs and Pensions (2002) 'Foreword' in Esping-Andersen, G., Gallie, D., Hemerijck, A. & Myles, J. (2002) *Why We Need a New Welfare State*, Oxford University Press, pp. 8-9.
(78) Esping-Andersen. G., Gallie, D., Hemerijck, A. & Myles, J. (2002) *Why We Need a New Welfare State*, Oxford University Press.
(79) ①Vandenbroucke, *op. cit.*, pp. 9-10、②近藤康史（2011）「ヨーロッパ福祉国家の現在とゆくえ——連帯と多様性の再編」齋藤純一／宮本太郎／近藤康史編（2011）『社

会保障と福祉国家のゆくえ』ナカニシヤ出版、pp. 53-55、pp. 59-60、p. 65。
(80) 金田耕一（2000）『現代福祉国家と自由——ポスト・リベラリズムの展望』新評論、pp. 237-238。
(81) Vandenbroucke, op. cit., pp. 10-11.
(82) ①Vandenbroucke, op. cit., pp. 11-12、②齋藤純一（2011）「社会保障の理念をめぐって——それぞれの生き方の尊重」齋藤純一／宮本太郎／近藤康史編（2011）『社会保障と福祉国家のゆくえ』ナカニシヤ出版、pp. 8-10。
(83) ①川本隆史（2005）『ロールズ——正義の原理』講談社、pp. 288-290、②仲正昌樹（2008）『集中講義！ アメリカ現代思想——リベラリズムの冒険』NHK出版、pp. 97-110、③齋藤純一（2011）「社会保障の理念をめぐって——それぞれの生き方の尊重」齋藤純一／宮本太郎／近藤康史編（2011）『社会保障と福祉国家のゆくえ』ナカニシヤ出版、p. 9、p. 12、p. 108。
(84) 仲正、前掲書、p. 85。
(85) 川本、前掲書、p. 288。
(86) ①齋藤（2011）、前掲論文、p. 9、②仲正、前掲書、p. 97。
(87) ①川本、前掲書、p. 290、②仲正、前掲書、p. 97。
(88) 仲正、前掲書、p. 98。
(89) 川本、前掲書、p. 289。
(90) 仲正、前掲書、p. 99。
(91) 同上、pp. 100-101。
(92) 井上彰（2007）「共和主義とリベラルな平等——ロールズ正義論にみる共和主義的契機」佐伯啓思／松原隆一郎編（2007）『共和主義ルネサンス——現代西欧思想の変貌』NTT出版、p. 87。
(93) 小林正弥（2010）『サンデルの政治哲学——〈正義〉とは何か』平凡社新書、p. 131
(94) ジョン・ロールズ著、エリン・ケリー編、田中成明／亀本洋／平井亮輔訳（2004）『公正としての正義再説』岩波書店、p. 248。
(95) 齋藤（2011）、前掲論文、p. 12。
(96) 同上、p. 13。
(97) 井上、前掲論文、p. 88。
(98) 仲正、前掲書、p. 102。
(99) Vandenbroucke, op. cit., p. 14.
(100) エスピン‐アンデルセンらの研究グループが提出した報告書は、Esping-Andersen, G., Gallie, D., Hemerijck, A. & Myles, J.（2001）*A New Welfare Architecture for Europe? Report submitted to the Belgian Presidency of the European Union*（Final version, September 2001）。この報告書の子どもに関する部分は、Esping-Andersen, G.（2002）'A Child-Centred Social Investment Strategy' という題名で Esping-Andersen, G., Gallie, D., Hemerijck, A. & Myles, J.（2002）*Why We Need a New*

Welfare State, Oxford University Press. に所収されている。2002年論文は2001年報告書に拠りながら部分的な編集や新たな書き下ろしがみられるが、基本的な主張はまったく変わっていない。

(101) 山口二郎（2005）『ブレア時代のイギリス』岩波新書、p. 131。
(102) Lister, R.（2004）'The Third Way's Social Investment State' in Lewis, J. & Surender, R.（ed）（2004）*Welfare State Change: Toward a Third Way?*, p. 159.
(103) Esping-Andersen, G., Gallie, D., Hemerijck, A. & Myles, J.（2001）*A New Welfare Architecture for Europe? Report submitted to the Belgian Presidency of the European Union*（Final version, September 2001）, p. 2, p. 11.
(104) *Ibid.*, p. 22.
(105) ライフチャンスとは、永野の所論によれば、「『社会構造が付与している選択可能性＝オプション』と『社会的なつながり＝リガチュア』の相互関係から生じてくる個人の行動機会」と定義することができ、ライフチャンスを保障するためには、選択肢の準備だけでなく社会的なつながりを重視する必要があることが指摘されている（永野咲（2014）「社会的養護領域における『ライフチャンス』概念――ダーレンドルフの『ライフ・チャンス』概念を手がかりに」『東洋大学大学院紀要』50巻、pp. 119-137）。
(106) *Ibid.*, p. 23.
(107) Esping-Andersen, G.（2002）'A Child-Centred Social Investment Strategy' in Esping-Andersen, G., Gallie, D., Hemerijck, A. & Myles, J.（2002）*Why We Need a New Welfare State*, Oxford University Press, p. 52.
(108) Esping-Andersen, Gallie, Hemerijck, & Myles（2001）, *op. cit.*, p. 35.
(109) *Ibid.*, p. 3.
(110) *Ibid.*, p. 17.
(111) *Ibid.*, p. 35.
(112) *Ibid.*, p. 23.
(113) *Ibid.*, p. 4, p. 35.
(114) *Ibid.*, p. 4.
(115) *Ibid.*, p. 20.
(116) *Ibid.*, p. 4.
(117) Esping-Andersen, G.（2002）, *op. cit.*, pp. 54-55.
(118) *Ibid.*, p. 51, p. 55.
(119) *Ibid.*, p. 52.
(120) Esping-Andersen, Gallie, Hemerijck, & Myles（2001）, *op. cit.*, p. 35.
(121) Giddens, A.（2003）*The Progressive Manifesto: New Ideas for the Centre-Left*, Policy Network.
(122) ①Giddens, A.（2003）'Introduction. Neoprogressivism: A New Agenda for Social

Democracy' in Giddens, A. (2003) *The Progressive Manifesto: New Ideas for the Centre-Left*, Policy Network, p. 21, ②Lister, R. (2004), *op. cit.*, p. 160.
(123)　①Giddens, A. (2003), *op. cit.*, pp. 22-24, ②Lister, R. (2004), *op. cit.*, pp. 159-160.
(124)　Esping-Andersen, G. (2003) 'Against Social Inheritance' in Giddens, A. (2003) *The Progressive Manifesto: New Ideas for the Centre-Left*, Policy Network, p. 109.
(125)　Esping-Andersen, G. (2003), *op. cit.*, p. 109.
(126)　*Ibid.*, p. 110.
(127)　*Ibid.*, p. 111, p. 113.
(128)　*Ibid.*, p. 105, p. 114.
(129)　本節での考察は、前節までの内容をまとめたものであり、論文や著書の引用／要約箇所がすでに前節までの論述の中で明記されているものは注記を省いた。
(130)　アンソニー・ギデンズ／渡辺聰子、前掲書、p. 160。
(131)　齋藤純一（2017）『不平等を考える――政治理論入門』ちくま新書、pp. 118-124。

2章

子ども社会投資と福祉国家の現代化

　前章で明らかにされた子ども社会投資の社会哲学的根拠が、イギリスにおける福祉国家の現代化すなわち社会投資国家という脈絡に移行されたとき、どのような政策が展開され、どのような結果が予測されるのか、児童貧困対策を素材に取り上げ、子ども社会投資の意義と限界を明らかにするのが本章のねらいである。

〔1〕福祉国家の現代化：子ども社会投資の積極的意義

　本節では、グローバリゼーションという脈絡において福祉国家の現代化が要請され、現代化ヴィジョンの中で子ども社会投資に積極的な意義が見出された理由を、ギデンズ／渡辺聰子、湯元健治／佐藤吉宗の所論[1]に拠りながら明らかにする。

(1) グローバリゼーションにおける福祉国家

　福祉国家の現代化すなわち社会投資国家は、ケインズ／ベヴァリッジに象徴される戦後福祉国家の限界を克服し、ネオリベラリズムによる負の遺産の解消を目的とする新たな国家ヴィジョンである。戦後福祉国家（第一の道）は高い水準の社会保障／福祉を達成したが、経済活力は衰退し財政は破綻寸前にまで

追い込まれた。戦後福祉国家の立て直しを目論むネオリベラリズムは、構造改革による小さな政府を目指し、公共サービスに市場原理を導入した(第二の道)。財政は再建し経済活力も再生したかにみえたが、医療、福祉、教育の荒廃（サービスの質の低下）を招き、社会的格差を広げることになった。社会投資国家（第三の道）は、健全な市場原理による経済の活性化を目論みながら、公共サービスの刷新と質の向上を同時に達成しようとする[2]。ただし、公共サービスの刷新と質の向上は強い経済を前提とする。高い水準の社会保障／福祉の達成は、グローバル市場で生き残れる競争力をもち継続的な経済成長が担保されてこそ可能である[3]。

　そうするとグローバリゼーションに対する立ち位置が明確になる。世界を席巻するグローバリゼーションはイデオロギーではなく事実であり[4]、後戻りすることのできない現実であることを受容しなければならない。グローバル企業は国家の統制を振り払い、世界のあらゆる経営資源に手を伸ばす。市場開放や規制緩和の要求に国家が屈してゆくにつれ、政府の役割と統制力は縮小し、グローバル企業の手に移ってゆく[5]。グローバリゼーションは国家の経済に対する統制力を弱めた[6]。だからといって手をこまねいてはいられない。グローバリゼーションがもたらす様々な問題に手を打ちながら新たな価値を生み出す経済活動を創出し[7]、継続的な経済成長と雇用を担保しなければならない。もっとも市場は十分な自由が与えられないと新たな価値を生み出すことはできないが、適切な規制を必要とする[8]。市場は社会的あるいは倫理的枠組みに依存しており、それなくして健全な機能を期待することはできないし、市場の暴走を招くことになる。しかし市場は自らその枠組みを提供することができない。その枠組みを提供し維持するのが社会投資国家（政府）の役割であり、様々な政策やプログラムが実施されることになる[9]。

(2) 福祉国家の現代化：社会投資国家とは
1) サービス経済のトリレンマを超えて

　ところで福祉国家には「サービス経済のトリレンマ」があり、財政均衡、所得均衡、高い雇用率の3つを同時に達成することはできないという学説がある[10]。北欧諸国では高い課税と政府による雇用創出により、雇用の安定と充実した

社会保障／福祉は担保されたが、公的負債は増え財政規律に悩まされた。一方、イギリスのようなアングロ・サクソン系諸国では雇用創出は市場に委ね財政規律は担保されたが、北欧諸国並みの社会保障／福祉は担保されず貧困率は高い。理路整然としたトリレンマ説ではあるが、実際はそうではないことを示す証拠がいくつか提示されている。例えば北欧諸国の最近の例では、財政均衡、所得均衡、高い雇用率の達成が現実的に可能であることを示唆しているし、またトリレンマの1つだけしか達成されていない国々もある[11]。

　例えばスウェーデンを取り上げてみよう。スウェーデンでは、グローバル市場で生き残るために開放経済すなわち輸出の拡大と対外投資の呼び込みを積極的に行っている[12]。苦境にある国際競争力を失った斜陽産業に対して政府は救済の手を差し伸べることはしない。高い価値を生み出す産業の成長を支援する。そこで新たに雇用を生み出し、失業者を吸収してゆく。それは産業構造を経済状況に適応させることであり、グローバル市場のニーズに経済／社会政策が呑み込まれてゆくという危惧がないわけではない。しかし高い水準の社会保障／福祉を維持するためには、市場ニーズに合わせて産業構造を転換し（市場ニーズにマッチした人的資本の育成）、持続的な経済成長を追求してゆかねばならない[13]。いわゆる積極的労働市場政策である。労働移動を円滑に行うために、失業中は手厚い失業保険により生活は保障されるが、モラルハザードに陥らないよう求職活動を行ったり職業訓練を受け新たな就労能力を修得したりすることが条件となる[14]。すなわち、グローバル化によって急速に変化する産業構造に適応するためには、個人はリスクを積極的に引き受けチャレンジする覚悟が必要であり、それを可能とする社会の仕組みを整備し[15]、結果に対して自己責任でやり直しが可能となるようセーフティーネットの充実すなわち機会の平等（再チャレンジの機会）が保障される必要がある[16]。

2）個人主義と社会公正：機会の平等の意味

　これらの社会／経済政策の根底には、個人主義を基盤とする自由な社会でいかに社会公正を実現するのかという問いかけがある。それは市民の権利と責任の見直し、すなわち民主主義の現代化／刷新とも関連する。戦後福祉国家（第一の道）は、結果の平等を重視し、高い水準の社会保障／福祉を達成したが財

政は悪化した⁽¹⁷⁾。それは国民一人ひとりの努力や責任が無視されモラルハザードに陥ったこととも無関係ではない。その反省から機会の平等が重視されることになるが、市場原理に委ねられた機会の平等とは異なる。個人主義を基盤とする自由な社会での機会の平等は、次のような特徴をもつ。1つは自らの活動の結果に対して自己責任が求められるが、同時に再チャレンジの機会も平等に保障されること、もう1つは本人の責任が及ばない様々な要因、例えば家庭環境や障害などが理由で教育や雇用の機会に不平等があってはならないことである[18]。特に後者に関しては、例えば児童貧困が子どもの就学時における教育格差さらには社会的／経済的自立の格差につながるのであれば、就学前の教育／保育施策を充実させ、就学時の段階における教育的格差を是正する必要がある。個人主義を基盤とする自由な社会では、本人の責任が及ばない様々な要因が理由で、スタート時点での格差があってはならない。

　グローバル市場で生き残る国際競争力を培い、持続可能な経済成長と高い水準の社会保障／福祉を追求するスウェーデンの戦略は、文化的背景や政治的脈絡の異なる国々で素朴に導入することはできないが、積極的労働市場政策、就労支援や生涯教育などの人的投資、女性の就労奨励と子育て支援、就学前の保育／教育施策の充実などは参考になるであろうし、実際にEU諸国では国内事情に応じて、それぞれの施策が展開されている。

（3）イギリスにおける福祉国家の現代化：子ども社会投資と機会の平等

　ところでイギリスでは、人的資本への社会投資は、1992年に労働党内に設置された社会正義委員会（Commission on Social Justice）で検討を重ねられていた。当委員会は社会正義の視点から、サッチャー主義（新保守主義）に代わる新たな国家ヴィジョン（対抗軸）の構築を目的としていた。しかしケインズ／ベヴァリッジ戦後福祉国家への回帰は不可能であるという認識は明確であった[19]。当委員会の主張は1994年に提出された報告書『社会正義──国家再生のための戦略』（*Social Justice: strategies for national renewal*）で明確にされる。この報告書では、国民一人ひとりに機会の平等を担保し、その機会を積極的に活用し自己実現を果たすことが自立とされる。したがって、そのための人的能力の開発（生涯教育や就労訓練）[20]や再チャレンジの機会の保障が国家の役

割(セーフティーネットからスプリングボードへ)とされる[21]。人的資本への社会投資は、機会の平等と結果に対する自己責任を前景に押し出し、結果の平等という再分配的福祉権を後景に追いやることになった。

　人的資本への社会投資は、ブレア政権での積極的労働市場政策と教育の優先投資という脈絡の中で脚光を浴びることになる。とりわけ教育は可能性の再分配と位置づけられ、機会の平等を活かす重要な手段と位置づけられた。この段階での人的資本への社会投資は成人を労働市場に包含することが中心であって、乳幼児を含めた子どもにまで及ぶものではなかった。

　子どもを対象とした人的資本への社会投資は、2000年3月、リスボン会議で話し合われた「新たな欧州社会民主主義モデル」が転機となる。この新たなモデルでは、知識集約型経済において、人的資本への社会投資は、就労機会を高め経済成長をもたらすだけでなく、社会的排除を予防し社会連帯を達成する手段として認識される。社会的排除の脅威とは、一時的な生活リスクが長期化し深刻な貧困を引き起こし、次世代へ負の社会的連鎖をしてしまうことである。世代に跨る負の連鎖は、社会公正と機会平等という視点から、絶ち切らなくてはならない[22]。親の社会的／経済的諸条件が、そのまま子のライフチャンスを左右することがあってはならない。経済成長という視点から、子どもの潜在能力を最大限引き出すために、子どもの認知能力の発達に投資する必要がある。すなわち、子どもの認知能力への投資は、将来的にみれば、ライフチャンスを拡げるだけでなく、グローバル市場のなかで対応できる知識や技能を培い、経済成長に貢献する[23]。子ども期(とりわけ幼少期)の質は、子どものライフチャンスだけでなく、経済成長や社会公正(社会的排除の予防)の達成にも大きな影響力をもつ[24]。子どもの認知能力や動機の発達向上には、家族のもつ認知的資源(教育力)が大きく左右する[25]。そうであれば、就学前の子どもを対象とする普遍的な保育／教育制度を充実させなくてはならない。このように機会の平等とは就労支援だけでなく、就学前の子どもが受ける認知的刺激の格差を是正する手段として理解される[26]。ブレア政権第二期では子どもへの積極的な社会投資が実施されたが、そのイニシアティヴを財務省が握っていたのは、これらの理由からである。

〔2〕子ども社会投資とシティズンシップの変化：
社会的権利モデルから社会投資モデルへ

　福祉国家の現代化すなわちケインズ／ベヴァリッジ福祉国家から社会投資国家へという脈絡において、シティズンシップがどのように変化してきたのか、子ども社会投資と関連づけながら検討する。このようなシティズンシップの変化を社会的権利モデルから社会投資モデルへの変化と捉え、両者を比較したのが表2-1である。

（1）社会的権利に基づくシティズンシップ

　マーシャルは、シティズンシップを市民的、政治的、社会的というように3つに分類し、それぞれを市民的権利、政治的権利、社会的権利とした[27]。社会的権利には、「経済的福祉と安全の最小限を請求する権利」から「社会的資産を完全に分かち合う権利」「社会の標準的な水準に照らして文化的存在としての生活を送る権利」まで、広範な経済的かつ福祉的権利が含まれる[28]。

　1945年当時の社会的権利の構築は、1930年代の大恐慌による破壊的状況の再来を回避するという社会的／政治的要請に国家が対応したものである。したがって時間的展望は常に過去であり、現在は歴史的災難や危機が適切なマクロ経済政策によって回避された瞬間となる。すべての国家は程度の差はあれケインズ政策を採用していた。閉鎖経済の下で需要サイドの介入を通じて完全雇用を達成し、経済的安定と社会的連帯を担保できるものと信じられていた[29]。また欧州では社会は階級社会として認識され、労働者の権利／利益は組合を通じて、すなわち階級を基盤とする社会集団の権利／利益として現れていた[30]。社会的権利の充実は、持続可能な経済成長を担保し完全雇用をめざすケインズ政策、市場の結果を修正し格差を是正するとともに失業の影響を可能な限り抑制するベヴァリッジ社会保障制度、個人の非貨幣的ニーズに対応し社会連帯を前進させる社会福祉サービスによって可能となる。戦後のケインズ／ベヴァリッジ体制と予防的家族福祉サービス（シーボーム改革）の確立はまさしくそうであった。このような条件下におけるシティズンシップは、「家族／社会的権

表2-1 シティズンシップの理念型：社会的権利モデルから社会投資モデルへ

	社会的権利に基づくシティズンシップ	社会投資に基づくシティズンシップ
	基本的原理	
時間的展望	現在に焦点：過去の負の遺産を克服するために現在の改革	将来に焦点：将来に備えるために現在の改革
社会的分割	階級と生産関係	包摂／排除、十分な所得／貧困
政治制度	階級を基盤とする政治／政策	カテゴリーと（あるいは）ポピュリズムに基づく政治／政策、個人の参加
富の生産	商品生産：産業経済	知識の生産：サービス経済
市民の権利	「いま-ここ」(here-and-now)の平等	将来の成功に備えて機会の平等
	社会的シティズンシップの定義	
主な福祉資源	労働市場、家族：普遍的権利または安全網の提供	労働市場：国家による低賃金の補足
個人の主なリスク	ライフ-リスク(失業、子育て、高齢退職など)	技能の不足と排除（長期貧困、知識産業に適応しない技能による所得喪失など）、家族崩壊
社会手当の対象者	市民労働者とその扶養者(労働力再生産あるいはシティズンシップを基盤とする)	将来に利益をもたらす人：子どもあるいは就労能力の改善に取組む大人
社会保障の基本原理	ライフ-リスクに対する所得保障	労働市場への再チャレンジ、（就労能力の）不足者に対する社会的保護
	国益の制度	
国家の主なマクロ対策	消費と支出の不均衡をもたらす経済循環および不況	グローバル市場で生き残れない経済および社会紐帯の脅威に直面する社会
国家の主な社会政策	所得保障の提供：失業手当、年金、家族手当、社会扶助など	高いレベルの雇用／参加と持続可能な年金制度
公的支出の主な目的	均衡財政を目的とする景気対策	経済競争力の強化と社会的紐帯の結束
平等達成のための手段	完全雇用、所得再分配	人的資源を開発するサービス（幼少期教育など）、就労能力を開発するプログラム、ワークライフバランスが可能となるサービス

出所：Jenson, J. & Saint-Martin, D. (2003) New Routes to Social Cohesion? Citizenship and the Social Investment State, in *Canadian Journal of Sociology*, 28 (1), p.89を一部加筆修正した。

利」といえる。性的役割分業に基づく「男性稼主」モデルを基本とし、女性が家族内無償労働（育児や高齢者介護など）を担うため、ニーズとしての顕在化が抑えられていた。

(2) 社会投資に基づくシティズンシップ

　しかしながら近年は、開放経済の下で社会／経済政策を統合／刷新し、供給サイドの介入を通じて国際的な競争力を高めることが国家の要請になった。社会投資国家では、社会政策は、労働市場の変化に柔軟に対応でき国際競争力に対応できる人的資本の育成という責任が負わされる。それは社会政策に生産性をもたせるという意味では刷新ではあるが、市場の結果を修正し格差を是正することよりも、市場ニーズへの対応を優先するのであれば経済政策への統合ともいえなくない。

　時間的展望は将来を設計するための現在が焦点となる。財務省が子どもの潜在能力（可能性）への投資に積極的なのは、イギリスがグローバル市場で生き残れる国際競争力をつけるためであり、子どもはイギリスの将来を左右する貴重な資源と考えたからである。このような時間的展望の変化は平等の概念にも変更をもたらす。戦後福祉国家は事後再分配による結果の平等（いま‐ここ）に焦点を合わす。社会投資国家では事前再分配による機会の平等、すなわちライフチャンスを活かせるよう潜在能力を開花させるための支援に焦点がおかれる[31]。こうして社会政策の目的は「平等の達成」よりも「排除との闘い」に焦点が移される。個人が生活困難に足元を掬われ抜け出せなくなり、ライフチャンスを活かすことができず、世代を跨ぐ負の連鎖に発展したり、反社会的／排他的行為に発展したりすることがないように、事前再分配として人的資本への社会投資が行われる[32]。

(3) 2つのシティズンシップの比較検討

　いずれのシティズンシップも労働市場に信頼がおかれている。労働市場への包含は家族にとって最良の生活保障となる。社会的権利モデルでは、国家は市場の結果に介入する。格差を是正する責任が明確にされ、その有効な手段が所得再分配や社会サービスとなる。しかし社会投資モデルでは、国家は市場の結

果ではなく市場への適応に介入する。国家は労働市場の変化に柔軟に対応できるよう就労能力の開発に取り組む。さらに時間的展望を引き延ばし、将来の労働力として子ども（子ども期）は重要な投資対象となる[33]。そうすると社会政策は分配／再分配よりも生産性をより志向することになる。

　このような将来を見据えた人的資本への社会投資は、新たな社会ヴィジョンを生み出す。1つは「社会的なもの」の後景化である。戦後福祉国家における社会的分割は、資本と賃労働の矛盾すなわち社会構造や階級の問題であった。一方、社会投資国家における社会的分割は社会的排除、すなわち「中心／周辺」「内側／外側」という対称的カテゴリーの帰属問題となる。したがってシティズンシップは、「周辺／外側」に帰属するものが「中心／内側」に包含されるよう労働市場へのアクセスを奨励あるいは支援されることになる。しかし分割／格差の原因として「社会的なもの」は後景に押され、「個人的なもの」が前景を占めるようになる[34]。もう1つは投資対象となる集団の線引きあるいは序列化である。「周辺／外側」の包含は必要な社会支出である。しかしそれらが「子どものリスク」との関連が認められるとき、積極的な社会投資になる。知識基盤経済では人的資本への社会投資、とりわけ「子どもを抱える家族（単親）」への投資は、（母）親の労働市場への参加を支援し、貧困が子に及ぼす悪影響を遮断することができる。それは将来の社会的資源（子ども）への先行投資[35]として評価され、優先投資対象となる。

〔3〕子ども社会投資戦略の実際：児童貧困対策を中心に

　子ども社会投資が国家優先施策として明確にされたのは、『すべての子どもはかけがえのない存在である』（*Every Child Matters*: ECM、2003年）においてである（ECMの詳細は5章参照）。ECMとは、すべての子ども（0歳から18歳まで）の潜在能力（可能性）を開花させ、ライフチャンスを活かし、自己実現と成人期への健全な移行を支援するプロジェクトであり、早期予防介入を特徴とする。早期予防介入とは、1つは就学前の保育／教育を充実させ、家族の経済的安定と子どもの認知能力の向上を支援し、就学時における子どもの教育格差をできるかぎり是正すること、もう1つは子どもと家族のニーズやリス

を早期に発見し、専門的かつ集中的な支援や治療につなげることで、児童貧困や被虐待さらに世代を跨ぐ負の連鎖を予防することである。本節で取り上げるコネクションズ・サービスやシュア・スタートはECMに先立って政府管轄で実施されたが、ECMではその傘下に統合され管轄は地方に、より正確にいえば児童トラストに移されることになった。

　ところでイギリスの保育施策や子育て支援は、児童貧困対策であって少子化対策という視点はない[36]。児童貧困に陥り世代を跨ぐ貧困悪循環を防ぐには、継続的な経済的安定が不可欠であり、生活扶助を必要とする世帯や女性単親さらに社会的排除のリスクがある若者に対して早い段階から就労支援をしていく必要がある。それと並行して効果的な所得再分配も必要となるであろう[37]。本節では、児童貧困対策に関連する就労支援という視点から、ワークフェアに関しては藤森克彦、宮本みち子、田中宣秀の所論[38]、税制改革に関しては田中聡一郎、森信茂樹、諸富徹、宮本章史／諸富徹の所論[39]、子育て支援総合対策に関しては岩間大和子の所論[40]に拠りながら、その概要を明らかにする。

(1) ワークフェア（福祉から就労へ）

　ブレア政権は1997年に社会的排除防止局（Social Exclusion Unit: SEU）を設置し、社会的排除の状態にある若者の実態調査を実施する。そして1998年4月には主に25歳未満の非就労（社会的排除の状態にある）若者を対象とした失業対策ニューディール（The New Deal）を実施する。さらに2001年には13歳から19歳の若者に対して、就労能力を修得するための教育支援と就労先のマッチングを目的とするコネクションズ・サービス（Connexions Services）が実施される。すなわち就労支援を目的としたコネクションズ・サービスと失業救済を目的としたニューディールの二段構えになっている[41]。

　先に実施されたニューディールから検討する。イギリスでのワークフェアはニューディールとして実施された。その内容は①18歳〜24歳の若年失業者向けプログラム、②25歳以上の長期失業者向けプログラム、③50歳以上の高齢失業者向けプログラム、④単親世帯向けプログラム、⑤障害者向けプログラム、⑥失業者の配偶者向けプログラムなど様々である[42]。各プログラムの歳出状況をみると、若年失業者向けプログラムへの支出割合が大きくなっており、若

年者失業問題に優先順位が与えられている[43]。

　若年（18歳〜24歳）失業者を対象としたニューディール政策を簡単に紹介しておこう。失業手当を6か月以上受給し続けると公共職業安定所（ジョブセンタープラス。日本のハローワーク）への訪問が要請され、プログラムが開始される。第1階はゲートウェイと称する最長4か月のプログラムに取り組む。各失業者に紹介されたパーソナルアドヴァイザーの協力を得て、具体的な就職活動の方法や計画を明確にする。それと並行して精神的なサポート（カウンセリング）も行われる。履歴書の作成など就職活動に必要な基本的知識のない者には指導も行われる[44]。この期間中に就職ができない場合、第2段階に進む。第2段階では4つの選択肢（民間部門での就労、ボランティア部門での就労、フルタイムの教育・職業訓練、環境保護団体での就労）のいずれか1つを選んで6か月間の職業訓練を受ける。拒否すれば失業手当は支給されなくなる。無条件の給付ではなく、就労促進プログラムへの参加を義務づけ、就労能力の向上が自己責任において要請される[45]。

　社会的排除のリスクのある児童若者を早期に発見し、教育／就労訓練を行うことで児童若者の精神的・社会的自立を培い、学校から社会へのスムーズな移行（就労達成）を支援するのがコネクションズ・サービスである。ブレア政権は1999年に、コネクションズ・サービス実施の根拠となる重要な白書や報告書を公表している。それが教育白書『成功への学び――16歳以降の新たな学習フレームワーク』（*Learning to Succeed: a new framework for post 16 Learning*）と社会的排除防止局報告書『教育と就労の架け橋』（*Bridging the Gap*）である。

　前者の教育白書は、社会的排除のリスクのある若者の実態調査であり、16歳から18歳のニートが15万7000人おり、16歳から19歳の若者の半分が薬物経験者であること、16歳から25歳の若者の17％が読み書きに問題があり、22％は数学の思考力がないこと[46]など衝撃的な事実を明らかにした。後者の報告書では、義務教育とその後の教育との間にギャップがあり、就労を含めた社会生活の自立への支援が体系的にできておらず、社会的排除に陥りやすい若者への働きかけが不十分であることが明らかにされた[47]。この報告書を受けて政府は2001年に、技能修得による就労能力の育成、機会均等の保障、16〜

19歳の若者の学習する権利の保障などからなる政策を推進するために、2001年に学習・技能委員会（Learning and Skills Council）を創設する[48]。そして同年にコネクションズ・サービスが実施されることになる。

コネクションズ・サービスでは、若者関連の政策に関与する6つの省庁や機関その他民間組織などが連携し、若者のニーズやリスクに対して専門家協働チームが統合的に対応することになる。具体的な仕事は、13歳の児童のいる中学校で、リスクのあると思われる者を把握し、ニーズに応じた支援をすることで、将来のニートをつくらないことから始まる。もちろん学業でつまずくこともニートをつくる大きな原因となっている。16歳（進学か就職かの進路決定）を迎えるまでに、職業教育やキャリアガイダンスを行い、適切な進路選択をさせることがパーソナルアドヴァイザーの重要な任務となる。学校から離れた者に関しては、学校から地域のコネクションズへと引き継がれることになる[49]。

コネクションズ・サービスの特徴は、パーソナルアドヴァイザーの存在であるといっても過言ではない。職業的地位の確立は成人期へのスムーズな移行と社会生活の安定において重要であるが、従来の積極的労働市場政策では、集合的プログラムによる対応（労働市場への統合）が中心であり、十分な成果が得られているとはいい難い状況であった。そこで就労を個人の人格形成や社会性の発達の一部と位置づけ、パーソナルアドヴァイザーが個人をベースとしたカウンセリング手法を用いながら、若者が自分自身で将来を考え生活歴を構築できるよう支援している[50]。

(2) 税制改革による再分配（勤労に報いる）

失業手当の受給には、就労能力の向上／開発に自ら積極的に取り組む姿勢を示さなくてはならない。このような制約と条件が付加される一方で、労働インセンティヴを高めるために「勤労に報いる」（Making Working Pay）こと、すなわち就労による所得の増加が可処分所得の増加となるよう、税制と社会（所得）保障制度の調整（統合）が実施された[51]。それが給付つき税額控除の導入である。

給付つき税額控除とは「一定以上の勤労所得のある世帯に対して、勤労を条件に税額控除（減税）を与え、所得が低く控除しきれない場合には還付（社会

保障給付）する。税額控除の額は、所得の増加とともに増加するが、一定の所得で頭打ちになり、それを超えると逓減し最終的には喪失する」という制度[52]である。すなわち、（所得税の課税最低限度以下の）低所得者に対して、かれらの就労意欲を促すよう労働時間の増加とともに手取り所得（勤労所得＋給付額）が増加するよう設計された制度であり[53]、貧困の罠を回避することができる[54]。一定の所得以下の納税者（世帯）を対象としているが、資産調査によるスティグマは回避され、税制の中で再分配機能を強化させる点で普遍的効果をもつ[55]。

1999年に勤労世帯税額控除（Working Family Tax Credit: WFTC）が導入された。WFTCの給付要件は、①16時間以上の就労、②有子世帯であること、③資産調査（資産8000ポンド以下）である。控除額は、労働時間、世帯類型、子どもの数、年齢、障害の有無などにより決定される。税額から控除してマイナスの値が算出された時、その差額分は給付されるので課税最低限以下の世帯にも効果が及ぶことになる[56]。またWFTCには子育て加算（Childcare Tax Credit）があり、保育費用（国が認定した保育サービス）の70％を週135ポンドまで加味される[57]。WFTCでは、給付の基礎となる所得が、家族控除の算定に用いられてきた純所得とは異なり課税所得となるので、所得税との一体運用が必要となる。それを可能とするために、WFTCは家族控除を管轄していた社会保障省から所得税を管轄する内国歳入庁に移管されることになった。それは税制と社会保障給付の一体運用であり、資産調査は残されたものの給付申請によるスティグマは回避されることになる[58]。確かにWFTCでは、家族控除（Family Credit：1988年に導入。WFTCの導入により廃止）の下で70％であった控除率が55％に引き下げられ、就労インセンティヴが強化された[59]。しかしながらWFTCは低所得の就労有子世帯の税負担を軽減しており、税制による所得再分配として機能している。さらに子育て加算も考慮すれば、就労支援による児童貧困対策といえるであろう[60]。

2001年には児童税額控除（Children's Tax Credit）が導入された。低／中所得の有子世帯を対象とした税負担の軽減を目的としており、児童貧困対策として機能している[61]。2003年にはさらなる税制改革が実施された。1999年の勤労世帯税額控除（WFTC）、2001年の児童税額控除は、新たに勤労税額控除

(Working Tax Credit: WTC) と児童税額控除（Child Tax Credit: CTC) に衣替えされた。いずれも負の所得税型の税額控除である。

WTCは就労を条件とした税額控除であるが、給付条件に有子世帯であることが含まれておらず、低所得の就労無子世帯まで受給が可能になった[62]。WFTCと違って、給付要件に資産調査及び子どもの有無は含まれていない。しかし保育費補助としての子育て加算は残されている。すなわちWTCは、低所得の就労有子世帯（単親）を主要な対象としているが、就労低所得層全体を対象とした税額控除（による就労支援）であるといえる[63]。

CTCは就労を給付要件としない税額控除で、非就労有子世帯も受給が可能になった。すなわち、給付条件に資産調査と就労は含まれていない。WFTCでは資産8000ポンドを有する世帯は受給資格を失っていたが、「勤労に報いる」という観点から貯蓄インセンティヴを認めないのは矛盾するという判断である。また就労を給付条件にしないことは、すべての家族が児童手当のほかに負の所得税型の税額控除の（給付を受ける）資格を有することを意味する[64]。1999年、2003年の税制改革で手厚く保護（所得再分配の効果）を受けたのは、低所得の就労有子世帯（単親世帯）であった[65]。

(3) 子育て総合支援対策（女性の就労支援と就学前早期予防介入）

1998年に全国子育て総合戦略が実施された。この戦略の目的は次の2つである。1つは就学前教育であり、すべての4歳児の幼児教育（親が望む場合は3歳児全員）を保障し、子どもの認知格差や教育不利益をできるかぎりなくすこと、もう1つは親の就労支援（家庭生活の経済的安定）であり、児童貧困から子どもを守ることである。教育機会の不平等は子どもの将来に大きな影響を与える。ライフチャンスの活用を制約し、可能性を狭めることにもなりかねない。いずれも家族背景によるに生まれながらの不利益や格差をなくし、就学時における平等な教育機会の担保を目的とする。とりわけ有子単親（母親）の支援は優先される[66]。具体的な戦略の基本柱は、児童ケアの質の向上（幼児教育と保育を統合し、統合されたサービスを提供する就学前児童モデルセンターの設置）、児童ケアの経済的負担の軽減（児童手当の増額、勤労税額控除の拡大）、児童ケアの定員増大（すべての4歳児が無料の幼児教育を受ける機会の

保障）である[67]。

　とくに注目すべきは保育と幼児教育の統合である。就学前児童モデルセンターは、全国児童ケア戦略に先立って貧困地域を対象に設置された。幼保統合サービスに加え親支援（早期予防介入から親の就労支援まで含む）まで、あらゆるニーズに対応するサービスを提供する。また1999年にはシュア・スタートの地方プログラム（政府直轄）が実施された。地方プログラムは5歳未満の子のいる家庭を対象とした総合的な家族支援であり、幼保の統合だけでなく子どもへの保健医療サービスや親支援なども対象とする。当初は貧困地域を対象としていたが次第に拡大し、全国規模に発展していった[68]。

　これらの先行的な2つの事業を統合発展させたのがシュア・スタートの児童センターであり、2003年3月から実施された。5歳未満児とその家族を対象とした「包括的で」「継ぎ目のない」「統合された」サービスと情報の提供を目的とする。親の就労および就労準備（訓練）を支援するために、1日10時間、週5日間、年48週間運営される[69]。すなわち、親の就労に合わせた全日制保育が実施された。これらの事業は、保育と幼児教育を統合させた就学前児童サービスに親支援や保健医療サービスを含めた総合的な家族支援サービスへと発展し、当初は貧困地域を対象としていたが事業内容の拡大とともに全国規模に発展していった[70]。政府はこれらの施策に1997年の3倍（2004年時点）の予算を投入し、児童ケアの定員も52万5千人分も増加した。しかしながらそれでも達成は不十分であるとし、2004年12月、『全国子育て総合10か年戦略』が発表された[71]。

　2005年の総選挙では子育て支援が政治争点となった。勝利したブレア政権（第三期）は、2006年7月、子育て総合支援法（Childcare Act 2006）[72]を成立させた。本法によって、これまでは要保護児童（1989年児童法による育成児：looked after child）を対象とした自治体のサービスが、乳幼児を含めたすべての子どもを対象（一般の就労及び就労準備家庭を含む）とする普遍サービスへと歩み出したことは、画期的なことであった[73]。本法により、自治体はすべての乳幼児のウェルビーイングを向上させ、子ども間の不平等をなくす義務が課せられた（1条）。乳幼児とは、満5歳の誕生日以後9月1日までの子である。ウェルビーイングとは、ECMで示された5つの目標（健康的な生活、

安心できる生活、享受と達成、積極的な貢献、経済的な安定）である。そしてこれらの目標を達成するために、自治体は子、親、近く親になる者に対して、アクセスしやすくしかもあらゆるニーズに対応できる就学前児童サービスを提供しなければならないとされた（3条）。就学前児童サービスには子育て支援だけでなく親の就労支援も含まれており、シュア・スタートの成果が制度化されたと考えてよい[74]。そして6条では、就労しているかあるいは就労準備のために訓練・教育を受ける場合、子育て支援を必要とするのであれば、その要請に応えられるよう（合理的に判断して実行可能な範囲で）十分な子育て支援を確保する義務が自治体に課せられた[75]。

〔4〕子ども社会投資の意義と限界

(1) 児童貧困対策としての社会投資の意義

　イギリスでの展開を整理しておこう。ブレア政権では、最初の2年間は厳しい財政支出規制がされた。支出額だけをみればサッチャー以上に厳しい財政措置であった。「増税と歳出増」という党のイメージを払拭し、新労働党の経済運営能力を証明する必要があった。何よりも経済の安定性が優先された。教育、医療、社会保障に関する財政支出の増大は2000年に入ってからである[76]。

　児童貧困を予防し世代を跨ぐ貧困悪循環を根絶するには、家庭の所得安定と平等な教育機会の保障が重要となる。具体的には、積極的な雇用政策と女性の就労支援、そして就学前保育／幼児教育となる。

　まず雇用政策では、積極的労働市場政策が展開され、就労支援を目的としたコネクションズ・サービスと失業救済を目的としたニューディールの二段構えで対応された。コネクションズ・サービスでは、就労を個人の人格形成や社会性の発達の一部と位置づけ、パーソナルアドヴァイザーがカウンセリングを行いながら就労支援を続けた。若年失業者を対象とするニューディールでは、失業手当を受給するには職業訓練に参加し、就労能力の向上に自ら積極的に取り組む姿勢を示さないと、給付は打ち切りまたは減額になった。それは労働拘束モデル型のワークフェアともいえなくない。しかし失業者にはパーソナルアドヴァイザーが紹介され、コネクションズ・サービスと同様に就労支援のみなら

ずカウンセリングも行われた。それは若年／長期失業者にとって、技能習得以上に人的ネットワークの形成をもたらした点で大きな意義があった[77]。

　労働インセンティヴを高める手段として、勤労に報いるという視点から就労による所得の増加が可処分所得の増加となるよう税制改革が実施された。負の所得税型の給付つき税額控除である。給付つき税額控除には、貧困の罠を回避し就労支援によって福祉依存者の自立を促し、社会保障費の削減を果たしたいという政府の意図があるのは確かである[78]。しかしながら、資産調査によるスティグマを排除し税制による所得再分配として機能している点は見逃してはならない[79]。さらに子育て加算も考慮すれば、就労支援による児童貧困対策といえるであろう[80]。2003年の税制改革（WTC、CTCの導入）で手厚く保護（所得再分配の効果）を受けたのは、低所得の就労有子世帯（単親世帯）であった[81]。

　さらに低所得の就労有子世帯（単親世帯）の就労支援および児童貧困対策をより効果的なものにするために、子育て総合支援法が制定された。本法により、保育／子育て支援サービスはすべての子どもを対象とすることになった。その目的は、親の就労支援により家庭生活の経済的安定をもたらし児童貧困から子どもを守ること、そして質の高い就学前保育／教育サービスを提供し、生まれながらの教育格差や不平等をできるかぎり是正することである。その結果、ライフチャンスを活かすことができ、経済的かつ社会的に自立した成人期への健全な移行を可能にする。またそれは世代を跨ぐ貧困悪循環を根絶することができると考えられた。

(2) 児童貧困対策としての社会投資の限界

1）人的資本としての若者への社会投資：若年雇用政策の限界

　しかしながらこれらの素朴な評価にはいくつかの留意を必要とする。若年失業者を対象としたニューディール政策は参加者の約4割が補助金なしの労働に就く（1998〜2005年）という成果を挙げている。このような成果の背景には、イギリス経済が好調であったことが少なからず影響している[82]。にもかかわらず所得格差が拡大したのも事実である。すなわち再分配による市場の結果の修正が効果的に機能していない。そうすると給付つき税額控除も就労所得との補完関係でしかなく、必要最低限度の生活賃金保障にすぎない。スピーナムラ

ンド制度の現代版であると評価するものもいる[83]。

　市場の結果を修正する再分配が限定的であるのは、社会的排除の予防という脈絡から人的資本への社会投資を検討すれば、当然のことかもしれない。バーン[84]は社会的排除という概念の限界について、次のように指摘する。「社会的排除という概念は、経済的状況から一元的に捉える貧困概念とは異なり、貧困状態におかれる個人や世帯の社会関係に焦点が当てられる[85]。それは、貧困の原因を個人や世帯の個別的要因ではなく社会的要因としてとして捉え、貧困対策としての社会政策の正当性を明確にさせる利点をもつ[86]。しかし貧困状態そのものではなく、排除のリスクを管理統制する当事者の能力と社会との関係に焦点が当てられる[87]。すなわち、社会的排除分析の関心はミクロ・データに焦点が合わされ、排除されている当事者の属性が集計される。社会的排除は社会集団が経験した過程すなわち階級の問題とは考えられない。所得再分配へのコミットが慎重に避けられることになる」[88]。

　またバウマン[89]はグローバル市場における労働力の意義と失業者の存在を、次のように指摘する。「戦後福祉国家における労働集約型産業では、生産性の向上と利益の増大のために、より多くの労働力が必要とされた[90]。しかしグローバル市場における知識集約型産業では、成長はダウンサイズを意味し、労働者を生産性の向上と利益の増大に対する制約と考えられている[91]。したがって存在するのは失業者（労働予備軍）ではなく余剰者である。余剰者とは『余計者で必要とされていない』『知識集約型産業では不必要となった』存在である。彼らが存在しなくても経済は健全に保たれる[92]。好況であっても彼らの労働力に対する需要は生まれてきそうにない。職業訓練を受けて就労できたとしても保障されるのは必要最低限度の生活賃金であり、恒久的ワーキングプアである」[93]。スピーナムランド制度の現代版という評価はこのような実態を指している。

　社会投資国家では、自己統治とは自己の資本化すなわち自己という人的資本を開発し活用することが求められる[94]。自己統治にはこのような個人の次元とコミュニティなどの中間団体によるものとがある。自己統治としてのコミュニティとは、個人のリスクを放置するのではなく共同／連帯で管理する場所であり、「人称的で自発的な連帯」すなわち具体的な「顔の見える」連帯のこと

である。それは、齋藤純一の所論[95]によれば、人々により確かな連帯の感覚を与えるが、個人の自助自律を強調する新自由主義と共通善による共同体への参画を重視する共同体主義は、きわめて親和的な関係におかれることになる[96]。そうすると余剰者は自己統治の能力の欠いた人々であり、「階級を超えていて、ヒエラルキーの外側に位置し、再承認の機会も必要性もない人々」というイメージを市民に喚起させる。それはリスク管理の対象としてのアンダークラスである[97]。

2）人的資本としての子どもへの社会投資：「いま-ここ」を生きる子どもの喪失

　就学前の乳幼児期は、子ども社会投資の重点的対象である。保育／子育て支援サービスの対象がすべての子どもに拡大され、親の就労ニーズへ対応されただけでなく、乳幼児の学習／発達を目的とした就学前基礎段階が導入され、幼児教育の質の向上にも取り組まれた。このような就学前乳幼児期への積極的な介入（社会投資）は、人的資本という概念からすれば当然である。

　人的資本とは1960年代に経済学者シュルツ、ベッカーを中心に展開された概念である[98]。シュルツは経済発展の一因として教育と技能の向上が重要であり、賃金格差は教育投資の違いにより説明できることを示した。もっとも人的投資の効果測定には困難を伴うが、学校教育を単なる消費活動とみなすのではなく将来への投資と考えること、すなわち人的資本への社会投資という労働の質が重要であることを強調した[99]。人間は労働力という単なる生産要素ではなく、物的資本や社会資本と同様に、投資対象としての資本そのものであって、投資（教育等）によってその能力が高まるものであると考えたのである[100]。このような考え方は、先進諸国ではグローバル市場の中で国際競争力を強化し、経済成長を維持持続する戦略として復権された[101]。OECDは（広義の）人的資本を「個々人の内在化された知識、技能、能力、諸属性で、個人的／社会的／経済的な幸福を増進するもの」（OECD, 2001）と定義している[102]。そして人的資本の基本的な部分は、就学前乳幼児期の家族関係の中で培われるものであり、家族の経済的／情緒的安定、親の養育責任に何らかの不安があれば、それが子どもの資質に悪影響を及ぼさないよう支援される必要があるとされた[103]。

人的資本としての子どもについてさらに考察を深めてみよう。新労働党の児童社会サービス改革は、それがすべてではないにしても、イギリスの長期的経済安定を勘案し、将来の富の源泉として児童に社会投資されたことは事実である[104]。そうすると人的資本としての子どもへの社会投資では、早期予防介入が優先される。ただし、早期予防介入には次の２つの機能がある。１つは時期に関するものであり、就学前乳幼児期における保育制度や子育て支援そして幼児教育の充実は、家庭の経済的／情緒的安定と子どもの認知能力の習得を担保し、子どもの自己実現（就労可能性）の可能性を拡げることになる。これらはすべての子どもを対象としており普遍サービスとしての機能をもつ。もう１つは特定の子どもを対象とした早期発見／予防介入に関するものであり、子ども（家族）のニーズやリスクを早期に発見し、専門的／集中的サービスにつなげることで、ニーズがリスクに深化さらには固定化し、世代を跨ぐ負の連鎖にならないよう予防することである。これらは特定の子どもを対象としており選別サービスとしての機能をもつ[105]。

　早期予防介入におけるこれらの機能を総合すると、「就労能力の育成、心身の健全な成長と発達の保障、非行／犯罪の予防、学校不適応者の減少」という「将来への投資」の観点から、また「非行／犯罪対策、社会的排除の克服、社会の安全保障」という「現在への投資」の観点から、非行／犯罪児童少年、貧困（剥奪）地域に居住する子ども、育成児（looked after child：自治体の保護におかれる子ども）は、優先投資対象になる（図2-1参照）。人的資本としての子どもへの社会投資では、社会公正や不平等／格差の是正といった社会理念に基づくのではなく、「将来の」就労可能性の担保、「現在の」社会的脅威からの予防という観点から、特定の子ども期と集団が選別／優先されることになる[106]。

　このような未来／将来を志向する社会投資としての子どもは、「市民-労働者」（citizen-worker）としての子どもである。本来、子どもには「いま-ここの存在が肯定される」市民（citizen-in-being）としての子どもと「労働者に成長する」市民（citizen-worker-in-becoming）として子どもの二面がある。しかし長期的経済利益という観点から、社会投資は見返りが期待される部分だけが優先される。そして「いま-ここ」を生きる子どもの福祉や利益については、「非行／犯罪対策、社会的排除の克服、社会の安全保障」の範疇から外れる子

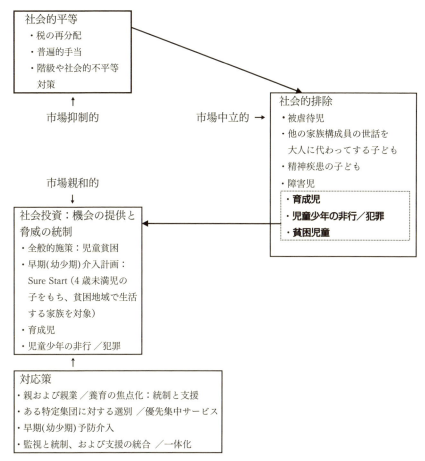

図2-1　子ども社会投資と市場との関係：早期予防介入の対象となる子ども集団

出　所：Fawcett, B. Featherstone, B. & Goddard, J.（2004）*Contemporary child care policy and practice*, Palgrave, p.160 を一部加筆修正した。

ども集団には、投資が振り向けられないことになる。being よりも becoming の重視は、現在（いま-ここ）の生活や環境に対する子どもの声を社会に届かなくさせてしまうことになりかねない[107]。「いま-ここ」を生きる権利主体としての子どもの喪失である。ユニセフが公表する欧州先進諸国における子どものウェルビーイング達成度において、イギリスが常に下位であるのは、これらの理由によるものかもしれない[108]。

3)「いま-ここ」を生きる子どもの喪失が意味するもの

　前章で明らかにされた子ども社会投資という哲学は、導入された国々の政治的／経済的背景あるいは福祉政策が発展してきた歴史的経緯や成熟度によって、実際の展開はずいぶん異なってくる。消費よりも潜在能力の観点から福祉社会を構想する社会投資という考え方は、社会支出を浪費的で非効果的とみなすネオリベラリズムからの批判やグローバル市場における国際競争力の育成という課題に対する左派からの有効な回答であり、左派によるサプライサイド・エコノミクス（供給経済学）といえる。すなわち、市場は社会を組織し安定させる最も重要な原理（機能）であるとされる。市場の暴走に対する国家の介入（規制）の必要性は認識されているが、資源配分としての市場機能への介入は慎重に避けられる。人々が市場に参加できるよう条件整備し、市場から期待される役割を担える能力を涵養することが社会保障／福祉の役割とされる[109]。

　そうすると、社会投資という考え方は新古典派経済学とずいぶん親和的であるともいえよう。新古典派経済学との違いを明確にするためにも、次のような視点が明らかにされなくてはならない。「人的資本の社会投資は、市場に適応できるよう準備するための投資ではない。幼少期も含めた人的資本への社会投資が行われ、そして機会が平等に提供され就労できたとしても、市場による配分の格差をすべて個人の責任に帰することはできない。負の格差を余儀なくされる者に対して社会公正という観点から再分配が必要となる」[110]。

　すなわち、制度的な再分配機能が裏づけされてこそ、人的資本への社会投資が有効となるはずである。イギリス経済が好調であったにもかかわらず所得格差が拡大したこと、特定の子ども期と集団が選別／優先されていること、「いま-ここ」を生きる子どもが喪失していること、このような現実は、社会が社会公正や不平等／格差の是正といった超越的な理念によって統治／統合されていないことを物語っている。社会は様々な集団の結合と捉えられ、各々の集団のニーズやリスクと、国家優先目標や社会的要請とを勘案して、対応が決められる。制度的な再分配は有効に機能しておらず、社会連帯の再構築も困難な道といわざるを得ないであろう。

　新労働党政権になって児童貧困は減少した。低所得世帯に対する所得再分配が機能した結果ともいえるが、社会的格差も拡がった。税額控除に再分配機能

をもたせたとしても、生活最低基準をわずかに上回る所得補償にしかすぎないのであれば、スピーナムランド制度の復活といわれても仕方ないであろう。それでも好況による就労機会の上昇や積極的な社会サービスへの社会投資がある限り、社会的格差の現実からいくらか目を逸らせることができたかもしれない。しかし、好況に沸くイギリス経済のすぐ背後には、世界金融危機（2008年）が静かに忍び寄ってきていた。

注記

(1) ①アンソニー・ギデンズ／渡辺聰子（2009）『日本の新たな「第三の道」――市場主義改革と福祉改革の同時推進』ダイヤモンド社、②湯元健治／佐藤吉宗（2010）『スウェーデン・パラドックス――高福祉、高競争力経済の真実』日本経済新聞出版社
(2) 湯元／佐藤、前掲書、p. 254。
(3) 同上、p. 256。
(4) ギデンズ／渡辺、前掲書、p. 36。
(5) 同上、p. 53。
(6) 同上、p. 12。
(7) 同上、p. 37。
(8) 同上、p. 11。
(9) 同上、p. 79、p. 81。
(10) 同上、p. 137。
(11) 同上、p. 138。
(12) 湯元／佐藤、前掲書、p. 1。
(13) 同上、p. 40、p. 76。
(14) 同上、p. 25。
(15) ギデンズ／渡辺、前掲書、p. 16。
(16) 湯元／佐藤、前掲書、p. 158。
(17) ギデンズ／渡辺、前掲書、p. 74。
(18) 湯元／佐藤、前掲書、pp. 156-157。
(19) 近藤康史（2008）『個人の連帯――「第三の道」以後の社会民主主義』勁草書房、pp. 52-53。
(20) 同上、p. 54。
(21) 同上、p. 56。
(22) Esping-Andersen, G., Gallie, D., Hemerijck, A. & Myles, J. (2001) *A New Welfare Architecture for Europe? Report submitted to the Belgian Presidency of the European Union*（Final version, September 2001), p. 17.

(23) *Ibid.*, p. 4, p. 35.
(24) *Ibid.*, p. 4.
(25) Esping-Andersen, G.(2003)'Against Social Inheritance' in Giddens, A.(2003) *The Progressive Manifesto: New Ideas for the Centre-Left*, Policy Network, p. 111, p. 113.
(26) *Ibid.*, p. 105, p. 114.
(27) 金田耕一(2000)『現代福祉国家と自由——ポスト・リベラリズムの展望』新評論、p. 133　シティズンシップとは、マーシャルによれば「ある共同社会の完全な成員であるひとびとに与えられた地位身分」である。ここから市民であるための「資格条件」、および市民に与えられる「権利」と「義務」という意味が生じる。しかしそれにとどまらずシティズンシップは市民が備えるべき「資質」「精神」、市民が涵養すべき「能力」「徳」、市民に期待される「活動」「生活」など、市民という地位に付随する様々な要素を包括する幅広い概念である（金田、同書、p. 125）。
(28) 同上、p. 134。
(29) Jenson, J. & Saint-Martin, D.(2003)'New Routes to Social Cohesion? Citizenship and the Social Investment state', *Canadian Journal of Sociology*, vol. 28 (1), p. 91. そもそも戦後福祉国家は国民国家という閉鎖系（閉鎖経済）を前提とする。開放経済（市場経済のボーダレス化）における頻繁な資本と労働力の国際移動は、国民国家の地位を低下させ、社会民主主義的な諸政策の実施を困難に陥れる。例えば、雇用拡大のために金利を引き下げると資本が流出してしまう。為替レートが下がり、輸出は拡大しても内需は伸びない可能性が生じる。完全雇用政策の効果は不透明になる。さらに資本の流出が資産価格を引き下げてしまい、それを避けようと税負担の軽減要求が高まる。すると所得再分配的課税制度の強化にブレーキがかかることになる（①金子勝（1999）『反経済学——市場主義リベラリズムの限界』新書館、p. 236を要約引用　②ジョン・グレイ著、石塚雅彦訳（1999）『グローバリズムという妄想』日本経済新聞社、p. 125）。社会投資国家とは、開放経済を与件とし、市場原理と福祉主義（社会民主主義）の調和を図ろうとする挑戦といえる。
(30) *Ibid.*, p. 90.
(31) *Ibid.*, p. 91.
(32) *Ibid.*, p. 92.
(33) *Ibid.*, p. 85.
(34) *Ibid.*, pp. 85-87.
(35) *Ibid.*, p. 88. ユニセフは、児童貧困の世代に跨る悪循環を明確にしている。「多くの貧困家族はわが子に人生におけるできる限り最良のスタートを保証するために犠牲を厭わないことは真実であるが、一般的には、学習到達の遅れ、退学／放校処分、薬物乱用、犯罪関与、失業、早期妊娠というように、次世代へ貧困や社会的不利を継承／連鎖させる生活環境に置かれている可能性が大きい。換言すれば、今日の先進諸国で直面する深刻な問題の多くは、将来の市民を育てる子ども期に見られる否

定／否認や剥奪にルーツをもつ」（*Ibid.*, p. 88 UNICEF（2000:3）*A League Table of Child Poverty in Rich Nations*, Innocenti Report Card. Florence, Italy: Innocenti Research Centre, https://www.unicef-irc.org/publications/pdf/repcard1e.pdf）

(36) ①岩間大和子（2006）「英国ブレア政権の保育政策の展開——統合化、普遍化、質の確保へ」『レファレンス』国立国会図書館、No. 663、2006年4月、p. 32、②伊藤善典（2006）『ブレア政権の医療福祉改革——市場機能の活用と社会的排除への取組み』ミネルヴァ書房、p. 175、③Jenson & Saint-Martin, *op. cit.*, p. 94。

(37) ①岩間、前掲論文、pp. 10-11、②伊藤、前掲書、p. 177-179、③Jenson & Saint-Martin, *op. cit.*, p. 95。

(38) ①藤森克彦（2002）『構造改革ブレア流』TBSブリタニカ、②宮本みち子（2004）「社会的排除と若年無業——イギリス・スウェーデンの対応」『日本労働研究雑誌』46(12) 労働政策研究・研修機構、③田中宣秀（2011）「イギリスにおける若年者雇用支援とキャリア・ガイダンスの発展——コネクション・サービスに至る経緯に着目して」『生涯学習・キャリア教育研究』第7号。

(39) ①田中聡一郎（2007）「ワークフェアと所得保障」埋橋孝文編著『ワークフェア——排除から包摂へ？』法律文化社、②森信茂樹（2008）「給付つき税額控除制度の概要と類型」森信茂樹編著『給付つき税額控除——日本型児童税額控除の提言』中央経済社、③諸富徹（2009）「グローバル化による貧困の拡大と給付付き税額控除」諸富徹編著『グローバル時代の税制改革——公平性と財源確保の相克』ミネルヴァ書房、④宮本章史／諸富徹（2009）「所得再分配と税制——ワークフェアから普遍主義的給付へ」齋藤純一編著『社会統合——自由の相互承認に向けて』岩波書店。

(40) 岩間大和子（2006）「英国ブレア政権の保育政策の展開——統合化、普遍化、質の確保へ」『レファレンス』No. 663、2006年4月、国立国会図書館。

(41) ①宮本、前掲書、p. 18、②田中（2007）、前掲論文、p. 66。

(42) 藤森克彦（2002）『構造改革ブレア流』TBSブリタニカ、p. 201。

(43) 同上、p. 202。

(44) 同上、p. 204。

(45) ①山口二郎（2005）『ブレア時代のイギリス』岩波新書、p. 36、②田中（2007）、前掲論文、p. 49、③藤森、前掲書、pp. 205-210。

(46) 田中（2011）、前掲論文、p. 66。

(47) 宮本、前掲論文、p. 18。

(48) 田中（2011）、前掲論文、p. 66。

(49) 宮本、前掲論文、p. 22。

(50) 同上、pp. 20-21。

(51) 田中（2007）、前掲論文、p. 66。

(52) 森信、前掲書、p. 9。

(53) 諸富、前掲書、pp. 204-205。

(54) 貧困の罠とは、セーフティーネット（生活保護・失業手当）が存在することで低所得者の勤労意欲を失わせ福祉依存を生み出し、貧困から抜け出せなくなるという状況のことをいう。というのも、就労して所得を得てもその追加的所得に等しい生活保護給付が減額されてしまうからである。しかし、給付つき税額控除では、未就労の場合には所得は最低保障額となるが、労働時間が増えるにつれ追加的な給付が行われ、手取り所得が増えるのであればモラルハザードを回避することができる。就労しているが所得が課税最低限以下であるため、所得税の税額控除を受けられない場合には給付が与えられる（①宮本／諸富、前掲論文、p. 134、p. 136、②森信、前掲論文、p. 16、③諸富、前掲論文、p. 204、p. 208）。
(55) ①宮本／諸富、前掲論文、p. 135、②森、前掲論文、p. 15　もっとも給付つき税額控除には、貧困の罠を回避し就労支援によって福祉依存者の自立を促し、財政の健全化（社会保障の削減）を果たしたいという政府の意図があることも事実である（諸富、前掲論文、p. 204、p. 209）。
(56) 田中（2007）、前掲論文、p. 66、p. 70。
(57) 同上、p. 70。
(58) ①宮本／諸富、前掲論文、pp. 141-142、②田中（2007）、前掲論文、p. 70。
(59) 諸富、前掲論文、p. 215。
(60) 田中（2007）、前掲論文、p. 68、p. 70。
(61) 同上、p. 70。
(62) 同上、p. 70。
(63) 同上、pp. 72-73。
(64) ①同上、p. 73、②諸富、前掲論文、p. 218。
(65) 田中（2007）、前掲論文、p. 83。
(66) 　① The Secretary of State for Education and Employment, The Secretary of State for Social Services and Minister for Women (1998) *Meeting the Childcare Challenge: A Framework and Consultation Document*, Cm. 3959. ②岩間、前掲論文、p. 11。本項の論述では、岩間、前掲論文、pp. 1-34に依拠している。
(67) 岩間、前掲論文、p. 12。
(68) 同上、pp. 16-17。
(69) 同上、pp. 16-17。
(70) 同上、p. 56。
(71) ①Her Majesty Treasury, Dep. of Education and Skill, Dep. for Work and Pensions (2004) *Choice for Parents, the best start for children: a ten year strategy for childcare*, ②岩間、前掲論文、p. 25。就学前児童を対象とする総合的な家族支援への積極取り組みは、財務大臣ゴードン・ブラウンの影響が大きい。彼は子どもへの投資こそを将来のイギリス（経済的繁栄）を決定づけるもの、すなわち親の就労および保育／教育支援は、①児童貧困への転落を予防し世代間に跨る貧困悪循環を予

防する、②子どものライフチャンスは5歳までに受ける養育（保育／教育）によって決まる、と考えているからである（岩間、前掲論文、p. 25）。
(72) 2006年子育て総合支援法に関する論述では、①CHILDCARE ACT 2006-SUMMARY（Childcare Act Summary.doc.webarchive.nationalarchives.gov.uk）、②CHILDCARE ACT EXPLANATORY NOTES、③内閣府政策統括官（2009）『英国の青少年育成施策の推進体制等に関する調査報告書』、pp. 29-31、④岩間、前掲論文、pp. 1-34に依拠している。
(73) 岩間、前掲論文、pp. 27-28。
(74) 就学前児童サービスとは、①就学前児童施策（統合された就学前教育／保育）、②乳幼児とその親に対する社会サービス（支援が必要な家族への専門的対応及び早期介入）、③乳幼児とその親に対する保健医療サービス（保健師サービス、出産前後ケア）、④親、近く親になる者に対する就労支援サービス、⑤親への子育て支援サービスに関する情報提供。
(75) 岩間、前掲論文、p. 28。一般の児童の場合は満14歳後の9月1日前日までの児童、障害児の場合は満16歳後の9月1日前日までの児童となる。もっともこれらのサービスを提供する主体は民間（営利／非営利）団体であり、自治体は財源援助や監督など条件整備が中心となる（8条）。その他に、親が希望する場合は、すべての3・4歳児に無料で必要最低限の幼児教育及び保育を提供すること（7条）、満20歳になるまで子どもの権利を満たすために必要なあらゆる情報を親あるいは近く親になる者が入手できるよう保障すること、とりわけ情報入手の困難な親にも届くよう積極的に働きかけること（12条）、子育て支援サービスの進捗／成果に関する（少なくとも3年に1度）内部評価を実施すること（11条）、主席学校監査官による外部監査を受けること（14・15条）なども自治体の義務とされた。
(76) 小堀眞裕（2005）『サッチャリズムとブレア政治――コンセンサスの変容、規制国家の強まり、そして新しい左右軸』晃洋書房、pp. 153-158、pp. 199-201。
(77) 藤森、前掲書、p. 215。
(78) 諸富、前掲論文、p. 204、p. 209。
(79) 宮本／諸富、前掲書、p. 135。
(80) 田中（2007）、前掲論文、p. 68、p. 70。
(81) 同上、p. 83。
(82) 同上、p. 50。
(83) デイヴィッド・バーン著、深井英喜／梶村泰久訳（2010）『社会的排除とは何か』こぶし書房。
(84) 同上、pp. 290-293。
(85) 同上、p. 381。個人や世帯のある時点での経済的状況を静態的にみるのではなく、個人や世帯のライフコースがどのように推移するかを動態的に見ることに関心の中心がおかれる（同著p. 381）。

(86) 同上、p. 382。
(87) 同上、p. 383。
(88) 同上、p. 386。
(89) ジグムント・バウマン著、伊藤茂訳(2008)『新しい貧困――労働、消費主義、ニュープア』青土社。
(90) 同上、pp. 122-123。
(91) 同上、p. 136。
(92) 同上、pp. 134-135。
(93) 同上、p. 137。
(94) 齋藤純一(2000)『公共性』岩波書店、p. 78。
(95) 齋藤純一(2000)『公共性』岩波書店。
(96) 同上、pp. 78-79。
(97) ①バウマン、前掲書、p. 137、②齋藤、前掲書、p. 80。
(98) 平田潤(2007)「日本のヒューマン・キャピタル・クライシス――先進諸国の『人的資本力』問題に関するノート No.1」『桜美林大学経営政策論集』7(1)、p. 1。
(99) 鈴木宏昌(2004)「人的投資理論と労働経済学――文献サーベイを中心として」『早稲田商学』401号、p. 349。
(100) 平田、前掲論文、p. 6。
(101) 同上、p. 29。
(102) 同上、p. 7。
(103) 同上、p. 9。
(104) Fawcett, B. Featherstone, B. & Goddard, J. (2004) *Contemporary Child Care Policy and practice*, palgrave, p. 165.
(105) Esping-Andersen, G., Gallie, D., Hemerijck,A. & Myles, J. (2001) *A New Welfare Architecture for Europe? Report submitted to the Belgian Presidency of the European Union* (Final version, September 2001) p. 4, p. 20.
(106) ①Lister, R. (2004) 'The Third Way's Social Investment State' in Lewis, J. & Surender, R. (ed) (2004) *Welfare State Change: Toward a Third Way?*, Oxford University Press, pp. 158-161、②Fawcett, Featherstone & Goddard, *op. cit.*, pp. 4-6, p. 12, pp. 41-43
(107) ①Lister, *op. cit.*, pp. 170-172、②Fawcett, Featherstone & Goddard, *op. cit.*, p. 8.
(108) Lister, *op. cit.*, p. 170.
(109) ① Perkins, D., Nelms, L. & Smyth, P (2004) 'Beyond neo-liberalisim: the social investment state?' Social Policy Working Paper No. 3, The Centre for Public Policy, pp. 1-3, p. 8、②デイヴィッド・バーン、前掲書、pp. 382-384。
(110) Vandenbroucke, F. Belgian Minister for Social Affairs and Pensions (2002) 'Foreword' in Esping-Andersen, G., Gallie, D., Hemerijck, A. & Myles, J. (2002) *Why We Need a New Welfare State*, Oxford University Press, p. 14.

II 部

ビクトリア・クリンビエ虐待死亡事件調査報告書とソーシャルワーク改革

3章

ビクトリア・クリンビエ虐待死亡事件とソーシャルワーク その1
――イーリングとブレントにおけるビクトリアへの対応――

〔1〕児童社会サービス改革におけるビクトリア・クリンビエ事件の位置づけ

　2000年に起きたビクトリア・クリンビエ事件は、マリア・コルウェル虐待死亡事件（1973年）、クリーブランド事件（1987年）に匹敵するか、いやそれ以上のインパクトを社会に与えたといっても過言ではないであろう。8歳の幼女が受けた残忍な虐待の数々に市民は言葉を失った。幼女の凄惨な虐待死という社会が受けたトラウマをいち早く治癒させるかのように、新労働党政権は大規模な児童社会サービス改革に取り組んだ。

　もっとも、児童社会サービス改革は以前から新労働党内では検討されていた。1990年代には非行／少年犯罪と治安の悪化が社会問題化した。とりわけ児童貧困は将来の非行／少年犯罪の温床になりかねない。それには早期予防介入による親業支援（家族支援サービス）を充実させ、犯罪の芽を未然に摘む必要がある。それだけでは十分ではない。児童貧困は様々な負の要因の悪連鎖によりもたらされた社会的排除の1つであり、その根底には家族基盤を揺がす世代を跨ぐ貧困悪循環が潜んでいる。したがって、予防対策には統合されたサービスが必要であり、それが可能となるよう中央省庁及び地方部局内で横断的な組織統合／再編が必要となる。これらが改革のフレームワークである。

しかしそこには虐待防止は含まれていなかった。繰り返すが1990年代の社会的関心は非行／少年犯罪の予防と治安であり虐待防止ではない。ビクトリア・クリンビエ事件は「児童虐待の再発見」であり、前述した改革のフレームワークの中に虐待防止を優先対策事項として押し込むことになった。そして児童社会サービス改革プラン『すべての子どもはかけがえのない存在である』(*Every Child Matters*: ECM)[1]では、すべての子どもを対象とする普遍サービスに予防機能をもたせ虐待を防止するという壮大な計画が提案される。リスクを早期に発見し深刻化しないよう特殊専門的サービスにつないでゆくことになるが、その対象はすべての子ども（約1100万人）である。したがって、リスクの早期発見に際しては、子どもの個人情報が入力された共通のデータベースに基づく電子情報システムを活用し、専門機関の間で速やかな情報交換／共有による的確なアセスメントの実施が期待されることになる。これらの法的根拠は2004年児童法で明確にされた。

　当事件では（国選）ラミング卿を委員長とする調査委員会が設置され、（政府主導による公式）報告書が提出された（ラミング報告書）[2]。報告書で勧告された内容の数々はECMに結実している。また報告書ではソーシャルワーカーの非専門的な対応のいくつかが指摘されており、これらは今までの虐待死亡事件調査報告書で繰り返されてきた内容である。それが未だに克服されていないという現実は、ソーシャルワーカー個人の資質や専門性の問題に還元できない構造的な問題（財源、組織、運営管理）が手つかずのままにされた状態であることを物語っている。

　ラミング報告書は400頁に及ぶ大著であり、すべてをバランスよく紹介／解説することは不可能である。ビクトリアと深いかかわりをもった3つのロンドン特別区（イーリング、ブレント、ハーリンゲイ）におけるソーシャルワーク的課題を組織的／構造的な問題とリンクさせながら本事件の核心に迫りたい。2つの章に跨って論述することになるが、本章（3章）はビクトリア・クリンビエ虐待死亡事件の概要とイーリング、ブレントにおけるビクトリアへの対応、次章（4章）はハーリンゲイにおける対応と全体のまとめという構成になっている。

　なお、なぜビクトリアをフランスへ連れてゆきたいというコウアオの申し出

をクリンビエ夫妻が受け入れたのかという問題については、調査委員会の対象外とされているが、本章の補遺で触れることにする。

〔2〕ビクトリア・クリンビエ虐待死亡事件の概要[3]

(1) ビクトリア、イギリスに渡る

　ビクトリアは、1991年11月2日、コートジボワールで生まれる。7人きょうだいの5番目で明朗活発な少女であった。6歳の時に学校に通い始めた（3.2）。1998年10月、父方の大叔母コウアオ（Kouao, Marie-Therese）がクリンビエ家に立ち寄った。彼女はフランスで数年生活しており、きょうだいの葬儀に出席するために、コートジボワールを訪れていた。彼女はクリンビエ夫妻に、彼らの子の1人をフランスに連れて帰り、きちんとした教育を受けさせてやりたいと申し出た。そこでビクトリアが選ばれた（3.3）。なぜこのような申し出をクリンビエ夫妻が受け入れたのかという問題がある。この問題は調査委員会の対象外とされており詳細は明らかではないが、コートジボワールでは教育や就労の機会が限られているので、ヨーロッパで生活している親類縁者に子を委託することはさほど珍しいことではなかったようである（3.5）。1998年の秋、ビクトリアはコウアオと一緒にパリに向かい、そして1999年4月にロンドンに渡った（3.6）。

　この段階でビクトリアの身辺には危険が忍び寄っていた。1つは、コウアオはアンナと呼ばれる別の子を連れて帰るつもりであったこと。コウアオの申し出に同意していたアンナの両親が考え直したいと申し出たために、急遽、ビクトリアに変更された。イギリスに入国する際のパスポートにはアンナの写真が貼られていたのは、このような理由による（3.4）。もう1つは、パリに滞在していたとき、ビクトリアは小学校に通ったが長期欠席が続き、ハイリスクをもつ子どもとして社会福祉部が注意していたこと。また、コウアオは、不正受給を告発されフランス当局より返還を求められていた。そのことがイギリスへの移住に少なからず影響を与えたのは事実であろう（3.7-11）。

(2) 虐待の兆候

1) イーリング社会福祉部の対応

　コウアオとビクトリアは、1999年4月24日、パリからロンドンへ移った。パスポートには、娘としてビクトリアの名が記されていたが、アンナの写真が貼られていた。2人は特に似ているわけでもない。ただビクトリアはウイッグを装着していたので、写真の子のように見えたようである（3.12）。イギリスに到着した2人は、4月30日までの生活場所しか確保していなかったので、ホームレス支援課（住宅部）を訪れ（4月26日）、5月1日以後の住宅の紹介を求めた。5月1日、ホームレス支援課が紹介してくれた住宅（Nicoll Road hostel）に2人は移った（3.14,3.17）。それからの2、3週間、コウアオとビクトリアは、イーリング社会福祉部に生活扶助（現金給付）を求めて何度も訪れ、さらに紹介された住宅に関する不満を漏らした。5月に何度か訪れた2人をみたイーリング社会福祉部の職員は、コウアオとビクトリアの外見の落差に驚いた。コウアオの身なりはきちんとしているのにビクトリアはみすぼらしく、まるで「手当をもらうための広告塔」のようであった（3.18）。ビクトリアの様子に懸念がもたれた最初の時である。

2) アッカ夫人の対応

　4月25日、午後4時30分、2人はコウアオの遠縁にあたるアッカ宅（Ms. Ackah）を訪れた。突然の訪問に夫人は戸惑いを隠せなかったが、2人を快く迎え入れた。ビクトリアはアンナと紹介された（3.15）。夫人とその娘クアンサ（Quansah, G.）はビクトリアがウイッグを装着していることにすぐに気づいた。クワンサがビクトリアのウイッグを外すと、頭髪がなく頭皮には痣がいくつかみられた。ビクトリアは小柄でひ弱そうにみえたが、母娘にはビクトリアの行動やコウアオとの関係にことさら問題があるようにはみえなかった（3.16）。6月14日、アッカ夫人は、6週間前に突然自宅を訪れてきて以来、連絡のなかったコウアオとビクトリアに街中でばったりと出くわした。ビクトリアは長袖の服を身にまとい顔と手だけが表に出ていた。ビクトリアの右の頬に新しい傷痕があったのでコウアオに尋ねると、「エスカレーターから転げ落ちたときにできた傷である」と答えた（3.21）。アッカ夫人はビクトリアのこと

が気がかりになり、6月17日、2人の住宅（ホームレス支援課が紹介した住宅）を訪れた。その住宅は不衛生で過密そして設備も充実しておらず、子どもにとって適切な生活環境であるとは思えなかった。またビクトリアは以前よりも痩せているようにもみえた。近所の者が現れ、コウアオのビクトリアに対する接し方に問題があることをアッカ夫人に告げた。翌日（18日）、アッカ夫人は、ブレント社会福祉部に匿名の電話による通報（ビクトリアの安全の確認を要請）をした。これは2回されたうちの最初の通報である（3.23）。

3）キャメロン夫人の対応

6月中頃には、ビクトリアはチャイルドマインダーのキャメロン夫人（Ms. Cameron：里親の経験はあるが未登録）に預けられ、一日の大半を過ごした。それは、コウアオが6月8日、病院で職をみつけたことによる。ビクトリアは朝7時に預けられ、お迎えは遅く夜10時頃になることも何度かあった（3.24）。この期間、ビクトリアはキャメロン夫人の献身的な世話を受け、健全な発育を遂げた（3.25）。キャメロン夫人は、コウアオの育児（ビクトリアへの対応）について、特に問題があると思わなかったが、ビクトリアを厳しく叱りつけることが度々あったことを記憶している。キャメロン夫人（とその息子）によれば、コウアオが迎えに来ると、ビクトリアは無口になり、視線を落とし、手をこすり合わせるような仕草をした（3.26）。またビクトリアの手に小さな切り傷があることも何回か確認された。コウアオの説明によれば、ビクトリアが剃刀をさわった時にできた傷らしい。また顔にも傷がみられることがあった。ひどいものではないので、子ども同士の喧嘩でできた傷ぐらいに思われていた（3.27）。

（3）虐待の強い疑い

1）マニングとの同居

6月10日、コウアオは偶然乗り合わせたバスの運転手マニング（Manning）と知り合いになり、2人の関係は急速に深まった。6月14日、コウアオはマニングを自宅（Nicoll Road hostel）に呼んだ。このとき、ビクトリアはマニングと初めて会った。コウアオとマニングの関係は親密になり、8か月後逮捕されるまで続いた（3.22）。7月6日、ビクトリアとコウアオは、マニングのアパ

ート（267 Somerset Gardens）に移った。このアパートは1部屋（寝室兼居間）しかなく、バスルームとキッチンが別についていた。この1部屋で3人が生活することになった。部屋には2つのソファベッドがあり、その1つがビクトリアに与えられたらしい。10月までビクトリアはこのソファベッドで夜を過ごした（それ以降はバスルームへ移る）(3.28)。マニングと同居し始めて間もなく、ビクトリアへの身体的虐待が疑われるいくつかの事実が明らかになった。以前にもアッカ夫人とキャメロン夫人はビクトリアの顔と指先に傷を発見しているが、7月13日の夜、コウアオに連れられてキャメロン宅に現れたビクトリアの様子（彼女が受けた傷害）は、以前に発見された傷とは全く違っていた(3.29)。その夜、玄関に現れた時コウアオはひどく動揺した様子で、キャメロン夫人にしばらくビクトリアを預かってほしいと頼んだ。理由はマニングがビクトリアとの同居に耐えられないことらしい。キャメロン夫人は拒否したが、とりあえず一晩だけ預かることにした(3.30)。

　ビクトリアは帽子を眉毛深くまで被っていた。キャメロン夫人が帽子を脱がすと、顔に50ペンスほどの大きさの火傷の痕と思われる傷を発見した。右下顎あたりには3つの傷痕（治癒されている）もあった。さらにビクトリアの目は充血しており、右まぶたにも暴行による後遺症と思われる症状が見られた。キャメロン夫人はコウアオに誰がビクトリアに火傷を負わせ暴力を振るったのかを尋ねたが、コウアオははっきりと答えなかった(3.31)。調査委員会の調査（マニングの証言）によると、ビクトリアの失禁がひどく、怒ったマニングが激しい暴行を加えていたらしい。最初は平手打ちだったのが、7月下旬には握りこぶしを振るうようになった。7月13日の夜、キャメロン宅で発見された傷のいくつかは、深刻な身体的虐待である疑いが強い(3.32)。キャメロン夫人はビクトリアにきれいなパジャマを着せベッドに寝かせた。その夜半、うめき声がしたので様子を見に行った。ビクトリアは眠っていたが顔は腫れあがり指先は化膿していた。キャメロン夫人は娘のアブリルと対応を話し合った。翌朝（14日）、アブリルはビクトリアを息子が通う学校のフランス語がわかる先生のところへ連れて行った。傷害の原因をビクトリアから聞き出そうとしたが、彼女はその問いには答えたがらなかった。その教師は病院へ連れて行くことを進言した(3.33-34)。

2）ビクトリア最初の入院：中央ミドルセックス病院

　14日の午前11時、アブリルはビクトリアを中央ミドルセックス病院の救急部に連れて行き、ベイノン医師（Dr. Beynon）の診察を受けた。アブリルから経過の説明を受けビクトリアを診察した結果、彼はさらに詳しく小児科医の診察が必要と判断した。彼は「虐待（non-accidental injury）の疑いが強い」と診断した（3.35）。続いて小児科医アジャイ-オベ（Dr. Ajayi-Obe, E.）が診察した。彼女は専門的な身体検査を行い、ビクトリアの身体に多くの傷痕を確認し身体検査図を作成した。彼女は「ビクトリアの傷痕のいくつかは虐待によるもの」と診断した。彼女はビクトリアを入院させブレント社会福祉部に通報した。警察にも通報され午後5時20分、ビクトリアは警察保護（police protection）におかれた。診断書には、母親との交流は規制と条件を必要とすることが記された（3.36）。

　その夜、コウアオがキャメロン宅へビクトリアを迎えに行くと、入院させられたことを知らされ、直ちに病院へ向かった。彼女が到着したとき、児童虐待の専門医であるシュウォーツ医師（Dr. Schwartz, R.）が夜の回診でビクトリアを診察していた。彼女は前に診察した2人の医師とは異なり「疥癬（scabies）による傷痕」と診断した（3.37）。疥癬は感染性の皮膚病なので、ビクトリアは隔離された。ビクトリアはアブリルがその夜早く帰るのをみてひどく悲しんだが落ち着きを取り戻し、おもらしをしたこと以外は平穏な夜を過ごした。翌朝、警察は警察保護を取り消し、コウアオは病院を訪れビクトリアを連れて帰った（3.38）。

3）ビクトリア2度目の入院：北ミドルセックス病院

　中央ミドルセックスを退院して約1週間後の7月24日、顔にひどい火傷を負ったビクトリアがコウアオによって北ミドルセックス病院に運び込まれた。コウアオの話によれば、（コウアオが）昼間ベッドで寝そべっていたとき、バスルームから叫び声がしたので駆けつけたら、ビクトリアは火傷を負っていた。「疥癬のかゆさから逃れるために、バスルームの熱湯蛇口に頭をもってゆき、熱湯をかぶってしまった」と彼女は主張するが、真相は定かではない。ビクトリアの火傷はひどく約2週間の入院を余儀なくされた（3.41）。

7月24日午前11時、ビクトリアを最初に診察したフォーリー医師（Dr. Forlee）はハーリンゲイ社会福祉部にその（ビクトリアの）状況を説明し、詳細な送致は3日後、ジョンズ（Johns, K.：病院を拠点とする医療ソーシャルワーカー）によってなされた。その結果、7月28日、ハーリンゲイ社会福祉部（トッテナム北部地区事務所）で戦略会議（strategy meeting）が実施され、ビクトリアの担当ソーシャルワーカーにオーソワリー（Ms. Authurworry）が選任された（3.42）。ビクトリアの世話をした医療関係者（看護師）は、彼女の身体にひどい身体的虐待（ベルトで叩かれた傷痕、ひどい火傷など）と思われる傷痕をいくつか確認していた（3.43）。

　ビクトリアは7月下旬頃から相当ひどい虐待を受けていたようである。それはマニングとコウアオが病棟へ見舞いに来たとき、ビクトリアの振る舞いが一変することからも明らかである。彼女は彼らに怯えているような印象を周囲に与え、とくにコウアオとビクトリアとの関係は、まるで主人と召使のようであった。彼らがビクトリアのために、衣服、食物、玩具など、子どもの喜びそうなものを持ってくることは一切なかった（3.45）。一方、病棟では看護師たちの手厚い世話と温かい愛情に恵まれ、ビクトリアは快適な生活を送っていた（3.46）。コウアオとマニング以外で、ビクトリアが受けた唯一の訪問者は、ソーシャルワーカーのオーソワリーと警察児童虐待防止チームのジョーンズ（Jones, K.）だけである。2人は8月6日に病院を訪問し、ビクトリアと短く話した後、退院させコウアオのもとへ帰すことに決定した。病院でのビクトリアの生活は最も幸せだった。8月6日、午後8時頃病院を出て行きマニングのアパートへ向かった。そこで最後の7か月を過ごした（3.47-48）。

（4）ビクトリアの体調異変（失禁）
1）キンビディマ夫妻
　ビクトリアが中央ミドルセックス病院に入院する前の7月のある日、コウアオはキンビディマ氏（Mr. Kimbidima）と親しくなった。街路でたまたま話しかけたところフランス語で会話できることから親しくなり、キンビディマ氏はコウアオを自宅に招待し妻に会わせた。キンビディマ夫妻の娘の誕生日にあたる8月2日には、お祝いのためにキンビディマ宅を訪れている（3.53）。ビクト

リアが北ミドルセックス病院を退院して間もなく、コウアオはビクトリアをキンビディマ宅に連れて行き夫妻に会わせている。コウアオがキンビディマ夫妻にもらした話の内容から判断すると、ビクトリアの失禁がひどくなってきたようである（3.54）。翌月もキンビディマ夫妻はビクトリアと何回か会い、コウアオの都合の悪い時はビクトリアを預かり世話をした。キンビディマ家にいるとき、コウアオの指示があったのかもしれないが、何かする指図がなければ隅で静かに座っていた。おもらしをすることはあったが排便はなかった。キンビディマ夫人によると、コウアオはいつもビクトリアを叱りつけ深い愛情を示さなかったようである。この頃、コウアオはキンビディマ夫人に「ビクトリアは悪霊に取りつかれている」と話していた（3.55）。

2）ビクトリアと教会

コウアオは8月下旬まで教会に通った。これは、彼女がなぜビクトリアに悪霊が取りついていると考えたのか、その理由を知る上で重要である。イギリスに入国して以来、コウアオは教会に通うようになり5月中旬から規則的に通いだした。7月初旬にマニングのアパートに引越してからも教会への思いは強く、8月29日にコウアオとビクトリアは新しい教会に通い始めた（3.56）。その教会のオローム牧師（Orome, P.）はビクトリアの様子を詳しく覚えていた。この季節にかかわらず、手と頭以外はすっぽりと厚着で覆われ、手と頭に傷痕があった。彼は髪の毛を短く刈り頭皮の傷を外気にさらすよう助言した。コウアオはビクトリアの失禁について彼に相談した。彼は「ビクトリアは悪霊にとりつかれている」と考え、祈禱による解決を助言した（3.57）。この教会に最初に通ってから2週間後、コウアオはオローム牧師に電話し、ビクトリアの失禁は一時的に解決されたが、また繰り返し始めたことを伝えた。彼は「祈禱を怠ったから悪霊が再び取りついた」ことを彼女に伝え、注意を促したという。原因はさておき、ビクトリアの失禁は10月以降も続いたようである。というのは、マニングによれば、10月にはビクトリア用のソファベットは片付けられ、彼女はバスルームで夜を過ごし始めたからである（3.58）。

（5）ソーシャルワーカーの対応
1）ソーシャルワーカーによる２度の家庭訪問

　最後の7か月、ビクトリアと外界（コウアオやマニング以外の誰か）との接触は限られていた。この期間、専門家と4回の接触がある。最初の2回はオーソワリーの家庭訪問、他の2回は11月の初めにコウアオがビクトリアを連れてトッテナム北部地区事務所を訪れたときである（3.49）。

　オーソワリーの1回目の家庭訪問は（マニングのアパート）、退院して間もない8月16日に行われた。ビクトリアと直接話をすることはなかったが、身なりもよく、きちんと世話をされ、幸せそうにみえた。しかし、マニングのアパートでの3人暮らしは相当窮屈そうであった。オーソワリーの関心は、ビクトリアのニーズ（虐待の予防）よりも、コウアオとビクトリアに別の生活場所を探すこと（家族支援）にあった（3.51）。したがって、オーソワリーは、ビクトリアは学校に通っておらず、育児支援プログラムやデイケア活動に参加していないにもかかわらず、ビクトリアがどのように毎日を過ごしているのかをコウアオに尋ねようとしなかった。コウアオは病院の勤務を辞めており、2人はマニングのアパートの一室で一日の大半を一緒に暮らしていた（3.52）。

　ビクトリアの失禁は一向に回復の兆しがみられなかった。10月にはビクトリア用のソファーベッドが片付けられ、その頃からビクトリアはバスルームで夜を過ごし始めたようである。マニングのアパートのバスルームは小さく、ドアを開けると居間につながっていた。窓もなく、暖房器具はあったが壊れており使えなかった。ビクトリアがバスに入るとドアは閉ざされ明かりは消された。彼女は冷たく暗闇の夜をひとりで過ごした（3.59）。

　10月28日、マニングのアパートに2度目の家庭訪問（事前通告してある）がされた。しかし、このようなビクトリアに対するひどい扱いは気づかれなかった。というのは、家庭訪問の目的が、住宅申請が却下されたので別の対応を検討する必要があることを、コウアオに伝えることにあったからである。したがって、会話の中でビクトリアがまだ学校に通っていないことがわかっても、彼女は毎日どのように過ごしているのかを尋ねることはしなかった（3.60）。のちにマニングの証言で分かったことであるが、家庭訪問に備えてアパートはきれいに整理され、オーソワリーの目を欺くよう偽装されていたようである。

それはオーソワリーの証言とも一致する。彼女によると、ビクトリアが失禁した跡を見つけることはなかったし匂いもなかった。また、ビクトリアはオーソワリーの前で、事前に教えられていたかのように振る舞った（3.61）。コウアオは住宅申請が認可され居住場所が提供されることを望んだが、オーソワリーは彼女に対して、子どもが虐待される疑いがあるとき、子どもの安全と福祉の担保という目的から居住場所が提供されることもあるが、ビクトリアの場合は該当しないことを話した（3.62）。

2）性的虐待の告発

　11月1日、コウアオはオーソワリーに、マニングがビクトリアに性的虐待をしたと電話で伝えてきた。コウアオとビクトリア、少し遅れてマニングがトッテナム北部地区事務所にやってきた。マニングが自宅を離れることができるのであれば、それが一番良いとオーソワリーは考えた。コウアオは性的虐待に関するマニングの行為について3の事例を説明した。またビクトリアも性的虐待の事実を告発した。その告発は、コウアオが話した内容の繰り返しであった。ビクトリアは話した内容を信じてもらえたかどうかをひどく気にしている様子であり、その場にいたオーソワリーともう1人のソーシャルワーカーは、前もって話す内容を指示されていたかのような印象を受けた（3.63）。

　性的虐待が申請された場合、調査の間、ビクトリアの安全と福祉が守られる生活場所を確保する必要がある。コウアオは、このような状況を理解し協力してくる友達としてキンビディマ夫人の名前を挙げたので連絡がとられた。但し、この電話でキンビディマ夫人がコウアオとビクトリアの状況を正確に把握できたかは定かでない。最初はビクトリアの預かりを承諾したが、状況をよく理解した夫妻は預かりを断った。したがって、コウアオとビクトリアは地区事務所からタクシーでキンビディマ宅に直行したが、深夜にはマニングのアパートに戻っている（3.64）。翌日、ビクトリアとコウアオは地区事務所を訪れ、性的虐待の申請を取り下げた（3.65）。性的虐待の告発は新たな住居を得るための方便である可能性が強い。この訪問を最後にビクトリアと専門家が直接面会することはなかった。次は死の直前に病院に運び込まれた時である。したがって、残り4か月に関する記述は、コウアオの辻褄の合わない多く証言も含めて、事

実に基づく精確な記述ではなく推察が少なからず含まれることになる（3.66）。

(6) 最後のビクトリア
1) ビクトリア、最後の4か月
　ビクトリアは浴室の中での就寝を余儀なくされた（3.67）。しかし11月になってから、バスを汚さないように黒のビニール袋の中に入れられた（3.68）。排泄物との同居がしばらく続くことになった。このような不衛生な生活はビクトリアの身体（皮膚）を蝕んだ。その様子に驚いたコウアオとマニングは、2000年1月にはこのような対応をやめた。だからといって浴室での生活が終わったわけではない。浴室で睡眠をとるだけでなく、昼間もそこで過ごすことが多くなった。1月16日、コウアオとマニングが地下鉄の駅でキンビディマ氏と会った時、ビクトリアを同伴していなかったのは、このような理由による（3.71）。

　新年が始まると2人は浴室にビクトリアの食事を運び始めた。彼女の手はテープで縛られていたので、犬のように顔を食器に押しつけて食事をとらざるをえなかった（3.72）。このような非人間的な生活を余儀なくされながら、2人から相当な虐待を受けていた。虐待には、靴、ハンマー、コートハンガー、木製の料理用スプーンなどが使われた。マニングが逮捕された後、彼のアパートが家宅捜索され、壁や靴などからビクトリアの血痕が見つかった。バイク（自転車）のチェーンを使ったことも告白した（3.73）。この時点で、コウアオが何を考えていたのかは定かではない。マニングは、コウアオはビクトリアをコートジボワールの実親のもとに帰そうとしている印象をもったという。だからといって、マニングがそのようなコウアオの意思を確認して後押しをしたわけではない（3.74）。それどころか、ビクトリアの健康状態を隠し続けた。ビクトリアの両親に送られたクリスマスカードには、笑顔で写っているビクトリアの写真が同封されていた（3.75）。

2) ビクトリア、教会に戻る
　2月19日、ビクトリアの健康状態は相当ひどくなっていた。その日（土曜日）、コウアオとビクトリアは、入国して最初に通った教会の牧師に紹介された教会

へ行った。その教会でお手伝いをしている女性は、2人が大声で叫び合い、ビクトリアが非常に歩きづらそうにしている（歩行障害）様子を記憶していた（3.77）。2人の振る舞いは他の人に迷惑をかけるので、彼女はビクトリアを託児室へ連れて行った。彼女によれば、ビクトリアが身震いをしたので「寒いのか」と尋ねると「寒くはないがお腹がへっている」と答えたという。彼女がビクトリアにビスケットを渡すと、コウアオが迎えに来るや、それらをポケットに隠したようである。ビクトリアの健康状態については、とくにひどいようには見えなかった（3.78）。紹介された教会の牧師は、コウアオとビクトリアの失禁について話し合った。牧師は「ビクトリアの失禁は悪霊が取りついているからであり、自分がビクトリアに代わり断食をする」と告げたようである。そしてコウアオは牧師より、次週の金曜日の朝（悪魔祓いの日）、ビクトリアを教会に連れてくるよう告げられた（3.79）。

　翌週からの経過は次の通りである。日曜日、2人は教会を訪れた。外見上、ビクトリアの行動で特に問題は見当たらなかった。水曜日の夜、コウアオは牧師に電話をし、ビクトリアの失禁が改善されたことを報告した。木曜日、牧師のお手伝いをしていた女性に電話をし、ビクトリアが2日間、食事も水分もとらず、眠り続けていることを告げた。同日の夜、コウアオはビクトリアの様子が心配になり、教会に連れて行き助けを求めた。牧師は直ちに病院に行くよう助言し、タクシーが呼ばれた（3.80）。

3）ビクトリア3度目（最後）の入院：北ミドルセックス病院

　2月24日、タクシー運転手の機転のきいた判断で、北ミドルセックス病院救急部にビクトリアは運ばれた。北ミドルセックス病院に到着したとき、ビクトリアの意識はなく体は冷たかった。体温は27度しかなかった。直ちに体温を上げる応急処置がとられたがうまくいかず、顧問小児科医が駆けつけた（3.81）。到着は深夜であった。治療の甲斐なく、体温は28.7度までしか上がらなかった。彼女はビクトリアの身体の傷を記録しようとしたが、あまりの多さにすべての傷を記録することができなかった。彼女は当病院の対応では助命できないと判断し、セントメアリーズ病院に移された（3.82）。しかしビクトリアは低体温、内臓機能障害による危機的状態であった。彼女の足をまっすぐに

伸ばすことができなかった。午前3時、心拍停止になり、2000年2月25日午前3時15分、死亡が確認された。享年8歳3か月であった (3.83)。検死によると死因は低体温症（hypothermia）であり、それは栄養失調、ひどい環境（浴室での生活）、移動制限という脈絡で生じた。ビクトリアの身体は傷だらけで全身に128か所の傷があり、鋭利なものを含めて器具により殴打されていた。手首と足首の傷は、腕と足が一緒に括られていたことを示している。検死官によれば「今までみた虐待の中で、最悪の状態であった」(3.84)。

〔3〕ビクトリアへの対応におけるソーシャルワークの課題

本事件の衝撃は、ビクトリアが受けた虐待の凄惨さと同様に、多くの専門機関がビクトリアに関与しており、1999年4月から2000年2月までに12回以上介入する機会があったにもかかわらず、一切対応がされなかったことである。本節では、ビクトリアに深く関与したイーリング、ブレント（以上本章）、ハーリンゲイ（次章）の対応と問題点を、ソーシャルワークを中心に調査委員会の報告書から明らかにしてゆく。

(1) イーリングのビクトリア[4]
1) イーリングの組織的／構造的問題

1999年に4月末から7月初旬の間、コウアオは社会福祉部へ18回訪問し、少なくとも10回はビクトリアを同伴している。1999年7月7日にビクトリアへの対応は終了するが、その時点でビクトリアに関する情報は、4月26日に初めてホームレス支援課を訪れ住宅申請したときに知りえた情報以外一切なく、継続的なアセスメントが実施されていなかった (4.1-2)。社会福祉部の対応は、コウアオの法的代理人（事務弁護士）の不服申し立てによるものであって、その内容は住宅の保障や生活費の支援であり、ビクトリアのニーズに直接対応されたものではない (4.180-181)。

イーリングでは、ケース対応する職員の数が圧倒的に少なく、慢性的な待機児童（送致を受けたが初期アセスメントが完了せずデータベースに入力できない）状態になっていた。さらに有資格職員の不足、欠員の補塡困難、期限付契

約職員の積極的採用（全職員の45％）は、ソーシャルワークの質（専門性）に大きな問題を残した。外部査察（Social Services Inspectorate: SSI, 1997年12月）では、育成児（ケアにいる子ども、児童虐待防止登録に登録されている子ども）の健全な成長と発達が保証されていないと厳しく批判された（4.4）。直ちに改革に取り組み、1999年春には社会福祉部の85％は専任職員となった（4.10）。

　しかしそれは新たな問題を引き起こした。外部査察の指摘を受けて、専門性を有する熟練有資格職員は虐待などハイリスク・ケースの長期対応に集中し、送致／アセスメント領域の専門性は顧みられなかった（4.19）。この領域は、有資格ではあっても経験が浅いかあるいは海外で研修を積んだ職員で対応された（4.20）。当時のケース対応フローチャート（『1999年協働』）(5)では、初期アセスメントの段階で「ニードをもつ子」（家族支援）か「リスクをもつ子」（虐待防止）かのいずれかに分類されることになる。限られた情報によるこのような分類は専門性を必要とするであろうし、一旦、どちらかに分類（とくに「ニードをもつ子」）されると、それを変更するとなれば、相当の専門性が担保されていたとしても難しいであろう。ましてや慢性的な待機児童への対応に追われている状況ではなおさらである。ビクトリアがイーリングに来たとき、このような初期対応の問題は手つかずの状態であった。

2）イーリングの対応とソーシャルワーク的課題
①初期アセスメントの不徹底：住宅保障と生活扶助の給付をめぐって

　コウアオとビクトリアがイギリスに到着して2日後の1999年4月26日、ホームレス支援課（Ealing Homeless Persons' Unit）へ行き住宅保障を申請した（4.47-50）。旅行会社との契約で1週間（4月30日まで）の宿泊施設は確保していたが、それ以後の居住場所がないからである（4.52）。支援課は、コウアオに住宅保障の申請資格がないことを伝えたが、彼女は納得できず泣きついた。そこで国家扶助法（1948年, National Assistance Act）による救済を申請するために、社会福祉部へ出向くよう（4月30日を予約）助言した（4.57-58）。支援課は、イーリング社会福祉部（アクトン地区事務所）のフォーチュン（Ms. Fortune：送致／アセスメントチームのソーシャルワーカー）に電話連絡（送致）した（4.59）。実際は29日に訪問してきたようだが、その時に初期アセスメン

トが実施されたかどうかは不明である。というのも、フォーチュンがアセスメントした結果を記録した書面が見当たらないからである。この時点では確定していなかったが、後にフォーチュンはビクトリアの担当ソーシャルワーカーになっている。いずれにせよ、フォーチュンは6月1日までコウアオやビクトリアと直接面会することはなかった（4.64）。

27日、また2人は支援課にやってきた。前日の住宅保障の申請に続いて、今度は生活扶助（現金給付）の支給を求めた。担当者は、前日と同様にアクトン地区事務所へ行くよう助言し、当家族は「ニードをもつ子」（child in need）として送致された（4.65-66）。28日、アクトン地区事務所の当直ソーシャルワーカーであるビクター（Victor, G.）と面接する。ビクトリアは年齢のわりには小さく見えたが、特に記録されることはなかった（4.69）。面接時間は20分程度、コウアオは再びビクトリアのための生活扶助の支給を求めた（4.71-72）。ビクターはマネジャーと協議した結果、短期間（4月30日まで）の生活扶助を支給し、しばらくの生活場所として簡易住宅(Nicoll Road hostel)を紹介した[6]。マネジャーは、ビクトリアを「ニードをもつ子」として理解していたが、それは衣食住の生活保障に関する限りであって、虐待の予防も含めた家族支援を必要とする子どもであるという認識はなかった（4.73-75）。30日、再び事務所を訪れ5月6日までの生活扶助を受給している。同様のことが7日、11日と続いた。ここで指摘しておくべき重大な問題は、「ニードをもつ子」として送致されたにもかかわらず、この時点でビクターはビクトリアの初期アセスメントを完了させていないことである（4.83-85）。住宅保障の申請に関しては、資格要件を満たしているかどうかの判断でよいが、「ニードをもつ子」（児童法17条）として送致されたのであれば、子どもの最善の利益という観点からのアセスメントが必要となるはずである。

5月24日、事前連絡なく2人はアクトン地区事務所を訪れ、紹介された簡易住宅に関する不服申し立てを行った。対応したのはソーシャルワーカーのゴーント（Ms. Gaunt）。彼女は当職についてまだ4か月であり、これまでのビクトリアの経緯を知らなかった（4.91-94）。ゴーントはマネジャーと協議した結果、1週間分の生活扶助と住宅は保証するが、それ以降はフランスに戻るよう説得することを申し合わせた。この決定はコウアオに伝えられた（4.97）。同

日遅くアクトン地区事務所に生活扶助を受給しに戻ってきた。「これが最後の支払い（生活扶助）であり、住宅手当は5月31日で打ち切られること、このような決定に不満があれば事務弁護士に相談したほうがよいこと」が伝えられた（4.108）。一方で、簡易住宅に関する不服申し立ての調査も実施された。ゴントは「住宅／生活環境に問題ない」と判断しマネジャーに伝えた。もっとも訪問時にはコウアオとビクトリアは外出しており、ビクトリアの視点から居住空間や生活環境をアセスメントされたものではない（4.112）。28日、マネジャーはビクトリアのケースを再検討した。24日の決定を変更する必要はないと判断し、ケース終了の準備に入った（4.113）。

イーリングの対応とソーシャルワーク的課題

4月26日	2人はホームレス支援課へ行き、4月30日以降の**住居確保**のため住宅申請をするが却下。国家扶助法（1948年、National Assistance Act）による救済を申請するために、社会福祉部（アクトン地区事務所）へ行くよう助言される。
4月27日	2人はホームレス支援課に行き、今度は**生活費**の支給を求めた。前日と同様にアクトン地区事務所へ行くよう助言される。アクトン地区事務所は、短期間（4月30日まで）の**生活費**の支給と、しばらくの生活場所として住宅の紹介を決定する。
4月30日	2人は事務所を訪れ**生活費の支給**を要請。5月6日までの生活費を受給。さらにコウアオは7日、11日にも訪れ生活費を受給。この時点でビクトリアの初期アセスメントはまだ実施されていない。
5月24日	2人は事務所を訪れ、紹介された**住宅に関する不服申し立て**をする。同日遅く事務所に生活費を受給しに戻ってきた。「これが最後の支払い（5月31日まで1週間分）であり、それ以後の生活保障に関してはフランスへ戻ること、このような決定に不満があれば司法専門家の助言を受ける権利があること」が伝えられた。（住宅）不服申し立てに関する調査は実施されたが却下される。
5月28日	マネジャーはビクトリアのケースを再検討し、24日の決定を変更する必要はないと判断。**ケース終了の準備に入る。**
6月1日	コウアオの事務弁護士が24日の決定に関して不服申し立てをする。その内容は「31日以降、生活費は底をつき生活場所も担保されていない。2人は1989年児童法の17条と20条の対象（生活費支援、居住場所の確保、子のケア）となるはずである」。
6月2日	24日の決定が覆される。**住宅保障は9日まで延長され、7日に（ビクトリアの）**

日付	内容
	アセスメントを実施することが伝えられた。
6月4日	事務弁護士が2度目の不服申し立てをする。その内容は「住宅環境が酷い状態であること、2人の生活費が底をついたこと」。
6月7日	アセスメントには来ず。翌日もう1週間分の生活費を受給しに訪問。前日は就職の面接試験だったらしい。
6月14日	事前連絡なしの訪問。仕事についた場合、チャイルドマインダーの費用はもらえるのかを確認。もう1週間分の生活費を受給。そして**6月17日午後1時30分**、前回キャンセルされたアセスメントの実施が告げられ、これに出席しないと住居も生活扶助費も打ち切られることが通告される。
6月17日	アセスメントの対象となるはずのビクトリアは同伴されず。しかも英語が拒否されフランス語で実施され、アセスメントは困難を極めた。通訳がアセスメントを完了させるといった水準で、専門的アセスメントには程遠い内容であった。
6月22日	**フォーチュンはマネジャーと協議し、30日以降、住宅保障を打ち切ることをコウアオに伝える。同日、マネジャーはビクトリアのケースをフォーチュンに配当（手続き上30日）。ビクトリアにソーシャルワーカーを配当する決定は、①ビクトリアが最初にイーリングへ送致されてから2か月後、②しかも2人への支援を打ち切るアセスメントがされたあと、である。**
6月30日	コウアオは1人で事務所に訪問。フォーチュンはコウアオに**イギリスに滞在する合理的な根拠がないので住宅提供を含めたあらゆる支援は7月7日で打ち切られることを伝える。**
7月2日	事務弁護士が6月30日の決定に不服申し立てする。イーリングは「もしイギリスに留まりたいのであればフルタイムの就労証明が必要であり、彼女が仕事を見つけるまでビクトリアをケアに預かる」という提案を伝える。
7月7日	コウアオは1人で事務所を訪問。コウアオは、フランスに帰るつもりもなければビクトリアと別れてケアに預けるつもりもないことを主張。そして「帰国するのであれば、その旅費（航空運賃）はもらえるのか」という質問に対して、「帰国日時が分れば事務所が航空券を購入する」ことが言い渡され、何も言わずに去った。**同日、2人のケースは終了。コウアオはフランスに戻る意思がないことを理解した上でのあらゆる支援の打ち切りである。**
7月14日	ビクトリアのケースが終了して1週間後、ブレント社会福祉部からビクトリアが虐待の疑いで中央ミドルセックス病院に入院したことが、フォーチュンに伝えられる。
7月15日	ビクトリアが退院。2人は事務所を訪問。フォーチュンはコウアオにケースは終了しブレントに移ったことを伝える。

②コウアオの不服申し立てへの対応：住宅保障と生活扶助の打ち切りをめぐって

　生活費、住宅保障の打ち切りに不満をもったコウアオは事務弁護士と今後の対応を相談した。6月1日、事務弁護士から1度目の手紙がアクトン地区事務所に届いた。その内容は「31日以降、生活費は底をつき生活場所も担保されていない。ビクトリアは1989年児童法の17条と20条の対象（生活扶助、居住場所の確保、子のケア）となるはずである」というものである（4.116）。手紙を受け取ったフォーチュンはマネジャーと協議し、翌日の2日、「住宅保障を9日まで延長し、7日にアセスメントを行うこと」がコウアオに伝えられた（4.126）。24日の決定はあっさり覆された（4.118）。

　6月4日、事務弁護士から2度目の手紙がアクトン地区事務所に届いた。手紙には、住宅環境が劣悪であること、2人は生活費が底をついたことが伝えられていた（4.135）。約束の7日のアセスメントには来なかった。当日は就職の面接試験だったらしい（4.136）。翌日の8日と14日、生活扶助を受給しにアクトン地区事務所を訪れた。そして14日の来訪時には「17日午後1時30分、前回キャンセルされたアセスメントが実施される予定になっており、これに出席しないと生活扶助と住宅保障は打ち切られる」ことが伝えられた（4.141）。アセスメントの当日、（本来ならアセスメントの対象となるはずの）ビクトリアは同伴されなかった。コウアオによれば、チャイルドマインダーに預けたらしい（4.142-143）。アセスメントは困難を極めたようである。ビクトリアは同伴されず、コウアオの都合により時間制約を伴い、しかも英語が拒否されフランス語で実施された。通訳がアセスメントを完了させるといった水準で、専門的アセスメントには程遠い内容である。フォーチュンがこの日のアセスメントで何を新たに学んだのか疑問である。アセスメント・シートの「結論」「アセスメントとマネジメント決定」の欄は空白のままであった（4.144-146）。

　22日、フォーチュンはマネジャーと協議し、30日以降、住宅保障の打ち切りを確認した（4.151）。同日、マネジャーはビクトリアのケースをフォーチュンに配当し（書面手続き上は30日）、アセスメントの完成（完全なアセスメント）を指示した。ビクトリアにソーシャルワーカーを配当する決定は、ビクトリアが最初にイーリング社会福祉部に訪れてから2か月後で、しかも2人への支援を打ち切るアセスメントがされたあとである（4.155-156）。それは2人（と

りわけビクトリア）をアセスメントしケアプランの作成を目的とした本来の配当ではない。フォーチュンは、今後の対応を説明するのでアクトン地区事務所へ出向くようコウアオに連絡した（4.157）。

　6月30日、コウアオは1人でやってきた。ビクトリアはチャイルドマインダーに預けたようである。フォーチュンは、コウアオと面談し、イギリスに滞在する合理的な根拠がないので住宅保障を含めたあらゆる支援は7月7日で打ち切られること、フランスに帰るためのチケットは用意できることを伝えた（4.157-160）。

　7月2日、コウアオの事務弁護士が6月30日の決定に不服申し立てをしてきた。そこでイーリングは、もしイギリスに留まりたいのであればフルタイムの就労証明が必要であり、彼女が仕事を見つけるまでビクトリアをケアに預かるという提案を伝えた（4.167）。

　7日、再びコウアオはアクトン地区事務所に1人で現れた。コウアオは、フランスに帰るつもりもなければビクトリアと離れてケアに預けるつもりもないことを主張した。そして「帰国するのであれば、その旅費（航空運賃）はもらえるのか」という質問に対して、「帰国日時が分れば事務所が航空券を手配する」ことを伝えると、何も言わずに去った（4.168）。同日、2人のケースは終了した。コウアオはフランスへ戻る意思がないことを理解した上であらゆる支援の打ち切りである。コウアオはパートタイムの仕事に就いているので、ビクトリアの生活に支障をもたらすことはないと判断され、ビクトリアのニーズはアセスメントされなかった（4.169-170）。

　ビクトリアのケースが終了して1週間後の7月14日、ブレント社会福祉部より、ビクトリアが虐待の疑いで中央ミドルセックス病院に入院したことが、フォーチュンに伝えられた（4.174）。ビクトリアが退院した15日、コウアオとビクトリアはアクトン地区事務所に再び現れた。フォーチュンはイーリングでの対応は終了しブレントに移ったことをコウアオに伝えた（4.175）。

(2) ブレントのビクトリア[7]

1) ブレントの組織的／構造的問題

　ブレント児童社会サービスは、2つの初期アセスメントチーム（「一般的なニーズに対応するチーム：家族支援チーム」と「ハイリスクに対応するチーム：児童虐待防止チーム」）と6つの長期対応チームで構成されている。通常、子どもに関する連絡送致を最初に受理するのが家族支援チームであるが、ブレントでは連絡送致のほとんどが、まず総合受付係（One Stop Shops）で受理され、虐待の疑い（child protection）があれば虐待防止チーム、そうでなければ（child in need）家族支援チームに送られる。両チームが受理した連絡送致は、管理運営チームによりデータベースに入力される（5.12）。ブレントでビクトリアが対応された時、初期アセスメントチームのほとんどが期限付契約職員であり、ソーシャルワーク研修は海外で受けていた（5.14）。

　1998／1999年、アセスメントチームの対応能力は限界に達していた。とくに1999年にはホームレスあるいは海外からの一時的移住者が急増し、ソーシャルワーカーは業務の50％（2000年5月の外部査察（SSI）では80％）はこれらの対応に追われた。それは長期対応チームも同様でケースが累積してゆき、初期アセスメントが終了しても、長期対応チームにケースを送れないという事態を招いた。その結果、本来長期対応チームがすべき職務をアセスメントチームが代行することになり、負担の悪循環に拍車をかけることになった（5.16-19）。

　このような負担の増大は管理運営チームを直撃した。管理運営チームは本来3人で対応されていたが、そのうちの1人は病気休暇であった。ケースの増大と職員の不足はデータベースに入力できない待機ケース数の増大をもたらした。さらに混迷を助長したのは、ブレントには共通のデータベース・システムが確立していないことである。職員はデータベースにアクセスしても以前に入力されたケースを容易に照合できない。5つかそれ以上のデータベースをチェックしなければならず[8]、入力の完了までに相当長い時間がかかった（5.33）。実際にビクトリアには、異なるデータベースによる5つの身分証明番号をつけられており、情報照会に混乱をきたした（5.116）。

　当時ブレントは破綻寸前の財政難であった。ロンドン特別区の中で社会サービスに関する支出は最下位から2番目に低く、とくに児童関連サービスは最

悪であった。1998／1999年、ブレントでは政府が定める児童標準支出査定額（Standard Spending Assessment: SSA）の半分をわずかに上回る額であった（5.41）。このような極端な支出削減は、職員に過酷な負担をもたらした。すべてのチームで離職を招き、その補塡も困難を極めた（5.43）。確かに、ブレントは剥奪地域で多くの問題を抱えており、様々なニーズの優先対応について調整が必要とされる。児童関連サービスの支出はSSAを大幅に下回る額になっているが、SSAよりも増額されているサービスもある（5.42）。1996年9月、1998年2月の外部査察（SSI）では、「ソーシャルワークチームの職務負担は限界に達しており、予算分配の見直し（児童関連サービスの支出増大）をしなければ、子どもの安全に関わる由々しき問題に発展しかねない」ことが指摘されている（5.5-6）。にもかかわらず予算見直しは実行されなかった。調査委員会でその理由を尋ねられた時、明確に証言できる上級管理職および地方議員（lead council member）は誰一人としていなかった（5.9,5.42）。すなわち、ブレントでは児童関連サービスは優先施策の1つとして、議会および専門職の間で認知されていなかった（5.42）。

2）ブレントの対応とソーシャルワーク的課題
①初期アセスメントの不徹底：アッカ夫人の通報への対応

1999年6月18日の午後、アッカ夫人（コウアオの遠い親類縁者）は、公衆電話からブレント社会福祉部にアンナ（Anna：ビクトリアのこと）という少女が虐待を受けている疑いがあることを伝え、至急に家庭訪問するよう訴えた。公衆電話からの通報で名前を名乗る前に切れてしまった（5.65）。これはアッカ夫人の最初の通報である。この通報は総合受付係（One Stop Shop）に入り、ハント（Ms. Hunt）が匿名通報として受理した（5.66）。

ハントは名前「Anna」、住所「8Nicoll Road」でデータベースをチェックするが、リンクしなかった（5,72）。通常、子どもに関する通報は、緊急対応を要する場合があるので、児童ソーシャルワーク課に直接つなげることになっていたが、そのときはすべての回線が話し中でつながらず(5.70)、同日午後4時21分、通報シートに内容を記録しファックスで送られた。しかしながら、通報の内容を検討してファックスの表紙に「緊急」とサインすることや、そのファックス

ブレントの対応とソーシャルワーク的課題

6月18日	アッカ夫人、ビクトリアに被虐待の疑いをもち匿名通報する。この通報に関するブレントの対応は不明。3週間後、受理される（データベースに入力される）。
6月21日	ブレントとイーリングの間でビクトリアへの対応責任に関する協議が行われる。ブレントが対応することで決着。ビクトリアは虐待防止ではなく家族支援（ニードをもつ子）の対象とされる。
7月6日	6月18日のアッカ夫人の匿名通報が受理される。通報の内容から虐待防止に相当すると思われるが、家族支援（ニードをもつ子）に分類される。
7月14日	①**ブレント、家庭訪問実施。**すでにコウアオとビクトリアはマニングのアパートに引越しており家庭訪問の効果なし。②ビクトリア、中央ミドルセックス病院に緊急入院。アジャイ-オベ医師、虐待の疑いを示唆する。ブレント、過去の通報をデータベースでチェックする。6月18日の通報とリンク（照会）するが見落される。③ブレント警察児童虐待防止チームにも通報されビクトリアは警察保護におかれる。緊急保護命令は申請されず。
7月15日	児童虐待を専門とする顧問小児科医シュウォーツ医師の診断、「ビクトリアの切り傷は疥癬（皮膚病）によるものであるが、他の重大な傷害（ネグレクトや心理的虐待）を受けている疑いがある」という真意が伝わらず。ビクトリアは家族支援の対象（住宅保障と医療問題）としてアセスメントされる。

を児童ソーシャルワーク課の誰が受理したのかを確認することはされていない（5.72）。この日のアッカ夫人の通報に関する対応は全く不明である（5.73）。6月21日、アッカ夫人は2度目の通報をした。18日の通報で緊急の家庭訪問を要請したが、その結果の確認である。この通報は総合案内係の誰かが受け取ったことは事実であるが、以後の対応は記録されておらず不明である（5.83-86）。

アッカ夫人の最初の通報（6月18日）に関しては、3週間後の7月6日、スミス（Smith, R.：管理運営事務官）によってデータベースに入力された。「3週間の遅れは稀である」とスミスは言うが、ブレントでは平均的らしい。「いかなる理由があっても、虐待の疑いに関する通報の3週間の遅れは認められない。6月18日の時点で47条調査を実施すべきであった」というのがラミング調査委員長の見解である（5.74-76）。スミスはハントからの連絡送致をデータベースに入力した。入力にあたって指摘しておくべき点は次の2点である。1つは「ニードをもつ子」（家族支援）と判断したことである。スミスが入力し

た情報はハントの連絡送致から引用されている。「……常におもらしをし以前には顔に切り傷と打撲傷が確認された。周囲の者は虐待の危険を感じている。通報者の知るかぎり当児は学校に通ってない」(5.79)。さらにスミスは切り傷や打撲傷の詳細を入力しており、そうであれば「リスクをもつ子」(虐待防止)と判断すべきであった(5.82)。もう1つは「新しい／ユニークな番号」1009966番号をつけたことである。この番号は重要である。「6月18日の連絡送致」と後の「中央ミドルセックス病院からの連絡送致」は、データベース上ではリンクしていたが、ソーシャルワーカーは確認できなかった(見落とした)からである(5.78)。

　イーリングが提供した住宅はブレントの地区内にある(5.89)。6月21日以降、ビクトリアの責任をイーリングに戻すことで話し合いがもたれたが合意に至らなかった(5.94)。とりあえずブレントが家庭訪問することになった。しかしブレントは、当ケースは、本来イーリングが担当すべきであること、ビクトリアは「ニードをもつ子」であり家族支援の対象であること、という判断を堅持している(5.95)。したがって、虐待の疑いをアセスメントし、場合によっては47条調査の実施もあり得るという心構えも準備もできていない状況での家庭訪問であった。7月14日午後3時、2人のソーシャルワーカーが家庭訪問したが不在であった。コウアオとビクトリアは1週間前にマニングのアパートに移っていた(5.100-108)。6月18日から7月14日までの期間にブレントが新しく得た情報は、「この住所(8Nicoll Road)にはいない。どこかへ転居した」という家庭訪問による報告だけであった(5.112)。

②中央ミドルセックス病院での診断の対立
(a) アジャイ-オベ医師の診断：虐待の疑いを示唆

　ビクトリアを取り巻く環境は「訪問の失敗」をはるかに凌駕していった。訪問に失敗した日(7月14日)の午後4時、中央ミドルセックス病院よりビクトリアの入院がブレントに連絡された。通報者はアジャイ-オベ(Dr. Ajayi-Obe)医師。連絡を受けたのはソーシャルワーカーのスリフト(Ms. Thrift)で、医師の通報を詳細に記録した。アンナという名前の子どもがチャイルドマインダーであるキャメロン夫人の娘より病院に運ばれた様子で、医師もスリフトも

「深刻な虐待の疑い」と把握していた（5.113）。午後4時前、病院からアジャイ-オベ医師によるビクトリアの身体検査図がファックス送信されてきた。身体検査図にはビクトリアの傷害が示され、診断書には「虐待の疑いがある」ことが記録されていた（5.115）。

この段階で、データベースのチェックすなわちアンナはブレントに通報もしくは送致されていたのかどうかの確認がされるべきであった。ブレントが調査委員会に提出したデータベースのプリントアウトを見れば、翌日の15日に入力されており、入力と同時に以前の送致（ユニークな番号）を照会している（5.116）。すなわち、中央ミドルセックス病院入院に関する入力と6月18日の入力（ハントが送致を受理しスミスが入力）はリンクしていた。プリントアウトされたペーパーは誰かが見ているはずであるが、待機児童への対応に追われて見落されてしまった可能性が強い[9]。2度目の連絡送致であったことが児童虐待防止チームのマネジャーであるローパー（Ms. Roper）には伝わらなかった（5.118-119）。

スリフトより連絡を受けたハインズ（Ms. Hines、児童虐待防止チームの上級ソーシャルワーカー）は病院に電話した。ハヴィランド医師（Dr. Haviland）より「虐待の疑いが強いこと」を伝えられた。さらにハインズはアジャイ-オベ医師が作成した身体検査図と診断書（ファックス）を読んでいたはずであり、直ちに47条調査や緊急保護命令が検討されてもよかったはずである。スリフトより「（オジャイ-オベ医師からの）ファックスを見るように」と文書による伝言があったにもかかわらず、ハインズは見ていなかった。見ていたのかもしれないが、その内容を十分に理解できなかった可能性がある。いずれにせよアジャイ-オベ医師の診断はこの時点でビクトリアへの対応に活かされることはなかった（5.121,122）。

ハインズは午後5時15分、ブレント警察児童虐待防止チームに連絡し、ディワー（Dewar, R.）と協議した。同日午後5時20分、ビクトリアは警察保護（police protection）におかれた。しかし、ビクトリアやそのチャイルドマインダーとの面接は実施されず、またコウアオが病院からビクトリアを連れ戻す可能性をアセスメントされることもなかった（5.124）。そもそもこの警察保護はビクトリアの安全を一時的に担保する措置にすぎず、社会福祉部も警察もその

夜直ちに何らかの緊急措置を講じる必要性を認識していない。ただ、ビクトリアは警察保護におかれているので、病院にコウアオが現れても返してはならないことだけが確認された（5.125）。本来なら緊急保護命令が検討されてもよかったはずであるが、司法サービス課（legal services unit：緊急保護命令を申請する場合の法的問題に対応する）が5時に業務終了するために検討されなかった（5.128）。翌朝9時30分、ブレント社会福祉部の事務所に出向くようコウアオに連絡された（5.131）。

(b) シュウォーツ医師の診断：疥癬の疑いを示唆（真意が伝わらず）

　翌日（7月15日）、コウアオは事務所には現れなかった。ハインズが中央ミドルセックス病院に電話しデンプスター医師（Dr. Dempster）と話したところ、コウアオが病院にいることを伝えられた（5.133）。ハインズによれば、デンプスター医師より「ビクトリアのケースは児童虐待でない。家族支援の対象である」と伝えられた（5.134）。ハインズのノートには「ビクトリアを診断したシュウォーツ医師（Dr. Schwartz）は、ビクトリアの切り傷は疥癬（皮膚病）によるもので、故意による傷害ではないと診断した。……当家族の差し迫った問題は住宅保障である」（5.135）と記録されている。このように中央ミドルセックス病院では、ビクトリアの診断について医師の間で見解が割れた。もっとも、シュウォーツ医師の表現は微妙であった。「故意による傷害は認められないが、他の重大な傷害（ネグレクトや心理的虐待）を受けている疑いがある」という見解であった（5.136）。ハインズは、真意を確かめるべく、シュウォーツ医師と連絡を取り、アジャイ-オベ医師の診断と異なることを直接尋ねるべきであった。しかし、シュウォーツ医師は高名な顧問小児科医でありACPC（Area Child Protection Committee: 地区児童虐待防止委員会）のメンバーなので、その診断に疑問を挟むことはできなかった（5.137）。

　ハインズはディワーに電話し、傷害は「故意によるものではない」ことを告げた。そして15日の午前10時40分、警察保護は（24時間未満で）解除された（5.141）。ハインズは、チームマネジャーであるローパーにも、ビクトリアは医療ケア（疥癬の治療）の対象であること、すなわち虐待の疑いをもたれたビクトリアは、虐待防止（リスクをもつ子ども）ではなく家族支援（ニードを

もつ子ども）の対象であることを伝え、2人は合意した（5.146）。当然のことながら47条調査は実施される必要はない（5.142）。

ローパーは中央ミドルセックス病院より正式なビクトリアの診断書を要請した。15日、デンプスター医師がファックスを送付してきた。そこには「ビクトリアは昨晩、故意の傷害の疑い（虐待）で入院した。しかしながら、彼女はシュウォーツ顧問小児医の診察を受け、彼女の切り傷はすべて疥癬（皮膚病）によるものと診断された。虐待防止のケースではない」という内容が記されていた。それは、シュウォーツ医師が「極めて表面的である」と述べた内容で、シュウォーツ医師の真意を伝えたものではない。このファックスの内容は、ブレントのみならずハーリンゲイの対応に大きな影響を及ぼすことになった（5.147）。ハインズからビクトリアのファイルを受け取ったローパーは、16日の朝、ケース終了の手続きに入った。彼女のケース終了要約記録では、ビクトリアには深刻な児童虐待の疑いがあるにもかかわらず、住宅保障と医療ケア（皮膚病）の問題としてアセスメントされてしまった（5.150）。

(3) 小結：イーリングとブレントにおけるビクトリアへの対応

表3-1はイーリングとブレントにおけるビクトリアへの対応（約3か月）の要点を整理したものである。ここで問題になったのは、初期アセスメントにおける「虐待防止（Child Protection：リスクをもつ子）」かそれとも「家族支援（Family Support：ニードをもつ子）」かの分類についてである。この件に関する指針は『1999年協働』で明確にされている。ここで『1999年協働』の意義を確認しておきたい。1989年児童法は「虐待防止（虐待の予防と再発の防止）は予防ケアとしての家族支援が充実していてこそ効果をもつ」という理念を明確にした。それまで（1989年児童法以前）の虐待防止では、裁判所命令による緊急の親子分離が中心となっていたことへの反省がある。

ところが1990年代における虐待防止では、自治体における家族支援の取り組みははかどらず、虐待調査が中心となった。多くの子どもと家族が虐待調査を受けたが、そのほとんどが虐待防止登録に登録されていない。しかし虐待の疑いはなくてもその家族の多くは育児や生活に問題を抱えているはずである。にもかかわらず家族支援を受けていない。虐待防止ソーシャルワークでは、虐

表3-1 イーリングとブレントにおけるビクトリアへの対応

イーリング	ブレント
組織的／構造的問題	
・有資格職員の不足による慢性的な待機児童状態 ・期限付契約職員の積極的採用による専門性の低下 ・組織改革により有資格職員が長期対応チームに移行 ・**これらの問題が初期アセスメントチームを直撃**	・破綻寸前の財政難、児童は優先施策として認知されず ・有資格職員の不足による慢性的な待機児童状態 ・複数のデータベースによる情報照会システムの混乱 ・**これらの問題が初期アセスメントチームを直撃**
ソーシャルワーク的課題	
・住宅保障と生活扶助の対象 ・事務弁護士の不服申し立てに対応 ・ビクトリアのアセスメント、実施されず ・**虐待防止から家族支援へ**	・シュウォーツ顧問小児科医師の診断、疥癬の疑いを示唆 ・同医師の真意（別の虐待の疑いを示唆）が伝わらず ・ビクトリアは医療ケアの対象へ ・**虐待防止から家族支援へ**

待調査によるハイリスクをもつ子どもの発見と選別が中心となった。このような現状を改革するために作成されたのが『1999年協働』である。初期アセスメントの段階で家族支援か虐待防止かいずれかに分類する。家族支援に分類された子どもは児童法17条の対象となる「ニードをもつ子」であり、必要なサービスを受ける法的権利があること、すなわち家族支援に分類された子どものニーズに応じたサービスを提供する責任が自治体にあることを明確にしたのである。

しかし、初期アセスメントの段階で家族支援か虐待防止かのいずれかに分離するには、相当な専門性を要する。両自治区ともに有資格職員の不足による慢性的な待機児童状態を抱えており、そのような専門性を期待することには無理があった。もっとも、初期アセスメントという限られた情報しか把握していない段階で、的確な分類をすることは困難である。むしろ長期的なかかわりの中で精確なアセスメントを実施し、リスクを判断すべきものであろう。しかし、非正規職員の積極的採用により組織全体のソーシャルワークの質の低下は避けられず、そのような期待に応えられる専門性を把持することは困難であった。

イーリングでは、ビクトリアのニーズは住宅保障と生活扶助とされ、それらも事務弁護士による不服申し立てによるものであり、最後までビクトリアのアセスメントは完了していなかった。ブレントでは、2人の医師がビクトリアを診断したが、その結果は異なった。1人の医師は虐待の疑いを示唆した。しかし、シュウォーツ顧問小児医の慎重な診断を、その真意を確かめることなく受け入れ、ビクトリアのニーズは医療ケアにされた。ブレントは（イーリングからの申し送りに影響されたかもしれないが）当初からビクトリアは「ニーズをもつ子であり家族支援の対象である」という判断を堅持しており、それが専門家のアセスメントに何らかの影響を与えたことは否めないであろう。組織的／構造的な問題が専門職から余裕を奪い、アセスメントの専門性に大きく響いたことは確かである。そして高名な顧問小児科医の診断は、その真意が確認されることなく、次のハーリンゲイの対応に大きな影響を与えることになった。

注 記

(1) Department for Education and Skills (2003) *Every Child Matters, Green Paper*, Cm. 5860, The Stationery Office.
(2) Lord Laming (2003) *The Victoria Climbié Inquiry: Report of an Inquiry by Lord Laming*, Cm. 5730, The Stationery Office.
(3) 「ビクトリア・クリンビエ虐待死亡事件の概要」に関する論述は、Lord Laming, *op. cit.* を要約引用したものであり、引用箇所は文末にパラグラフで明示した。
(4) 「イーリングのビクトリア」に関する論述は、Lord Laming, *op. cit.* を要約引用したものであり、引用箇所は文末にパラグラフで明示した。
(5) Department of Health, Home Office, Department for Education and Employment (1999) *Working Together to Safeguard Children: A guide to inter-agency working to safeguard and promote the welfare of children*, The Stationery Office. 詳細は拙著 (2006)『イギリスの児童虐待防止とソーシャルワーク』明石書店の11章を参照。
(6) 簡易宿泊施設（6-8 Nicoll Road Hostel）はイーリングのアクトン地区事務所からさほど遠くないところにあるが、ブレント管轄区に入る。本来なら役割（責任）分担を明確にするためブレントに通告する必要があるが、イーリングはしなかった。その理由は、虐待防止の対象となる子どもでなければ育成児（公的保護にある子ども）でもなかったためである。また指導監督命令の対象にもなっておらず、ブレント管轄区に家族を居住させておくことを「深刻な問題」として捉えていなかった。このような曖昧な対応がのちにイーリングとブレントの間で連携の齟齬を生むことにな

った (4.78-80)。

(7) 「ブレントのビクトリア」に関する論述は、Lord Laming, *op. cit.* を要約引用したものであり、引用箇所は文末にパラグラフで明示した。

(8) 1993年ブレントのデータベース (SSID: Social Services Information Database) は社会サービス部（成人を対象）と総合受付係で使われていた。児童ソーシャルワーク部ではSSIDが使用できなかったので、1996年独自のデータベースを確立した。このデータベースは行政管理スタッフのみがアクセスがきる。さらに児童虐待専用のデータベースも別個に確立された。それぞれの部課が独自のデータベースを確立し、5つ以上の異なるデータベースで個人情報が管理されていた (5.46)。

(9) See also URRN 1009966. Carer Avril Cameron noticed bruises on Anna Kouao's body & that she had bloodshot eyes. (5.117)。プリントアウトされたこの文章は、誰かがアクセスし見ているはずである。管理運営チームのスタッフが待機児童のデータベースへの入力に追われて見落してしまった可能性が高い。もっともハインズ（児童虐待防止チーム上級ソーシャルワーカー）の証言によれば、彼女はプリントアウトされた文章を見たが、See also URRN 1009966の番号を中央ミドルセックス病院の入院番号と勘違いしたようである (5.116-119)。

補遺

なぜビクトリアをフランスへ連れてゆきたいというコウアオの申し出をクリンビエ夫妻が受け入れたのかという問題に言及している論文にMasson, J. (2006) 'The Climbié Inquiry: Context and Critique', *Journal of Law and Society*, Vol. 33, No. 2, Wiley on behalf of Cardiff Universityがある。当論文でこの問題に触れられている部分を要約しておきたい。なお文末の頁数は、当論文の要約箇所を表している。

1998年10月、彼女の両親の同意のもと、7歳のビクトリア・クリンビエは大叔母のコウアオに連れられてコートジボワールからフランスに移った。コウアオは当家族との面識はほとんどなかった。母親が3回ほど会っただけである。ビクトリアの大叔母への委託はどうしても必要というわけではない。フランスで育てられることはより高い生活水準と良質の教育を受けられる可能性があるが、ビクトリアはすでに学校に通っており、家族の中で健全に育てられていた (p. 224)。

アッティング卿は90年代に2つの報告書 (*Children in the Public Care*: 1992, *People Like Us*: 1997) を提出している。アッティング卿は「施設であろうと家族の中であろうと、見知らぬ人物による代替ケアは、子どもを身体的／性的虐待に晒すリスクがある。政府は家族から離れて生活する子どもの安全を確保する責任があるが、これはわが子を他者に委託する決定をした親の責任を免除するものではない」と主張している。「子を家庭から離し委託する決定をした親は、親自身が子の安全が確保される取り決めを確認し、それに基づいて実際に運用されることを保証する責任がある」(1997, 6.4)。このように親

業（親責任）の重要性が強調されているにもかかわらず、家族と面識がなかった親類縁者にビクトリアを委託した親の責任は、調査の対象外とされ触れられていない。この問題の検証は、娘を失い悲しんでいる両親をさらに追い詰めることになるという忖度があったのかもしれない。しかしこの問題を無視することは、国連やユニセフで懸案とされている児童売買／取引という問題を無視することになりかねない (p. 227)。

慣習上、養子縁組や親類縁者によるケアは西アフリカでは広く行われている。何らかの理由で親が養育できない場合、ケアの優先順位は親類縁者（のケア）となる。つまり政府よる公的なケアは、親類縁者によるケアが見つかるまでの一時的なものでしかない。それは、富裕な親類縁者（あるいは見知らぬ人）のもとでの家庭内奉仕人としての労働（児童労働）や児童売買を蔓延させることになる。家庭内奉仕人としての少女は、性的虐待のリスクが高まる。ユニセフが指摘しているように、児童売買はその国の歴史的文化的背景に深く根ざしており、子どもを家庭から引き離すことのリスクを家族が理解していないところに原因がある。西アフリカでは貧困国の児童は他国へ売買／取引されている。伝統的にコートジボアール（児童受け入れ国）もその1つであり、カカオ栽培地や鉱山で労働させるために児童が送られてくる。児童（家族）分離の許容、児童労働による経済的恩恵、売買／取引の児童が他国児であることなどから市民の関心は低く、ユニセフは実情を把握していても、児童売買／取引に有効な手段を打つことができない現状がある (p. 228)。

親類縁者による養育はクリンビエ家にとって珍しいことではない（コートジボワールでは20％以上の子どもが家族から離れて生活している）。実際にクリンビエ氏も同体験があり、良き体験として記憶に残っている。彼らには虐待／マルトリートメントという経験もなければ知識もなく、拡大家族の一員はわが子を適切に養育してくれると信じている。コウアオはビクトリアにヨーロッパでの教育を約束し、クリンビエ家に大きな希望を与えた。ビクトリアは明朗かつ健康で、学校でも成績が良く、彼女自身も行くことに熱心であった（らしい）。以前に家族の他のメンバーはフランスに行き教育を受けたことがある。クリンビエ家では、成功を収めた親類縁者が同じような利益を得るために、家族の誰かをヨーロッパに連れてゆく習慣があったようである (p. 229)。

クリンビエは児童売買／取引のケースと考えてよいのかどうか、という問題である。フランスで教育を受けさせるというコウアオの約束は、親の同意を得ることになった。しかしながらビクトリアをフランスそしてイギリスに連れてゆく動機は曖昧である。確かにコウアオはビクトリアに優れた教育を受けさせた（フランスでは小学校に通った）。しかしイギリスに移ってから彼女は教育を受けておらず、彼女のために学校を見つけ通わせようとしなかった。大叔母は福祉手当を得るためにビクトリアを利用しており、ロンドンへ行ったのはフランス福祉局の警告から逃れるためである疑いは強い (p. 229)。もちろん、2つのアッティング報告書で主張された親責任をビクトリアの親に適用することは難しいかもしれないが、調査委員会報告書で全く触れられないのは、特別区にすべての責任を負わせることになる。ビクトリアの出入国に関わる諸問題（入国管理局）の

検証は、児童売買／取引の予防阻止に社会の関心を向けさせることになるばかりか、コートジボワール、フランス、イギリス各国の政府責任にも関心を向けさせ、ユニセフの取り組みを支援することになるはずである（p. 230）。

4章

ビクトリア・クリンビエ虐待死亡事件と
ソーシャルワーク その2
―― ハーリンゲイにおけるビクトリアへの対応 ――

〔1〕ビクトリアへの対応におけるソーシャルワークの課題[1]

　ビクトリアはイングランドに308日間滞在していたが、そのうちの211日はハーリンゲイ社会福祉部（トッテナム北部地区事務所、North Tottenham District Office: NTDO）より対応を受けている（6.1）。ハーリンゲイはインナーシティ特有の問題を抱えた深刻な剥奪地域である（6.4）。住民も多様で160の異なる言語が交わされ、異国からの短期移住者（travelers）や救護施設の利用を申請する家族（asylum seeking families）も多く、全人口の9％に達している（6.5）。

(1) ハーリンゲイのビクトリア
1) ハーリンゲイの組織的／構造的問題
①ハーリンゲイ児童家族サービスの組織構造

　ハーリンゲイの児童家族サービスは2つの地区事務所を拠点に提供され、その1つがNTDOである。NTDOは「2つの調査／アセスメントチーム」（investigation and assessment teams: IAT）と「4つの子ども家族長期対応チーム」（children and families long-term teams）で運営されている。これらのチ

ームの各メンバーが交代制で当直チームを構成する。連絡／送致されたケースは、当直チームが初期アセスメントを行い、それからIATへ送られることになる。ビクトリアの場合もそうであった（6.6）。IATは3か月以内（通常はケース会議開催まで）にアセスメントを完了することになっている。にもかかわらず、ビクトリアは約7か月間、IATによるアセスメントが完了していなかった（6.7）。

　IATの責任体制は、最高位から順に児童家族サービス副部長兼ACPC委員長のウィルソン（Wilson, C.）、児童家族サービス部マネジャーのダンカン（Duncan, D.）、ITAのマネジャーとなっている。IATはAB2つのチームがあり、それぞれ6人のソーシャルワーカーと1人の上級ソーシャルワーカーで構成されている。IAT/Aチームでは、マネジャーはメアース（Mairs, A.）、上級ソーシャルワーカーはコジノス（Kozinos, R.）、IAT/Bチームは、マネジャーはバプティースト（Baptiste, C.）、上級ソーシャルワーカーはアルメイダ（Almeida, B.）となっている。マネジャーは当直チームの運営に責任をもつ（6.8）。

②IATマネジメントの現状と課題

　1999年、NTDOの当直チームとIATの雰囲気は最悪の状態であったという（6.13）。それは忙しさに付け加え、2つのIATチームの運営にかかわる人物のパーソナリィティが大きな影響を与えていた（6.18）。例えば、IAT/Aチームのマネジャー、メアースについてである。彼女は「行動力はあるが、自己主張がはっきりしていて、多少高圧的」という評判である。そういう一面はあっても「管理運営能力は優秀であった」と評価する声もある。過去に当直チームのマネジメントが混乱に陥った時、立て直したのがメアースである。ダンカンによれば「彼女は自分なりの管理運営方法を徹底するのでチーム内では『支配的』と受け止められ、誰からも好かれるマネジャーではないが、管理運営能力はトップクラスであった」。ただし、彼女の人格及びマネジメント・スタイルが、IATと他の関連機関との連携に齟齬をもたらしたのは事実である（6.20-21）。

　メアースと対照的にバプティーストはチームマネジャーとしての能力に大きな問題を抱えていた。IAT/Bのメンバーは「バプティーストはケースを正確に把握しておらずケアプランの作成に支障をもたらしていること、また彼女の居所がわからず（いつ事務所にいるのかわからない）助言指導を受けることが非

常に難しい」ことをダンカンに報告している (6.26)。とくに彼女が行うスーパーヴィジョンに問題があった。理由もなくキャンセルされるなど継続的に受けられず7週間に一度だけということもあった (6.38-40)。内容も脇にそれてゆき、彼女の個人的な宗教信念が語られることが多々あった。オーソワリーによれば「彼女は終日事務所におらず居所も記録されていない。ケースファイルが彼女の助言や指導もなくソーシャルワーカーの机におかれている。緊急対応を要するケースが発生した時、彼女は全く対応できずスタッフの間で問題になった」という。もっともアルメイダやダンカンはこのようなことに気づいておらず、オーソワリーらは孤立感を深めていったようである (6.41-44)。

　さらにIAT/Bチームから、新規ケースの配当に関するバプティーストのやり方に不満が出された。マネジャーは、ソーシャルワーカーの経験や能力そしてケース担当量に配慮して合理的に配当しなければならない。しかしそのような配慮がないばかりか、バプティーストが前もってケースファイルを読んでおらず、彼女とソーシャルワーカーの間で話し合われることもなく、ケース配当されることが頻繁にあった。このようなことがオーソワリーのビクトリアへの対応に何らかの影響を及ぼしたのは事実である (6.45-46)。

　1999年7月には新しいシステムが導入され合理的なケース配分が実施されたが、バプティーストの不可解な判断により短期間に終わった (6.47)。ダンカンは「1999年7月以降、マネジャーとしてのバプティーストの能力に疑問をいだいた」と述べている。実際にバプティーストは1999年8月から12月にかけて体調を崩しており、任務の遂行に支障をもたらしかねないことをダンカンに相談している (6.53)。バプティーストが責任を果たせない時、メアース、アルメイダ、ダンカンがIAT/Bチームのソーシャルワーカーに対する助言指導やスーパーヴィジョンを行っていたが、フルタイムのマネジャーのような質と量を期待することは無理である (6.48)。バプティーストはマネジャーとしてハーリンゲイに期限付雇用（臨時マネジャー）されていた。決して良いことではないが、有資格で実務経験をもつ（スーパーヴィジョンができる）ソーシャルワーカーの全般的不足から、やむを得ない対応であり、90年代後半には特別なことではなかった (6.28)。

③ハーリンゲイの財源と人的資源

　ハーリンゲイは過去10年間、財政難に直面していたが、とくに1999年は厳しかった。教育は政府の優先施策とされ、区議会は標準支出査定額（Standing Spending Assessment: SSA）の満額を認めた。しかし、児童に関しては、1997年から2000年までの期間、区議会はSSAを下回る額しか認めていない。それは、区議会が児童を優先施策として認めておらず（6.82-83）、社会的共同親としての責任を果たしていないことを意味する。1999年の緊縮予算の対応として児童家族サービスの組織再編（リストラ）が行われた（6.95）。NTDOの2つのアセスメント／調査チーム（IAT/AとIAT/B）は1つのIATに統合され（1999年11月8日）、メアースがチームマネジャーに昇格した。コジノスとアルメイダは各々チームのソーシャルワーカーをスーパーヴァイズする実務マネジャーとなり、12月5日にバプティーストはマネジャー職を解かれた（6.97）。

　これらの組織再編には、説明責任の明確化（効率の追求）、人件費の削減、不適格マネジャーの解任という思惑があった（6.99-101）。しかし、多くの証言から明らかなように、現場のスタッフに相当なストレスと士気の低下をもたらした（6.111）。1999年3月から9月末までの6か月間、マネジャーは何度も面接を受け管理運営能力が評価された。リストラ対象を選別するための面接であり、雇用不安と上級管理職に対する不信を強めることになった（6.113）。マネジャーは面接の準備に追われ自らの職務に集中できず、1999年下半期はスーパーヴィジョンが有効に機能しなかった（6.123-124）。バプティーストも面接の準備に追われる1人で、ソーシャルワーカーへのサポートやスーパーヴィジョンに十分な時間をまわせなかったことを自ら認めている（6.126）。

　この期間、NTDOの実務経験のある専任スタッフの多くは職場を離れていった。バプティーストによれば「1999年の間、自身が運営管理するチームでは、常時1～2人のソーシャワーカーが欠員していた」という。メアースによれば「欠員の補填は難しく、実務経験を十分に積んでいないソーシャルワーカーによる臨時雇用で対応された」ようである。そうするとコジノスが言うように「彼（女）らをスーパーヴァイズすることに多くの時間が割かれ、通常の業務に支障をもたらす」ことになった（6.116, 6.121, 6.132）。フィールドマネジャーは1999年の間、スタッフの不足がもたらすサービスへの影響を懸念して

いたが、上級管理職はこのような問題を1999年末まで、深刻かつ緊急の問題として把握していなかった（6.134）。

2）ハーリンゲイの対応とソーシャルワーク的課題
①戦略会議の迷走：曖昧なアセスメントによる杜撰な対応

　ハーリンゲイ（NTDO）がビクトリアの北ミドルセックス病院への入院を知ったのは1999年7月24日土曜日である。その夜（午後8時から9時の間）に、時間外担当ソーシャルワーカーがフォーリー医師（Dr. Forlee）より連絡を受けた（6.171-173）。連絡内容に関しては2人の間で齟齬はあったが「ビクトリアは病院に移されて安全は確保された」「直ちに親子分離するリスクはない」「ビクトリアとの面接を含めてその夜に（虐待）調査を実施する必要はない」という点では一致していた。緊急性は確認されなかったので、対応は月曜日まで延びることになった（6.178）。

　26日の月曜日、病院ソーシャルワーカーであるジョンズ（Johns, K.）はNTDOのロジャース（Ms. Rodgers：当直チーム）に連絡（午後4時30分頃）をした。この連絡／送致を受けてビクトリアの責任はハーリンゲイ（7月27日）に移った（6.182）。ロジャースはビクトリアの入院（北ミドルセックス病院）に関する詳細を記録し、以前に入院した中央ミドルセックス病院にビクトリアに関する情報の提供を要請した（6.183）。2日後、中央ミドルセックス病院から数枚のファックスが送られてきた（正式な受理は日付印から判断して8月2日）。このファックスには7月14日の診察記録（精神発達アセスメント、身体検査図、虐待を示唆する診断書）が含まれていた。ロジャースはこのファックスに目を通したが内容を理解できず、中央ミドルセックス病院に問い合わせることもしなかった（6.184-185）。

　一方、ジェイコブ（Ms. Jacob：7月27／28日の当直チームマネジャー）は、送致内容から「虐待の疑い」があると判断し、7月28日水曜日午後2時30分に戦略会議を開催するよう準備し、警察（警察児童虐待防止チーム）の出席を要請していた（6.186-187）。ハーリンゲイの虐待防止指針によれば、子どもが入院している場合、戦略会議は病院で開催されることになっている。ところが当日午後2時にNTDOで別の戦略会議が開催され、しかも警察が出席する

予定になっていた。そこでジェイコブは当初病院で予定されていた戦略会議をNTDOで開催するよう変更した（6.190）。そのためにロシッター医師（Dr. Rossiter）を含めて病院関係者は誰一人出席できなかった。参加者は、コジノス（DIATの上級ソーシャルワーカー：議長）、ジョンズ（Ms. Johns:北ミドルセックス病院ソーシャルワーカー）、ジョーンズ（Jones, K.:ハーリンゲイ警察児童虐待防止チーム）、ロジャース（6.195）。会議では、議長がチームマネジャーではなく上級ソーシャルワーカーであったため、経験不足や専門的知識の欠落が戦略会議の決定に影を落とした（6.197）。

中央ミドルセックス病院からの資料（ファックス）は戦略会議に間に合わなかったが、北ミドルセックス病院からは3枚の文書写しが届いており、それには児童虐待記入用紙、救急部の記録、身体検査図が含まれていた（6.201）。虐待を証明する医学的所見は含まれていなかったが、戦略会議では次のような懸念が話し合われ記録されている。「母親（コウアオ）は7月24日午後5時25分、アンナ（ビクトリアのこと）を北ミドルセックス病院に連れてきた。理由は頭部に火傷を負ったことによる。母親の話では、疥癬でひどく痒がっており、それから逃れるためにバスルームの蛇口に頭を持っていき熱湯をかぶったということらしい。看護師は身体に古い傷痕を確認している。フォーリー医師もベルトの金具で叩かれたような傷痕を確認している。精密検査を行っているがまだ結果は出ていない。母親が子どもを病院に連れてくるのが遅すぎる。またネグレクトの疑いもある。母親と比較して子どもの身だしなみがあまりにもひどい」（6.203）。

そして虐待防止のために18の課業を速やかに行うことが確認された。その中には、フォーリー医師が確認した傷痕について医学的所見を得ること、精密検査の結果を確認すること、ネグレクトの疑いに関する病院ソーシャルワーカーの見解を確認すること、病院関係者は親子関係をモニターし問題があれば報告すること、中央ミドルセックス病院から情報を収集すること、NTDOは調査／アセスメントを実施することなどが含まれている（6.204）。しかしながら、戦略会議で検討された18の課業は、誰がどの課業に責任をもちいつまでに完了するのかが明確にされておらず、課業の進捗を確認し精緻なアセスメントを行うケース再検討会議の日程も決定されなかった。コジノスに至ってはこれら

の任務はNTDOのソーシャルワーカーが対応するものと考えていたようだが、この時点でまだビクトリアを担当するソーシャルワーカーは決まっていない(6.201,205)。

ハーリンゲイの対応とソーシャルワーク的課題

7月24日	北ミドルセックス病院からNTDOへビクトリアの入院が連絡される。
7月27日	ビクトリアに対する責任がブレントからハーリンゲイに移る。中央ミドルセックス病院にビクトリアに関する情報提供を依頼、2日後NTDOがファックスを受信する。正式受理は8月2日。
7月28日	**児童虐待防止戦略会議をNTDOで実施。病院関係者は欠席。**
7月30日	ビクトリアの担当ソーシャルワーカーがオーソワリーに決定。
8月3日	オーソワリーは「ビクトリアは退院可能であること」を伝えられる。**ロシッター医師に症状を確認する電話を入れる。心理的虐待の疑いは示唆されたが「重大な懸念」に相当するとは理解しなかった。**
8月4日	予定された退院前家庭訪問は実施されず。5日、NTDOでコウアオと面接。6日、病院でビクトリアと面接。退院を了解する。
8月12日	**オーソワリー、中央ミドルセックス病院からのファックスを受け取る。家族支援のケースと判断する。**
8月13日	ロシッター医師、ビクトリアの近況を尋ねた手紙を送付する。8月20日にキッチマンが受理。
8月16日	事前通告による家庭訪問の実施。ビクトリア退院後の(家族支援を目的とした)初めての家庭訪問。
9月2日	**ロシッター医師、ビクトリアの近況を尋ねた2度目の手紙を送付する。ハイリスク(虐待の疑いが強い)ケースであることが記述される。しかし家族支援から虐待防止へ変更されず。**
9月20日	オーソワリー、バプティーストよりスーパーヴィジョンを受ける。10分程度。家族支援の確認。
10月18日	コウアオの住宅申請が却下される。
10月28日	2度目の家庭訪問。コウアオ、住宅申請の却下に不満を漏らす。この時点でビクトリアは浴室で就寝。
11月1日	**コウアオ、マニングのビクトリアに対する性的虐待を告発。**
11月2日	**コウアオ、性的虐待の申請取り下げ。専門家による(生前の)ビクトリアとの最後の接見。**
11月5日	児童虐待防止戦略会議。コジノスが議長。
11月15日	オーソワリー、メアースよりスーパーヴィジョン(2度目)を受ける。メアース、「とくに懸念がなければ」という条件つきでケース終了を示唆する。

②初期対応の混乱：虐待防止から家族支援へ

　30日、調査アセスメントチームのマネジャーであるバプティーストは、ビクトリアの担当ソーシャルワーカーとしてオーソワリーを選任した。彼女は児童虐待防止ソーシャルワークの経験が浅く、警察との合同による47条調査を実施する専門性も修得していない。にもかかわらず19ケースを担当し（7ケース超過負担）、そのうちの半数は虐待防止ケースであった（6.208）。オーソワリーは戦略会議に出席していないので、その内容を確認するためにも、ロジャースもしくはコジノスと話す機会をもつべきであった。というのも、8月2日、彼女のデスクにおかれていたケースファイルの中には、シュウォーツ医師からロジャースへのファックス（7月28日にロジャースが中央ミドルセックス病院に至急要請したもの）が含まれていたからである。ビクトリアに関する重要な医学的所見が得られたかもしれない（6.210-211）。もっともバプティーストとは話をしたようである。バプティーストはオーソワリーに「入院の理由は疥癬であること」「戦略会議の決定を推進すること」を告げただけで、任務達成の進捗を確認する日程は決められなかった（6.212）。

　8月3日、ジョンズはオーソワリーに「病棟看護師より『ビクトリアは退院できる状態である』ことを伝えられた」という連絡をしてきた（6.218）。もっとも退院に関する解釈はオーソワリーと病院関係者とでは随分異なるようである。ともかく、オーソワリーは、スーパーヴァイザーのバプティースト、ジョーンズと話し合いをもち、退院前に家庭訪問（8月4日）をすることにした（6.236）。この時点でオーソワリーのビクトリアへの関心は虐待防止（Child Protection）から家族支援（Family Support）に傾いていた。虐待の疑いを証明する合理的な根拠が見出せない以上、虐待の疑いを理由とする調査はできない（6.237）。家庭訪問の目的は退院後の「住宅環境のアセスメント」すなわち「疥癬の予防」であった（6.239）。ところが家庭訪問は実施されなかった。4日、ジョーンズより「疥癬は感染するおそれがあるので保護服を着用するよう上司からの指示があったが、準備できないので家庭訪問はできない」との連絡が入った（6.240）。オーソワリーはバプティーストに報告すると、家庭訪問を中止しNTDOに招いて面接するよう指示された（6.241）。

　連絡を受けたコウアオは翌日の8月5日、NTDOにやってきた。コウアオと

の面接は順調に進んだが、虐待の話になると語学力のなさを露わにし会話が途切れ、通訳者に助けを求めた（6.248）。オーソワリーには「言い逃れ」のようにしか見えず、直接病院にビクトリアを訪ね面接することにした（6.250）。8月6日、オーソワリーとジョーンズが病院に向かった。虐待の疑いで北ミドルセックス病院に緊急入院にしたにもかかわらず、専門家（警察と社会福祉部の合同調査）がビクトリアと個別面接をしたのは、ビクトリアが入院してから約2週間経ってからのことである。7歳の幼女で異国からの移住者であるにもかかわらず、通訳者は同伴されていなかった。そしてビクトリアと簡単な面接をしただけで新たな事実も得られずに退院を決定した（6.251,252,258）。

　8月12日、オーソワリーはビクトリアの症状に関する中央ミドルセックス病院からのファックスを受け取った（ロジャースの要請）。ファックスの差出は7月29日、受取日付印は8月2日、そしてオーソワリーの手元に届くまで10日もかかっている（6.264-265）。しかし難解なため判読できず、1頁めのデンプスター医師の要約だけを読んだ。その要約は「シュウォーツ顧問小児科医師の診断によると、ビクトリアの切傷は疥癬によるもので、故意の傷害（虐待）ではない」という内容である。オーソワリーはビクトリアを家族支援（住宅環境とビクトリアの就学）の対象と判断し、スーパーヴァイザーであるバプティーストもその判断を素朴に受け入れた（6.267-268）。

　8月16日、ビクトリアが退院して10日後、オーソワリーはコウアオ、マニング、ビクトリア（マニングのフラット）を訪問した。これは事前通告訪問であり通訳者も同伴した（6.290）。47条調査は実施されていないが、戦略会議の勧告を確認する訪問であり、ビクトリアの退院後初めての公的機関による訪問である（6.292）。しかしこの訪問は失敗だった。部屋はきれいに整えられ、ビクトリアは対応の仕方や振る舞い方を教え込まれていたようである（6.291）。もしビクトリア自身と話す機会があれば別の姿が見えたかもしれない（6.294）。ネグレクトの疑いがあり、親子の愛着関係に問題があるとされていたのであれば、面接の方法や内容に関して事前に準備しておくべきであった（6.295）。面接の内容は住宅とビクトリアの就学そして家族の長期プランに集中した（6.300）。9月20日、オーソワリーは初めてバプティーストのスーパーヴィジョンを受けた。オーソワリーはすでに52時間の時間外勤務の状態であ

った。バプティーストはスーパーヴィジョンの前にビクトリアのケースファイルをよく読んでおらず、ケース検討は10分程度で終わった。2人は、調査が実施され家族支援の対象であることを確認した（6.357-358）。

③ロシッター医師からの2度の手紙：積極的な虐待防止の要請

　8月3日、ジョンズは「ビクトリアは退院できる状態である」という病棟看護師の判断をオーソワリーに連絡してきた（6.218）。もっとも「退院できる状態である」というのは、オーソワリーは「病院はビクトリアについて何らかの懸念を持っていない」と理解したが、病院関係者は「治療は完了し退院できる状態にあるが、退院前にソーシャルワーカーによる家族調査が必要である」と考えていたようである（6.219）。病院関係者はビクトリアに関して心理的虐待（コウアオのビクトリアへの対応が主人と召使のような関係）の疑いを強くもっていたし、身体的虐待の疑い（ビクトリアの身体に故意と思われる2つの親指傷痕の確認）をもつ者もいた。しかしオーソワリーは病院が退院を許可したということは、入院に至るコウアオの説明（疥癬の痒みから逃れるために蛇口に頭をもっていき熱湯をかぶったことによる火傷）に病院関係者は納得したものと判断したようである。もっともこの点に関して病院関係者は調査委員会の証言で否定しているのだが（6.220）。

　医学的所見を得るために、オーソワリーはロシッター医師に電話をしている。ただし、ロシッター医師が文書による記録を残していないので事実関係は定かではない。オーソワリーの記録によれば、ロシッター医師はビクトリアには心理的虐待の疑いがあることを示唆したようである。身体的虐待の疑いは示唆されていない。オーソワリーは、心理的虐待の疑いはあっても「重大な懸念」にあたるとは理解しなかった。しかしながら、ロシッター医師が身体的虐待の疑いを示唆したか否かは別にして、病院関係者は「故意と思われる2つの親指傷痕」を、またフォーリー医師は「ベルトで叩いたと思われる傷痕」を確認しているはずである。そうであるならば、オーソワリー自身がロシッター医師から身体的虐待の疑いを詳しく尋ねるべきであった。そうしなかったのは、オーソワリーが「病院関係者はコウアオの説明に納得した」と理解しており、もし身体的虐待の疑いがあれば、上級顧問小児科医であるロシッター医師が直接連絡

してくるはずであると考えたからである（6.230-235）。

　8月13日、ロシッター医師は、ハーリンゲイの児童虐待防止アドヴァイザーであり病院との連絡交渉を担当するキッチマン（Ms. Kitchman）にビクトリアの様子を尋ねた手紙（1度目）を書いている（6.275）。同医師は緊急入院直後のビクトリアを診察しており、その後の対応について連絡を受けておらず心配したようである（6.276）。しかしその手紙がキッチマンの手元に届いたのは8月20日であった（6.277）。キッチマンは同日NTDOに電話をしオーソワリーと話したという（実際はオーソワリーとは話していなかった）。彼女によれば「オーソワリーとジョーンズが47条調査を実施していると聞き（6.279）、そのことをロシッター医師に伝え、同医師は安心した」（6.280）。しかしロシッター医師が「とても心配している」と不安を露わにしたにもかかわらず、キッチマン自身がケースファイルをチェックしなかったことは問題である。もしケースファイルをチェックする労をとれば、ロシッター医師の期待どおりに事が進んでいないことを、直ちに理解できたはずである（6.281）。もっとも、8月20日の時点で47条調査が継続しているわけがない。というのも、8月12日、中央ミドルセックス病院からのファックス（疥癬という診断）を受けて、ビクトリアは虐待防止から家族支援の対象に移行していたはずである（6.282）。調査委員会での証言から判断すると、キッチマンはロシッター医師の手紙の件（13日）でオーソワリーとは話をしていない。NTDOの誰かと話して情報を得たことは確かであるが（6.287）。

　9月2日、ロシッター医師は再びキッチマンに手紙（2度目）を書いた。手紙には、ビクトリアの居所が分かり、ソーシャルワーカーが対応していることを聞いて安心したが、継続中の47条調査に言及できなかったことが述べられていた。そして、北ミドルセックス病院の退院要約（8月13日付）が同封されていた。9月9日にキッチマンのオフィスが受け取り、彼女が目を通したのは23日であって、すでに3週間経っていた。その退院要約には、「重大な苦痛を抱えた子どもである」「引っかき傷ではない多くの傷痕／痣がみられ……折檻によるもの（例えば針金のような道具を使用）と思われる」「その子は深刻な愛着問題を抱えている。母親と彼女のボーイフレンドが来るとひどく怯えた様子であった」「虐待されている疑いがある。ネグレクトか心理的虐待であり、

身体的虐待も考えられる」「きわめて悲惨なケースであり、その子は心理的な疾患を被っている」という文言や文章が記録されていた (6.317-319)。オーソワリーが8月にロシッター医師との電話による会話で受けた印象とは全く異なる（逆の）内容が記されている。ビクトリアの身体の傷痕は「引っかき傷」ではないこと、すなわちハイリスク・ケースとして対応すべき根拠が書かれているのに、キッチマンは理解に至らなかった (6.319-320)。問題は、この退院要約文書がオーソワリーの手元に届き彼女が確認したかどうかである。調査委員会によれば、2人の間に記憶の相違があり事実確認はできなかった。確かなことは、ロシッター医師の退院要約文書はビクトリアへの対応に変化をもたらすこと、すなわちハイリスク・ケースとしてアセスメントを見直すこと（47条調査の実施）には至らなかったことである (6.355)。

④性的虐待の申請：初期対応の混乱

　10月18日、オーソワリーは住宅申請が却下されたことを住宅局より知らされた (6.364)。コウアオの選択肢は、仕事を見つけ民間の賃貸住宅を借りること、現状（マニングのフラットでの同居）で我慢すること、フランスに戻ること（帰国費の金銭補助は可能）に絞られた (6.366)。そして10月28日、2度目の（事前通告）家庭訪問が実施された (6.365)。家庭訪問では、ビクトリアとコウアオの母子関係（愛着関係）やビクトリアの1日の様子（3月以来学校に通ってないこと）など尋ねられることはなかった。部屋は家庭訪問に備えて綺麗に整理整頓されていた。唯一、ビクトリアの就寝配慮について話し合われた。コウアオとビクトリアがベッド、マニングがソファベッドということだったが、この時点ですでにビクトリアは浴室で就寝していた (6.367-373)。コウアオは住宅申請が却下されたことにしつこく不満を漏らした。ビクトリアも途中からその会話に加わった。その話し方や内容はとても7歳の子の対応とは思えず、まるで事前にコウアオに教唆されているかのようであった。住宅申請に関してオーソワリーは、「重大な傷害のリスク例えば虐待の疑いのある子を保護するような場合でない限り、生活場所を用意することはできない。ビクトリアにはそのようなリスクは見当たらない」というのがハーリンゲイの見解であることを伝えた (6.374-375)。

11月1日、コウアオはマニングのビクトリアに対する性的虐待を告発した。彼女によれば、マニングは過去にもビクトリアに性的淫行を加えており、今回で3度めらしい (6.382)。オーソワリーはコウアオに、告発内容の深刻さから考えて警察（児童虐待防止チーム）との合同による調査が実施され、マニングは逮捕されるかもしれないことを伝えた (6.389)。オーソワリーとロバートソン (Ms. Robertson：IAT/Bのソーシャルワーカー) はビクトリアと面接した。コウアオが執拗にそうするよう主張したからである。もっともオーソワリーはディスクロジャー・ワーク（子どもが話した被虐待の内容が証拠として裁判所命令申請の手続きで審理されるための面接技法）を実施するつもりはなく、目的はビクトリアの視点から家庭生活の様子を探ることにあった (6.390)。しかし、オーソワリーは面接を途中でやめた。ビクトリアが性的虐待を受けた様子を仕草で示したり語り始めたりしたからである (6.391)。ディスクロジャーがなされた場合、その証言は裁判所命令の申請手続きで審理されるので、適正手続きに従って面接する必要がある (6.394)。もっとも、ビクトリアはコウアオによって事前に何を言うべきかが教唆されているようであった (6.392)。面接を中断すると、ビクトリアは自分が話したことを信じてもらえたのかどうか不安になり、ひどく動転した様子をみせた (6.395)。

　性的虐待の疑いが告発された以上、オーソワリーはコウアオに、ビクトリアとマニングは同居できないことを告げた。するとコウアオは友達のキンビディマ宅に身を寄せることが可能であると言い、約束を取りつけた。オーソワリーはキンビディマ夫人と電話で話し「性的虐待の申請による調査が実施されるため、1か月程、2人は当家に身を寄せることになる」ことを伝えた (6.402)。これが1度目の連絡である。オーソワリーは夫人と話をしただけで当家の適性（虐待調査の間、ビクトリアの健全育成と安全が担保されるかどうかの判断）をアセスメントしていない (6.403)。にもかかわらずその夜、オーソワリーはキンビディマ宅に「2人の居住場所として当家が適切である」と判断したことを伝えた。これが2度目の連絡である。ところが夫妻は、当日さらにはそれ以降も、オーソワリーからそのような2度目の連絡を受けていないという。真偽は定かではないが、確かなことは、コウアオとビクトリアはマニングのフラットに戻り3人が同居していたこと、すなわち、ビクトリアはキンビディマ宅に

一晩も滞在しておらず、そのことをオーソワリーは12月13日まで知らなかったことである（6.405）。

⑤性的虐待の申請：戦略会議の迷走

　翌日（11月2日）、コウアオとビクトリアは一緒にNTDOを訪れ、申請の取り下げを伝えた（6.408）。対応したのはコジノス。コウアオはビクトリアから聞き取りをするようコジノスらに要請した。彼女（ビクトリア）が嘘をついたことを本人に告白させようとしており、しかもその振る舞いが威圧的にみえたので、まずコウアオと面接することにした。時間にして10分程である（6.411）。申請取り下げに関する説明は曖昧で納得できるものではない。コウアオの関心は、「マニングが逮捕されないこと」「住宅申請が認可されること」であり、ビクトリアではない（6.412）。コジノスは、警察と合同で戦略会議がもたれることをコウアオに伝えた（6.413）。

　5日の戦略会議はバプティーストに頼まれてコジノスが議長を務めた。コジノスによれば会議の始まる数分前に要請され、当ケースは家族支援であることが告げられた。会議には、オーソワリーとジョンズそしてもう1人警察関係者が出席した。直前に議長を要請されたコジノスは準備ができておらず、ケースファイルを読んでいない。したがって、7月の会議で当ケースの議長をしていたことが思い出せなかった。それはオーソワリーやジョンズも同様である。彼女はオーソワリーと2人の警察官に的確な情報提供とアセスメントを期待していたようである。もっともコジノスは会議の途中で当ケースを以前担当していたことを思い出している（6.427-428）。そうであればケースファイルを確認（ケースファイルは当室のすぐそばにあり、取りに行ける距離）し、以前の戦略会議で決定された18の課業の進捗状況をアセスメントすべきであった（6.429）。

　戦略会議では15の課業が明確にされた。これらの課業は7月の決定と重複するところがあった。ビクトリアのケースファイルを確認していないから当然である。7月の戦略会議と同様に新たな課業の進捗をアセスメントする日程も確認されなかった（6.432）。課業の中には「ビクトリアとコウアオの関係の確認」があった。ビクトリアはコウアオの実子なのかという疑いであり、事務所での2人のやり取り（11月2日）を見たコジノスの印象に基づいている。そう

であればコウアオのパスポートをチェックすれば、すぐにその疑いは明らかにされたはずである（6.434）。また戦略会議では、直ちにディスクロジャー・ワークを実施しない決定がされているが、その理由は明記されていない。オーソワリーがビクトリアとの面接を途中で中断したのは、ディスクロジャー・ワークが必要と考えたからである。戦略会議の参加者が「ディスクロジャー・ワークは必要ない」と判断したのは、性的虐待の申請は「住宅を得るための方便」と考えていたからであろう。仮にそうであったとしてもビクトリアまで巻き込んで虚偽の性的虐待を申請することには問題がある（6.435）。この時点で（11月5日）ビクトリアはまだキンビディマ宅に居住していると、コジノスとオーソワリーは思い込んでいた（6.437-438）。

⑥組織再編の弊害：曖昧な任務継続と責任分担

　バプティーストのマネジャー職（IAT/Bチーム）は11月5日で終了し、メアースが8日より2つのチームの責任を担うことになった。しかしコジノスは、バプティーストが新年まで責任を部分的に引き継ぎ、スーパーヴァイズも継続するものと考えていた。当然、リスクアセスメントや戦略会議で決定された課業の進捗評価はバプティーストの責任であるものと考えていた。次のビクトリアに関する進捗状況のアセスメントは11月15日で（6.439）、オーソワリーにとって2度目のスーパーヴィジョンである（6.446）。メアースはスーパーヴィジョンの責任をもつソーシャルワーカーが7人増え、16人になっていた。しかもバプティーストとの間で業務の引き継ぎができておらず、ビクトリアに関する知識や情報を何も得ずスーパーヴィジョンを迎えることになった（6.447-448）。一方、オーソワリーも16ケース抱えそのうち4～5ケースは児童虐待であり、スーパーヴィジョンではビクトリアには5分しか割かれなかった（6.449）。メアースもコジノスと同様にバプティーストがオーソワリーをスーパーヴァイズするものと考えており、もう一度新たにスーパーヴィジョンを始めるつもりはなかった（6.447-451）。バプティーストの「ビクトリアのケースは家族支援である」という決定を、性的虐待の疑いで開催された戦略会議であるにもかかわらず素朴に受け入れていた（6.454）。

　メアースのスーパーヴィジョンで明らかにされた課業には、11月の戦略会

議さらには7月の戦略会議で決定された課業のいくつかが繰り返し含まれていた（6.459）。ケースファイルを読み直す機会があれば、このようなことは防げたはずである（6.458）。とくにビクトリアとの面接が、最初の送致から5か月経って完了していないことは、虐待調査の重要な部分がまだ終わっていないことを意味するであろうし（6.460）、また家族支援の対象であれば「なぜビクトリアがコウアオの同伴なく1人で面接される必要があるのか」という疑問が生じてもよかったはずである（6.461）。メアースは、戦略会議の決定を遂行するようオーソワリーに告げたが、それらの決定はどのような内容で何が完了していないのか十分に理解していないことを認めた。当ケースは5か月以上も経っているので、主な課業のほとんどは完了していると理解していたようである。もっともこのようなメアースの対応は、ビクトリアのケースを最初から担当しておらずバプティーストがスーパーヴィジョンの責任を継続していると考えていたからであり、実際にケースファイルに目を通すことはしなかった（6.462）。メアースは「さらなる懸念がないのであれば」という条件付きでケース終了を示唆した（6.463）。

(2) 小結：ハーリンゲイにおけるビクトリアへの対応

　ハーリンゲイにおけるビクトリアへの対応の要点を整理したのが表4-1である。ハーリンゲイは深刻な剥奪地域でしかも破綻寸前の財政難にあった。多様かつ過剰なニーズに対応できる社会的資源が圧倒的に不足しており、潜在的ニーズへの対応（予防対策）は手つかずの状況であった。しかも児童は優先施策として認知されず、標準支出査定額（SSA）を大幅に下回る予算しか区議会は認めなかった。有資格専門職の不足に付け加え組織再編（リストラ）が実施され、職員の心的負担と職務量は増加していった。さらにフィールドチームのマネジャーの資質が組織全体に悪影響をもたらした。これらの組織的／構造的問題はソーシャルワークの専門性を直撃した。

　戦略会議でのアセスメントでは、虐待防止のための緊急対応として18の課業が明らかにされたが、その進捗に責任をもつ専門家（部局）が明確にされず、ケース再検討会議の日時も決定されていない。マネジャーのバプティーストに至ってはブレントからの申し送りを素朴に受け入れ、家族支援を継続するよう

表4-1　ハーリンゲイにおけるビクトリアへの対応

組織的／構造的問題
・深刻な剥奪地域で破綻寸前の財政難：多様かつ過剰なニーズに対応できる社会資源の圧倒的不足 ・ブレントと同様に児童は優先施策として認知されず ・有資格職員の不足や組織再編（リストラ）による職員の心的負担及び職務量の増加、それに伴う専門性の低下 ・マネジャーの資質（パーソナリティや能力）が組織全体に与える悪影響、それに伴う連携不足と職員の孤立化
ソーシャルワーク的課題
・戦略会議での曖昧な初期アセスメント：虐待防止から家族支援へ ・ビクトリアの退院：顧問小児科医の退院許可なく、児童虐待防止プランも作成されずに退院 ・ロシッター上級顧問小児科医の虐待防止を要請した手紙：手紙（退院の要約文書）の内容が理解できず ・性的虐待申請への対応：戦略会議で精緻なアセスメントは実施されず、家族支援の継続を確認 ・組織再編（リストラ）の弊害：曖昧な職務継続と責任分担、専門的なスーパーヴィジョンが実施されず

オーソワリーに指導した。その結果、ビクトリアが北ミドルセックス病院を退院する際、顧問小児科医の許可なく、退院後の児童虐待防止プランも作成されずに退院することになった。それでも家族支援を見直す機会はあった。ロシッター上級顧問小児科医の手紙では虐待防止が要請されていた。しかしその手紙がオーソワリーに届けられ彼女が目を通したかどうかも、調査委員会による調査ですらわからないままである。性的虐待の申請に関する戦略会議では、住宅を得るための虚偽の申請と判断され、虐待防止の視点からアセスメントを見直されることもなかった。さらに組織再編（リストラ）によりケース担当の引き継ぎができておらず、オーソワリーは専門的なスーパーヴィジョンを受けることなく孤立を深めていった。

〔2〕ビクトリア・クリンビエ虐待死亡事件の深層[2]

(1) 構造／組織と専門職倫理の問題

　ビクトリアを保護できなかった根本的原因は「広範な組織の機能不全」(1.20-22) にあるとラミング報告書は指摘している。ソーシャルワーク実践を支える構造や組織に問題があるとその専門性は担保されないという警告である。

　3つの特別区はいずれも財政難にあり、多様かつ過剰なニーズに対応できる社会的資源が圧倒的に不足していた。さらに児童社会サービス（教育は除く）は優先施策として認知されず、標準支出査定額（SSA）を大幅に下回る予算しか区議会は認めなかった[3]。区議会は社会的共同親としての責務を全く果たしていないことになる。また『社会福祉サービスの現代化』による組織再編の渦中にあり、リストラも並行して実施された。このような深刻な財源事情とリストラも含めた組織再編は、厳しい労働条件を強いることになり職員の離職をもたらす。有資格で実務経験のあるソーシャルワーカーの維持と補填が困難になり、欠員を期限付契約職員（海外で研修を受けた職員も含む）で対応せざるを得ず、高い質の専門性を期待することはできなかった。それでも補填できればよい方で、慢性的な欠員状態であった。

　人的資源の不足と専門性の低下は次のような事態をもたらした。送致を受諾したが初期アセスメントが完了せず、データベースに入力できない待機児童が常時存在することになった。またビクトリアは2つの病院を顧問小児科医の許可なく、児童虐待防止プランも作成されずに退院した。虐待の疑いがもたれていたのであれば、顧問小児科医の診断が専門的で理解の及ばない部分があるとしたら、直接尋ねてみて真意を確かめることがあってもよかったはずである。家族支援の対象とされたビクトリアの初期アセスメントは、見直されることはなかった。

　また意思疎通をサポートする情報共有システムは整備されておらず、ブレントではビクトリアに5つの異なる身分証明番号が様々なデータベースでつけられており、重要な情報の照合ができず、精確なアセスメントを困難にさせた[4]。さらに意思疎通の失敗は無責任な行政管理システムを露わにする。組織再編に

伴うマネジャー同士の引き継ぎができておらず、新任マネジャーは前任マネジャーがビクトリアの責任を継承するものと信じていた。したがって新任マネジャーによるスーパーヴィジョンは不十分で、戦略会議やケース会議でも事前にケースファイルが読まれておらず、児童虐待防止プランの進捗は確認されなかった[5]。ハーリンゲイの場合がそうであり、さらにフィールドチームのマネジャーの資質が意思疎通の齟齬に拍車をかけることになった。

　組織疲弊とそれに伴うサービスの質の低下は、子どもや家族の潜在的リスクを高めることになる。このような懸念はフィールドワーカーの間では認識されていた。1999年7月、公的サービス労働組合連合（UNISON）はハーリンゲイの上級管理職に対して「児童家族チームは組織再編による疲労蓄積が極限に達している」と警告している[6]。同月、マネジャーは社会福祉部長に「組織再編による負担の増大はサービス利用者の潜在的リスクへの予防対応を困難にさせている」と文書で伝えている[7]。しかしハーリンゲイではこれらの警告は上級管理職に取り上げられなかった。

(2) ソーシャルワーカーの専門性の問題
1)「ニードをもつ子」と「リスクをもつ子」の分類

　初期アセスメントで「ニードをもつ子」として分類されると虐待防止アセスメントは実施されず、専門家の関心は家族支援に集中した。中央ミドルセックス病院では一旦虐待の疑いが診断された。しかしシュウォーツ顧問小児科医の専門的かつ慎重な診断はその真意が確かめられることなく、ビクトリアの傷害は医療ケアの対象にされた。もっともイーリングの初期アセスメントでは、ビクトリアは住宅保障と生活扶助を必要とする家族支援の対象にされており、ブレントもその申し送りを素朴に受け入れていた。家族支援という思い込みがシュウォーツ顧問小児科医の診断の精確な理解を妨げたのかもしれない。それ以降、何度か虐待の疑いが生じたが精緻な虐待アセスメントは実施されなかった。

　このような結果をもたらした一因は、保健省（1995年）が出版した報告書『児童虐待防止：調査研究からのメッセージ』[8]にある。その内容はこうである。虐待の予防を過剰に意識するあまり、虐待防止ソーシャルワークは虐待調査が中心となった。自治体は虐待防止（Child Protection：リスクをもつ子）と家

族支援（Family Support：ニードをもつ子）のバランスを見直すこと、すなわち1989年児童法の理念に基づき家族支援を充実／強化することで虐待防止の効果を高めることが勧告された。そして段階を追って対応手順を明確にしたフローチャート(9)も作成された。フローチャートでは、初期アセスメント（連絡／送致の段階）で虐待防止か家族支援かのいずれかに分類するよう指示されている(10)。

このように初期段階で制約された情報をもとにケース分類を行うには相当の専門性を必要とする。仮に専門性が担保されていたとしても、最初に低リスク（ニードをもつ子）と分類（初期アセスメント）されると、以後のアセスメントでは、疑う余地のない確かな証拠がある場合を除いて、虐待の疑いがあっても慎重な配慮が欠けたり些細なリスクとして対応されたりすることが起こり得る。専門職の維持及び補填が困難な状況で、多様かつ過剰なニーズへの対応に振り回され専門職に余裕がない場合、組織全体の専門性の低下と専門職倫理の後退は避けられないであろう。ラミング報告書は、アセスメントの初期段階でケース分類を行うフローチャートの見直しを勧告した(11)。それは後の初期アセスメントの専門性向上を目的とした共通アセスメントフレームワーク（Common Assessment Framework: CAF）の開発と導入に途を拓くことになった。

2）基本的実践の不履行

ラミング報告書では、ソーシャルワークの専門性がいくつか言及されている。高名な顧問小児科医の診断を理解し、疑問があれば問い返すことができる専門性は必要ではあるが、ビクトリアへの対応では、そのような高度の専門性以前の、基本的なソーシャルワーク実践が全くできていなかったことが驚きをもって指摘されている。実際に、ソーシャルワーカーやマネジャーが「ケースファイルを読んでいないし、読んでいてもその重要性が理解できていない」と思えるようなことが、何度も確認されている。それはケースファイルの内容に端的に表れていた。ラミング報告書ではケースの時系列記録やジェノグラム作成の不備（専門的水準にないこと）が指摘されている(12)。時系列表には、家族内の出来事や専門家による対応、専門家のアセスメント、戦略会議やケース会議

の決定、介入の結果、進捗状況の評価などが記述されることになる。したがって、戦略会議で決定された任務の進捗状況の評価が理由もなく先送りされているといったことは、本来なら起こらないはずである[13]。またジェノグラムが作成されておれば、家族構成員の法的関係（ビクトリアの親責任をもつ人の存在）、養育者の背景、居住場所、子の身分証明などが明確にされる[14]。そうすれば虐待防止への配慮からアセスメントも慎重かつ精緻にされたはずである。

　このような基本的なソーシャルワークが実践されなかった背景には、専門職教育や研修の不備という問題だけでは済まされない現実が潜んでいるのかもしれない。例えば、専門職が極端な心的疲労／抑圧状況におかれると、利用者に対する職業倫理の崩壊が起こりうること、すなわち、専門職は資源の不足や組織的支援の欠如などの理由から、虐待などハイリスクにある状況を回避／克服する見込みが持てなくなると──何もできないという無力感／喪失感に襲われると──、専門職としての倫理を見失うことになるかもしれないという指摘がある[15]。ビクトリアのケースでは、子ども自身との面接の回避、訪問の延期、虐待の証拠の見逃し、法的申請の躊躇などがみられた[16]。無力感／喪失感に襲われた中で、ビクトリアの悲惨な生活環境を理解したり、ビクトリアの心情に共感したりすることによる心的苦痛／疲弊から自らを守るために、専門職倫理は現実逃避へと無意識のうちに退行していったのかもしれない[17]。これらの推論の妥当性はともかく、次の点は確かであろう。虐待防止ソーシャルワークでは、強烈な感情の起伏を体験しながら任務を遂行する専門家の心的疲労を懸念する声が少なからずある。組織的・資源的支援を得られず自らの責務遂行に希望がもてなくなるとき、心的疲労の蓄積は頂点に達し、バーンアウトによる専門職倫理の崩壊や基本的実践の不履行をもたらすおそれがある[18]。

〔3〕ラミング報告書の勧告と構造改革の方向[19]

　ラミング報告書は108の勧告を行い、46は3か月以内、38は6か月以内の実施時限を定めた。これまでの虐待調査報告書で勧告の実施時限を定めたものはない。それは、故意による傷害（虐待）の疑いで異なる病院に2度も入院していたにもかかわらず、いずれの特別区もビクトリアの精確なアセスメントを実

施しておらず、ハーリンゲイでは「ケース終了」（ビクトリアの安全は確保された）の判断がされたとき、彼女は息を引き取った（1.16）という事実を調査委員会は重く受け止めているからである。表4-2はラミング報告書勧告の核心的な部分を整理したものである。マネジメント、手続き、実践、訓練／研修に関しては、従来の報告書で勧告された内容と大きな違いはない。大胆な構造改革案がソーシャルワークの専門性の担保とリンクさせて提出されているのが、ラミング報告書の特色である。

表4-2　ラミング報告書の基本的勧告

構造：
- 児童家族政策評議会の設置
- 児童家族政策審議会の設置
- 児童コミッショナーの設置
- 児童家族サービス管理運営委員会の設置
- 全国児童データベースシステムの設置

マネジメント／資源：
- 社会福祉部は連絡／送致されたケースを正確に入力すること（入力待機ケースをなくすこと）
- 地方政府は児童サービスを優先施策とし予算配分に配慮すること
- 内務省は警察の児童虐待サービスを優先施策とすること
- 虐待アセスメントは適切な訓練を受け実務経験のあるソーシャルワーカーによって実施されること
- 児童や家族に関する社会サービスは24時間の利用が可能であること

手続き：
- 「ワーキングツギャザー」と「アセスメントフレームワーク」を統合させること
- サービス提供機関は関与した家族の子どもに関する詳細を記録し、曖昧な点は明確にしておくこと
- マネジャーはスーパーヴァイズしたケースのアセスメント、ケアプラン、ファイルに目を通し署名すること

実践：
- ソーシャルワーカーは受理した連絡通報に関して、48時間以内に子の安全を確認すること
- ケアプランの同意及びケース終了に際して、子及び養育者の同意を得ること
- 虐待が申請される場合、当該児は24時間以内に面接を受けること
- 入院した際に、被虐待の疑いのある子は24時間以内に身体検査を受けること
- 子が警察保護におかれる場合、その決定はアセスメントの時に伝えられること

- 家庭訪問をする場合、実践家はその目的を明確にしておくこと
- 戦略会議では、各専門家の役割分担とその完了期限及び次のケース見直しの日時を明確にすること
- ソーシャルワークファイルには、ケースの時系列表記が含まれること
- 医師は子の福祉に関する懸念を文書にしてソーシャルワーカーに渡すこと
- 子のマルトリートメントに関する医師の懸念は(医師によって)すべて明確にされ説明されること
- 子に関するすべての議論がケースファイルに記録されること
- 病院への通院/入院歴があれば、その記録が入手され検討されること

訓練/研修：
- ソーシャルワーカーと警察官は他の専門家の意見に質問/反論できる専門性をもつこと
- すべての専門家は効果的な協働実践に精通すること
- 地方での訓練/研修は機関協働を基本とすること
- 新任職員対象の効果的な導入プログラムを作成すること
- 家庭医、小児科医、(指名された)専門家の再教育/補習(専門性向上)を目的とする訓練/研修を実施すること
- 警察官の訓練/研修を目的とする統一カリキュラムを作成すること

出　所：Reder & Duncan (2004) 'Making the Most of the Victoria Climbié Inquiry Report' in *Child Abuse Review*, Vol.13, John Wiley & Sons, p.101.

(1) 構造/組織と職業倫理の問題

　ラミング報告書は「児童虐待防止の法的フレームワーク(1989年児童法)は健全であり問題はない。問題はその実施過程でありマネジメントである」と指摘する。報告書で指摘されるマネジメントの問題とはこうである。ビクトリアに直接関与したソーシャルワーカーなど専門家の対応には問題があり非難を免れることはできないが、最大の問題は地方議員や上級管理職が児童虐待防止を優先施策として認知していないこと、すなわち虐待防止を含めた児童社会サービスに財源を優先的に配分し、定数の専門職担保(欠員の補填)に努め、優れた質のサービスを提供するという責任を全く果たしていないことである(1.18)。さらに、事件発覚後、停職や懲戒処分を受けた者がいる一方で、上級管理職の立場にいる何人かは、本事件の責任をフィールドワーカーに押しつけ責任回避をしたり、他の(待遇のよい)ポストに異動したりした者もいた。このような上級管理職の非専門的、非倫理的な対応にこそ大きな問題があるとラ

ミング報告書は厳しく批判する (1.23)。

実際に調査委員会が、事実究明のために証言を要請した上級管理職及び専門職の何人かは、証言に対する嫌悪感を露わにし、ある者は告発され裁判所より処分が科せられた。このような非協力的な姿勢は、社会福祉サービス査察局（SSI）の局長も同様であった。また多くの記録やファイルが破壊・紛失された。調査は大幅に遅れ、2度の時期に分けて再招集された。証言においても「真実をすべて語ろうとせず」「見え透いた嘘」をつく者がいた。調査委員会が司法的な手法で「誰が本当に真実を述べているのか」を裁定することが何度もあった[20]。職業倫理の崩壊である。これらの事態を踏まえラミング報告書では、上級管理職の評価は現場で提供されるサービスの質で評価されるとし、上級管理職のサービス運営責任が明確にされること、つまり意思疎通が円滑で責任所在が明確にされたマネジメントの確立が提言される。

それには中央と地方の両方で改革が必要とされる[21]。中央政府では児童家族政策評議会（A Children and Families Board）が設置される。この評議会は閣僚級の大臣が会長を務め、児童／家族問題に関連する省庁の政務次官級の代表が参画する（1.34）。この評議会の直属に児童家族政策審議会（A National Agency for Children and Families）が設置される。審議会は児童コミッショナーの役割を担い、次の業務に責任をもつ。a）政策の変更が児童や家族に与える影響を評価し児童家族政策委員会に助言すること、b）新たな法律やそれを施行するためのガイドラインを精査すること、c）国連の子どもの権利条約の実施に関して助言すること、d）児童に関する全国共通の目標設定及びその達成とモニター（に関する最善）の方法を助言すること、e）政策と法律が地方レベルで確実に実施されるように努め、支局のネットワークを通じてその進捗がモニターされること、f）児童や家族に関連するサービス（特に児童の安全確保）の質と効果について議会に毎年報告すること、g）自らの裁量で「重大なケースの見直し」を行うか、あるいはこの任務が他の機関で代替されるのであれば、その過程を監査すること（1.35）。

地方政府では、緊密な協働体制を構築するために、児童社会サービスの責任をもつ自治体各部局の代表者で構成される児童家族政策委員会（Committees for Children and Families）と（1.38）、その直属に児童家族サービス管理運営

委員会（Management Board for Services to Children and Families：管理運営委員会と略す）が設置される。管理運営委員会は、警察、社会サービス、保健医療、教育、住宅、保護観察の長（あるいは上級管理職）で構成され、児童家族サービス部長（a director of children and family）を任命する。当部長は、公営営利民間を問わず各種サービスの効果的な協働の担保に責任をもつ。また管理運営委員会はサービス利用者（子どもを含む）の参画による地方フォーラムを設置し、彼（女）らの声が政策に反映されるよう取り組む責務がある(1.39)とされる。

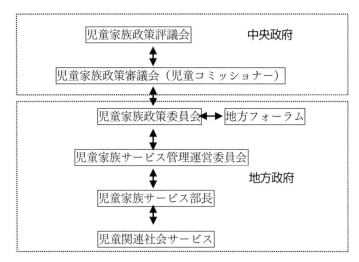

図4-1　ラミング報告書の基本的勧告

出所：藤田弘之（2004）「イギリスにおける児童虐待防止システムの問題と改善策——ヴィクトリア・クリンビー調査報告書とその後の対応」『滋賀大学教育学部紀要 Ⅰ：教育科学』第54号、p.48を引用／参照。なお、用語等に関して一部変更した。

(2) ソーシャルワーカーの専門性の問題

　調査報告書の勧告と改革の方向は、中央と地方の双方において、サービスの統合と調整による意思疎通の徹底と責任所在を明確にしたマネジメントの確立である。このようなマネジメントの確立は、虐待防止と家族支援の統合にも関係する。調査報告書では「虐待防止と家族支援を分けることは実践的でもなければ望ましい姿でもない。子と家族にとって最善の虐待防止は、包括的な家族

支援の中に選別的な虐待防止が位置づけられ、時宜を得た介入が可能となるようなサービスの統合である」と提言される (1.30-31)。しかし具体的なヴィジョンは明示されておらず、虐待防止のフローチャートを示した「ワーキングツギャザー」(『1999年協働』: 1999年) と家族支援のフローチャートを示した「アセスメントフレームワーク」(2000年) の統合という手続き上の問題として勧告された。

しかしながらラミング報告書では、フィールドにおける協働すなわち異なるサービスの統合による精確なアセスメントの担保という問題は、電子情報システムの活用により打開が図られようとしている。時宜を得た介入を判断するためには、協働が円滑に運営され、必要な情報を速やかに収集し、アセスメントが実施されなくてはならない。そこで異なる専門家の間で速やかに情報を収集/共有するシステムとして、国家児童データベースの構築という大胆な勧告がされる[22]。これはすべての子どもの個人情報を全国共通のシステムでデータベース化することで、専門家はいつでもどこでも当該児童の情報にアクセスできることになる。確かにビクトリア・クリンビエ事件では3つの特別区の間で個人情報の照会/共有/引き継ぎができておらず、ブレントに至ってはビクトリアに5つ以上の身分証明番号がつけられ情報収集に混乱をきたしていた。ただし、情報収集/共有は基本的に被虐待の疑いのある子に制限されていたが、国家児童データベースはすべての子ども（家族）を対象とする。個人情報の保護に関する規制を緩和し、多少なりとも個人のプライバシーへの侵害があったとしても子どもを虐待から保護することを優先するという決意の表れといえよう[23]。

〔4〕児童虐待死亡事件調査報告書とは何か：
ラミング報告書のソーシャルワークへの影響

(1) ソーシャルワークの専門性の低下

クリンビエ事件では、児童虐待防止ソーシャルワークの専門性が著しく低下したのではないかという不安と不信が専門家だけでなく市民の間にも広がった[24]。クリンビエ事件は「1973年マリア・コルウェル事件以降、専門家の対応が最もひどい水準であった」と評価するものも少なくない。例えばマリア・

コルウェル事件では、いくつかの不十分性はあったものの全般的には標準的な水準の実践がされていたという印象があった。しかしクリンビエ事件では、表4-1で明らかにされたように、虐待防止ソーシャルワークの基本原理が全く遵守されていないことがあまりにも多かった。ソーシャルワーカー、警察関係者、病院スタッフのすべてがそうである[25]。

　確かに児童（虐待防止）ソーシャルワークにおける専門性の低下は避けられない状況であった。ソーシャルワーク職を希望する学生が著しく減少し、ロンドン特別区では欠員を補塡できないところが多くみられた。その代替として期限付契約職員に依存せざるを得ず、その割合は40～50％を占めるという。その多くは国外で研修を受けたソーシャルワーカーである。したがって実務経験のない新任有資格職員が深刻な虐待ケースを担当することも稀ではない[26]。このようにソーシャルワーク職が敬遠される理由には、利用者との対話やかかわりを押しのけて、書類の作成やデータベースの入力などの業務が増えたこと、業績達成指標とそのノルマ達成にソーシャルワークが統制されること、人的物的資源の制約により許容範囲を超えた職務負担が強いられることなどがあげられる。また、待遇面や市民社会からの低い評価なども含まれるであろう[27]。

(2) 調査報告書のソーシャルワークへの影響

　今まで数多くの虐待調査報告書が出版され、その勧告や提言はソーシャルワークの専門性向上に寄与してきたが、その一方で、ソーシャルワークが利用者との対話やかかわりを押しのけて、マニュアルや手続きに過剰に縛られる傾向をもたらしたというフィールドワーカーの声は少なからずある。それは公式調査（調査報告書の作成）が司法専門家に委嘱されて実施されることにも一因がある。虐待死亡事件の検証に際して、被害児と関与した専門家はフレームワーク、フローチャート、マニュアル、手続き（マニュアル／手続きと略す）に従って対応していたのかどうか、コンプライアンスが重視される。コンプライアンスが守られていなかったのであれば、その徹底が求められるであろうし、マニュアル／手続き自体に問題があるとすれば、その改訂もしくは開発が求められる。いずれにしても報告書の勧告すなわち解決的な戦略は、マニュアル／手続きが中心となる。大胆な組織／構造改革や財政出動が求められる改革は、勧

告されることはあっても実現の途は難しい。

　マニュアル／手続きに基づく実践は、一定の専門的水準を担保し市民への説明責任を果たす。このような積極的な効果が認められる一方、ソーシャルワーカーは市民社会の「名指して辱める」（虐待死を防げなかったことへの批判）ことへの不安と恐怖から、自己保身のためにマニュアル／手続きへの依存を強め自ら裁量を狭めることになる。そして介入起点を引き下げ、虐待調査を頻繁に実施する[28]。虐待防止ソーシャルワークでは強権的かつ不必要な介入が増え市民からの信頼を失うことになった。

　またマニュアル／手続きに基づく実践は、ソーシャルワークを標準化しモニターや監査が可能となるよう可視化させる。説明責任はその責任所在を明確にする必要があり、書類作成や電子情報システムへの入力など事務的業務の増加を避けられない。さらに、業績達成指標の導入はソーシャルワークの質的側面を捨象して数値化（量的側面）する。目標数値の達成度は予算分配の基準にされると同時に個人の業績評価にもなり、効率性へのインセンティヴが煽られる[29]。

(3) ラミング報告書のソーシャルワークへの影響

　多くの調査報告書をみると同じような問題と勧告が繰り返されている。それは調査報告書の勧告がフィールド・ソーシャルワーカーの日常的実践（専門性）の向上に貢献していないことを物語っている。コンプライアンスが守られていなかったのであれば、その理由を個人の資質、専門性、組織体制、労働条件との関連で追求するという視点が十分ではなかったといえるだろうし[30]、仮にそのような視点から勧告されたとしても、政府や自治体の支援がどれほど取りつけられるかは担保されていない。

　以下ではラミング報告書のソーシャルワークへの影響に関して、中長期的な視点から検討しておきたい。ラミング報告書は「ビクトリアとかかわりをもった専門家の誰もが、虐待の疑いがある子どもに対し、初歩的かつ基本的な対応を講じようとしなかった」と結論づけた。それは専門性だけではなく職業倫理にも踏み込んだ結論である。職業倫理に関しては、フィールドで提供されるサービスの質は上級管理職の責任であり、責任逃れは許されないことが明確にされた[31]。ラミング報告書で勧告された組織／構造改革案のいくつかは、次章

で詳述する児童社会サービス改革の中で検討され、『すべての子どもはかけがえのない存在である』(*Every Child Matters*: ECM) へ発展的に結実していった。マニュアル／手続きの改訂や開発に限定されることなく、財政出動が要請される大胆な組織／構造改革に踏み込んだ。それは、政府の児童社会サービス改革に対する意気込みの表れといえよう。

また、ソーシャルワーク専門職の数的担保と専門性向上の問題も、ECMで大きく取り上げられた。しかしECMの地方(自治体)改革では、中央政府の強いリーダーシップ(フレームワークや業績達成指標などの明示)の下で、効率的なサービス運営、サービスの質の保障、達成目標値の明確化、利用者への説明責任が求められており、マネジリアリズムがより徹底されてゆくことになる(32)。マネジリアリズムそれ自体は否定されるものではないにしても、利用者との対話やかかわりが今まで以上に担保されるかどうかは定かではない。また、ソーシャルワーク専門職を希望する学生担保のために、待遇面や労働条件そして研修などの改革も実施されたが、その成果は芳しくない。とりわけ児童ソーシャルワーク専門職の定数維持及び欠員補塡に多くの自治体が苦しんでいる。

そして7年後にハーリンゲイで、ベビーP虐待死亡事件(8章参照)が繰り返されることになる。ECM改革により凄惨な虐待事件は起こらないはずであるという政府の楽観的な見通しは、見事に打ち砕かれた。皮肉にも当事件は、ソーシャルワーク専門職の現状に社会が関心を向ける契機になった。しかし、当事件の責任はすべてソーシャルワーク専門職に負わされた。メディア、市民社会、保守党はソーシャルワーク専門職及び上級管理職に対し容赦ない批判と糾弾を繰り返し、新労働党政府も擁護しなかったという現実は、ソーシャルワークという職種に対する厳しい社会的評価の現実を垣間見るようであった。

注 記

(1) 「ビクトリアへの対応におけるソーシャルワークの課題」に関する論述は、Lord Laming (2003) *The Victoria Climbié Inquiry: Report of an Inquiry by Lord Laming*, Cm. 5730, The Stationery Office. を要約引用したものであり、引用箇所は文末にパラグラフで明示した。

(2) 「ビクトリア・クリンビエ虐待死亡事件の深層」に関する論述では、Lord Laming

(2003) *The Victoria Climbié Inquiry* より要約引用した箇所は、文末にパラグラフで明示した。
(3) Johnson, S. & Petrie, S. (2004) 'Child Protection and Risk-Management: The Death of Victoria Climbié', *Journal of Social Policy*, vol. 33 (2), Cambridge University Press, p. 191.
(4) *Ibid.*, p. 192.
(5) *Ibid.*, p. 191.
(6) ① *The Victoria Climbié Inquiry*, p. 128 (paras. 6.98-6.102), ② Johnson & Petrie, *op. cit.*, p. 190.
(7) ① *The Victoria Climbié Inquiry*, p. 130 (paras. 6.110-6.114), ② Johnson & Petrie, *op. cit.*, p. 190.
(8) Department of Health (1995) *Child Protection: Message from Resarch*, HMSO.
(9) Departent of Health, Home Office, Department for Education and Employment (1999) *Working Together to Safeguard Children: A guide to inter-agency working to safeguard and promote the welfatre of childen*, The Stationery Office. 邦訳：松本伊智朗／屋代通子 (2002)『子ども保護のためのワーキング・トゥギャザー――児童虐待対応のイギリス政府ガイドライン』医学書院。
(10) Reder, P. & Duncan, S. (2004：①) 'Making the Most of the Victoria Climbié Inquiry Report', *Child Abuse Review*, Vol. 13 (2), John Willey & Sons, Ltd., p. 104.
(11) *Ibid.*, p. 105.
(12) *The Victoria Climbié Inquiry*, 勧告58, p. 378.
(13) Reder & Duncan (2004：①), *op. cit.*, p. 109.
(14) *Ibid.*, p. 105.
(15) Reder, P. & Duncan, S. (2004：②) 'From Colwell to Climbié: Inquiring into fatal child abuse' in Nicky, S. & Jill, M., *The Age of The Inquiry: Learning and blaming in health and social care*, Routledge, pp. 104-105.
(16) *Ibid.*, pp. 104-105.
(17) Rustin, M. (2005) 'Conceptual analysis of critical moments in Victoria Climbié's life', *Child and Family Social Work*, pp. 11-12.
(18) Reder & Duncan (2004：②), pp. 104-105.
(19) 「ラミング報告書の勧告と構造改革の方向」に関する論述では、Lord Laming (2003) *The Victoria Climbié Inquiry* より要約引用した箇所は、文末にパラグラフで明示した。
(20) Parton, N. (2004) 'From Maria Colwell to Victoria Climbié: Reflections on Public Inquiries into Child Abuse a Generation Apart', *Child Abuse Review*, Vol. 13 (2), John Willey & Sons, Ltd., pp. 80-94.
(21) 中央政府と地方政府の構造・組織改革に関する論述では、藤田弘之 (2004)「イギ

リスにおける児童虐待防止システムの問題とその改善策――ヴィクトリア・クリンビー調査報告書とその後の対応」『滋賀大学教育学部紀要 Ⅰ：教育科学』第54号、pp. 46-47 より要約引用または参照した。
(22) *The Victoria Climbié Inquiery*, 勧告17, p. 373.
(23) Reder & Duncan (2004：①), p. 108.
(24) Munro, E. (2004) 'The impact of child abuse inquiries since 1990' in Nicky, S. & Jill, M., *The Age of The Inquiry: Learning and blaming in health and social care*, Routledge, p. 84.
(25) *Ibid.*, p. 85.
(26) *Ibid.*, p. 86.
(27) *Ibid.*, p. 87.
(28) *Ibid.*, p. 78.
(29) ①Johnson & Petrie, *op. cit.*, pp. 180-182, ②Reder & Duncan (2004：①), *op. cit.*, p. 97.
(30) Reder & Duncan (2004：①), *op. cit.*, p. 97, p. 99.
(31) *Ibid.*, p. 100.
(32) Balen, R. & Masson, H. (2008) 'The Victoria Climbié case: social work education for practice in children and families' work before and since', *Child and Family Social Work*, p. 127.

III部
ECMの理論とその実際

5章

緑書『すべての子どもはかけがえのない存在である』(Every Child Matters: ECM) の成立過程とその構想内容

　本章の目的は、ブレア新労働党政権が取り組んだ児童社会サービス改革(ECM、2003年9月)成立に至るまでの経緯とその構想内容を明らかにすることである。新労働党は1990年代から社会民主主義の近未来像において、子どもへの積極的な財源投資の重要性を検討し始めていた。そしてリスボン・サミットや国際進歩的統治管理会議の提言を受けて、その方向性が明確にされてゆく。それと並行して非行／少年犯罪や児童貧困の原因となる社会的排除や世代を跨ぐ貧困悪循環にも目が向けられ、親業支援と就学前早期予防介入の重要性が認識され始めた。これらの構想は内務省と財務省の主導で輪郭が固められていった。そしてビクトリア・クリンビエ虐待死亡事件とその報告書(ラミング報告書)は、これらの構想に含まれていなかった虐待防止を巻き込んだだけでなく、ブレア政権第二期の優先施策に押し上げ、児童社会サービス大改革が実施されることになった。

〔1〕ECMの成立に至るまで：早期予防介入の実現に向けて

(1) 90年代の予防介入：非行／少年犯罪の脈絡から

　90年代における社会の関心は非行／少年犯罪に向けられていた。1993年2月のジェイムズ・バルジャー事件(10歳の少年2名による2歳児誘拐殺人事件)

は子どもに対する大人の素朴な思いを打ち砕き、社会を驚愕させた。同時に2人の加害少年の生い立ちや生活環境、親業にも社会は関心を向けた。そこで検討された予防対策とは、社会治安／防衛を目的とした監視活動ではなく、幼少期における早期介入により、将来、反社会的行為につながる芽を未然に摘んでおこうとする戦略である。このような戦略は、長年に及ぶ犯罪予防学の成果と蓄積が一定の水準に達し、犯罪リスク（家族要因との関連）が社会認知されたことを背景にもつ。その理論的根拠とはこうである。幼児期に粗暴な振る舞いをする子どもは、将来、反社会的行為にかかわる可能性が高い。非行／少年犯罪の原因を探ってみると子ども期の問題行動と関連しており、それは親業と深いつながりをもつ。とりわけ、乳幼児期の情緒的ニーズが満たされない場合はそうである[1]。

しかしリスク要因をもつ子どもがすべて将来的に問題行動を起こすわけではない。ここで公衆衛生の考え方が適用される。例えば心臓疾患の予防である。喫煙、規則的な運動の欠如、高コレストロールの食事などは、心臓疾患をもたらすといわれる。これらのリスク要因は心臓疾患をもたらす決定的要因ではないが、多くの人がこれらのリスク要因に配慮し健康的なライフスタイルを維持選択すれば、国民全体の心臓疾患（による死亡）を減らすことができる。このような考え方が非行／少年犯罪に適用される。非行／少年犯罪に関するリスク要因は調査研究の成果として明らかにされている。将来の行動（非行／犯罪）を予想できるわけではないが、リスク要因のいくつかが群れをなすと（個人的要因と環境的要因が複合的に作用し負の連鎖をもたらすと）、後に問題行動を起こす確率が高まることは確かである。したがって、このようなリスク要因を未然に減らすことができれば、後の問題行動を抑制することができるはずである[2]。

したがって、リスク要因は、それらに配慮することで、後に「良い結果」をもたらすことができるものであり、排除／除去の対象となる「否定的なもの」として捉えられない。子ども期のストレングスとリジリエンスの促進／発達をもたらす要因として理解される。このような積極的な効果を期待するためには、就学前幼少期の早期介入による親業支援（家族支援）が重要になる。親業は個人的資質だけでなく環境的（社会経済的）要因からも大きな影響を受ける。したがって、多様なサービスの調整（統合サービス）が必要となる。一時的な費

用負担は必要となるが、長期的にみれば犯罪予防費の効率／効果的運用になるはずである[3]。このように非行／少年犯罪の予防対策は、就学前（乳幼児期）早期介入、親業支援（家族支援）、サービスの統合／調整の重要性を明確にした。

また親業支援（家族支援）の重要性に関しては、虐待防止の脈絡（『児童虐待防止：調査研究からのメッセージ』1995年）からも提起された。それは虐待の定義の見直しにも関連しており、内容はこうである。子の心身に大きなダメージを与えるのは、性的虐待やひどい身体的虐待は別にして、介入には至らなくても子が不適切な扱いを長期間受けた場合である。不適切な扱いとは、子の健全な成長や発達を妨げるあらゆる対応そして環境まで含まれる。子どもの長期的利益という観点からみれば、最もひどい状況は継続的なネグレクト（心理的虐待を含む）であり、親業支援（家族支援）が重要になる。すなわち、介入には至らなくても子が不適切な扱いを長期間受けた場合は「虐待である」とされ、親業支援は虐待防止の最前線にあるという理解の喚起を促した[4]。

(2) ブレア政権第一期の予防介入：社会的排除の脈絡から

幼少期早期介入、親業支援、サービス統合というフレームワークは、ブレア政権第一期の社会的排除の取り組みで、新たな展開を迎えることになる。ブレア政権では、様々な問題から危害を被りニーズやリスクを抱えた状態、すなわち通常の子どもが享受するはずの養育や生活環境を受けられない状態は社会的排除という概念で一括される。社会的排除への取り組みは、1997年12月に内閣府に設置された社会的排除対策部（Social Exclusion Unit）に始まる。当部では、省庁横断的に人材が登用されており、省庁合同対策本部に相当する。それは、社会的排除は様々なリスクの連鎖として現れるため、各省庁が共通認識の下で足並みそろえた対応を必要とすると考えられたからである。とりわけ、失業と犯罪は社会的排除防止の重点課題とされた。

ところで、当部の社会的排除（の原因と対策）に対する考え方はこうである。いくつかのリスク要因は指摘されているが、因果関係（リスクと社会的排除の関係）を明確にすることはできない。しかし、犯罪、教育、就労に関連する社会的排除の原因を検討すると、いずれも劣悪な親業／養育が共通因子として確認できる。家族の危機的状況を回避するための介入は、子に対する親の責

任(親業)を果たせるよう支援するものでなくてはならない。とくに、子どもは社会的排除のリスクにさらされやすい[5]。このように社会的排除に対する取り組みでは、親業支援とサービス統合の重要性が中央省庁で確認された。そしてこのフレームワークの中で幼少期早期介入を実施したのがシュア・スタート(1998年7月)である。

シュア・スタートとは、剥奪／貧困地域に居住する4歳未満の子とその親を対象としたプログラム(すべての子どもの20％をカヴァー)であり、その目的は、社会的排除のリスクがある親子を支援し、子の健全な身体的、知的、社会的、情緒的な発達を促すこと、そして就学時には諸問題を解決し他の子どもたちと格差なく同じスタート時点に立てるようにすることである。同時に、教育達成度や就労率の向上、犯罪や10代の妊娠の減少など、長期的戦略も視野に収められている。シュア・スタートの構想は、11の省庁を代表する専門官と社会的排除対策部などを加えたワーキング・グループで検討され、財務省が主導した。省庁横断的な取り組みになったのは、子どもとりわけ乳幼児を対象とした現行サービスは最も大きなニーズを抱えた家族に対応できていないという懸念が各省庁にあったからである。

ワーキング・グループで取りまとめられた結論(シュア・スタートの構想)とはこうである。①乳幼児期は子の成長と発達にとって最も重要な時期であり、われわれが理解している以上に環境から受ける影響は大きいこと、②この時期に多重な不利益を被ると、将来社会的排除に陥るリスクが高まること、③乳幼児(とくに4歳未満)とその家族を対象とするサービスは地域によって格差があり、その多くはニーズにマッチしたサービスが調整されておらず、政府の取り組みは十分ではないこと、④したがって、乳幼児期早期介入による親業支援(家族支援)の充実が必要であり、そのためには省庁横断的に統合／調整された政策やサービスが必要であること、⑤それは社会的排除のリスクを回避し長期的には社会的費用の効率／効果的運用になること[6]。

こうして非行／少年犯罪の予防対策として90年代に問題提起された、就学前(乳幼児期)早期介入、親業支援(家族支援)、サービスの統合／調整は、社会的排除の予防という脈絡の中で、政府見解として明確にされることになった。

(3) ブレア政権第二期の予防介入：児童貧困の脈絡から

　新労働党は野党時代の1994年に「子ども優先施策」（子どもへの積極的な財源投資）の必要性を明確にしていた。保守党政権の対抗軸として、新労働党の社会経済改革プランを研究／立案するために設置された社会正義委員会（Commission on Social Justice）は、「人的資本関連分野への積極的な社会投資は、経済政策と社会政策の密接な連携をもたらし、堅実な経済成長を促す」と主張した[7]。それは新労働党が掲げる社会正義の理念が、所得の再分配よりも機会の再分配に、すなわち就労機会を高めるような人的資本への社会投資に重点が移され、旧労働党との峻別が明確にされたことを意味する[8]。一方、人的資本に関しては「わが国の将来はすべて子どもたちにかかっている」「明日の経済状況を知る最良の指標は、今日子どものたちの置かれている状況である」[9]と主張され、子ども関連分野への積極的な社会投資を重視する姿勢を明確にした[10]。

　1999年、ブレア首相は児童関連分野を優先政策にすることを明言する。彼はベヴァリッジ講義のなかで「来る20年で児童貧困を根絶する」「子どもは全人口の20％だが、将来はすべてこの子どもたちにかかっている」[11]と社会正義委員会の主張を繰り返した。時を同じくして財務省も『貧困の解決と機会の拡大』を出版し、貧困が子どものライフチャンスに与える負の影響を強調した[12]。

　このように、子どもが最優先施策の対象になったり、児童貧困への対応が積極的に検討されたりするようになった背景には、国際的な影響が少なくない。EUでは、ヨーロッパ社会民主主義の現代化を検討したリスボン・サミット（2000年）、その提言を受け議論を深めた欧州連合理事会（Council of the European Union 2000）において、「ヨーロッパ社会民主主義は知識経済への移行を前提にしなければならないこと、そしてそのような経済社会に適応でき、過去や現在の負の遺産を引きずらないためにも、人的資本への社会投資が重要であること」が確認された[13]。そして、EU（2001年）は、エスピン-アンデルセンらの政策研究集団に、ヨーロッパ福祉国家の近未来像（社会民主主義の現代化）に関する研究報告書の作成を依頼した。その報告書では「新しい福祉国家は子どもを優先施策とした積極的な社会投資を必要とする」「とくに児童貧困は福祉国家の将来を左右する重大事案であり、その対策の成果は老齢貧困のリスクにも影響を及ぼす」と主張された[14]。

新労働党は、2003年7月、ロンドンで開催される国際進歩的統治管理会議（International Progressive Governance Conference）の基調報告書の作成をエスピン-アンデルセンらに依頼した。エスピン-アンデルセンらは当会議の基調報告で「新たな福祉国家の建設における最初の最も重要な取り組みは、子どもへの大規模な社会投資である」「子どもへの社会投資はあらゆる社会包含戦略の中心となるに違いない」[15]と宣言する。さらに、幼少期の剥奪（児童貧困）が教育達成や就労など後の人生に与える負の結果を提示し、次のように指摘する[16]。「ライフチャンスは、就学前の子どもの生活体験に強く影響され決定づけられることである。このことは、今世紀の教育改革が社会的な負の連鎖を断ち切ることができなかった理由を説明している。またそれは、親の社会的地位と、子の教育達成、収入、職業機会との関連を断ち切ることができなかった理由でもある。福祉と効率（長期的な社会コストの削減）という理由から、子どもへの負の連鎖は断ち切らなければならない。課題は、世代を跨ぐ社会的な負の連鎖といかに戦うかである」[17]。

　すなわち、負の連鎖を根絶するには、就学前に子どもが受ける認知的刺激（教育水準）の格差を是正する必要があり、それにはすべての子どもを対象とする保育サービスや幼児教育の重要性が明らかにされたのである[18]。ブレア政権のブレーンであるギデンズは、進歩的統治管理会議でのアンデルセンらの提言を高く評価し、ブレア政権第二期の政策刷新として取り入れられることになった[19]。

（4）早期予防介入の成立に向けて：財務省の戦略
1）財務省のイニシアティヴ[20]

　社会民主主義の現代化すなわち積極的な福祉国家は、来る知識経済への対応として人的資本とりわけ子どもへの社会投資が重要であり、その成果を阻害する児童貧困の撲滅は国家の優先施策として認識された。もっとも児童貧困の撲滅はブレア首相が口火を切ったが、政策イニシアティヴは財務省であり、ブラウン財務相の影響力が大きい[21]。ブラウン財務相は「児童貧困は英国魂の傷痕（a scar on Britain's soul）」であり、「我々はすべての子どもに、彼らの希望を叶え彼らの能力を開花させる機会を提供しなければならない。子どもたちへ

の社会投資は我々の未来への社会投資である」[22]と述べている。というのも彼は、児童貧困対策こそが子どもの反社会的行為や社会的逸脱に対する最も効果的な予防対策であり、ゆくゆくは経済活力の活性につながると考えているからである[23]。さらに2002年予算に関して、「わが国すべての子ども一人ひとりの潜在能力に投資することは、イギリスがグローバル市場経済を生き抜き公正な社会を実現するために重要であり、1940年代に福祉国家が形成されて以来、子どもと家族に対する最も大きな社会投資である」[24]と胸を張った。こうして財務省の財源的裏づけが明確にされた。

ところで、具体的な児童社会サービス改革に関しては、その青写真が2002年包括的予算見直し計画書の中で明らかにされる。その計画書の28章は「リスクのある子ども」(Children at risk)になっており、今までの児童社会サービスが総括される。その内容はこうである。「子どもに対するサービスには相当な資源が投資されたにもかかわらず、リスクのある（最も脆弱な）子どもに対して望ましい結果が得られていない。そもそもリスクのある子どもとは、独立した明確な定義で分類される集団ではない。多くの子どもは成長過程のある時期に様々なリスクにさらされる。その時に予防的あるいは専門的サービスの支援がなければリスクはより深刻化し、永続的なあるいは世代を跨ぐ社会的排除や児童貧困などに発展しかねない」[25]と。

2) 早期予防介入の輪郭

こうして早期予防介入の輪郭が固められてゆく。その輪郭とはこうである。すべての子どもを対象とする普遍サービスに積極的な予防的役割がもたされる。積極的な予防的役割とは、1つはすべての子どもが潜在能力を最大限に開花させ健全な大人へと成長し社会に貢献できるよう支援すること、もう1つはニーズやリスクの初期サインをすばやくキャッチし、専門的かつ集中的なサービスにつなぐことで、子どもと家族のストレングスやリジリエンスを高め、児童貧困や世代を跨ぐ貧困悪循環に陥らないようにすることである。とりわけ就学前の乳幼児期が重点的ターゲットになる。そしてリスクとは様々な負の要因が複合的に連鎖した状態なので、統合／調整されたサービスの提供を必要とする。それには中央省庁で横断的な組織再編が必要となるであろうし、地方でも同様

の組織再編とサービスの統合／調整を管轄する組織あるいは部局の創設が必要となる。地方でその役割と責任を担う組織体として児童トラスト構想が提案される。児童トラストに関しては後述するが、ひとまず「省庁／部局横断的にサービスを統合／調整し提供する組織連合体」としておく。

したがって、1970年シーボーム改革で創設された社会福祉部（Social Service Department）によるサービス提供（ジェネリック・ソーシャルワークを基盤とする家族福祉サービス）は事実上解体されることになる。そしてリスクのある子どもを早期発見し継続的なサービスの提供に際して見逃すことがないように、さらに多様なサービス間での情報交換を緊密にし、そのような子どもの共通理解を促すために、電子情報システムによる登録制度（Identification Referral Tracking system: IRT）の実施も併せて提言される[26]。これは被虐待児を対象とする児童虐待防止登録制度とは全く別個のものであり、守秘義務や個人情報保護との関連でいえば、リスクのある子どもの対象が拡げられたことを意味する。これらの財務省主導による児童社会サービス改革案は、省庁横断的な合意を得ることになった。

2002年10月、ブレア首相は翌年春に、児童社会サービス改革プランとして、緑書『リスクのある子ども』（*Green Paper: Children at risk*）の発表を公約した。緑書は、2002年包括的予算見直し計画書の28章「リスクのある子ども」で明示された内容に基づいて起案されている。ただし、リスクのある子どもとは、暴力、薬物使用、10代の妊娠、教育不達成、放校処分など問題のある子どもが対象とされ、被虐待のリスクのある子どもに関する政策や実践には言及されていなかった。新労働党政権の関心は社会的排除や非行／少年犯罪であった。それは1990年代後半から児童関連の政策やサービスの立案／実施において、財務省と内務省がイニシアティヴを握っていたことにも関連する。ところが、ビクトリア・クリンビエ虐待死亡事件報告書（ラミング報告書と略す）が2003年1月に出版されると、事態は急変した。メディアで報道されるクリンビエ事件の衝撃、さらに報告書では政府の時限対応が勧告されており、真剣に検討する必要性に迫られた。リスクのある子どもに被虐待児が加わり虐待防止は緑書の優先事項に押し上げられた[27]。財務省と内務省が進めてきた早期予防介入は、本事件により、より一層市民からの支持を取りつけられることになっ

た。そして政府は児童社会サービスのより広範でラディカルな改革のチャンスを手にすることになったのである。

〔2〕 Every Child Matters: ECMとは[28]

当初、児童社会サービス改革案として公表される予定であった緑書『リスクのある子ども』(*Green Paper: Children at risk*) は、ラミング報告書の勧告等を踏まえ児童虐待防止も対象とすることになり、新たに2003年9月『すべての子どもはかけがえのない存在である』(*Every Child Matters*: ECM) として公表されることになった。もっとも児童社会サービス改革は着々と進められており、ECMが公表される前にブレア首相はマーガレット・ホッジ (Margaret Hodge) を児童少年家族大臣 (Minister for Children, Young People and Families) に任命し、中央省庁における児童関連政策の統括責任（省庁協働による統合政策の責任者）を明確にした。ECMの序文はブレア首相、ボーティング財務省政務次官が執筆しており、政府の意気込みが分る。両者ともにクリンビエ事件の影響に触れているが、虐待防止だけでなく全ての子どもの潜在能力／可能性を開花させるよう支援することを強調している[29]。こうしてECMの児童社会サービス改革は、財務省と内務省の主導で始まった。

(1) ECMの基本理念

ECMの基本理念は「すべての子ども一人ひとりの潜在能力を最大限に開花できるよう支援する」ことである (1.2)。対象は誕生から19歳までとされ、支援の内容（目的）は、健康的な生活（精神的かつ身体的健康を享受し健全なライフスタイルを送ること）、安心できる生活（虐待やネグレクトから保護されること）、享受と達成（成長過程で多くのことを学び取り大人になるためのスキルを身につけ自己を高めること）、積極的な貢献（コミュニティや社会に貢献し反社会的行為や犯罪に関与しないこと）、経済的な安定（経済的不利益により潜在能力の開花が妨げられないこと）の5つである (1.3)。そしてリスクは社会的排除という危機的状況ではなく、誰もが人生のある時点で経験する負荷として理解される。したがってリスクの早期発見と予防とは、危機的状況

に陥るのを回避するのではなく、よりポジティヴな結果が得られるよう子ども（とその家族）のストレングスとリジリエンスを支援してゆくことになる。

　ECMでは「政府は様々な児童対策を講じてきたが、ライフチャンスは不平等に分配され多くの子どもが不利益を被っている」と評価され、子どものライフチャンスに負の影響をもたらす要因としていくつか掲げられている（1.10）。これらのリスク要因と「ライフチャンスでの負の影響」との因果関係は明確ではないが、「負の結果」を検証すると共通するリスク要因は確認できる。すなわち、いくつかのリスク要因が重複し連鎖すると「負の結果」がもたらされるが、なかでも「親の養育」が大きな影響を与えると指摘される（1.12）。「親の養育は、10歳児の教育達成に大きな影響を与える最も重要な要因であり、後の人生における成功や達成に強い影響をもつ。教育における親の関与は、貧困、学校環境、仲間からの影響よりもっと大きな影響をもつ」（1.12）。さらに続けて、「子どもは就学前の乳幼児期の経験に強い影響を受ける。生後22か月でさえ、社会／経済的集団の相違（所得／文化格差）による子どもの発達に格差がみられ」（1.14）、「小学校に入学したとき明確な格差となる」（1.15）。「その格差は学年を追うごとに開いてゆき、社会／経済的集団の相違による教育達成の格差は、11歳から14歳の頃に著しく際立つ」（1.17）と述べられている。

　このようにECMの基本理念は、2002年包括的予算見直し計画書28章「リスクのある子ども」が引き継がれている。ECMの基本理念を要約すると、1つはすべての子どもが潜在能力を最大限に開花させ健全な大人へと成長し社会に貢献できるよう支援することであり、その目標は、健康的な生活、安心できる生活、享受と達成、積極的な貢献、経済的な安定の5つである。もう1つはリスクの初期サインをすばやくキャッチし、専門的かつ集中的なサービスにつなぐことで、子どもと家族のストレングスやリジリエンスを高めてゆくことである。とりわけ就学前の予防介入すなわち親業／子育て支援や幼児教育が積極的に推進され、この時期の社会／経済的格差をできるかぎり克服し、就学時にはすべての子どもが同じスタートラインに立てるように支援する。すなわち5つの目標の達成と同時に世代を跨ぐ負の連鎖を根絶するために、普遍サービスと専門／集中サービスが統合／調整されたシステムの構築が提案された。

　では虐待防止の観点からECMはどのような積極的な意義をもつのであろう

か。このようなサービスの統合／調整は、虐待防止の脈絡では、90年代中頃から家族支援（Family Support）と虐待防止（Child Protection）の関係をめぐって議論が重ねられてきた。虐待防止ソーシャルワークにおける予防対応は、頻繁な虐待調査による親子分離が主流となっていた。確かにそれは虐待防止の重要な任務ではあるが、家族支援を積極的に展開しそのような危機的状況に陥ることがないよう未然に予防することが、本来の予防ではないか、家族支援の充実が効果的な虐待防止につながるのではないか、という議論である。ただし、家族支援の対象は約80万人程度であるのに対し、ECMの対象はすべての子ども（約1100万人）である。ECMは家族支援と虐待防止の統合／調整をはるかに跳躍した壮大かつ野心的な構想なのである。

（2）ECMの改革案

　ECMでは、このような基本理念を明確にした上で、「親と養育者への支援」、「早期介入と効果的な保護」、「説明責任と統合：地方、広域、国家」、「人材育成」の4つの分野について具体的な改革案を示している。「親と養育者への支援」に関しては、就学前の乳幼児期における親の養育力は、子どもの教育達成や規範行動に強い影響をもつことが明らかにされているにもかかわらず、親業／子育て支援に今まで真剣に取り組んでこなかったことへの反省とこれらの領域における政府の今後の積極的な関与が明らかにされた。「人材育成」に関しては、ビクトリア・クリンビエ虐待死亡事件では児童ソーシャルワーク専門職の人材不足とそれに伴う専門性の低下が問題にされたことから、政府は児童関連サービスの労働条件等を調査し、人材育成／確保のための対策を講じることを明らかにした。残りの2つ「早期介入と効果的な保護」「説明責任と統合：地方、広域、国家」は組織／構造改革にあたるもので、普遍サービスと専門／集中サービスが統合／調整されたシステムの根幹をなす。本節ではこの2つを中心に考察を深めることにする。

1）早期介入と効果的な保護
①児童情報管理システム
　普遍サービスがリスクの初期サインを速やかにキャッチし、予防介入（専門

／集中サービスへつなぐこと）を行うためのシステムが提案されている。その提案をみるとビクトリア・クリンビエ虐待死亡事件の影響を強く受けたことがわかる。当事件では、様々な専門家がビクトリアとかかわり被虐待の疑いをもっていたにもかかわらず、それらの情報を相互に共有／照合するためのシステムが構築されておらず、精確なアセスメントを困難にさせた。ビクトリアの個人情報がデータベースに入力されていても、5つの異なるデータベースにそれぞれ異なる身分照会番号がつけられており、情報の共有／照合は困難を極めた（4.1）。

　改革案では、様々なサービス間で子どもの個人情報すなわちリスクの初期サインを共有／照合できるシステムの構築が提案されている。その内容とは、各自治体に当該地区居住の子どもに関する基本情報を集約し管理する児童情報管理システム（information hub）の設置である。児童情報管理システムでは、子どもの個人情報たとえば（a）氏名、性別、生年月日、（b）住所、（c）学校に関する情報、（d）かかりつけ医、（e）教育福祉、社会福祉、警察、青少年犯罪予防チームのような専門機関に当児が知られているかどうか、そうであれば当児と関与している専門家が把握している情報、（f）2つ以上の専門機関に子どもが知られている場合、当ケースの責任専門家の氏名が共通のデータベースに入力され管理されている（4.3）。

　子どもとかかわりをもつ専門家は、アクションを決定する前に当児の個人情報をチェックすることができる（4.4）。さらに、通常の介入基準には達していないが、子どもに何らかの懸念（concern）を専門家がもつ場合、初期警告の合図を子どもの情報として共通のデータベースに入力することができる。このような初期警告の合図が出ておれば、他の専門家もその子どもに注意を払うであろうし、複数の警告が出ていれば、何らかのアクション（早期介入）が検討されることになる（4.5）。子どもの個人情報が管理され必要時に専門家がその情報を共有／照合できるシステムとして、児童虐待防止登録制度がある。それはハイリスクの子どもに制限されているが、児童情報管理システムではすべての子どもが対象とされる。2002年予算見直し計画書28章「リスクのある子ども」（*Children at risk*）で提案されたIRTでも、暴力、薬物使用、10代の妊娠、教育不達成、放校処分など問題行動のある子どもに制限されていた。政府は、個人情報の保護や守秘義務を過剰に意識するあまり、リスクのある子どもが支援

や介入を受けられないという事態は避けたいという意向を明確にしている（4.6）。

②共通アセスメントフレームワークと責任専門家システム

　予防介入をより精確なものにするためには、前述した児童情報管理システムの導入に加え、共通アセスメントフレームワーク（Common Assessment Framework: CAF）の開発が必要となる。その理由は2つある（4.13-14）。1つは、同じ情報を異なる専門家が異なるカテゴリーを使ってアセスメントしており、ある専門家のアセスメントの結果を別の専門家がアセスメントの際に活用できないこと。児童トラスト構想では様々な専門サービスの協働が要請されており、協働を円滑に行うには専門領域は異なっていても一定水準のアセスメントに関する共通理解が求められる。もう1つは、学校、保健医療、警察は、子どものニーズに関する一次（初期／簡易）アセスメントを実施せず社会福祉部に送致してくるが、それは必ずしも子ども／家族の利益と一致しないこと。例えば、面識のないソーシャルワーカーよりもある程度信頼関係が構築されている教師であれば、子ども／家族は抵抗なくアセスメントが受けられしかも多くの情報が提供されるので、ニーズやリスクの把握がより精確になる。そして、児童情報管理システムとCAFを活用し、予防介入のタイミングを判断するキイパーソンとして責任専門家の指名が提案される（4.18）。責任専門家とは、子どもが複数の専門機関より支援を受けている場合、1人の専門家が当ケースの責任をもつこと、すなわち子どものニーズにマッチしたサービス・パッケージの責任をもつことになる。このような責任専門家システムは、例えば虐待防止（児童虐待防止登録に登録された育成児に対するソーシャルワーカー）やコネクションズ・サービス（パーソナルアドヴァイザー）ではすでに実施されている（4.19-20）。責任専門家は、日々子どもと深い関わりをもち信頼関係が培われている人物がよいとされ、虐待防止のようにソーシャルワーカーでないといけないという制約はない（4.21）。ただし、責任専門家は、児童情報管理システムのデータベースにその名前が子どもの情報として一緒に入力されており、他の専門家が初期警告を入力した場合、予防介入の判断は責任専門家に委ねられることになる（4.22）。

2）説明責任と統合：地方、広域、国家
①中央における政策の統合と調整

　子どものニーズは多様かつ複雑に関連しており、専門機関の協働による統合されたサービスが必要である（5.1）。このようなことは、児童虐待防止の脈絡では何度も繰り返し勧告されてきたが、同じような失敗が後を絶たなかった。ビクトリア・クリンビエ事件もその1つに数えられる。改革案の目的は、①中央と地方における児童関連サービスを統合すること、そして②統合されたサービスが子どもや家族のもとに確実に届くことを保証するために、説明責任が徹底され責任所在の明確なマネジメント体制を確立すること（5.6）である。これらの問題は、ラミング報告書で勧告され改革案が提示されていたが、ECMではその趣旨を継承しつつ独自の改革案が提示された。

　地方におけるサービスの分散と意思疎通の齟齬を解決するために、児童情報管理システム、共通アセスメント、責任専門家などの改革案が提示された。しかしこれらはソーシャルワークにおける連携が中心であって、サービスの提供システムや構造など根本的な問題の解決に及ぶものではない。これらの問題は中央政府に原因があるとされる（5.4）。すなわち、地方でのサービスの統合を推進するためには、中央政府における各省庁の政策統合（省庁統合）が必要となる。これは既得権にかかわる厄介な問題である。地方自治体の児童関連サービス支出をみると、そのほとんどが教育と福祉サービスである。そこでまず、児童サービスと教育サービスとの統合に先鞭がつけられた（5.7）。ECM改革案が公表される前の2003年6月、ブレア首相は教育技術省に、省庁協働による児童関連施策の統括責任を担う児童少年家族大臣のポストを新設し、マーガレット・ホッジを任命した。

②地方におけるサービスの統合と調整

　地方では、児童関連施策の立案やサービスの実務計画さらに予算確保において主導権を発揮する主任児童問題対策議員（Lead Council Member for Children）という役職を新設し、児童問題を専門とする地方議員を任命するよう提言された（5.1）。このような提言はクリンビエ事件の教訓が色濃く反映されていると考えてよい。ビクトリアと深いかかわりをもったハーリンゲ

イの児童関連予算 (1997-2001) は、政府が定めた標準支出査定額 (Standard Spending Assessment: SSA) を大きく下回っていた。ブレントも同様である。政府の再三の通達にも拘わらず、改善されなかったということは、児童ニーズは優先施策の対象にされておらず、しかもそれを区議会が認めたという深刻な事態を現している。地方議員を主任児童問題対策議員に任命することは、区議会に社会的共同親としての責任をもたせるねらいがある。

　実務遂行に関しては、地方における児童関連サービスの統括責任者である児童サービス部長 (Director of Children's Services) の新設 (5.8)、実際に児童関連サービスを統合し実務を遂行する児童トラスト (Children's Trust) の積極的な推進 (5.12) が提言された。児童トラストの運営は児童サービス部長が責任を負うことになる (5.16)。児童トラストの詳細に関しては、ECM の地方改革プランであり、2004年12月1日に公表された『すべての子どもはかけがえのない存在である：地方児童社会サービス改革プラン』(*Every Child Matters; Change of Children*) で明らかにされた。ところで児童虐待防止になると、強固な連携と強いリーダーシップが求められる。当時、ACPC (Area Child Protection Committee) がこれらの任務を遂行していたが、その成果は必ずしも芳しくなかった。ACPC を廃止し地方自治体に地方児童安全保障委員会 (Local Safeguarding Children Board：LSCB) を新設させ、委員長に児童サービス部長を就任させること (5.24-25) が提言されている。

〔3〕ECM の地方改革プラン：
　　 アウトカムズ・フレームワークと児童トラスト[30]

(1) CfC[31] と 2004 年児童法

　2004年12月1日、『すべての子どもはかけがえのない存在である：地方児童社会サービス改革プラン』(*Every Child Matters; Change for Children*：CfC) は、13 の政府省庁に跨る省庁横断的な合意 (16大臣の署名) により発表された。CfC とは、ECM の理念と目的を具体化させるための地方改革プログラムであり、その内容を簡潔に述べれば、①地方改革の準拠枠となる国家フレームワーク (アウトカムズ・フレームワーク) と②児童トラスト構想が明確に

されたことである（1.5,1.7）。そして地方改革プログラムの推進（ECMで提言された内容）に法的根拠を与え、児童に関連するあらゆるサービスがCfCに参画し協力するよう義務づけたのが、2004年児童法（2004年11月15日制定）である（表5-1）。同法では、ECMの5つの達成目標（アウトカムズ）、児童若者のニーズにマッチした（統合された）サービスを提供するための児童トラスト、リーダーシップの発揮と説明責任の明確化を目的とした児童サービス部長及び主任児童問題対策地方議員の任命、各サービスの連携を強化し虐待防止をより徹底させたLSCBの新設（ACPCの廃止）、統合された査察システムの構築について、法的根拠が明確にされたことを確認しておく。2004年児童法は1989年児童法からの大きな変化はないが、従来とは異なる新たなサービスの提供方法すなわち統合されたサービスによる早期予防介入を目的とした法整備である[32]。

(2) アウトカムズ・フレームワーク
1) アウトカムズ・フレームワークとは

CfCでは、ECMの5つのアウトカムズ（健康的な生活、安心できる生活、享受と達成、積極的な貢献、経済的な安定）の下に、それぞれ5つの分野別目標が明確にされる（表5-2）。これらのアウトカムズは相互に関連しているが、特に教育達成との関連は強く、児童貧困や世代を跨ぐ貧困悪循環の根絶には積極的な教育投資が必要である（2.2）というのがCfCのスタンスである。児童サービス部長の多くが教育関係者で占められたのはこのような理由からである。

表5-3は、5つあるアウトカムズの中で、虐待防止が含まれる「安心できる生活」（STAY SAFE）に関するものである。アウトカムズの下に、分野別目標（Aims）、国家／地方優先目標（Targets）、サービスの質の向上（アウトカムズ改善）を評価するための基準（Judgement）とその根拠（Evidence）など、様々な指標（Indicators）が張りつけられている。そこには児童若者周産期サービスにおける国家サービスフレームワーク（*National Service Framework for Children, Young People and Maternity Services*: NSF, Department of Health, 2004）も統合されている（1.5）。

表5-1 2004年児童法（ECMの関連部分を要約抜粋）

第1部：児童コミッショナー	
1～9条	児童／若者の意見や利益を擁護する児童コミッショナーを新設する。
第2部：児童サービス（イングランド）	
10条	自治体は、子どものウェルビーイング（ECMの5つの到達目標）を改善／向上させるために、関係機関及びそれ以外の適切な機関（ボランタリー／コミュニティ組織）と協働を促進する協定を交わし、重要パートナーは協働に参画する義務がある。これらの協定を推進するための資源を共同管理する権限を自治体は有する。
11条	子どもとかかわる重要機関は、職務遂行にあたって子どもの福祉を保護促進する義務がある。
12条	自治体は、専門家の協働による子ども、若者、家族への早期予防介入を支援するために、児童／若者に関する基本情報が入力されたデータベース／インデックス・システムを設置する。
13～16条	自治体は、地方児童安全保障委員会を設置し、重要機関は当委員会に参加する。
17条	自治体は、単一で統合された児童若者支援計画（Children and Young People's Plan）を作成する。
18～19条	自治体は、教育サービスと児童サービスの提供に責任をもつ児童若者サービス部長（Director of Children's Services）と児童／若者問題を専門とする地方議員（Lead Council Member）を任命する。
20～24条	自治体は、アウトカムズ改善／向上に関する地方の取り組み／進捗状況をアセスメントする（すべての児童関連サービスを対象とする）統合された査察フレームワークを創設する。
第5部：他の条文	
50条	自治体は、（必要とされる場合）教育サービスと児童サービスによる横断的な統合介入が可能となるよう組織改革を実施する（教育と児童社会サービスの統合）。
52条	自治体は、社会的共同親（corporate parent）として、育成児（looked after children）の教育達成を改善／向上する義務がある。児童の諸問題に関するあらゆる決定では、最良の教育達成を支援／保障する必要がある。

出所：Department for Education and Skills（2004）*Every Child Matters: Change for Children.* The Stationery Office. www.everychildmatters.gov.uk.: CfC. pp.2-3, p.5, E1, E2.

表5-2　ECMのアウトカムズ・フレームワーク

健康的な生活	健康的な身体
	健康的な精神及び情緒
	健康的な性の成長／発達
	健康的なライフスタイル
	非合法的薬物の使用にかかわらない
	親、養育者、家族は健康的な選択を促す
安心できる生活	不適切な扱い、ネグレクト、暴力、性的搾取を受ける不安がない
	不慮の傷害や事故の不安がない
	いじめや差別を受ける不安がない
	学校内外で犯罪や反社会的行為に巻き込まれる不安がない
	安全で安定した生活環境と適切な養育が保障される
	親、養育者、家族は安心できる家庭と安定した生活を提供する
享受と達成	就学準備
	学校に出席し楽しく過ごす
	全国教育到達水準（小学校）を達成
	人格的・社会的発達を遂げ余暇を楽しく過ごす
	全国教育到達水準（中学校）を達成
	親、養育者、家族は学習を支援する
積極的な貢献	意思決定に参加し健全なコミュニティや環境の構築に協力する
	学校内外で法を守り健全な行動をとる
	有意義な関係を築きいじめや差別にかかわらない
	自信を高め人生の大きな変化や挑戦に適切に対応する
	起業的行動を高める
	親、養育者、家族は積極的な行動を促す
経済的な安定	卒業後、就労あるいは生涯教育や雇用訓練に参加する
	雇用準備
	快適な住居と健全なコミュニティの中で生活する
	移動手段や物質財へのアクセス
	低所得世帯ではない
	親、養育者、家族は就労所得が得られるよう支援される

出所：Department for Education and Skills（2004）*CfC*、p.9.

表5-3 ECM アウトカムズ・フレームワーク 安心できる生活（STAY SAFE）

ECM アウトカムズ・フレームワーク					
安心できる生活（STAY SAFE）					
	不適切な扱い、ネグレクト、暴力、性的搾取を受ける不安がない	不慮の傷害や事故の不安がない	いじめや差別を受ける不安がない	学校内外で犯罪や反社会的行為に巻き込まれる不安がない	安全で安定した生活環境と適切な養育が保障される
児童／若者の親・養育者・家族が安心できる家庭と安定した環境を提供する					
国家優先目的（priority national targets）と他の指標					
	児童虐待防止登録に再登録された（再虐待）子ども数	交通事故で傷害・死亡した子ども数（0～15歳）	（1年間に）いじめを受けたと申告した子ども（11～15歳）の割合(%)	犯罪や反社会的行為の不安	2年間同じ場所で生活している16歳未満の育成児（2年半以上の育成）もしくは養子縁組された子どもの割合(%) ケア命令の申請で40週以内に裁判所審理が終結した割合(%)
査察局によるサービス貢献度（アウトカムズ改善）の判断					
査察の判断基準（judgement）とその根拠（evidence）					

2.1 児童／若者とその養育者が安心した生活を脅かすリスクとその対応の仕方を知らされている。
- 親と養育者が（家庭での安心した生活も含めて）子の安全を守るための対応の仕方について助言を受ける（NSF1, 2, 5）。
- 児童／若者が交通安全や他の危険な環境への対応の仕方について教育を受ける（NSF1）。
- 児童／若者が一部の大人による危害やそれを避ける方法を周知している（教授されている）。

2.2 児童／若者が安心できる環境を享受している。
- 職員は（児童／若者への）侵害リスクの確認と対応の方法を周知している。
- 施設（設備）とそこで実施される諸活動（定期的な更新も含む）に関して健康及び安全アセスメントが実施される（NSF5）。
- 医薬品の適切な管理及び使用が守られている（NSF10）。
- 緊急災難避難計画が児童／若者のニーズを取り入れている。
- DVを受けている子どもが確認、保護、支援される。
- いじめ撲滅のための明確な政策が実施／モニターされている。
- 児童／若者による差別やハラスメントの防止（阻止）対策が実施されている（NSF2）。
- いじめ、差別、ハラスメント、犯罪の被害者である児童／若者が支援されている。

2.3 虐待やネグレクトの予防（数の減少）に取り組まれている。
- 各サービスの予防支援に対する貢献が明確に確認／理解され、協働政策／手続きが漏れなく実施される。
- 家族や児童／若者に侵害のリスクあるいは彼（女）らの福祉に懸念がある場合、それらのリスクや懸念に対して調整／統合された支援やサービスがタイミングよく提供される。
- 私的里親は子どもと積極的な関係が構築／維持できよう確認／モニター／支援される。
- 送致、アセスメント、プランニング、ケース見直しに関して合意に達した取り決めが漏れなく適用される。
- 児童／若者とかかわる仕事に就く大人あるいは定期的なスーパーヴィジョンを受けることなく児童／若者とかかわりをもつ大人について、犯罪記録等のチェックが実施される。それらの記録等は定期的に更新される。
- 児童／若者とかかわるスタッフに関する不服申し立てがモニターされ機能している。
- コミュニティ内の性的犯罪者に対して機関協働アプローチによる対応が実施されている。

2.4 政府指針に従って諸機関が子の安全保護のために協働している。
- 機関協働政策／手続きは簡明で常に更新され、最新の基準に従う（National Assessment Framework, Working Together, NSF5）。
- 機関協働政策／手続きは定期的に見直され、問題があれば明確にされる。
- 子どもの安全保護や福祉の懸念に対する理解を深めるために、児童／若者とかかわる職員、有給養育者、ボランティアに対してガイダンスや研修を実施する。研修ニーズは定期的に見直される。
- 子どもの安全保護や福祉の懸念に対する理解を深めるために、必要な情報が市民に提供される。
- 児童／若者に提供されるサービスは、彼（女）らの安全保護と福祉向上のために指名された専門職員（designated member of staff）を配属する。彼（女）らは定期的に研修を受ける（NSF5）。
- 児童／若者の安全保護と福祉向上に責任をもつ職員は、その役割に応じて支援やスーパーヴィジョンを受ける（NSF5）。
- 重大な侵害のリスクのある児童／若者に関する情報の記録や共有に関する明確な取り決めが存在する。
- 児童／若者の安全保護に関する送致の申請や受諾／対応に関する基準は明確にかつ周知徹底される（NSF5）。
- 機関の説明責任は、安全保護の手続きの各段階で明確にされる（NSF5）。
- 児童虐待防止登録に登録された児童／若者にキーワーカー（有資格ソーシャルワーカー）が配属される。
- ケース記録は、明確、正確、簡明、最新のものである（NSF5）。
- 重大なケース見直しは国の基準に従って実施される。その結論はサービス計画、実践、運営管理に反映される。
- 安全保護のプロセスに、親、養育者、児童／若者の参画/関与が奨励／支援される。
- 児童／若者、養育者が不服申し立てをする手続きが明確であり、利用に際して支援を受けることができる。

2.5 サービスが児童／若者(0～16歳)のアイデンティティ確立と居場所作りに効果的に機能している。
- すべての児童／若者（0～16歳）が保健医療及び教育サービスを漏れなく利用できる明確な手続き及モニターシステムが存在する。
- 児童／若者が教育や訓練を受けていない場合、選別／集中サービスが（支援している）児童／若者を教育部に連絡／通報する。
- 児童／若者（0～16歳）が居所を移した場合(目的地が不明な場合も含めて)、情報交換できる明確な取り決めが存在する。

2.6 児童／若者が自治体の育成になることを予防する対策が実施されている。
- 児童／若者が育成の対象とならないように、家族は時宜を得た調整／統合された支援を受けている。
- 子どもが育成の対象になるのは、他に適切な対応がない場合に限られ、その決定には明確な説明責任が伴う。

2.7 育成児が安心できる環境で生活し虐待や搾取から保護される。
- 里親／養子縁組委託は地方のニーズに応える必要がある。里親、養子縁組を希望する親、入所施設ケア職員は児童／若者の特定ニーズを理解し、充足のために適切な訓練や支援を受ける。
- 入所施設ケア委託は国家基準規則に従う。
- 育成児はケアプランをもち、それらは定期的に独立した監査を受ける。
- 育成児はどの場所で育成されていようが関係なく定期的に監査を受ける。
- 育成児はケアや処遇に対する不満を通報することができる。
- ケア命令による委託は当該地域外であっても定期的にモニターを受ける。
- ケア命令による委託の変更は明確に運営され、できるかぎり最小限度に留める。対象となる児童／若者への支援を行う。
- 「養育者」と「育成児とかかわる者」との間で情報交換が効果的に行われる。

2.8 学習障害や障害のある児童／若者が安心できる環境で生活し虐待や搾取から保護される。
- 「養育者」と「学習障害や他の障害のある児童／若者とかかわる者」との間で情報交換が効果的に行われる。
- 一時的代替ケアや他の委託は地方のニーズに応える必要がある。養育者は適切な訓練や支援を受ける。
- 入所施設ケア委託は国家基準規則に従う。
- 学習障害や他の障害のある児童／若者に対してケアの継続性が支援される。
- 学習障害や他の障害のある児童／若者がケアや処遇に対する不満を通報することができる。
- サービス（子どもから大人まで）を受ける際の移動(アクセス)が適切に運営管理されている。
- 職員は学習障害や他の障害のある児童／若者の安全保護を目的としたガイダンスや支援を受ける。
- 学習障害や他の障害のある児童／若者の養育者は、彼(女)ら自身のニーズに関するアセスメントを受ける。

出 所：Ofsted（2005）*Every child matters: Inspection of children's services:Key judgements and illustrative evidence*, www.ofsted.gov.uk. pp.11-16.

NSFとは、子どもの健康改善／向上10か年戦略のことであり、周産期とりわけ妊娠期から乳幼児期を重点的に対象とする早期予防介入の質を担保することが目的とされる。この時期の早期予防介入では、保健医療（プライマリ・ケア・トラストによる地域保健医療サービス）を中心に、社会福祉や教育との連携／統合による質の高いサービスが要請される。そのサービスの基準（質の担保）を明確にしたのがNSFである[33]。NSFの理念はECMと一致する。その内容はこうである。「妊娠期から乳児期における母子関係および家族経験は、子ども一人ひとりのライフチャンスに大きな影響を与える[34]。この時期における不平等や不利益を克服することは、健全な大人期への移行につながり、ゆくゆくは公正な社会を達成することになる[35]。母子が何らかの支援を必要とした時、そのニーズにマッチしたサービスが用意されアクセスが容易でなくてはならない。母子の中には、情報へのアクセスが困難で、そのようなサービスの存在さえ知らない者もいる。必要な時に支援を受け困難を克服した体験は、母子とりわけ子どもにとって貴重な体験となる。親になって子育てする時、困難に陥ってもそれを克服する手段を学習したことになり、世代を跨ぐ貧困悪循環を根絶することができるはずである」[36]。

2）アウトカムズ・フレームワークによる地方改革プロセス

　図5-1は地方改革のための国家フレームワークである。改革プロセスの中心に、児童や若者のアウトカムズを親、家族、コミュニティが支援してゆくという構図が収められている。それは第一義的な意味であって、国や自治体がパートナーシップの下でアウトカムズの達成に協力していくという意図である。次に円環の左上から順に、①ECMの5つのアウトカムズとそれぞれ5つの分野別目標（Aims）、そして②個別目標（Targets）と業績指標（Indicators）が設定される。個別目標と業績指標はアウトカムズに対する説明責任、目標到達度測定、地域間比較において重要であり、③評価／査察のベースとなる。これら3つでアウトカムズ・フレームワークが構成される。これらの地方改革は、④地方と中央の間で信頼関係が構築され円滑な意思疎通が担保されなくてはならない（分権に対する相互理解）。地方でのニーズ分析による優先施策と国家が要請するそれとの間で調整が必要となる場合もあるだろうし、サービスの統合に

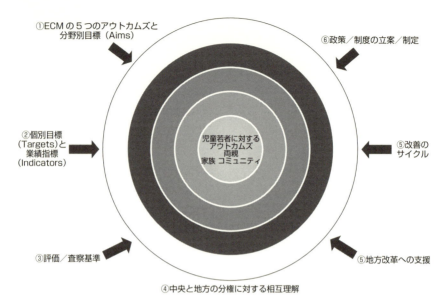

図5-1　地方改革のための国家フレームワーク

出所：Department for Education and Skills（2004）*CfC*, p.6.

際して政府の省庁横断的な支援が必要とされることもある。⑤地方改革は「改善サイクル」を通じて促進され、⑥新たなアクションが必要であれば、政策／制度が立案／制定されることになる（1.6, 1.8）。

　図5-2は、前述した児童サービスの改善サイクルであり、地方と中央の関係を示したものである。アウトカムズ・フレームワークを利用してニーズの分析／アセスメントが行われる。地方と中央の間で地方改革政策及び優先政策に関する合意が得られるよう対話がもたれる。そしてニーズのアセスメント／分析の結果に基づいて、児童若者支援計画（Children and Young People's Plan: CYPP）が立案され実施される。CYPPは、優先施策に関する中央と地方の合意により締結された地域協定（Local Area Agreement）との一貫性が必要とされる。実施に際しては、利用可能な資源の確認、サービス・パッケージ（効率と効果を勘案しサービスの直営もしくは購入を判断する）、共同財務管理計画などが検討される。1年間の地方の改革進捗度（年次パフォーマンス）はアウトカムズ・フレームワークに基づいて、内部評価および外部査察／監査に委ね

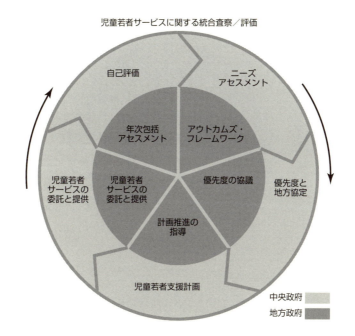

図5-2　児童若者サービスの改善サイクル

出所：①Department for Education and Skills（2004）*CfC*, p.26, ②内閣府政策統括官（2009）『英国の青少年育成施策の推進体制等に関する調査報告書』、p.130を参照。

られることになる（2.11, 3.39, 4.13）。とりわけ重要なのがニーズの分析／アセスメントである。それはデータの分析だけでなく、当事者を含めすべての利害関係者の意見も考慮／検討される。その結果に基づいて立案されたCYPPは、地方の子ども関連機関の合意が取りつけられており、関係機関には協働の責任がある（2.12, 3.39, 3.41）。

(3) 児童トラスト[37]

1) 児童トラストの概念とプロセス

　CYPPの実務とりわけフィールドサービスの責任を負うのが児童トラストである。さしあたり、児童トラストとは、「児童や若者に関係するあらゆるサービス機関が、①ECMで提示され2004年児童法（10条2項）で定義された5つの到達目標（健康的な生活、安心できる生活、享受と達成、積極的な貢献、経

図5-3 児童トラスト運営管理工程図
出所：Department for Education and Skills (2004) *CfC*, p.6.

済的な安定）を達成するために、②サービスの提供方法、すなわちサービスの統合や業務委託、予算や資源の共同管理／使用に関する方策を決定し、③その結果をモニター／評価してフィードバックする」組織連合体と押さえておく[38]。ECM5つの目的をそれぞれみると、「健康的な生活」では地域保健医療サービス（プライマリ・ケア・トラスト）、「安心できる生活」では虐待防止に関連する地方児童安全保障委員会（LSCB）、「享受と達成」では学校やシュアスタート子どもセンター、「積極的な貢献」では青少年犯罪防止チーム、「経済的な安定」では10代の若者を対象とした就労準備支援としてのコネクションズ・サービスが中心となり[39]、子どものニーズに応じた横断的な連携調整が求められることになる。

　図5-3は児童トラストの運営管理の概念を工程ごとに示したものである。図5-3の大きな外円から工程ごとに同心円的縮小していき、最後の中心点に児童／若者に対するアウトカムズがおかれる構図は、図5-1の「地方改革のための国家フレームワーク」と全く同じ構図であることを確認しておきたい。すなわ

ち、地方改革の実動最前線に位置するのが児童トラストである。

　図5-3で示された大きな外円から中心に向けて工程ごとに解説を加えておく。

　①機関協働統治管理（Inter-Agency Governance）では、合意された改革プランの中で、組織の役割分担を迅速かつ堅実に実行できるリーダーシップを有し説明責任を担える上級管理職の参画が求められる（3.35-36）。

　②統合された戦略（Integrated Strategy）では、「児童若者／家族の声」「地方ニーズの分析結果」「地方協定の優先施策」「共同管理された財源／資源」を勘案しながらCYPPが作成され、サービスの提供方法（協働から業務委託まで）が決定される。CYPP実現に向けて各組織の参画（協働と財源／資源の出資）に関する交渉は、児童サービス部長および主任児童問題対策地方議員が中心となって進められる（3.35-36）。

　③統合されたプロセス（Integrated Process）では、協働という脈絡で精確な早期予防介入を実施するために、共通アセスメントフレームワーク（CAF）と児童情報管理システム（Sharing Information: SI）が重要な役割を果たす。ECMではinformation hubと表記されていた児童情報管理システムはSharing Informationへ変更されたが、目的や機能は全く変わっていない。子どもの情報を速やかにキャッチし、必要であれば他の専門家が把握している情報を共有し、ニーズやリスクが確認されたなら専門機関のサービスへつなぐためのツールである（3.35-36）。その際、協働の脈絡で、一定の専門性が担保された共通理解に基づくアセスメントが実施される必要がある。そのツールが共通アセスメントフレームワーク（Common Assessment Framework: CAF）である。CAFは特別な専門性を必要とせず、一定の研修を受ければ誰でも利用可能である。CAFを利用することで、専門家が関与すべきケースなのかどうかを判断する合理性が担保され、ケース送致の専門性が期待される。そして異なる専門家による同じようなアセスメントの重複が回避されるだけでなく、専門家の間でニーズ／リスクに対する共通理解と精確な情報共有が可能となる（3.31）。

　ここまでのプロセスはすべて2004年児童法を根拠にしている[40]。児童関連サービスの協働（10条1項）、子どものウェルビーイング（ECMの5つの目的）の改善向上（10条2項、11条）、財務／資源の共同管理計画／運営（10条5項～7項）、児童情報管理システム（12条）、LSCB（13条～16条）、CYPP（17

条)、児童サービス部長と主任児童問題対策地方議員(18〜19条)となっている。とりわけ児童関連サービスの協働(10条1項)に関しては、児童サービス部(Children's Services Authority)を中心に協働の適切なパートナー(10条4項)として、警察、地方保護観察理事会(Local Probation Board)、青少年犯罪防止チーム(Youth Offending Team)、戦略的保健局(Strategic Health Authority：国営保健サービスの地方運営担当局)、プライマリ・ケア・トラスト(Primary Care Trust：地域保健医療サービス)、コネクションズ・サービス、学習技能評議会(Leaning and Skills Council)が指名されている。そして児童サービス部に関しては、教育サービス(教育部)と児童サービス(社会福祉部児童サービス課)の連携による早期予防介入が可能となるよう組織改革／統合を行うことが認可された(50条)。

④統合された現場での対人サービス提供(Integrated Front-Line Delivery)では、すべての子どもがあらゆる侵害から予防／保護されるために、各サービスの連携を密にし、ニーズもしくはリスクが疑われたなら責任専門家を中心に初期アセスメントが実施され、必要あれば柔軟かつ速やかに専門／集中サービスにつなげてゆくこと、すなわちサービスの個別化(personalization)と統合(integration)による質の高い早期予防介入が最優先される(3.4, 3.11-12, 3.29)。とりわけ虐待防止への関心が強く、有資格で実務経験のある熟練ソーシャルワーカーやソーシャルケアワーカーに大きな期待が寄せられ、積極的な人的補填が要請されている。しかし、その対象は虐待防止や自治体の保護を受けている子ども(育成児)など、大きなニーズやリスクのある(その疑いのある)子どもに限定されている[41]。それは社会福祉部児童サービス課で提供されてきた(ジェネリック・ソーシャルワークを基盤とする)家族福祉サービス、すなわちあらゆる範疇の子ども(家族)を対象とし、ケースワークからコミュニティワークさらには虐待防止(親子分離)まであらゆる援助技術を駆使して、家族問題の予防／解決に取り組む姿とはずいぶん異なるものである。

2) 児童トラストの組織構造

図5-4は、オックスフォード県の児童トラスト組織構造図である。管轄地区の児童関連サービスに関して、5つの目的の達成度を包括的にアセスメントし、

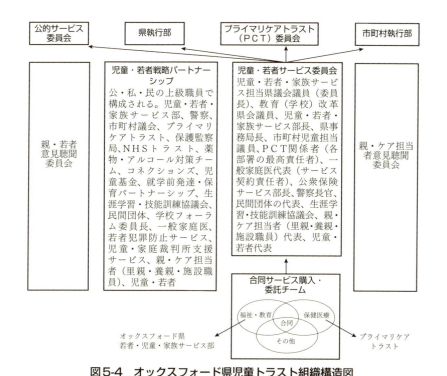

図5-4　オックスフォード県児童トラスト組織構造図

出所：田邉泰美（2008）「16章　イギリスの取り組みと教訓」津崎哲郎／橋本和明（2008）『児童虐待はいま——連携システムの構築に向けて』、ミネルヴァ書房、p.196. 図表の原出所は Oxfordshire County Council Website Children's Trust Arrangement: ANNEX 1, CA7-page4, 2006 であり、図表の作成に関しては、津崎哲雄（2006）「イギリスにおける〈クオリティ・プロテクト〉以降の児童福祉施策の展開——〈エヴリ・チャイルド・マターズ〉計画の概要と進展」『養育研究』小舎制養育研究会、p.28 を参照した。

　その成果と反省に基づいて児童若者支援計画（CYPP）が作成される。児童若者サービス委員会（2006年4月より施行）は、児童若者サービス計画、サービスの統合、予算の共同管理・使用等に関する最高決定機関であり、CYPP推進の責任をもつ。委員長には児童福祉に理解のある主任児童問題対策地方議員が就任している。その理由は2つ考えられる。

　1つは、社会的共同親という理念の徹底である。津崎哲雄の所論[42]によれば、かつてドブソン保健大臣は地方議員に対して（1998年9月21日「ドブソン保健大臣、地方議員に通達」）、「自治体には、普通の善き親がわが子に対して与えるような愛情と養育を、（自治体に育成されている）社会的養護児童に

5章　緑書『すべての子どもはかけがえのない存在である』（ECM）の成立過程とその構想内容　177

対しても保証する（法的かつ道徳的）義務が課せられており、それが可能となるよう地方議員は最大の努力を払わなければならない」[43]と述べている。続いてハットン保健大臣も地方議員に対して（1999年2月11日「児童サービス改善に地方議員の役割重大」：保健省、地方自治体協会、全国児童研究所共催『クオリティ・プロテクツ計画に関する地方議員啓発会議』）、「社会的共同親として地方議員には、自らの自治体に社会的養護されている児童に最善のケアと安全が提供され、これらの政策やサービスに高い優先性が与えられるよう保証する義務が課せられている」[44]と述べている。にもかかわらず、ビクトリア・クリンビエ虐待死亡事件では、ビクトリアと深いかかわりをもったいくつかの地区では児童関連予算が法定基準以下にありながら区議会はそれを認めたという深刻な事態への反省が込められている。そして社会的養護児童に対する地方議員の社会的共同親という責務は、ECMの脈絡では、すべての子どもに対する責務と考えるのが妥当であろう。

　もう1つは、児童サービス部長（オックスフォード県では児童若者サービス部長）との責務分担である。児童若者サービス部長の指揮下にある児童若者家族サービス部では、家族支援／児童安全保障課、児童若者課、教育効果・パートナーシップ課、戦略策定パフォーマンス課で構成されており、乳幼児から若者まであらゆるニーズやリスクに対応できる（保育、福祉、教育、養護に関する）サービスが用意されている[45]。児童関連サービスに関する実務経験も知識も豊富で蓄積もあり、CYPPの作成に大きな影響力をもつはずである。しかしながら、CYPPの作成では、「児童若者／家族の声」「地方ニーズの分析結果」「地方協定の優先施策」を踏まえた上で、各々専門機関の参画（協働と財源／資源の出資）の程度、共同管理された財源／資源の運用方法、サービスの提供方法（協働から業務委託まで）について、保健医療サービスを含めたあらゆる専門機関から合意と協力を取りつけなければならない。このような全体的な視野からの粘り強い交渉や区議会への働きかけを主に担うのが主任児童問題対策地方議員である。

　児童若者サービス委員会が決定したプログラムを実行するのが合同サービス購入／委託チームである。児童若者家族サービス部とは従来の教育部と社会福祉部児童サービス課を統合（福祉と教育の統合）させた部署であり、保健医療

関係部局(プライマリ・ケア・トラスト)と合同で共同予算を計上し、さらにそれら以外の組織や団体も巻き込んで統合されたサービスを提供する。CYPPを含めた児童関連プログラムの進捗状況のモニターは、児童関連サービス団体のマネジャーや上級職員で構成される児童若者戦略パートナーシップが責任をもつ。もしプログラム推進を妨げる大きな障壁が見つかれば、直ちに児童若者サービス委員会に報告され対策が決定される。児童若者サービス委員会は、公的サービス委員会、県執行部、プライマリ・ケア・トラスト委員会、市町村執行部にプログラムの進捗状況やモニターの結果を報告する責任がある[46]。

〔4〕 ECMの到達点:これまでの整理

90年代の懸案であった非行／少年犯罪の予防に対する取り組みは、就学前(乳幼児期)早期介入、親業支援(家族支援)、サービスの統合／調整が必要であることを問題提起した。これら提起された3つの政策課題は、ブレア政権第一期における社会的排除の予防対策という脈絡の中で、政府見解(優先施策)として明確にされることになる。もっとも、これらの政策課題に対する取り組みは、シュア・スタートで先行的に実施されていた。そして、ヨーロッパ社会民主主義の現代化を検討したリスボン・サミット(2000年)、欧州連合理事会さらに国際進歩的統治管理会議において、子どもに対する積極的な社会投資の必要性(国家優先施策)が確認されることになる。児童貧困は福祉国家の将来を左右する重大事案であり、世代を跨ぐ社会的な負の連鎖を根絶しなければならない。そのためには、就学前に子どもが受ける生活体験や認知的刺激(教育水準)の格差を是正する必要があるとされた。こうして内務省(非行／少年犯罪)と財務省(人的資本としての子ども社会投資)主導でECMの輪郭が固められてゆくことになるが、その中に虐待防止は含まれていなかった。メディアで報道されるビクトリア・クリンビエ事件の衝撃は、虐待防止をECMの輪郭に押し込んだ。同時に、児童社会サービスのより広範でラディカルな改革に対する市民からの支持を、政府は取りつけることに成功した。

ECMの基本理念は、1つはすべての子どもが潜在能力を最大限に開花させ健全な大人へと成長し社会へ貢献できるよう支援することであり、その目標は、

健康的な生活、安心できる生活、享受と達成、積極的な貢献、経済的な安定の5つである。もう1つはリスクの初期サインをすばやくキャッチし、専門的かつ集中的なサービスにつなぐことで、子どもと家族のストレングスやリジリエンスを高めてゆくことである。世代を跨ぐ負の連鎖を根絶するために、就学前の早期予防介入すなわち親業／子育て支援や幼児教育を積極的に推進し、この時期の社会的／経済的格差をできるかぎり克服することで、就学時にはすべての子どもが同じスタートラインに立てるように支援する。これらの目標を達成するために普遍サービスと専門／集中サービスが統合／調整されたシステムの構築が提案された。

地方におけるサービスの統合と調整を推進するためには、中央政府における各省庁の政策統合（省庁統合）が必要となる。2003年6月、省庁協働による児童関連施策の統括責任を担う児童少年家族大臣のポストが教育技術省に新設された。地方では、児童問題対策を専門とし、児童関連施策の立案やサービスの実務計画さらに予算確保において主導権を発揮する地方議員を主任児童問題対策議員として任命すること、児童関連サービスの統括責任者である児童若者サービス部長の新設、実際に児童関連サービスを統合し実務を遂行する児童トラストの積極的な推進が提言された。児童トラストの運営は児童サービス部長が責任を負うことになる。また児童トラストにおける現場最前線での統合されたサービスを、早期予防介入という脈絡で提供するために、児童情報管理システム、共通アセスメントフレームワーク、責任専門家システムの導入が提言され、2004年児童法の制定おいて法的根拠を得ることになった。

地方改革の具体的なプラン（CfC）として、アウトカムズ・フレームワークと児童トラストが提案される。アウトカムズ・フレームワークとは、サービスの効率と効果、質の保障を担保するための、政府主導による行政改革であり、ベスト・バリューを児童関連サービスの脈絡でより精緻化されたものといえる。ECMの5つのアウトカムズの下に、それぞれ5つの分野別目標（Aims）、国家／地方優先目標（Targets）、サービスの質の向上（アウトカムズ改善）を評価するための基準（Judgement）とその根拠（Evidence）など、様々な指標（Indicators）が張りつけられている。

児童トラストとは、「児童や若者に関係するあらゆるサービス機関が、ECM

で提示され2004年児童法（10条2項）で定義された5つの目的を達成するために、サービスの提供方法すなわちサービスの統合や業務委託、予算や資源の共同管理／使用に関する方策を決定し、その結果をモニター／評価してフィードバックする」組織連合体のことであり、地方自治体が社会的共同親としての責務を実行する実働組織体といえよう。

　ECMによるこれらの地方改革がソーシャルワークにどのような影響をもたらしたであろうか。児童トラストにおける現場最前線での統合されたサービスの提供で活用を期待された児童情報管理システムや共通アセスメントフレームワークとソーシャルワークとの関係は第6章、アウトカムズ・フレームワークとソーシャルワークとの関係は第10章で詳述することにしたい。

注　記

(1) ①Parton, N.（2005）*Safeguarding Childhood: Early Intervention and Surveillance in a Late Modern Society*, palgrave, pp. 78-80, ②Utting, D.（1995）*Family and Parenthood: Supporting Families, Preventing Breakdown*, Joseph Rountree Foundation, p. 32, ③ジェイムズ・バルジャー事件を紹介したものに、デービッド・ジェームズ・スミス著、北野一世訳（1997）『子どもを殺す子どもたち』翔泳社がある。
(2) ①Parton, *op. cit.*, p. 80, ②Utting, D.（1998）'Children's Services: Now and in the Future' in Utting, D.（ed）, *Children's Services: Now and in the Future*, London, National Children's Bureau, p. 9.
(3) ①Parton, *op. cit.*, p. 81, ②Bright, J.（1997）*Turning the Tide: Crime, Community and Prevention*, London, Demos, p. 14, p. 45.
(4) 田邉泰美（2006）『イギリスの児童虐待防止とソーシャルワーク』明石書店、pp. 236-238。
(5) Parton, *op. cit.*, pp. 92-93.
(6) ①Parton, *op. cit.*, pp. 95-97, pp. 144-146, ②Glass, N.（1999）'Sure Start: The Development of an Early Intervention Programme for Young Children in the United Kingdom', *Children & Society*, 13（4）, p. 261.
(7) CSJ（Commission on Social Justice）（1994）*Social Justice: Strategies for National Renewal*, London, Vintage, p. 97, p. 103.
(8) ①CSJ, *op. cit.*, p. 95, ②Lister, R.（2004）'The Third Way's Social Investment State' in Lewis, J. & Surender, R.（ed）（2004）*Welfare State Change: Toward a Third Way?*, Oxford University Press, p. 158.
(9) CSJ, *op. cit.*, p. 311.

(10) Lister, *op. cit.*, p. 167.
(11) Blair, T. (1999) Beveridge Lecture, Toynbee Hall, London, 18 March , Reproduced in Walker, R. (ed), *Ending Child Poverty*, Policy Press, p. 16.
(12) ①Lister, *op. cit.*, pp. 166-167, ②HMTreasury (1999) *Tackling Poverty and Extending Opportunity*.
(13) ①Esping-Andersen, G. (2002) 'Council of the European Union 2000: point 7' in Esping-Andersen, G., Gallie, D., Hemerijck, A. & Myles, J. (2002) *Why We Need a New Welfare State*, Oxford University Press, ②Lister, *op. cit.*, p. 159.
(14) ①Esping-Andersen (2002), *op. cit.*, p. 6, pp. 25-26, ②Lister, *op. cit.*, p. 159.
(15) Esping-Andersen, G. (2003) 'Against Social Inheritance', in Browne, M., Thompson, P. & Sainsbury, F. (ed) *Progressive Futures: New Ideas for the Centre-Left*, Policy Network, p. 30, p. 127.
(16) *Ibid.*, p. 141.
(17) *Ibid.*, pp. 142-143.
(18) *Ibid.*, p. 148, p. 151.
(19) Giddens, A. (2003) 'Introduction: The Progressive Agenda', in Browne, Thompson & Sainsbury (ed), *op. cit.*, p. 30.
(20) 「財務省のイニシアティヴ」に関する論述では、Lister, *op. cit.*, p. 167 より多くの示唆を得た。
(21) Parton, *op. cit.*, p. 95.
(22) Brown, G. (1999) 'A Scar on the Nation's Soul', *Poverty 104*, p. 8.
(23) Brown, G. (2000) Speech to the children and young person's unit conference, Islington, London, 15 November.
(24) Brown, G. (2002) 'Budget Statement', Hansard (HC), 17 April, col. 586, 587.
(25) ①HMTreasury (2002) *2002 Spending Review: Opportunity and Security for All Investing in an Enterprising Society: New Public Spending Plans 2003-2006*, Stationery Office, para. 28.3, ②Parton, *op. cit.* p. 146.
(26) HMTreasury (2002) *2002 Spending Review*, para. 28.5.
(27) Parton, *op. cit.*, pp. 149-150.
(28) Department for Education and Skills (2003) *Every Child Matters, Green Paper*, Cm. 5860, The Stationery Office. ECMと略す。「Every Child Matters: ECMとは」に関する論述では、*Every Child Matters, Green Paper*, Cm. 5860 より要約引用した箇所は、文末にパラグラフで明示した。
(29) ECM, p. 3.
(30) 「ECMの地方改革プラン：アウトカムズ・フレームワークと児童トラスト」に関する論述では、Department for Education and Skills (2004) *Every Child Matters: Change for Children*, The Stationery Office より要約引用した箇所は、文末にパラ

グラフで明示した。
(31) Department for Education and Skills (2004) *Every Child Matters: Change for Children*, The Stationery Office. www.everychildmatters.gov.uk. CfCと略す。本文におけるCfCから要約引用した箇所は、文末にパラグラフで明示した。なお、新労働党政権当時の政府ホームページに掲載された文書等は現在、削除されており、閲覧は不可となっている。
(32) CfC, pp. 2-3.
(33) Department of Health (2004) *National Service Framework for Children, Young People and Maternity Services: NSF*, The Stationery Office, p. 2.
(34) *Ibid.*, p. 8.
(35) *Ibid.*, p. 4.
(36) *Ibid.*, pp. 2-3.
(37) 児童トラストに関する論述では、次の論文の指定箇所を要約引用したり参照したりした。①津崎哲雄(2013)『英国の社会的養護の歴史——子どもの最善の利益を保障する理念・施策の現代化のために』明石書店、pp. 215-266、②田邉泰美(2008)「16章 イギリスの取り組みと教訓」、津崎哲郎／橋本和明編著(2008)『児童虐待はいま——連携システムの構築に向けて』ミネルヴァ書房、pp. 188-202。
(38) 田邉(2008)、pp. 196-197。
(39) 内閣府政策統括官(2009)『英国の青少年育成施策の推進体制等に関する調査報告書』、https://www8.cao.go.jp/youth/kenkyu/ukyouth/indexpdf.html、pp. 50-51。
(40) 同上、pp. 22-23。
(41) Department for Education and Skills (2004) *Every Child Matters: Change for Children in Social Care*, The Stationery Office, p. 5.
(42) 津崎哲雄(2013)『英国の社会的養護の歴史——子どもの最善の利益を保障する理念・施策の現代化のために』明石書店、pp. 197-199。
(43) 同上、p. 197。
(44) 同上、p. 199
(45) 同上、pp. 248-251。
(46) 田邉(2008)、pp. 196-197。

6章

コンタクトポイント・データベース（ContactPoint database: CPd）、共通アセスメントフレームワーク（Common Assessment Framework: CAF）、児童ケースファイル情報管理システム（Information Children's System: ICS）が児童（虐待防止）ソーシャルワークに与える影響について

〔1〕予防介入としてのCPd、CAF、ICS

　本章の目的は、児童トラストにおける現場最前線での統合されたサービスの提供で活用を期待されたCPd、CAF、ICSが児童（虐待防止）ソーシャルワークに与える影響を考察することである。

　ECMは、すべての子どもを対象とする普遍サービスに予防機能をもたせ（とりわけ就学前幼少期を重点的に対象とするという意味で早期予防介入）、ニーズ／リスクのある子どもを早期に発見し専門的サービスにつないでゆくという壮大な計画である[1]。そのためには多様なサービスの統合もしくは連携が必要となる。中央政府において省庁横断的な組織再編が実施され、その結果、地方において児童トラストが立ち上げられた。統合もしくは連携されるサービスの領域は、シーボーム改革（1970年）よりもはるかに広範囲に及ぶものであり、シーボーム改革以来の大きな児童社会サービス改革といえるであろう。

　このようにサービス間での連携を深め、精確なアセスメントを実施するためには、専門性に裏づけされた情報開示／共有が必要であり、ICT（Information Communication Technology：電子情報化）によって可能となる。これがECMの基本的な考え方であり[2]、それを具体化させたのが、コンタクトポイント・

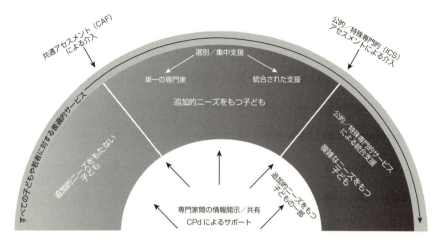

図6-1　ICS、CAF、CPdの連携図

出所：ICS, CAF and ContactPoint-an overview（2007）, www.everychildmatters.gov.uk, p.3.

データベース（ContactPoint database: CPd）、共通アセスメントフレームワーク（Common Assessment Framework: CAF）、児童ケースファイル情報管理システム（Information Children's System: ICS）である。

〔2〕 CPd、CAF、ICSの目的と連携[3]

　図6-1で示されたように、3つのシステムは相互に連携している。CPdとは、18歳未満のすべての子どもに関する個人情報がデータベースにされており、必要に応じて専門家がアクセスし支援や対応の調整（協働）を行うことを目的とする。予防介入の最前線活動といえるであろう。ただし、CPdには、子ども／家族に関するケース記録やアセスメント内容（ケースファイル情報）は含まれておらず、基本的な情報に限られている。

　CPdは、ECMではInformation Hub（児童情報管理システム）として提言され、先行的事業等ではIRT（Identification Referral Tracking system）、ISI（Information Sharing Index）、2004年児童法12条ではNational Database for Children（国家児童データベース制度）と命名されていたが、2007年2月にCPdに統一された。

CPdは2008年4月に実施予定されていたが10月に延期され、さらに2009年1月に延期された。実施後間もなく政権交代があり廃止になった[4]。

CAFとは、初期アセスメントのことであり、（一定の研修を積めば）専門領域に関係なく全ての実践家が利用可能である。フォーマットされた質問項目（共通のプロセス／言語で構成）に情報を入力しニーズを確認するという手法がとられ、アセスメントの内容／結果について、全ての実践家が理解可能となるよう構成されている。ICSには、1989年児童法17条で定義された子ども（育成児や被虐待児も含まれる）と家族に関する詳細な情報が含まれており（ケースファイルの情報がデータベースにされている）、アクションを決定するアセスメントに重要な情報を提供してくれる。被虐待児を対象としていた児童虐待防止登録制度はICSへ統合されることになった。このように自治体の公的責任におかれた子どもを対象としているので、ICSの利用は一部の専門家に制限されている。

〔3〕 CPd

(1) CPdとは

CPdには18歳未満のすべての子どもに関する基本情報、すなわち①氏名、住所、性別、生年月日、身分証明番号、②次に掲げる者／施設の名前と連絡先、(a) 親／保護者、(b) 当児がかかわりをもつ教育機関（例えば学校）、(c) 当児がかかわりをもつ保健医療機関（例えば一般家庭医）、(d) これら（教育や保健医療による普遍サービス）以外に当児が受けているサービスなどが記録されている。当児に責任専門家（Lead Professional: LP）もしくはキーワーカーが就いておればその名前と連絡先、CAFの有無を確認することができる。性、精神疾患、虐待に関するサービス（sensitive services）については、当児あるいは親の同意を必要とするが、当児が被虐待のリスクにある場合はその限りではない。サービス提供者の名前と連絡先は記録されるが、サービスの内容は伏せられsensitive servicesとだけ明示される。CPdには、ケースファイル情報(例えばケース記録、アセスメントの結果、健康診断、身体／医学検査など)は、一切含まれていない[5]。

(2) CPdの導入過程：2004年児童法の前後

　子どもの個人情報に関するデータベースすなわちIRT（Identification, Referral and Tracking system）は早くから内務省や財務省で導入が検討されていた。2002年4月行政刷新部報告書『プライバシーと情報共有：公共サービスの進展をめざして』[6]では、専門家は個人情報の開示／共有に極めて消極的であり、個人情報の保護に関する現行法は余りにも縛りが強すぎると主張される[7]。社会的排除のリスクがある子どもに関する情報開示／共有（本人や親／保護者の同意を得ていない）は、アセスメントの質の向上（ニーズ／リスクの精確な判断）をもたらし、効率／効果的な予防介入が期待できると結論づけられる[8]。そして2002年9月、内務省よりIRT計画が発表された。ただし、その目的は「犯罪との闘い」であり、児童少年の非行／犯罪の予防対策として導入された[9]。

　子どもの個人情報に関するデータベースは、ビクトリア・クリンビエ虐待死亡事件報告書、ECMで提言され、2004年児童法で法的根拠が明確にされる。運用の準備段階では、Information Sharing Index（ISIと略す）に統一された[10]。ISIへのアクセスすなわち情報開示／共有の根拠は、子どもの健全な成長／発達および安全／福祉に懸念（concern）がもたれた場合である。そしてアクセスと同時に「初期警告の合図」を入力することができる。そうすれば他の実践家の関心を引きつけ、詳細な個人情報の開示／共有が可能となり、迅速かつ精確な早期／予防介入を促すことになる[11]。ここで注意すべきことは、介入の判断基準が懸念（concern）にされたことである。この点をもう少し掘り下げてみよう。

　2004年児童法10条の「子どものウェルビーイングを保障し促進するための協働」（Co-operation to improve well-being）では、児童社会サービスの提供に責任をもつ関係機関は、協働を積極的に促進するための協定を結ぶ（10条1項）責任があること、すなわち児童トラストの法的根拠が明確にされた。そして「子どものウェルビーイング」（10条2項）とは、(a) 身体的及び精神的健康と心理的安寧、(b) 危害やネグレクトからの保護、(c) 教育、訓練、余暇活動、(d) 社会に対する貢献、(e) 社会的及び経済的安寧とされる。12条はISIに関するものであり、子どもの安全あるいはウェルビーイングに懸念がある場合、情報の開示／共有（ISIへのアクセス）が可能であるとされた。通常、子

どもや親／保護者の同意なく情報開示／共有できるのは、虐待防止を目的とした介入であり、子どもに「重大な危害」(significant harm to a child) があるか、あるいはその疑いが確認される場合だけである。効率／効果的な予防介入を実現するために、情報開示／共有の根拠を懸念とし、介入基準が低く設定されたといえるであろう[12]。幼少期における予防介入を積極的に推進するのであれば当然の措置かもしれない。しかしながら、児童虐待や非行／少年犯罪のようなハイリスク・ケース以外でも、子どもや親／保護者の同意なく、子どもに関する情報の開示／共有が可能になるという問題が伴うことになる。しかも懸念の判断（ISIへのアクセス）は実践家に委ねられており、さらに懸念の範疇に、親／保護者の拘禁刑、家庭内暴力、精神疾患、薬物／アルコール濫用という家族内要因までも含まれようとしている[13]。

(3) CPdのソーシャルワーク的課題

　このように懸念という概念は児童（虐待防止）ソーシャルワークの行方に決定的な影響を与えるにもかかわらず、その内容が明確にされていない。懸念とは「子どものウェルビーイング」(10条2項 (a) ～ (e)) が排除／疎外された状態であることは確かであり、親／保護者あるいは家族のネガティヴな要因も含まれようとしているが、どの程度の状態を懸念とするのかは、実践家の判断に委ねられている。そうすると次のような問題が生じる。

　第1は予防介入の目的についてである。児童虐待防止（10条2項 (b) 危害やネグレクトからの保護）だけでなく、非行／少年犯罪（10条2項 (d) 社会に対する貢献）も扱うことになる。とりわけ、社会的包含への脅威として非行／少年犯罪に対する政府の関心は強い。そうすると、「社会（子どもに危害を加える大人）から子どもの保護」すなわち社会福祉（social welfare）と「子どもから社会（子どもを含む一般市民）の保護」すなわち刑事司法（criminal justice）の区別／境界がますます流動的になる[14]。

　第2は懸念に関する通報の増加である。予防介入という観点から極端に増えることが予想される。そうすると次の段階であるCAFによるアセスメントに膨大な時間が取られることになる。また懸念の範疇に親／保護者の拘禁刑、家庭内暴力、精神疾患、薬物／アルコール濫用というネガティヴな家族内要因が

含まれると、調査の関心は親／保護者の養育能力に向けられる。さらに資源的制約という脈絡では、一部の親集団に対するモニター／監視が強まりかねない[15]。

　第3は家族との信頼関係である。親／保護者本人の同意がないところで情報開示／共有がされるとわかれば、専門家への不信は増幅する。例えば出産後精神的に不安定な状態にある母親は児童虐待防止チームに知られるのを嫌がって保健訪問員に病状を隠すかもしれない。また、アルコール依存症の母親は学校に知られるのを嫌がって一般家庭医とのかかわりを避けることにもなりかねない[16]。

　第4はISIの効果性についてである。ISIにアクセスして情報を素早くキャッチできたとしても、効率／効果的な予防介入ができるわけではないという厳しい批判である。ビクトリア・クリンビエ虐待死亡事件では、すべての専門家が重要な情報をキャッチしており、介入する機会は十分にあった。必要なのは、情報のもつ意味を精確に理解／アセスメントし、アクションを決定するソーシャルワーカーの専門性と、それを可能とする資源であったはずである[17]。

　このようにISIは多くの批判を受け改正を重ねてゆき、最終的にCPd（2007年2月）に落ち着くことになる。ISI構想にあった「初期警告の合図」の入力は却下されたが、前述したISIの課題は解決されたとは言い難い。積極的な情報開示／共有がアセスメントの質の向上をもたらし、効率／効果的な予防介入になるという考え方は堅持されている[18]。子どもや親／保護者から情報開示／共有に対する同意が得られるのであれば問題はない。政府もその姿勢を明確にしている[19]。しかし、ソーシャルワークにおける子どもや家族の最初の選択が「同意をすること」であり、そこに何らかの心理的圧力が作用するのであれば、ソーシャルワークの根幹にかかわる事態となる[20]。同意は自由に与えられるべきであり強制的な要素に蝕まれてはならないし、同意の拒否がその人に不利益を与えたり傷つけたりするものであってはならない。専門家にとって守秘義務は、利用者個人の尊厳を守り、自分たちの生活を自らの手で統制する権利を支援し、個別（多様）性を尊重するという意味において、ソーシャルワークの倫理的原則である[21]。

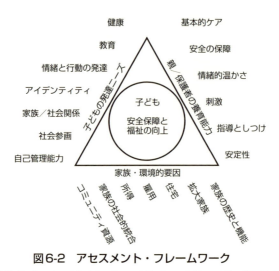

図6-2 アセスメント・フレームワーク

出所：Department of Health, Department for Educatiom and Employment, Home Office (2009) *Framework for the Assessment of Childlen in Need and their Families*, The Stationery Office, p.17.

〔4〕CAF

(1) CAFとは

　CAFとは、児童／若者のニーズとりわけ追加的ニーズに焦点を合わせてアセスメントし、そのニーズにマッチしたサービスの提供を検討するツール／アプローチのことであり、現場最前線でのサービス提供に重要な役割を果たす。「追加的ニーズに焦点を合わす」とは予防介入を目的とした初期アセスメントのことであり、「ニーズにマッチしたサービスの提供」とは、子どもに関する情報を実践家が共有し協働アプローチ（サービスパッケージ）を行うことである。したがって、CAFによるアセスメントの特徴は、①特殊専門的な水準ではなく、すべての実践家が理解可能な共通言語による初期アセスメントであり、一定の研修を受ければ利用できること、それが可能となるよう②子どもの成長と発達における「親／保護者」「家族／環境」の影響を考慮しながら、子どものストレングスやニーズをアセスメントするプロセスがわかりやすく提示されていることである[22]。

表6-1 CAFアセスメントの要約：ストレングス（strengths）とニーズ(needs)の確認

項目		所見：ストレングスとニーズ
幼児、子ども、若者の発達		
健康	健康全般	
	身体的発達	
	会話、言語、コミュニケーション	
情緒と社会性の発達		
行動の発達		
アイデンティティ(自己評価を含む)、自己像、社会参画		
自己管理能力と独立心		
学習	理解力、論理的思考力、問題解決力	
	学習の進度と成績	
	学習、教育、雇用への参加	
親と養育者		
安全と保護を保障する基本的ケア		
情緒的温かさと安定		
指導、しつけ、刺激		
家族と環境		
家族の歴史、機能、幸福		
拡大家族		
住宅、雇用、財源事情		
教育も含めた社会/コミュニティの要素と資源		

出所：Common Assessment Framework for Children and Young People-Guide for Service Managers and Practitioners (2005), https://www.cumbria.gov.uk?eLibrary/C, p.22. CAFは2007年(Department for Children, Schools and Families)に部分的な改正がされている。①所見が「……根拠に基づいてコメントを行い、その根拠が何であるかを明確する」と改正され、「根拠に基づく実践」であることが明確にされている。②「幼児、子ども、若者の発達」に「胎児」が加えられている。③「幼児、子ども、若者の発達」の項目に「家族と社会関係」が加えられている。④「学習」の下位項目に「目標」が加えられ4つになっている。したがって、記入項目は、19項目になっている。

(2) CAFの構成と内容

　CAFはCPdとは異なる目的と開発経緯をもつ。子どもの個人情報に関するデータベースは非行／少年犯罪に対応するために、IRTとして2002年に開発された[23]。ところがCAFはソーシャルワークで既に利用されているツール『アセスメント・フレームワーク』（図6-2）のフォーマットすなわち3つの側面（「子どもの発達ニーズ」（child's development needs）、「親／保護者の養育

能力」(parenting capacity)、「家族及び環境要因」(family and environmental factors)) と関連づけられている。アセスメント項目（表6-1）は17か所あり、そのうちの10か所は「子どもの健康、教育、発達」、3か所は「親／保護者の養育力」、4か所は「家族と環境」に関する内容である[24]。これらは子どもに焦点を合わせた（child-focused）アセスメントではあるが、それぞれの項目が独立しており、「家族関係」「家族と地域社会」との関連における子どもの記述は制限されている。それ以外にもCAFでは、いくつかの曖昧な点が残されている。

第1は、ニーズの定義についてである。CAFでは、ニーズとは「根拠に基づく」(evidence-based) ニーズとされ、懸念（concern）とは区別される[25]。では、何をもって「根拠に基づく」と判断されるのかといえば、CAFにフォーマットされたアセスメント項目に適合するかどうかが基準となる。そもそも普遍的な予防介入を積極的に推進するために、CPdでは情報開示／共有の根拠が規制緩和された。そしてCAFでは、すべての子どもの3分の1を対象にすると想定されている[26]。多くの子どもが情報開示／共有の対象になると予想されるが、懸念が確認され追加的ニーズをアセスメントするためにCAFの対象になったとしても、ニーズと判断される根拠を確認するためのアセスメント項目（CAF）に懸念をうまく振り分け、適合させることができなければ、ニーズと認定されずサービスが提供されない可能性がある。実践家、子ども、親／保護者が協力しながら潜在的ニーズを早期に発見／確認するのであれば、むしろ懸念への対応が重要であり、より専門性が求められてくるはずである[27]。

第2は情報開示／共有についてである。CAFでも情報共有／開示は明確にされていない。CAFはICTでリンクされており、CPdからCAFの有無を確認することができる。CAFは子どもや親／保護者との合意を基本とする。CAFの実施に合意したとしても、そのアセスメント内容（情報）が実践家の間で開示／共有されるかもしれないことを子どもや親／保護者が理解しているとは限らない。予防介入には情報開示／共有が必要であるとしても、それが個人情報保護に関する規制緩和でなければならないのかという問題については議論が深められていない[28]。

(3) CAFの実際

1) 全体的傾向[29]

　CAFの実施に関しては、イングランドの4つの自治体を対象とした経済社会調査研究所の報告書[30]から、その特徴と課題を明らかにしたい。4つの自治体のうち2つ（LA1, LA2）は、CAFの開発と実施に積極的に取り組んでいる。残りの2つ（LA3, LA4）は、開発の初期段階であり実験的計画が実施された。調査は2005年から2006年にかけて実施された。分析は4つの自治体より280のCAFを対象に行われた。

表6-2　4つの自治体におけるCAFの実施状況、目的、特徴

自治体	実施状況	目　的	特　徴
LA1	積極的利用	送　致	教育関係者の間で利用、利用者を対象とした研修の実施
LA2			保健医療関係者の間で利用、ISIによる早期／予防介入
LA3	初期段階	アセスメント	家族診断として利用、外部との情報共有／交換は否定的
LA4			協働会議で利用、責任専門家を対象とした研修の実施

　4つの自治体の全体的動向を整理したのが表6-2である。280のCAFサンプルのうち、LA1、LA2では70％が送致を目的とした初期アセスメントにおける情報開示／共有であるのに対し、LA3、LA4では18％であった。すなわちLA3、LA4では、アセスメント手段として半分近くがファミリー・ソーシャルワークで利用されており[31]、外部との情報開示／共有としての位置づけは弱い。

　LA1では、児童データベースの開発（主に教育関連サービスを対象）を予定していたが、管理運営上の懸念から実施に至らず、その代わりにCAFの開発（電子ファイル化されている）に取り組んだ。利用目的に関しては、アセスメントと送致の数はほぼ同数であった[32]。ニーズがある（と思われる）子どもとかかわるすべての実践家はCAFの利用が要請され、研修プログラムも実施された。2006年末にはCAFは1000以上に達した。利用者の多くは教育関係者で、学校と特別教育支援サービス提供者（専門家）との連絡／状況把握に利用されており、保健医療関係者の利用は少なかった。しばらくして、社会福祉部への送致にCAFを条件としたことから、保健医療関係者にも利用されるよう

になった。

　LA2では、児童データベースが開発されており[33]、子ども／若者に関する基本情報（保健医療／教育／社会ケアに関する情報）が管理維持されている。子どもの記録が3回照会されると、（当児と関与する専門家がいない場合）中央チームに通報される「早期警告」システムが作動している。CAF（電子ファイル化されていない）は主に送致として保健医療関係者に利用されている。その対象は社会的ケアとりわけ虐待防止関連が多い。

　LA3では、子どものニーズをアセスメントするためにファミリー・ソーシャルワークとして、あるいは内部アセスメント（子ども、親／保護者、ソーシャルワーカー、マネジャーの間でニーズの確認／共有）として利用されている。したがって、送致を目的とした情報開示／共有は基本的にされていない。送致を目的としたCAFはわずか9％で、CAFの情報は、特別な理由がないかぎり開示／共有すべきではないという声が実践家の間には多かった。

　LA4では、責任専門家がCAFの積極的な利用者（第1アセスター）として位置づけられ、研修プログラムも開発されている。送致とアセスメントの利用はほぼ同数であるが、懸念やリスクの発見／確認はあまり重視されていない。協働会議に提出される初期アセスメントとして利用されていた。

　CAFは、すべての実践家が利用可能な共通のアセスメント・ツールであり、一定の専門性を担保し、情報開示／共有が可能となるよう開発されたが、4つの自治体では多様な使われ方をしていた。「アセスメントか送致かいずれの目的で利用するのか」「それに伴う情報共有／開示は認められるのか」という問題は、実践家の職業倫理や地域の資源的脈絡に依存するところが大きいことが明らかにされた[34]。

2）ソーシャルワーク的課題

　CAFではニーズの早期発見／確認が強調されるが、ソーシャルワーク（現場実践）では懸念（concern）とニーズ（needs）の区別は非常に難しい。懸念とは、子どもの健康や発達を侵害する根拠は見当たらないが、全体的状況あるいは実践家の経験的知識から推察して、注意深い見守りや配慮または支援を必要とすることを示唆する概念である。一方、CAFの脈絡では、ニーズは根拠

を必要とする。しかし実践家の多くは、CAFの脈絡におけるニーズを対人援助における有効な概念とは考えていない[35]。CAF（280ケース）の調査分析から判明したのは、全体の54％でニーズという言葉が使われていたが、実際は全体の84％で懸念が記述されていたことである。実践家は子どもや家族を語るとき、ニーズよりも懸念に関心を寄せている[36]。

　ところが、懸念に関する情報をCAFのフォーマットに記入すること、すなわちCAFにフォーマットされた項目ごとの記入欄に情報を割り振りすることが難しい[37]という不満を多くの実践家が口にした[38]。それはCAFが懸念ではなく、根拠に基づくニーズに焦点をおいて作成されたことにも関連する[39]。実践家は子どもの懸念をナラティヴで表出する。ナラティヴを利用することで、子どもの全体像や背景／脈絡に関する情報を提供し、懸念を明確にする[40]。CAFのフォーマットはナラティヴを否定し家族を解体／分散させている。ナラティヴの否定[41]は、子どもの懸念／ニーズを家族関係／脈絡から切り離された情報端末におきかえ[42]、家族の持つ時間性／歴史性を捨象する。

　このようなことは、精確なアセスメントによる適切なアクションを困難にさせる。CAFを検証した調査チーム（有資格熟練ソーシャルワーカー）ですら、CAFの理解に苦慮したという。調査分析によればCAFの4分の3以上で、子どものニーズに関する詳細な情報が記入されていたが、「何が核心的な問題なのか」を理解することが難しかったという。子ども／家族の生活歴（時間性／歴史性）がなく、家族関係／脈絡もわからない[43]。データベースの中で管理／保存される情報端末（項目情報）は、家族の「時間／歴史」「関係／脈絡」と関係なく、統合されたり結びついたりする[44]。

　しかしながら、すべての実践家がCAFのフォーマットに従って記入をしているわけではない。CAFのフォーマットを無視しナラティヴを持ち込もうとしている[45]。調査分析によれば、CAFの約半分はナラティヴで、3分の1はストーリーで記入されていたという[46]。「ニーズの要約」という項目では、子どものニーズに関する直接的な言及はないが、学校での子どもの様子（行動や態度）を詳細に記述したり、あるいはネグレクトの根拠を示唆するために、ある出来事を記述（親の振る舞いと子への影響をナラティヴで記述）したりすることで、フォーマットされた記入欄では表現できなかった子ども／家族の懸念や

ニーズを表出している。また子どもの「特別な教育ニーズ」を表出するために、「親の言葉」が引用されていることもある。それはナラティヴによるニーズの表出だけでなく、未だアクションがとられていない親の不満も表している[47]。このようなことは、ナラティヴこそソーシャルワークの本質であり、ナラティヴの喪失こそがICT導入の最大の問題である[48]と実践家は考えていることがわかる。

　いくつかのCAFでは子どもに関する詳細な情報が提供されていた。これらの情報は初期アセスメント段階で自治体児童サービス部に利用された。調査対象の4分の1では、子どもに関する包括的な情報が提供されている[49]。一方、調査対象の3分の1では、記入欄が「空白のまま」「一部記入」がみられた。実践家は担当／専門領域以外の記入欄へのコメントは避ける／嫌がると報告されている[50]。例えば、教育職員は住宅や親業問題に関して情報提供することの妥当性に疑問を感じている。もっとも、自らの専門的知識を記入できる領域があるにもかかわらず、あえて詳細な記入をしなかったケースも多く見られた。これは、詳細な情報の記入が必ずしも子ども本人の利益とはならないという専門的判断からである[51]。

〔5〕ICS

(1) ICSとは

表6-3　ICSの分類項目とその内容

ICSの分類／項目	分類／項目の内容
全般的記録	コンタクト記録、送致／情報記録、初期アセスメント記録
児童虐待防止記録	戦略会議録、47条調査記録、初期アセスメント会議録
コア・アセスメント記録	胎児から出生12か月まで、1歳から2歳まで、3歳から4歳まで、5歳から10歳まで、11歳から15歳まで、16歳以上、時系列記録
ニーズのある児童／若者記録	児童／若者プラン、委託情報記録、児童／若者ケアプラン、ニーズのある児童／若者の見直し、児童／若者虐待防止プランの見直し、育成対象の児童／若者プランの見直し
育成児のアセスメント／成長記録	1歳から2歳まで、3歳から4歳まで、5歳から10歳まで、11歳から15歳まで、児童／若者養子縁組計画、児童／若者養子縁組見直し

出　所：[ARCHIVED CONTENT] ICS：Exemplar-document-Every Child Matters (2009), http://webarchive.nationalarchives.gov.uk/20090617172700. より要約引用。

表6-4 コア・アセスメント記録（3歳から4歳までの子ども）

〔1〕子どもの発達ニーズ　親／養育者の養育能力

項　目	子どもの発達ニーズ	有／無	所見	親／養育者の養育能力	有／無	所見
健康	8項目	□□		11項目	□□	
教育-認知／言語能力の発達	6項目	□□		10項目	□□	
情緒／行動の発達、自己管理能力	9項目	□□		7項目	□□	
アイデンティティ／社会参画	6項目	□□		8項目	□□	
家族／社会関係	6項目	□□		9項目	□□	

ソーシャルワーカーの要約：「親／養育者の養育能力」に関して、「各々の項目ごとにストレングスを詳しく記入すること。とりわけ対応されていないニーズと子どもが重大な侵害を被っているあるいはその恐れがあると思われる根拠については詳しく記入すること」が要請されている。

〔2〕親／養育者の特徴とそれが侵害から子どもの安全を守りニーズに適した対応をする能力への影響

	親の諸問題	有／無	専門家／機関の関与	これらの特徴に関係する親／養育者の確認　ストレングス(strengths)と困難(difficulties)を記録
1	疾病：			
	身体的	□□		
	精神的	□□		
2	障害：			
	身体的	□□		
	学習	□□		
	知覚	□□		
3	子ども期にケア委託	□□		
4	被虐待の経験	□□		
5	子ども虐待	□□		
6	暴力	□□		
7	アルコール／薬物濫用	□□		
8	その他	□□		

ソーシャルワーカーの要約：子どものニーズに適切な対応をする親／養育者の能力にこれらの問題が及ぼす影響について「ストレングスに関して詳しく記入すること。とりわけ対応されていないニーズと子どもが重大な侵害を被っているあるいはその恐れがある思われる根拠については詳しく記入すること」が要請されている。

〔3〕家族と環境的要因

項　目	項目数	有／無	所見
家族の歴史	2項目	□□	・重要と思われる項目には詳しい説明を記入 ・問題があれば、それに関連する人物の確認
家族の機能	4項目	□□	
拡大家族	2項目	□□	
住宅	6項目	□□	
雇用	4項目	□□	
所得	5項目	□□	
家族の社会的統合	4項目	□□	
コミュニティ資源	2項目	□□	
ソーシャルワーカーの要約：すべての項目を検討し、最後に「子どものニーズに適切な対応をする親／養育者の能力に家族／環境的要因が及ぼす影響」について要約する。ただし、「ストレングスに関して詳しく記入すること。とりわけ対応されていないニーズと子どもが重大な侵害を被っているかあるいはその恐れがある思われる根拠については詳しく記入すること」が要請されている。			

〔4〕要約・分析・決定

親／養育者の養育能力の要約：ニーズとストレングス
家族と環境的要因の要約：ニーズとストレングス
ソーシャルワーカーによる記入と、子ども、親／養育者それぞれの立場からの意見が記入される。子ども、親／養育者のアセスメントへの関与（協働）が要請されている。
コア・アセスメントで収集された情報の分析
コア・アセスメントの決定／結果
初期戦略協議、児童保護のための緊急法的措置、専門家のアセスメントへの委託、アコモデーションの提供、サービスの提供（17条）、他機関への送致、その他、さらなるアクションなし

出　所：[ARCHIVED CONTENT] ICS：Exemplar-document-Every Child Matters (2009), http://webarchive.nationalarchives.gov.uk/20090617172700. Core Assessment Record-Child aged 3-4yearsの部分を要約引用。

　ICSとは、ソーシャルワーク（児童社会サービス）の「アセスメント」「プランニング」「介入」「見直し」というプロセス（正確には「コンタクト」「アセスメント」「プランニング」「見直し」）の各段階において、子どもと親／保護者に関する情報（ケースファイルの内容）が共通のフォーマットに従ってデータベースにされているシステム（Information Communication Technology: ICT）のことをいう[52]。表6-3は「ICSの分類項目とその内容」の一部を示したものである。「全般的記録」では、「コンタクト記録」「送致／情報記録」「初期アセスメント記録」とあるが、それぞれに質問事項／情報記入欄がフォーマットされており、すべての子どもに適用される。「コア・アセスメント記録」では、年齢区分ごとに質問事項／情報記入欄がフォーマットされており、表6-4は「3歳から4歳まで」の子どもを対象としたフォーマットである。CAFは8頁であったがICS（コア・アセスメント）は28頁にも及ぶ。概ね4つの段階に分かれる。まず「子どもの発達ニーズ」（35項目）、「親／保護者の養育能力」（45項目）をアセスメントする。次に「親／保護者の特徴」（8項目）、「家

族と環境」（29項目）が子育てに与える影響をアセスメントする[53]。最後にアセスメントの結果を総合的に判断し、次のアクションを決定する。このようなアセスメントの構成はCAFと同様に『アセスメント・フレームワーク』と連携づけられている。しかしICSでは、CAFとは反対に焦点は「親／保護者の養育能力」に合わされて、子どものニーズへの対応能力がアセスメントされている[54]。

(2) ICSの構成と内容

　ICSの構成と内容は次の4点にまとめることができる。

　第1はケースファイルの電子化である。通常のケースファイルと同様に様々な個人情報が含まれているが、ファイル・キャビネットではなく、アクセスできる権限をもつ専門家が利用可能なICTの中で管理／保管されている。したがって、子ども／家族がどの地域へ移動しても、その子どもに関する情報の開示／共有は可能である[55]。

　第2は共通のフレームワークへの統合である。専門性が担保された情報を共有するために、共通のソーシャルワーク・プロセスが確立され、プロセスの各段階で共通の書式に従った、共通の言語による情報／ケース記録が管理／保存されることになる。ただし、共通のフレームワークに統合されたのは、ソーシャルワーク・プロセス、情報／ケース記録だけでなく、「子どもの発達ニーズ」「親／保護者の養育能力」の理解にまで及ぶ点に留意する必要がある[56]。

　第3は対象となる子どもの拡大である。「ニードのある子ども」（Children in need：約40〜60万人）で、そこには「育成児」（Children looked after：約6万人）や「被虐待児」（Child protection：約2万5千人）も含まれている。ICSは児童虐待防止登録のように被虐待児だけを対象としているのではない。すなわち、3つのカテゴリーに属する子どもたちのソーシャルワーク・プロセスと情報／ケース記録が共通のフレームワークに統合されたことになる[57]。

　第4はマネジリアリズムの徹底である。ソーシャルワーク・プロセスはICTにより常時精査されることになる。それは①子ども／家族に対する責任（適切な進捗）とスーパーヴィジョンの実施（専門性）を担保するが、②マネジャーの関心が業績評価を得るための到達目標の達成に向かい、拙速なケース対応を

もたらすかもしれない。例えば資源／財源的事情からケース選別／分類が行われることもあり得るであろう。またICTによる迅速な情報収集は業績達成指標あるいはマニュアル／手続きの作成を加速化し、ソーシャルワーカーの裁量を制約することになるかもしれない[58]。

(3) ICSの実際

1) ICSの全体的動向

ICSの実施に関しては、2つの調査報告書から特徴と課題を明らかにする。1つはヨーク大学社会政策／ソーシャルワーク部の調査報告書（2007）である[59]。調査は4つの自治体を対象に2004年中期から約3年かけて実施された。もう1つは経済社会調査研究所の報告書（2009）である[60]。調査は5つの自治体の児童サービス部を対象に2007年から2009年にかけて実施された。

ICSに関して実践家の多くは（回答者の89%）、その意図／目的を認めており、アセスメントや情報の開示／共有に質の向上をもたらすものと期待していた。また、ソーシャルワークでICTを利用することにも肯定的な評価を与えていた。しかし実際はそのような期待や評価を裏切るものであったと考えているようである。情報入力に多くの時間が割かれ、子どもや家族とのコミュニケーションが制約される[61]。表6-5は「アセスメントの種別ごとに消費される時間の配分」を示したものである。ソーシャルワーカーは相当な時間を情報入力に割いている。全体で100時間以上かかる少数ケースを除けば、情報入力に占める時間の割合は15.5%から27.1%に達する[62]。

表6-5　アセスメントの種別による平均消費時間

アセスメントの種類＼消費時間	他機関と協議	部局内で協議	子ども／家族と直接コンタクト	インフォーマル・ネットワーク	データ入力	それ以外の活動
初期アセスメント	1.65	0.79	2.5	0.02	2.56	2.83
コア・アセスメント	12.01	4.2	10.9	0.39	8.47	13.14
子どもプラン	6.49	1.94	6.14	0.15	3.83	9.27
ケース見直し	4.42	1.50	15.03	0.29	2.91	12.41
全体	6.09	2.13	7.91	0.20	4.58	8.81

出　所：Shaw, I., Bell, M., Sinclair, I., Sloper, P., Mitchell, W., Dyson, P., Clayden, J. & Rafferty, J. (2009) An Exemplary Scheme? An Evaluation of the Integrated Children's System in *British Journal of Social Work*, Oxford University Press, vol.39, p.622. 一部改編をした。

また、ICSのフォーマット（質問項目）は家族アセスメントに役立つとは思えないという声も多く聞かれた（回答者の70%）。すなわち、ICSはソーシャルワーク／ケース・マネジメントの詳細を記録したりケースの進捗状況を把握するには便利であるが、アセスメントの分析を深めたり家族の関与（家族との共同アセスメント）を求めるには、効果的な手段ではないという評価である[63]。

2）ソーシャルワーク的課題

　ICSのフォーマットは、例えばコア・アセスメントをみると、「家族の全体像」（家族関係及び家族と地域との関係）という脈絡から「子どもの発達ニーズ」や「親／保護者の養育能力」のアセスメントを促すものではない。「親／保護者の養育能力」は「子どもの発達ニーズ」に適切な対応ができているのかどうかという質問項目から構築され、あわせて親／養育者のネガティヴな特徴が子どもに与える影響も検討される。このような質問項目は「根拠に基づく」アセスメント／決定を目的とするが、繰り返し／重複が多く、家族の時系列的記述もない。CAFと同様に「家族の全体像」から切り離された「子ども」「親／保護者」の個別アセスメントから家族のナラティヴは見えてこない[64]。

　ICSでは、厳密な時間設定によるソーシャルワーク／ケース・マネジメント行程が明確にされている。連絡／送致のコンタクトは24時間以内、7日以内に初期アセスメント、35日以内にコア・アセスメントを完了しなくてはならない。それは、ケースが受理されたにもかかわらず、ニーズ／リスクへの対応が決定されない状態を避けるための賢明な方法といえる。しかしながらこの時間設定は実践家にとって過酷な行程である。例えば、あらゆる資源から情報収集し、7日以内に初期アセスメントを完了させて、「初期戦略協議」「児童保護のための緊急法的措置」「専門家のアセスメントへの委託」「アコモデーション提供」「サービスの提供（17条）」「他機関への送致」「その他」「さらなるアクションなし」のいずれかを決定／判断しなくてはならない[65]。子どもや親／保護者との信頼関係の構築にも配慮が必要である。多くのケースを抱え、それぞれのケース進捗状況に応じて設定された質問項目／要約箇所に、子どもや親／保護者の理解を得ながら情報入力しアセスメントすることは、相当な緊張とストレスをもたらすことになる[66]。

〔6〕CPd、CAF、ICS：電子情報管理システムの根本問題

　前節まではCPd、CAF、ICSの実践上の課題や問題点をいくつか指摘してきた。本節ではCPd、CAF、ICSの根本問題として、ソーシャルポリシーやソーシャルワークの原理や理念に与える影響を、ライアン、東浩紀、山口節郎らの所論[67]に拠りながら考察する。

(1) CPdの根本問題：社会統治における理念／価値観の喪失
　CPdが目的とする「すべての子ども」を対象とした早期予防介入を「福祉国家の現代化」における「社会統治とリスク管理」という脈絡から考察を深めてみよう。

1) ライフスタイルにおけるリスク
　まずは児童虐待の定義についてである。「虐待」(不適切な養育)を「適切な養育」と区別するのではなく連続性として捉える考え方である。すなわち「誰でもある時期に様々なリスク要因が集中すると虐待の危険性に陥る」のであり、虐待は一定の頻度で起こる確率(偶然性)の問題とされる。このような考え方は、「虐待する親」を特別な眼差しで囲い込むことを避け、普遍的な早期予防介入の重要性を明確にしてくれる。また、社会的排除の脈絡では、虐待防止は「子どもの潜在能力の開花／達成を阻害するあらゆる要因からの予防／保護」であるならば、ECMの理念（普遍的な早期／予防介入）とも一致する。
　ところで「様々なリスク要因」についてであるが、美馬達哉の所論[68]によれば、医学の領域では、20世紀半ばから「病因と疾病の1対1対応の直接的な因果関係ではなく、複数の病因が複合的に作用して確率的に疾病を引き起こす」という「多因子病因論や確率的病因論」が主張され始めた。ここで指摘される多因子要因とは「様々なリスク要因」のことであり[69]、ライフスタイルそのものの中に病因が見出される[70]。そしてリスク要因が疾病を引き起こす確率を明確にするために、「病人個人を対象とした臨床医学ではなく、人口集団として病人と健康人を合わせて統計学的に取り扱う公衆衛生学」[71]の役割

が重視されるようになる。

2）リスクと結果の因果関係

　このような考え方はECMにも反映されている。子どもに否定的な結果（不利益）をもたらすリスク要因は様々な調査研究により明らかにされている。そのリスク要因と結果の因果関係を明確にすることはできないが、否定的な結果（不利益）と強い関連があることは確かである。それらのリスク要因は幼少期における親の養育能力と深く関連している。幼少期における親の養育能力は、子どもの教育達成に大きな影響をもち、人生の目標達成（健全な社会人としての成長）にも強い関連をもつ[72]とされる。そうすると、幼少期における親の養育姿勢すなわちライフスタイルそのものがリスク要因の対象となる。社会構造／環境からもたらされたリスクも、わが子の非行／少年犯罪という結果も、それを避ける対応を怠ったという点で、親の責任に帰される[73]。人口集団を対象とした「リスク要因と結果」の統計学上の相関関係は、親を対象とした「養育能力とその結果」の因果関係に置き換えられる。

3）リスクの脱社会性と自己責任

　かつては、問題家族（不適切な養育）が正常な家族（適切な養育）と連続性で捉えられなかったとき、当家族に支援を提供し家族の養育機能を高め社会へ再統合（社会包含）する戦略がとられた。それは「本人の力の及ばない生来のあるいは宿命的なリスク」または「社会構造／環境からもたらされたリスク」を背負わされた者（偶然性の被害者）に対する想像力と包容力を社会がもちあわせていたことによる。換言すれば、福祉国家はあらゆる問題を克服し「自由、平等、公正」な社会を達成することができるという理念／価値観（超越的な物語）を市民が受け入れていたからであり、再統合に要する社会費用も問題にはならなかった。問題家族（不適切な養育）が正常な家族（適切な養育）と連続性で捉えられ、虐待は一定の頻度で起こる確率（偶然性）の問題とされたとき、問題家族を特別な眼差しで囲い込むことは避けられ、普遍的な早期予防介入への期待は膨らんだ。しかしライフスタイルそのものの中にリスク要因があるとされると、本人の力の及ばないあらゆるリスクに対する社会の眼差しは消え失

せ、リスク回避のあらゆる責任は個人（親）に向けられる。理念／価値観が衰弱してしまった今、high-cost／high-riskな子どもや若者そして大人に対して、再統合に要する社会費用への理解は市民には得られにくい。

4）リスク社会の社会統治

すなわち、「自由、平等、公正」といった理念／価値観による社会統治が有効でないとすれば、残された手段は没理念的な統治算術すなわちリスク管理による社会統治である。リスク計算によって事前に行動を予測し、介入し、統制する[74]。子どもや親／保護者の行動をあらゆる資源から情報収集して常時監視／モニターし、必要あれば積極的に介入する。個人の自由や多様な価値観はできるかぎり認められる。しかし個人の行動は常時監視／モニターされ、必要あれば積極的に介入する。その際に重要な役割を果たすのが情報である。リスク社会の統治管理は、多様性の受容と情報管理の徹底を特徴とする[75]。こうして市民生活の安全が確保される。そこにあるのは理念／価値観から切断された社会秩序の維持である[76]。

もちろんCPdがリスク社会の統治管理（効率的なリスク集団管理）を目的として導入されたわけではない。しかし、理念／価値観から切断されたテクノロジーは想定外の結果をもたらすことに留意しておくべきであろう。効果的な予防介入と効率的なリスク集団管理との境界線は常に流動的である。

(2) CAF、ICSの根本問題：ソーシャルワークにおけるナラティヴの喪失

CAF、ICSの導入に関しては、CPdのような強い反発はみられなかった。しかし、実践家の多くがソーシャルワークにおけるナラティヴの喪失を危惧していたように、CAF、ICS（とくにICS）は、ソーシャルワークの根本をなす価値観や人間観そして方法論にも大きな影響を与えることになる。

1）アイデンティティの分散／分解：個人の情報の脱身体化／脱社会化

利用者（子どもや親）のアセスメントに関して、重要とみなされる情報はデータベースの要請によって決められる。要請されたフォーマット（質問項目）に入力できない情報は、例えば利用者の全体像や背景／脈絡は消されてしまう[77]。

データ収集に適さない組織構造や専門職エートスは変更を余儀なくされる。データを生み出す限りにおいて、社会的役割／活動は認知される[78]。一方、個人（子どもや親）のアイデンティティは、ニードやリスクに関連する様々なリストやファクター（質問項目）に分解される。個人のアイデンティティは分散／分解され、家族関係や社会的脈絡から切り離された（出入力が容易な）情報端末に作り変えられる[79]。このようにデータベースにストックされた個人の情報は脱身体化／脱社会化されており、ソーシャルワークにおけるナラティヴの否定に行き着くことになる。

2）アイデンティティの統合：データ分身の創出

　分散／分解された個人のアイデンティティすなわちニードやリスクに関連する情報端末は、帰属先の個人から切り離されるが、しかし再結合が可能な状態におかれる[80]。人間の記憶やケースファイルではなくデータバンク（ネットワーク化されたコンピュータシステム）の中に管理保管[81]された情報端末は、「蓄積／分析され、つき合わされ、必要に応じて再結合される」[82]ことになる。バーチャルな「データ分身」すなわち「カテゴリー・アイデンティティ」の再現である[83]。それは、個人の過去、現在、未来を内的な関連をもたせ自己物語として構築された「ナラティヴ・アイデンティティ」とは異なる。アイデンティティを述べるのに使われる言葉の意味は標準化され脱脈絡的になる[84]。「固有の生活史を踏まえた個人」の姿は見えてこない[85]。それが目的とするところは、予防介入におけるリスクアセスメントのための対象創出である。いやリスク計算と称すべきであろう。その際、FBI心理分析官の手法――データマイニング（生のデータから有用なデータの抽出）、プロファイリング（潜在的リスクに関するプロフィール作成）、シミュレーション（プロファイリングに基づき予測される行為の事前把握）[86]――は参考になるかもしれない。リスク計算によって事前に行動を予測し、先取りし、必要とされる介入（支援／抑止／隔離）を決めてゆく[87]。

3）予防ソーシャルワークの変質：シミュレーションへの依存

　早期予防介入が強調される社会では、現在のアクションを決定するにあたっ

て、過去の知識や経験よりも、「想像された未来」（シミュレーション）への依存を強める[88]。「いかなるイメージも観察可能であり、いかなる出来事もプログラム可能で、それゆえ、ある意味で予見可能である」というシミュレーションの主張は、人々にとってますます魅惑的なものなる[89]。しかしそれは、シミュレーションが過去の知識や経験に取って代わってゆくプロセスでもある[90]。そうすると「固有の生活史を踏まえた個人」よりも「データ・イメージ」[91]「カテゴリー・アイデンティティ」のほうに信頼がおかれるという状況が一段と強まる[92]。すなわち、「最終的に信頼に値するのは、行為主体の発話ではなく、身体という客観的対象から得られたデータ」[93]であり、自分のアイデンティティを確認してくれる相手は、生身の人間（ソーシャルワーカー）ではなくコンピュータ、あるいはそこに登録されたデータベース[94]になってしまう。

〔7〕ソーシャルワークの原点：ナラティヴかデータベースか

　多くの実践家はソーシャルワークの電子情報化に反対しているわけではない。むしろその必要性を認めている。しかしながらCPd、CAF、ICSは、アセスメントの質を向上させ専門的な判断や決定に貢献するものではないことを訴えている。データベースのカテゴリー・アイデンティティは、ナラティヴ・アイデンティティと異なり身体が喪失している。身体を伴う対人援助の過程で構築されるナラティヴ・アイデンティティ（自己物語）こそ、ニーズの顕在化であり、精確なアセスメントを可能にさせる。それはソーシャルワークの原点である。最後にデータベース（情報）との対比においてソーシャルワークにおけるナラティヴ（関係）の意味を、浅野智彦、ホルスタイン／グブリアムの所論[95]に拠りながら明確にしておきたい。

(1) データベース（情報）を中心とするソーシャルワーク

　戦後イギリスのソーシャルワークは、精神分析学や心理学の影響を受け対人関係が重視された。それは、1971年に設立された社会福祉部による予防的家族福祉サービスの提供に結実してゆく。ここでいわれている予防とは、個別的な対人関係を基本とするサービスのことであり、ソーシャルワーカーは人間の

内面に関する深い心理学的洞察が必要とされた。しかし90年代後半からソーシャルワークはマネジリアリズムの強い影響を受けることになる。効率／効果的なサービスの提供のために、到達目標が設定されその内容は業績指標で評価される。それと並行してソーシャルワークは急速にマニュアル／手続きに侵食されてゆく。ソーシャルワーカーの関心は業績達成に向けられ、利用者（子どもや親）の内面に関する深い洞察は弱まり、カテゴリー・アイデンティティへの依存も深まってゆく。こうして利用者との間で培われるはずの信頼は、情報とシステムに対する確信へ移されてゆく[96]。ソーシャルワークにおける身体の喪失である。

(2) ナラティヴ（関係）を中心とするソーシャルワーク

　ソーシャルワークは利用者とソーシャルワーカーが共有された時間や場所をもとに信頼関係を培い、ニーズを顕在化させ社会的資源と結びつけてゆくプロセスである。利用者が最初に述べる主訴が必ずしも本当に相談したいこと（ニーズ）であるとは限らない。他にある場合や本人が自覚できていない場合もあるだろうし、相談そのものが矛盾混乱している場合もありうる。何が原因（どのような関係）で今の状況におかれているのかを理解するには、結局今の状況を手掛かりにする以外に方法はない[97]。過去とは、現在について形成されるものである。人が人生を語ることができる、その都度その都度の立場や役割に結びついている[98]。ただし、その結びつきは固定されたものではない。ソーシャルワーカーのサポートを受けることで結びつきは弛緩し、新たな解釈の余地が生まれる。過去は現在においてアクティヴに意味を構築している[99]。ソーシャルワーカーは、利用者が自分自身について物語る中で、様々な体験や行為を選び出し、時間に添って組み合わせつなぎ合わせてゆく作業をサポートする[100]。物語と物語が結びつけられてゆくと、そこから一貫性をもった有意味な布置が現れてくる[101]。ところがフォーマットされた質問項目は、利用者が自力で物語と物語を結びつけてゆく可能性を隠蔽してしまう[102]。こうして自己物語が成立したとき、ニーズも明確化される。自己物語とは、自己の内部を外部にさらけだす表現行為ではなく、ソーシャルワーカーとの相互行為によって構築され、同時に自己も構築される。自己とは固定的で安定的なもので

はない⁽¹⁰³⁾。しかしその物語には他者に受け入れられることを前提とするかぎり、必ず「語られない」部分が残る。被暴力、苦痛、社会的逸脱などは、すべてを完全に語ることができるものではなく、ある限られた状況の中で唯一語られ、自己物語に統合されてゆく。またトラウマとなった悲惨な体験は語る言葉すら見つからず抑圧されていることもある⁽¹⁰⁴⁾。利用者に関する情報（知識）は、ニーズと同様に、個人体験や社会的脈絡に制約されているのであり、ソーシャルワーカーとの関係において顕在、修正、変化するのである。

注 記

(1) Munro, E. (2007) 'Confidentiality in a Preventive Child Welfare System', *Ethics and Social Welfare*, Vol. 1, Number. 1, pp. 41-42.
(2) ①Peckover, S., Hall, C. & White, S. (2009) 'From Policy to Practice: The Implementation and Negotiation of Technologies in Every Child Welfare', *Children & Society*, 23 (2), National Children's Bureau, p. 136, ②White, S., Hall, C. & Peckover, S. (2009) 'The Descriptive Tyranny of the Common Assessment Framework: Technologies: of Categorization and Professional Practice in Child Welfare', *British Journal of Social Policy*, vol. 39 (7), Oxford University Press, pp. 1198-1199.
(3) ICS, CAF and ContactPoint-an overview (2007),www.everychildmatters.gov.uk, pp. 1-3. なお、新労働党政権当時の政府ホームページに掲載された文書等は現在、削除されており、閲覧は不可となっている。以下も同様。
(4) 保守党は、CPdは個人のプライバシー侵害であり国家の過剰な介入であると批判した。要点は「国家の過剰な介入」であり、総選挙を真近に控えた保守党は、新労働党政権における保健医療や福祉分野への積極的な財政投資を批判するためのレトリックとしてCPdを利用した。
(5) 拙著（2008）「イギリスの取り組みと教訓」津崎哲郎／橋本和明編著（2008）『児童虐待はいま――連携システムの構築に向けて』ミネルヴァ書房、pp. 197-199より要約引用した。内容に関しては、以下の論文を要約引用した。①Department for Children, Schools and Families (2007) (a) ContactPoint-Factsheet.pdf, (b)ICS, CAF and ContactPoint-an overview, (c) ContactPoint Q and A (http://www.everychildmatters.gov.uk/deliveringservices/contactpoint/about/)、②Munro, E. (2004) 'State Regulation of Parenting', *The Political Quarterly*, 75 (2), pp. 180-184, ③Penna, S. (2005) 'The Children Act 2004: Child Protection and Social Surveillance', *Journal of Social welfare and Family*, vol. 27, No. 2, pp. 143-157, ④Parton, N. & Munro, E. (2007) 'How Far is England in the Process of Introducing a Mandatory Reporting System?', *Child Abuse Review*, Vol. 16 (1), John Willey &

Sons, pp. 5-16.
(6) Performance and Innovation Unit (PIU) (2002) *Privacy and Data-sharing: The Way Forward for Public Services*.
(7) ①PIU, *op. cit.*, pp. 105-106, ②Garrett, P. M.(2009)'*Transforming*' *Children's Services? Social work, Neoliberalism and the 'Modern' world*, Open University Press, p. 32, pp. 75-76.
(8) ①PIU, *op. cit.*, pp. 108-109, ②Garrett, *op. cit.*, pp. 75-76.
(9) 都市部の自治体 (Bolton, Knowsley, Kensington, Chelsea, Lewisham, Camden, Sheffield) で導入され、さらに次のグループ (Telford and Wrekin and Shropshire; Leicester, Leicestershire and Rutland; East and West Sussex; Gateshead and Newcastle) が追加された。このうち9つの自治体はITを活用した電子個人情報管理システム (ISI) を実施しており、2005年にEast Sussex、Lewisham、Sheffieldはその成果を報告している (Garrett, *op. cit.*, p. 32)。
(10) ①Department of Education and Skill (2003) *Every Child Matters, Green Paper*, Cm. 5860, The Stationery Office, p. 55, ②Garrett, *op. cit.*, p. 76.
(11) ①*Every Child Matters*, pp. 53-54, ②Garrett, *op. cit.*, pp. 76-77.
(12) Penna, *op. cit.*, pp. 145-146. イギリスでは2006年3月30日に2006年IDカード法 (Identity Cards Act 2006) が成立した。本法によりイギリスに在住する16歳以上の者の生体認証情報を含む個人情報のデータベース「英国ID登録簿」(National Identity Register: NID) が作成される。CPdが導入されると、全国民の個人情報がデータベースされることになる (岡久慶 (2006)「2006年IDカード法——国民情報の総合管理」『外国の立法229』、p. 158。英国IDカードに関しては、同著 (2006)「英国2006年IDカード法」『外国の立法230』、pp. 28-34に詳しい)。
(13) ①*Every Child Matters*, pp. 53-54, ②Garrett, *op. cit.*, pp. 76-77.
(14) Penna, *op. cit.*, pp. 145-146, p. 147, p. 152, pp. 155-156.
(15) Munro, *op. cit.*, p. 181, pp. 183-184.
(16) 前掲論文「イギリスの取り組みと教訓」、pp. 198-199。
(17) ①同上、②CPdの予算は準備 (3年間) に2億2400万ポンド、年間運営費が4100万ポンドと試算されている (Hughes, B. (2005) Information sharing announcement speech. DfES. Press release, 8 December, p. 7)。しかしながら専門家がお互いにコンタクトを取るのに消費する非生産的な時間が省かれ、その効果は年間運営費以上に相当するという報告もある (DfES (2005) Better Services for Children as Government Acts on Lord Laming Recommendation. Press release, 8 December, p. 2)。
(18) 『情報開示／共有：実践家のための指針』(Department for Children, Schools and Families (2006) *Information sharing: Practitioners' guide*, (http://www.everychildmatters.gov.uk./deliveringservices:informationsharing) では、「情報開示

／共有すべきかどうかの判断は、子どもの安全と福祉が常に考慮されること。重大な危害を受けているかあるいはその疑いがあるという懸念がある場合、子どもの安全と福祉は最優先して考慮しなければならない」「情報開示／共有を拒否する子どもや家族の希望は尊重しなくてはならない。しかし、状況から判断して同意がなくても情報開示／共有の必要性が十分にあると判断すれば、情報開示／共有されてもよい」(*Ibid.*, p. 5) とされている。「合理的な理由／根拠に至らない懸念 (concern) について、無視されてはならない」と明言されているが、具体的な内容はつまびらかではない (*Ibid.*, pp. 9-13, paras. 3.9-3.13)。

(19) 例えば、「専門家はサービスを提供する最初の段階で子や家族に情報開示／共有（守秘義務の解除）の内容や方法について説明し同意を得ることになる。誠実かつ正直に伝えられる必要がある。そうすることで情報開示／共有について理解が得られ、多くの者が同意に応えてくれることになるであろう」と述べられている (Information sharing: Practitioners' guide (2006), para. 3.16)。

(20) 例えば、「同意を与えないのであれば、親が虐待やネグレクトに関与しているという根拠として解釈されるかもしれない」ということを暗示し親から同意を求めること。

(21) Munro, *op. cit.*, p. 47, pp. 52-53.

(22) ①Department of Education and Skill (2007) www.everychildmatters.gov.uk/delivering services/caf/、②ICS, CAF and ContactPoint–an overview (2007)、www.everychildmatters.gov.uk, pp. 1-3、③Garrett, *op. cit.*, p. 33.

(23) Peckover, S., Hall, C. & White, S. (2009) 'From Policy to Practice: The Implementation and Negotiation of Technologies in Every Child Welfare', *Children & Society*, vol. 23 (2), National Children's Bureau, p. 136.

(24) Hall, C., Parton, N., Peckover, S. & White, S. (2010) 'Child-Centric Information and Communication Technology (ICT) and the Fragmentation of Child Welfare Practice in England', *Journal of Social Policy*, vol. 39 (3), Cambridge University Press, p. 400.

(25) White, S., Hall,C. & Peckover, S. (2009) 'The Descriptive Tyranny of the Common Assessment Framework: Technologies: of Categorization and Professional Practice in Child Welfare', *British Journal of Social Work*, vol. 39 (7), Oxford University Press, p. 1197.

(26) Peckover, S., Hall, C. & White, S. (2009), *Children & Society*, p. 138.

(27) Pithouse, A., Hall, C., Peckover, S. & White, S. (2009) 'A Tale of Two CAFs: The Impact of the Electronic Common Assessment Framework', *British Journal of Social Work*, Oxford University Press, vol. 39 (4), p. 600.

(28) *Ibid.*, pp. 600-601.

(29) Peckover, S., Hall, C., & White, S. (2009), *Children & Society*, pp. 139-141.

(30) Economic and Social Research Council's e-Society Programme (ESRC: RES-341-25-0023)．調査研究員は2つの児童サービス部（L1, L2）に拠点を置き、ミーティングや日々の運営を観察、フォーカスグループとの面接、CAFを含めた文書の分析などが行われた。他の2つの自治体（L3, L4）では特定の課題に焦点を合わせたフィールドワーク（量的調査も含む）が実施された（White, S., Hall,C. & Peckover, S. (2009), *British Journal of Social Work*, p. 1200）。
(31) CAFの政府指針では、子や親と一緒にCAFを完成させるよう指示されている。しかしいくつかの困難を伴うことがある。例えば、教師はCAFの作成過程で親子と良好な関係を継続させるために、real concernというスペルの記入を避けるといった配慮／気遣いをしているケースがあった（Hall, C., Parton, N., Peckover, S. & White, S. (2010) *op. cit.*, p. 407）。
(32) シュア・スタート関連（乳幼児サービス）の実践家はアセスメントとして利用していた。
(33) LA2では、データベースの利用について指針が徹底されていない。青少年犯罪予防チームは明確に指令／指示されているが、それ以外は実践家に多くの裁量が委ねられている。そのため、データベースの利用に関する親／保護者の同意を得ることに多くの実践家は不安を抱いている。最初のコンタクトでデータベースの利用に関する個人情報の開示／共有を伝え同意を得ることに抵抗を感じる専門家（保健訪問員）もいる。親から不満の声は出なかったという報告もあるが、仮に同意を得られたとしても、きちんと伝えられ質疑応答され、親が理解できていたかどうかは定かでない（Peckover, S., Hall, C. & White, S. (2009), *Children & Society*, p. 140）。
(34) Peckover, S., Hall, C. & White, S. (2009), *Children & Society*, p. 137.
(35) Hall, C., Parton, N., Peckover, S. & White, S. (2010), *op. cit.*, p. 403.
(36) Pithouse, A., Hall, C., Peckover, S. & White, S. (2009), *British Journal of Social Work*, p. 609.
(37) 子どもの「ニーズ」という概念に精通しているソーシャルワーカーですら同様の困難を指摘している（Hall, C., Parton, N., Peckover, S. & White, S. (2010), *op. cit.*, p.403）。
(38) White, S., Hall, C. & Peckover, S. (2009), *British Journal of Social Work*, p. 1206.
(39) 例えばシュア・スタート・ワーカーは、次のような事例におけるCAFの限界を吐露している。「母親はうつ症状がある。子どもの養育に懸念は見られず、学校も同様の判断をしている。しかし保健訪問員は母親の症状に懸念（長期的な子の養育に関する悪影響）を抱いている」。このような場合、子どものニーズに関する記述だけでは、母親／家族が直面する重要な問題を表出することはできないと指摘する（Hall, C., Parton, N., Peckover, S. & White, S. (2010), *op. cit.*, p. 405）。
(40) Hall, C., Parton, N., Peckover, S. & White, S. (2010), *op. cit.*, p. 404.
(41) いくつかの査察報告書で、ケース記録の形態としてナラティヴを認めていないと

いう証拠がある。「年次里親見直しには、査察官が不必要と考える長いナラティヴが含まれていた」（CSCI（2005）, p. 35）と記録されていた（White, S., Hall, C. & Peckover, S.（2009）, *British Journal of Social Work*, pp. 1203-1204）。

(42) Hall, C., Parton, N., Peckover, S. & White, S.（2010）, *op. cit.*, p. 406.
(43) White, S., Hall, C. & Peckover, S.（2009）, *British Journal of Social Work*, pp. 1209.
(44) Hall, C., Parton, N., Peckover, S. & White, S.（2010）, *op. cit.*, p. 406.
(45) 手書きの場合、記入欄をはみ出して（余白に）あるいは跨って記入している者もいた（White, S., Hall, C. & Peckover, S.（2009）, *British Journal of Social Work*, p. 1208）。
(46) ①White, S., Hall, C. & Peckover, S.（2009）, *British Journal of Social Work*, p. 1206, ②Hall, C., Parton, N., Peckover, S. & White, S.（2010）, *op. cit.*, p. 406.
(47) ① White, S., Hall, C. & Peckover, S.（2009）, *British Journal of Social Work*, pp. 1206-1207, ②Hall, C. Parton, N., Peckover, S. & White, S.（2010）, *op. cit.*, p. 406, ③初期ウェールズのパイロット・プロジェクトで明らかになったことは、多くのワーカーは結論部分にあたるsummaryをナラティヴで記入していることである。ある者はこれのみを完成させ、アセスメント項目は未記入のままであった（Pithouse, A., Hall, C., Peckover, S. & White, S.（2009）, *British Journal of Social Work*, p. 608）。
(48) Parton, N., Peckover, S. & White, S.（2010）, *op. cit.*, p. 407.
(49) White, S., Hall, C. & Peckover, S.（2009）, *British Journal of Social Work*, p. 1209.
(50) ウェールズの評価（Pithouse, 2004）によれば、CAFは保健医療や教育専門家によって主に利用されているが、彼らは職業知識や課業志向などから一部未回答の部分を含めたアセスメントを完成させている。教師は教育や学校関連の問題にはコメントするが、親の養育姿勢や子の家庭環境についてはめったにコメントしない。保健医療関係者は子の発達や養育支援（親業）を強調する傾向にあるが、地域／家庭環境や家族所得の問題に関しては記入したがらない。多くのCAF記入者は、子どものアイデンティティや家族構成員の情緒的世界に関する（主観的な）コメントは避けたがる傾向にある（Pithouse, A., Hall, C., Peckover, S. & White, S.（2009）, *British Journal of Social Work*, p. 607）。
(51) White, S., Hall, C. & Peckover, S.（2009）, *British Journal of Social Work*, pp. 1210-1211.
(52) ICS, CAF and ContactPoint-an overview（2007）, www.everychildmatters.gov.uk, pp. 1-3.
(53) 親／保護者の特徴とそれが子育てに与える影響（危害から子の安全を確保し子のニーズに適切に対応する能力）という項目がある。次をみると親の諸問題が列挙され、それらが子どもにどのような影響を与えているのか、アセスメントすることが求められている。記入者には「ストレングスと困難」の記入も求められている。例えば過去の「暴力」と「ストレングス」との関連をどのような視点からどのように

記入したらよいのか、明確でない。「精神疾患を抱えている」という項目がチェックされても、アセスメントに活用するには、あまりにも大雑把で曖昧すぎる。例えば「アルコール／薬物濫用」であれば、いつ飲酒し、そこで何が起こり、誰がそばにおり、どのような関与があったのか、という情報が含まれていないとアセスメントできないという批判がされている（①Hall, C., Parton, N., Peckover, S. & White, S.（2010）, op. cit., p. 402, ②Shaw, I., Bell, M., Sinclair, I., Sloper, P., Mitchell, W., Dyson, P., Clayden, J. & Rafferty, J.（2009）'An Exemplary Scheme? An Evaluation of the Integrated Children's System', British Journal of Social Work, vol. 39, Oxford University Press, p. 619, p. 623. 本論文はShaw, I.（ed）と略す）。

(54) Hall, C., Parton, N., Peckover, S. & White, S.（2010）, op. cit., p. 401.
(55) ①Hall, C., Parton, N., Peckover, S. & White, S.（2010）, op. cit., p. 401, ②Shaw, I.（ed）, op. cit., p. 614.
(56) ①Hall, C., Parton, N., Peckover, S. & White, S.（2010）, op. cit., p. 401, ②Shaw, I.（ed）, op. cit., p. 614, ③Pithouse, A., Broadhurst, K., Hall, C., Peckover, S., Wastell, D. & White, S.（2011）'Trust, risk and the (mis) management of contingency and discretion through new Information technologies in children's services', Journal of Social Work, 12 (2), Sage Publication, pp. 163-164. 本論文はPithouse, A.（ed）（2011）と略す。
(57) ①Hall, C., Parton, N., Peckover, S. & White, S.（2010）, op. cit., p. 401, ②Shaw, I.（ed）, op. cit., p. 614, ③Pithouse, A.（ed）（2011）, op. cit., pp. 163-164.
(58) ①Hall, C., Parton, N., Peckover, S. & White, S.（2010）, op. cit., p. 401, ②Shaw, I.（ed）, op. cit., p. 614.
(59) Bell, M., Shaw, I., Sloper, P. & Rafferty, J.（2007）, The Integrated Children's System: An evaluation of the practice, process and consequences of the ICS in councils with social services responsibilities, Department of Social Policy and Social Work, University of York. ICSの実施に関する研究。4つの先駆的自治体を対象（イングランド、ウェールズからそれぞれ2か所を選定）。フィールドワークは2004年中期から約3年間費やされた。
(60) Economic and Social Research Council's Public Services Programme Phase2 (RES-166-25-0048-A) The second project, Error, Responsibility and Blame in Child welfare (Award number RES-166-25-0048, 2007-2009). 2007年から2009年にかけて、5つの自治体の児童サービス部を対象としたフィールドワークを含むエスノグラフィック研究である。約280日に及ぶフィールドワークとデータ分析が実施された。
(61) Shaw, I.（ed）, op. cit., pp. 619-620.
(62) Ibid., p. 622.
(63) Ibid., pp. 619-620.
(64) ①Pithouse, A.（ed）（2011）, op. cit., p. 173, ②Hall, C., Parton, N., Peckover, S. &

White, S.（2010）, *op. cit.*, p. 403.
(65) ①Pithouse, A.（ed）（2011）, *op. cit.*, p. 166, ②Shaw, I.（ed）, *op. cit.*, p. 623.
(66) Shaw, I.（ed）, *op. cit.*, p. 623.
(67) ①デイヴィッド・ライアン著、河村一郎訳（2002）『監視社会』青土社、②東浩紀（2007）『情報環境論集――東浩紀コレクションS』講談社、③山口節郎（2007）「情報化とリスク」今田高俊編『リスク学入門4――社会生活からみたリスク』岩波書店。
(68) 美馬達哉（2007）「『リスクの医学』の誕生――変容を強いられる身体」今田高俊編『リスク学入門4――社会生活からみたリスク』岩波書店、pp. 55-80を参照／要約引用した。
(69) 同上、p. 64。
(70) 同上、p. 65。
(71) 同上、pp. 64-65。
(72) *Every Child Matters*, paras. 1.10-15.
(73) 美馬、前掲論文、p. 73。
(74) 山口、前掲論文、p. 86, p. 91。
(75) 東、前掲書、p. 58。
(76) 山口、前掲論文、p. 92。
(77) Parton, N.（2008）'Change in the Form of Knowledge in Social Work: From the 'Social' to the 'Informational'?', *British Journal of Social Work*, Vol. 38（2）, pp. 262-263.
(78) Aas, K. F.（2004）'From narrative to database: Technological change and penal culture', *Punishment & Society*, vol. 6（4）, p. 380.
(79) Parton, *op. cit.*, pp. 262-263.
(80) ライアン、前掲書、p. 198。
(81) 同上、p. 32。
(82) 山口、前掲書、p. 89。
(83) 同上、p. 89。
(84) Aas, *op. cit.*, p. 386.
(85) ライアン、前掲書、p. 149。
(86) 山口、前掲書、p. 86。
(87) 同上、p. 86。
(88) ライアン、前掲書、p. 144。
(89) 同上、p. 252。
(90) 同上、p. 252。
(91) 同上、p. 149。
(92) 同上、p. 149。
(93) 同上、p. 142。

(94) 山口、前掲書、p. 98。
(95) ①浅野智彦（2001）『自己への物語論的接近――家族療法から社会学へ』勁草書房、②ジェイムズ・ホルスタイン／ジェイバー・グブリアム著、山田富秋／兼子一／倉石一郎／矢原隆行訳（2004）『アクティヴ・インタビュー――相互行為としての社会調査』せりか書房。
(96) Parton, *op. cit.*, pp. 259-260.
(97) 浅野、前掲書、p. 165。
(98) ホルスタイン／グブリアム、前掲書、p. 85。
(99) 同上、p. 79。
(100) 浅野、前掲書、p. 167。
(101) ホルスタイン／グブリアム、前掲書、p. 149。
(102) 同上、p. 151。
(103) 桜井厚（2002）『インタビューの社会学――ライフストーリーの聞き方』せりか書房、p. 214。
(104) 浅野、前掲書、pp. 214-215。

IV部
児童性的虐待／誘拐殺害事件における政府、市民、メディアの対応

7章

ペドファイル（児童性愛者／集団）対策における予防管理の新しい意味

　新労働党政権後半の虐待防止施策／ソーシャルワークを論ずる前に、ペドファイル（児童性愛者／集団）対策に関する考察を1章設けることにした。その理由は2つある。1つは1990年後半からビクトリア・クリンビエ虐待死亡事件（2000年：報告書提出は2003年）が起こるまで、虐待防止に関する社会の関心はペドファイル（paedophile：児童性愛者／集団）対策に向けられていたこと、もう1つはペドファイル対策で大きな影響力を行使したのがメディアであり、ベビーP虐待死亡事件（8章、9章）では、メディアが世論をリードし、政府の対応を引き出し、挙句には政権交代に虐待事件が利用されるまでに至ったことである。

　本章では、ペドファイル対策における政府、市民、メディアの対応と関係を考察し、予防／管理の新しい戦略を検討してソーシャルワークへの影響を示唆するとともに、ベビーP虐待死亡事件における（虐待防止施策の発展に貢献してきた）メディア報道の変質を理解する上での一助としたい[1]。

〔1〕ペドファイル対策とは：家庭-内-虐待から家庭-外-虐待へ

　ビクトリア・クリンビエ虐待事件が起こらなければ、虐待防止はECM（児童社会サービス大改革）に含まれていない可能性があったことは、5章で既述

した。その理由の1つとして、1990年代後半から2000年初頭にかけて、児童虐待で社会の大きな関心を集めたのは、ペドファイル（paedophile：児童性愛者／集団）対策であったことが挙げられる。ペドファイルに対する関心の高まりは、虐待防止対策の焦点を家族-内-虐待から家族-外-虐待へ移すことになった。

世間を震撼させる犯罪、とりわけ女児に対する性的淫行／暴行事件が報道されると、ペドファイルという言葉には「児童に性的関心をもち」「固執性／異常性」の強い「見知らぬ成人男性」による「性的暴行／殺人」という意味が強められていった。児童性的虐待や児童殺人のほとんどは、「子どもと顔見知りの大人の犯行」であるという事実は、市民には説得力をもちえなくなる。子どもの安全保障に対する不安は、コミュニティ内のペドファイルに対する不安へ一直線に結びついていった。このようなペドファイルに対する市民の過剰な不安は、メディア報道によるところが少なくない。世論をリードしてゆくメディアは、市民の代弁者として、性的犯罪の前科がある者の情報を地域に公開する法律、例えばアメリカのミーガン法に類する法律の要求へと発展してゆく。

本章では、1990年代以降のイギリスにおける児童性的虐待（家庭-外-虐待）とりわけペドファイル対策を通じて、包含戦略における、ペドファイル、政府、市民（コミュニティ）、メディアとの関連／影響を考察する。

〔2〕イギリスにおける刑事司法法（性犯罪者対策）の変遷

イギリスで性犯罪者対策が本格的に取り組まれたのは、1997年の性犯罪者登録からである。本節では1997年以降の性犯罪者立法に関しては、向井紀子／大月晶代、横山潔、大場玲子／明石史子の所論[2]に、アメリカのミーガン法に関しては、松井茂記の所論[3]に拠りながら、諸立法の概要を明らかにする。

(1) 1997年性犯罪者法（Sex Offenders Act 1997）

1997年性犯罪法は保守党政権時に制定され、新労働党政権になって実施された。本法は「強姦その他の重大な性犯罪の前歴のある者に対して、本人の氏名や住所等をあらかじめ警察に届け出ることを義務づけることによって、本人

の所在を確認し、児童等の性被害発生の防止を図る」法律である。届出期間は有罪判決(有罪認定・警告)を受けた日から14日以内とされる。事実上の性犯罪者登録システム(届出義務制度)の設置である。届出要求に服する者は、「性犯罪について、有罪判決を受けた者、精神障害により無罪と認定された者、行為無能力の状態で告発された行為を行って無罪と認定された者、警察官より警告を受けた者」である[4]。しかし、1997年法は、本法が効力を有する9月1日以前の性犯罪者は登録不要であった(法適用の遡及回避)。すると約10万人の性犯罪者は登録されない。この隙間を埋め合わせるのが1998年犯罪及び秩序違反法である。

(2) 1998年犯罪及び秩序違反法(Crime and Disorder Act 1998)

　1998年犯罪及び秩序違反法は1997年に誕生した新労働党政権最初の主要な刑事司法法である[5]。本法では性犯罪者命令が規定され、1997年法の不備に対応しようとした。性犯罪者命令とは「保釈された性犯罪者が、将来、市民に重大な危害を与えると思われるような行動」を示した場合に発令される命令であり(将来有害となる危険を示すだけの行為によって発令される)、被告人に対して、特定の場所への立ち入り禁止、特定の仕事への就労禁止、児童に話しかけないこと、児童にプレゼントを提供しないことが要請され、場合によっては外出禁止、転居要求もあり得る。本命令は民事手続きによるものと理解されており、「被告の人権」よりも「市民(脆弱な大人や子ども)の保護」が優先された[6]。

(3) 2000年刑事司法及び裁判所業務法(Criminal Justice and Court Services Act 2000)

　サラ・ペイン性的虐待／誘拐殺害事件(2000年7月、8歳の女児サラ・ペインが誘拐殺害された。犯人は性犯罪の前科がある男性であった)とニューズ・オブ・ザ・ワールド(News of the World)によるペドファイル追放キャンペーン、それに伴う市民感情(世論)の高まりを政府も無視できなくなった。この事態に政府は同法で対応した。本法の特徴は、①1997年性犯罪者法の改正、②多機関協働市民保護協議会(Muti-Agency Public Protection Arrangements: MAPPA)の設置である。MAPPAとは、イギリスにおける性犯罪者の情報公開

や社会復帰に対する責任を負う多機関協働対応組織のことである。

1）1997年性犯罪者法の改正

①届出要求の変更である。主なものは、初回の届出期限を14日以内から3日以内に短縮、初回の届出は出頭すること、警察は届出義務者の指紋を採取し写真撮影ができること、警察は届出義務違反者を逮捕できること[7]、などである。②拘束命令（Restraining Order）の制定である。重大な暴力犯罪により有罪判決を受けた者について、重大な性的危害を与える危険を示すような証拠がある場合、性犯罪者命令と併せて拘束命令を下し、所定の期間中、所定の事項の禁止を命ずることができ、この期間中、届出要求に服することになる。つまり、刑の宣告時に釈放後の一定の行為を禁止する命令のことである[8]。

2）多機関協働市民保護協議会（MAPPA）：イギリスの情報公開制度

イギリスでは、警察が管理している犯罪者情報を一般市民に提供する規定はない。市民には、情報提供を請求する権利は認められていない（非公開の原則）。ところが、例外的に情報提供する場合がある。それがMAPPAによる情報提供である。MAPPAとは、警察と保護観察局を責任機関とし、情報交換や定期的な会合の開催によって、一定の犯罪者のリスク管理を行う組織のことであり、2003年刑事司法法によって責任機関に刑務所が加えられ、さらに少年非行／犯罪対策チーム、教育、住宅保障、社会福祉、保健医療、電子監視機関等も協力すべき機関に含まれることになった[9]。

MAPPAの具体的な任務は、対象者の認定、情報の開示／共有、リスクアセスメント、リスクマネジメントの5つである。

対象者の認定は、①登録性犯罪者、②粗暴犯罪者及び登録を義務づけられていない他の性犯罪者、③他の犯罪者となっている。②は12か月以上の拘禁刑に科せられた粗暴犯罪者や児童に対する特定の犯罪を犯した者などであり、③は、①及び②に該当しないが、市民にとって重大な危害を与える恐れがあると責任機関が判断した者である[10]。

情報の開示／共有に関しては、MAPPAの関係諸機関が情報を共有するためには、次の要件を満たす必要がある。①情報共有について法的権限があるこ

と、②犯罪者リスクの評価及び管理のための必要性があること、③犯罪者のリスクの評価及び管理が情報を共有する以外の方法では効果的に達成されないこと、④共有される情報が安全に管理されること、⑤安全で信頼できる情報の保管及び引き出しのシステムに加え、正確かつ明確で時宜にかなった記録を保持することにより、情報共有について説明責任が果たされること[11]。

また、責任機関が市民保護のためにMAPPA以外の第三者、例えば対象者を雇用している雇用主やボランティア指導者などに情報を開示する場合には、次の基準を満たす必要がある。①当該犯罪者が、情報開示の相手方が責任をもつ者（例えば、情報開示の相手方が指導監督する児童）に重大な危害を及ぼす恐れがあること、②その者を保護する実践的な方法が他になく、開示しなかったら、その者を危険にさらすことになること、③開示が行われなかった場合の潜在リスクを上回るべきではないにせよ、当該犯罪者に対するリスクも考慮されるべきこと、④リスクの回避又は予防のために開示を受ける必要がある適切な人に開示されること、⑤開示に関しては、原則として当該犯罪者と協議すること、⑥情報開示の相手方が何をすべきかを明らかにすること、⑦情報開示に先立って、情報開示の相手方が当該犯罪者について把握している情報の内容を確認すること[12]。

犯罪者リスクの評価とその結果（危険度）への対応をまとめたのが表7-1である[13]。

表7-1 犯罪者リスクの評価とその結果（危険度）への対応

レベル1	低	重大な危害を示す指標が、現段階では存在しない。
	対応	関係機関の積極的な連携関与は行われない。
レベル2	中	危害のリスクを示す指標が存在し、対象者は危害を引き起こす可能性を有するが、例えば、薬を服用しなかったり、住居喪失、人間関係の崩壊、薬物又はアルコールの乱用といった環境の変化がないかぎり、危害を引き起こす可能性は低い。
	対応	警察または保護観察官が中心になって、月に1度程度定期的な会合を開催して情報交換するなど、地元の機関連携によるリスク管理が行われる。
レベル3	高	重大な危害のリスクを示す指標が存在する。再犯が発生する可能性があり、その影響は重大なものになると思われる。
	極高	重大な危害の差し迫ったリスクが存在する。再犯の発生はかつてないほど差し迫っている可能性があり、その影響は重大なものになると思われる。
	対応	警察本部に設置されるMAPPAに付託され、綿密な情報及び処遇の連携が行われる。

MAPPAの対象となる者は、レベル3に該当するかもしくはレベル3には至らないがメディアや世論の関心がとても高く、刑事司法制度に対する市民の信頼を確保する必要がある判断された場合である(14)。

(4) 2003年性犯罪法（The Sexual Offences Act 2003）(15)

　ペドファイルの情報公開に関する問題は、ソーハム事件（小学生女児性的虐待／誘拐殺害事件）を契機に深刻化した。2002年の夏、イギリス南部ケンブリッジ州ソーハム地区で10歳の小学生女児（2人）が性的虐待／誘拐殺害された。犯人は少女が通っている学校の管理人で、犯人の交際相手で同校に勤務する教育補助員も事件にかかわっていた。犯人は過去に9回、性犯罪（そのほとんどが少女）の疑いで取調べを受けていた（有罪には至らなかった）。本事件は、同法の制定に大きな影響を与えた。同法でペドファイル対策に重要と思われる諸規定を紹介しておく。

　①届出義務：強姦、性的暴行などの犯罪で有罪判決を受けたかもしくは警告を受けた者は、その日から3日以内に警察へ届け出なければならない。届出事項に変更がなくても毎年1回、届出内容を更新する必要がある。また住所変更については、7日以上滞在する場合は届け出る義務がある。

　②性犯罪予防命令：既存の性犯罪者命令と拘束命令を統合／改定し、性犯罪予防命令とされた。被告人は、5年以上の期間、本命令に定められた行為を行うことが禁止される。禁止事項は保護目的に必要な事項に限定される。例えば、犯罪者が被害者と交流すること、児童と交流するスポーツ活動に参加することなどである。

　③性的危害危険命令：本命令はペドファイルから子どもを保護することを目的として、新たに規定された命令である。同命令の要件は過去に2度以上16歳以下の子どもを巻き込んだ性的行為（有罪宣告は不要で、犯罪を構成しない行為、例えばコンドームや性具を児童に与える行為、インターネット経由で児童へポルノ画像を送信する行為なども含まれる）を行った結果、児童への性的危害が生じると裁判所が判断すれば（警察署長の申し立て）本命令が発令され、被告人は当命令に定める行為を行うことが禁止される（効力は2年以上）。例えば、子どもと直接にまたはインターネットで交流することを禁じることなどである。

(5) ミーガン法（アメリカ）

　最後にミーガン法成立の経緯と同法の内容を紹介し、イギリスの性犯罪者法との違いを明確にしておく。

　ミーガン・ニコール・カンカ（7歳）は、1994年7月29日、ニュージャージー州ハミルトン町の自宅を出て帰宅しなかった。カンカ家の向かいに住んでいたティメンデカスという男性（33歳）が警察より取り調べを受けた。ミーガンの失踪24時間後に犯行を自供。近くの公園で遺体が発見された。ティメンデカスはかつて5歳と7歳の児童に対する性的虐待（未遂）で有罪判決を受けていたが、そのような前科があることを誰も知らなかった。さらに彼と同居していた3人の男性も性犯罪者であった[16]。事件後ミーガンの両親は、再びこのような悲劇が生じないよう、子どもに対する性犯罪者の警察への登録とその情報の告知を求める法改正運動を行った。ニュージャージー州議会はミーガンの死後1か月も経たないうちに、「一定の犯罪者の登録及び釈放告知に関する法律」を制定した。モデルとされたのは、ワシントン州の性犯罪者登録法である。ニュージャージー州がこの法律を制定したとき、25の州で性犯罪者の登録／公表制度が導入されていた。しかし、ニュージャージー州法は、従来のものとは違い、性犯罪者が出所した場合、コミュニティに告知することを義務づけている。これまでの登録制度よりもさらに厳しい内容であった[17]。

　ミーガン法の内容は次のとおりである。法律施行後に性犯罪で有罪判決を受けた者だけでなく、施行前に有罪判決を受けた者も120日以内に登録が求められる。登録者には登録情報の更新が義務づけられ、危険度によって毎年1回でよい場合と90日ごとに更新が義務づけられている場合がある。この情報（登録）に基づいて、性犯罪者の釈放をコミュニティに告知しなければならない。そのため性犯罪者が居住を意図する地域の検察官は、通報にあたって性犯罪者の再犯度を3つの危険度に分類区別する。低危険度では所轄の警察のみに通報される。中危険度では、警察に加え、学校、宗教団体、児童と交流をもつ市民団体に通報される。高危険度では、コミュニティに情報が提供される。提供される情報は、氏名、特徴、写真、住所、雇用／通学の場所、自動車ナンバーなどである。このコミュニティへの通報がミーガン法最大の特徴である[18]。

〔3〕サラ・ペイン性的虐待／誘拐殺害事件：
　　メディア報道と市民の自警団的暴力（vigilantism）

　本事件を契機に2000年刑事司法及び裁判所業務法が制定され、MAPPAが設置された。すなわち、イギリスにおける性犯罪者の情報公開と社会復帰のフレームワークが明確にされることになった。

(1) サラ・ペイン性的虐待／誘拐殺害事件の概要
1) サラ・ペイン性的虐待／誘拐殺害事件とNoWキャンペーン
　議会が夏の休会に入り、子どもたちも長い夏休みに入る頃（7月1日）、8歳の少女サラ・ペイン（Sarah Payne）が突如失踪し行方がわからなくなった。きょうだいと一緒に広場へ遊びに行ったが帰ってこず、約2週間後の2000年7月17日、サセックス地区において裸死体で発見された。検死では、死因や性的虐待の痕跡を明確にすることはできなかった。彼女の衣服の一部が発見され、警察は市民から情報提供を求めた。容疑者が浮かび尋問されたが逮捕には至らなかった[19]。6日後の7月23日、ニューズ・オブ・ザ・ワールド（News of the World:NoW）はペドファイル問題を全面的に取り上げた。NoWはもっとも人気のある日曜大衆紙で約400万部が発行されており、セックス、スキャンダル、スポーツを特集し部数を増やしてきた。ペドファイル撲滅対策の特集は、最近着任した若き編集責任者レベッカ・ウェイド（Rebekah Wade：後のレベッカ・ブルックス。ベビーP虐待死亡事件の報道で大きな影響力を行使する。9章参照）によって始められた。記事の内容はこうである。警察（専門家）の性犯罪者に対するモニターは全く信用できないと切り捨て、NoWは直ちにペドファイルに対する「名指して辱めよ」（Name and Shame）キャンペーンを実施すると宣言する。そしてペドファイル49人の写真、氏名、居住地、犯行の詳細、有罪判決の内容を公表し、コミュニティで生活している10万人のペドファイルの詳細も公表することを約束した。さらに終身刑のペドファイルは決して（仮）釈放されることがないよう法改正の必要があることを訴えた。イギリス版ミーガン法の導入は主張されなかったが、それに相当する法律が必

要なのではないかという議論は高まった[20]。

　NoWの「名指して辱めよ」キャンペーンに対して他のメディアは批判的であった。しかしNoWは7月30日も平然とキャンペーンを実施した。キャンペーンには、140人の子どもを性的虐待し再犯常習者として知られるバーネット（Burnett, V.）も含まれていた。そして、終身刑を受けたペドファイルはけっして（仮）釈放されないこと、性犯罪者登録への市民の自由なアクセスを要求した。この要求は事実上イギリス版ミーガン法（イギリスでは少女サラの名前をとってサラ法と呼ぶ）制定の要求であった。さらに注目すべきは、ACPO（警察署長会：Association of Chief Police Officers）、NACRO（全国犯罪者更生支援協会：National Association for the Care and Resettlement of Offenders）、ACOP（保護監察官長会：Association of Chief Officers of Probation）、NSPCC（全国児童虐待防止協会：National Society for the Prevention of Cruelty to Children）に呼びかけ、話し合いの機会がもてるよう交渉を進めたことである（政府の代表は参加していない）。NoWはこの会議をサラ・サミットと呼び、ペドファイルから子どもを守る最善の方法を検討する会議であることを主張した[21]。

　サラ・サミットは実際に開催され、8月6日にその結果が（NoWによって）報告された。NoWは「名指して辱めよ」キャンペーン中止と引き換えに、参加団体のサラ憲章への署名を勝ち取った。その憲章にはNoWが主張する「終身刑の厳格化」「性犯罪者登録への市民の自由なアクセス」が含まれていた。しかし、厳しい条件と制約が課せられた妥協の産物であり、ミーガン法（アメリカ）とは程遠い内容であった。NoWの当初の目的は達成されなかったが、サラ・サミットの開催は、NoWのキャンペーンが市民の相当な支持を得ていることを明らかにした[22]。

2）市民の自警団的暴力とNoWキャンペーン

　では、なぜこの時期にサラ・サミットが開催され、NoWは関係団体のサラ憲章への署名と引き換えに「名指して辱めよ」キャンペーンを中止したのか。署名されたサラ憲章の内容はNoWにとって大幅な譲歩を強いられた結果であり、満足しているわけではないはずである。

サラ失踪の翌日、性犯罪の前科をもつ容疑者ホワイティング（Whiting, R.）は尋問されたが、決定的な証拠はなく逮捕されなかった。しかし、7月23日、再度尋問しようとしたところ、逃走したために逮捕された。この時点での逮捕は、サラ殺害ではなく車の窃盗と危険運転である[23]。しかし市民感覚では、サラ殺害容疑者逮捕と受け止められた。7月30日のNoWキャンペーンでは、バーネット（サラ殺害容疑者ホワイティングではない）の個人情報が紙面で明らかにされた。すると8月4日、彼（バーネット）の自宅（ポーツマス居住）を群集が包囲し抗議する事件が起こった。事前に連絡もなく専門家の判断で近隣に（性犯罪の前科をもつ）ペドファイルを居住（社会復帰）させたことに対する市民（地域住民）の怒りは抗議デモに発展し、1週間も続いた。市民の抗議デモは自警団的暴力（Vigilantism）に発展し、身の危険を感じて安全な場所に逃げたり身を隠したりするペドファイル（の家族）や自殺に追い込まれた者もいた。また抗議デモの参加者には、曖昧な情報に基づいた約20人のペドファイルのリストを持参していた者もおり、ペドファイルではない人たちが間違えられて抗議や暴力の被害を受けることもあった[24]。

　NoWはこのような自警団的暴力を批判したが、NoWのキャンペーンがこのような結果を引き起こしたとも受けとめられた。自警団的暴力が続きNoWへ批判の矛先が向かうことになれば、NoWの主張それ自体も批判にさらされることになりかねない。事態の沈静化のためにサラ・サミットは必要だった。しかし、事前に連絡もなく専門家の判断で近隣に（性犯罪の前科をもつ）ペドファイルを居住（社会復帰）させたことに対する市民の不安と不満、すなわち親は子の安全確保の責任を担わされているが、そうするための情報がきちんと伝わっていないことに対する不満には、一定の理解が得られた。ポーツマスでの自警団的暴力は、ペドファイルの地域統合（有罪ペドファイルの社会復帰）の難しさを改めて浮き彫りにした[25]。

　8月最後の2週間はサラに関する報道でメディアは埋め尽くされた。NoWも同様であった。8月末のNoWの世論調査でも多くの市民がサラ法の制定（終身刑の厳格化、性犯罪者登録への市民の自由なアクセスなど）を支持していることが明らかにされた。9月の中旬、サラの両親が内務大臣にあい、70万人（サラ法制定の要求）の署名を手渡した。テレビインタビューで内務大臣は何らか

の対策を講じることを約束したが、サラ法（イギリス版ミーガン法）の導入は否定した[26]。

2000年12月12日、19日間の審理の後、ホワイティングはサラ・ペインの誘拐殺害で有罪判決を受けた。判事は、終身刑を言い渡し決して（仮）釈放されないことを勧告した。メディアの対応では、「無垢の犠牲者」と「残忍な殺人鬼」という二分法が出来上がった。ところで、ホワイティングは以前に9歳の少女を誘拐し性的暴行を加えた罪で5年の有罪判決を受けているが、実際は2年半の拘留で釈放されていた。この件で、精神科医と判事は「彼はハイリスクであるがペドファイル（女児に性的暴行を加えるという意味）の傾向はない」という矛盾したアセスメントを根拠にして寛大な措置を取ったことが批判された[27]。12月16日、ロンドン警視庁はNoWに性犯罪者登録に未登録である4人の有罪ペドファイルの所在を確認するために写真を掲載するよう協力を要請した。警察が、自警団的暴力を誘引したとされるNoWと協力して失踪ペドファイルの追跡調査を実施したことは、刑事司法が市民感情に配慮せざるを得ないことを象徴する出来事であった[28]。

(2) サラ・ペイン性的虐待／誘拐殺害事件の社会的影響
1) 子どもの安全保障：市民の過剰な集団不安心理

子どもの安全保障に対する市民（大人）の過剰な反応は、市民の高犯罪社会に対する不安を表している。子どもは社会それ自体を語るにあたって象徴的存在である。すなわち、子どもの安全保障に対する脅威は、お互いに顔の見える（信頼関係を絆とする）コミュニティの崩壊に対する不安と表裏一体にある。不安と脅威は蔓延し浮遊しており、焦点が定められると一気に吸い寄せられる。その焦点に据えられたペドファイルには、「治療不可能な常習的性犯罪者」「児童ポルノグラフィー愛好者」「残忍な児童性愛集団」「児童誘拐」というイメージがもたされる。さらに「コミュニティに徘徊する見知らぬ人物」というイメージが付加されると、市民のペドファイルに対する不安と脅威は過剰な妄想を伴って頂点に達する。子の安全保障（リスク回避）は親の責任とされる。当然、親はペドファイルに関する情報の自由なアクセスを要求する。一方、政府は市民に提供すべき情報を制約する。無制限な情報公開はペドファイルを潜行させ

てしまうため、適切な治療や監視／管理ができず、かえって市民に対するリスクを高めるという判断である。しかし情報提供の制約は、市民の不安と脅威をさらに高めることになった。

2）メディア（NoW）の役割：政府や市民との関係

　サラ・ペイン事件でメディアとりわけNoWの果たした役割は、かつての児童虐待事件とは全く異なる。かつての児童虐待死亡事件では政府（もしくは地方自治体）が調査委員会を立ち上げ、児童虐待死亡事件調査報告書が作成／出版される。もちろん事件そのものはメディアによって大々的に報道されるが、政策提言、法改正、組織改革など関しては調査報告書が大きな役割をはたした。しかし、NoWは独自のキャンペーンを実施し、サラ・サミットの開催を主張するなど、NoW自身が政策立案や法改正を促す世論を盛り上げた。そして市民の声と一体化したNoWの主張を政府も無視することはできなくなった[29]。

　新労働党は政権基盤を磐石なものにするために、保守党が市民の信頼を失ったと思われる領域に取り組もうとした。それは犯罪防止と市民保護である。犯罪予防に関する保守党の戦略、すなわち犯罪者の社会復帰よりも犯罪者の監視統制や長期拘束、犠牲者の支援や保護の方が、旧労働党のリベラル戦略（犯罪者の治療／教育と社会復帰）よりも市民感情に近かった。新労働党の「犯罪に対する厳しい態度」（Tough on crime）」というスローガンはそのことを証明している。当初、政府とNoWとの間でいくつかの軋轢がみられたが、犯罪防止に対する姿勢や戦略は同じ土俵にあった[30]。

〔4〕ソーハム地区女児性的虐待／誘拐殺害事件：
　　ビチャード報告（Bichard Report 2004年6月）と
　　ケリー報告（Kelly Report 2004年7月）

（1）ソーハム地区女児性的虐待／誘拐殺害事件の概要

　ペドファイルの情報公開すなわち性犯罪者登録への市民の自由なアクセスなどに関する問題はソーハム事件を契機に深刻化した。本事件を契機に2003年性犯罪法が制定され、危険予測による予防介入が徹底されることになった。

2002年8月4日、2人の小学生女児（10歳）がイギリス南部ケンブリッジ州ソーハム地区で失踪した。直ちに警察による大がかりな捜査が実施された。この事件はメディアの大きな関心を呼ぶことになり、NoWをはじめいくつかの大衆紙では、犯人逮捕につながる情報提供に賞金がかけられた。8月17日、2人の女児の遺体が発見された。彼女たちが通っている小学校の管理人ハントリー（Huntley, I.）と同校の教育補助員で彼の交際相手の女性が逮捕された。2004年12月17日、彼は殺人罪で終身刑が宣告された。交際相手は事実に反する証言（アリバイ工作）をし、捜査を混乱させたとして有罪判決を受けたが、犯行の手助けにも相当関与していたことが明らかになった[31]。
　ハントリーは強盗容疑の他に10代の女性（その多くは未成年女性）と強制的な性行為（9回に及ぶ）に及んだとして何度か告訴されているが、一度たりとも有罪判決には至らなかった。そうであったとしても、このような情報が正確に小学校に伝わっていれば、雇用されることはなかったであろう。彼はハンバーサイド警察とリンカンシャー北東地区社会福祉部の両管轄下にある地域に居住していたにもかかわらず、警察と社会福祉部との間で情報交換ができていなかった。有罪判決が出されて数時間後、内務大臣は調査の実施を発表した。その目的は、前科がありしかも未成年者への性的犯罪の疑いがある人物が、なぜ小学校に勤務することになってしまったのか、その原因を明確にするとともに、関係機関における情報交換／共有システムの見直しを行い、改革案を勧告することであった[32]。

(2) ビチャード報告[33]

　ビチャード卿（Sir Michael Bichard：ビチャード報告書）を委員長とする調査は2004年1月13日から4月30日まで実施され、6月22日に発表された。調査の焦点は、有罪（犯罪）には至らなくても問題行動歴があり、子どもとかかわる職業に就くには相応しくない人物の情報を、警察や社会福祉部はどのようにキャッチし関係機関と交換／共有していたのかという点におかれた[34]。
　調査の過程で、個人情報の扱いに信じられないような初歩的なミスがいくつか発見され、ハントリーだけが「ネットから漏れた」（子どもに関連する職業に就くには相応しくない人物を見逃していること）のではない[35]と衝撃的な

内容が報告された。もともと社会福祉部と警察の間で個人情報の交換／共有に関するシステムは確立されていないばかりか、ハンバーサイド警察では、個人情報の運営／管理に関する基本的なことが組織内で全く周知されておらず、組織の運営管理に重大な問題があったと指摘されている[36]。また社会福祉部に対しても、特別な理由のないかぎり、子どもに対する性的暴力にかかわった者あるいはその疑いのある者を、警察に通報すること。警察へ通報しない場合、その理由を児童ケースファイル情報管理システム（Integrated Children's System: ICS）に入力しておくこと。そのような決定はソーシャルケア査察委員会による査察／監査の対象とされることなどが勧告されている[37]。このようにビチャード報告書で勧告されているペドファイル対策は、専門機関における個人情報の交換／共有の問題に収斂された[38]。

(3) ケリー報告[39]

翌月の2004年7月、さらにもう1つ重要な報告書が提出された。ケリー卿（Sir Christopher Kelly：ケリー報告書）を委員長とする「重大なケースの見直し」（Serious Case Review）であり、リンカンシャー北東地区ACPCより出版された。その内容は、リンカンシャー北東地区で、1995年1月から2001年11月までの間（ハントリーがソーハム地区に移動する前の期間）に、ハントリーより性的暴行を受けた7人の少女／女性を対象とし、彼女らの（性的）被害すなわちニーズに対し公的機関がどのような対応をしたのかを検証している[40]。

MNのケースはもっとも深刻である。彼女が性的被害を受けたのは11歳のときである。MNは女友達（17歳）のボーイフレンドであるハントリー（22歳）より性的暴行を受けた。警察にはstranger abuseとして送致されたが、証拠不十分として警察は訴追を断念した。社会福祉部は何ら対応していないが、性的被害を受けた事実があるのなら、1989年児童法17条の「ニードをもつ子」として支援を提供すべきであったはずである[41]。別のケースを取り上げてみよう。強制的な性暴行による被害を申請した2人の女性はそのとき17歳であった。性的合意年齢に達しているが、2人とも1989年児童法105条の対象である。重大な危害を受けているかあるいはその疑いがあると判断されたのであれば、社会福祉部は虐待調査（47条調査）を実施すべきである。しかし警察と社会

福祉部は双方で連絡を取り合うこともなく、何ら対応されなかった。ビチャード報告と同様に、社会福祉部に対して、特別な理由のないかぎり、子どもに対する性暴力やその疑いについて警察に通報することが勧告された[42]。

さらにケリー報告では次のような興味深い指摘がされた。その内容はこうである。リンカンシャー北東地区では、児童虐待防止ケースファイルは子どもの名前で管理されており、性犯罪者の氏名では検索できないので、繰り返し幼児に性的虐待を行う人物を確認できないばかりか、あらゆる機関との情報交換／共有に制約が伴わざるを得ない、と。そして、潜在的に危険な大人から脆弱な子どもを保護するために、ACPCとMAPPAとの連携が必要であると大胆な提言で締めくくられている[43]。

(4) ビチャード報告とケリー報告におけるペドファイル対策

2001年は、児童虐待防止対策において、ACPC（家庭-内-児童虐待）とMAPPA（家庭-外-児童虐待）が並行して運営されることになった。いずれも多機関協働システムであり子どもの安全保障にかかわるシステムであるが、前者は育児困難な家族を対象とし、後者は子どもを危険に陥れる（コミュニティで生活する）男性を対象とする。同じ機関が関与していながら互いに連携し合うこともなく独立して運営されている。ケリー報告書では、社会福祉部に設置が予定されている新しいデータベース（ECMで勧告されたInformationHubなど）は、子ども（家族）の名前だけでなく犯罪者の名前でも検索できるようにすべきである[44]と勧告されている。福祉システムと治安／管理システムの統合である。

ペドファイル対策では、個人情報の扱いが大きな問題となった。優れた情報管理システムが確立してこそ、精確なリスクアセスメントが可能であり、効率／効果的な予防介入となるという考え方はECMとも共通する。子どもの安全保障への強い要請は、ペドファイルだけでなくあらゆる市民を対象とした情報管理というリスクを、社会が引き受ける覚悟があるのかどうかを突きつけることになった。

〔5〕ペドファイル対策とは何か：刑事司法の変遷と予防／管理の新しい戦略

　本章のまとめとして、刑事司法（法／政策）の変遷を少し歴史的に遡って考察した上で、ペドファイル対策における政府、市民、メディアの関係を整理し、予防／管理の新しい戦略とソーシャルワークへの影響について、阿部謹也、土井隆義、芹沢一也の所論[45]に拠りながら検討する。

（1）戦後福祉国家に至るまでの犯罪者対策
1）犯罪の自己責任

　12〜13世紀に至るまで人間と世界のかかわり方は神秘的／呪術的な関係で結ばれており、行為（犯行）と結果の因果関係は理性／合理的に把握されていなかった[46]。犯罪の行為が問題であり犯罪者の動機などは問題ではない。したがって、刑罰は違法行為によって社会が受けた傷を住民が全員で癒すための儀式であった[47]。この時代において何よりも重要だったのは互いの信頼であり、人と人が常に顔をつき合わせ日常生活を営んでいる世界では当然のことであった[48]。

　12〜13世紀以後になると刑罰が現れてくる[49]。その理由の1つは、都市の成立と商工業の発展である。商工業を営む市民は合理的な思考と人間関係が求められるようになり、神秘的／呪術的な関係に代わって法が明瞭な姿を見せるようになった[50]。もう1つは人権の誕生である。例えばイギリスのマグナ・カルタ（1215年）は、自由民が慣習的にもっていた自由を国王が無視したことに対する抗議を発端に、財産権の保障や合法的な裁判の要求、法による王権の制限など近代法的内容が盛り込まれていた[51]。

　それと並行して、犯罪の行為よりも犯罪者の方に目が向けられるようになった。呪術的／神秘的世界からの解放は、犯罪に対しても「呪術による社会の傷の治療」から「個人の責任の糾明」へと進んでいったのである[52]。刑罰の誕生は近代社会の萌芽を告げる動きであり、人間が初めて法の前に個人として登場したことを意味する。すなわち、人間は「理性的存在」「主体的存在」として理解されるようになった。当然、人間は責任ある主体として捉えられること

になり、自分が行った行為に対しても責任をもつべき存在とされた[53]。

2）犯罪の社会的責任

「人間は責任ある主体であり、自分が行った行為に対しても責任をもつべき存在」とされると、犯罪は社会の問題であり、犯罪に対して社会の構成員は多かれ少なかれ何らかの責任を負っているという視線を弱めることになった。12～13世紀以後における刑法の展開は、犯罪の責任を個人に求め、行為者を断罪する道を開いた[54]。しかしながら、犯罪に対する社会の責任という考え方が消滅したわけでは決してない。犯罪に対して表出される怒りの感情は、被害者に対する同情だけでない。神秘的／呪術的世界から合理的／理性的世界に移行するにつれて、神の地位に取って代わったのが人権である。近代の神として人権が侵害されたことに対する共通の怒りが表明されたわけである。人権が神に代わる超越的存在であるならば、人権の侵害は社会それ自体を傷つけることを意味する。犯罪行為に対して当事者ではない一般の人々も集合的な怒りや憎しみに同調してしまうのは、「社会それ自体が侵害された」という思いがあるからである。超越的存在としての人権を侵害した犯罪者に刑罰を課すことで、人々の道徳的感情が人権に注ぎ込まれ、その超越性はより高められることになった[55]。そして、人権の超越性は犯罪者も包摂する。「犯罪者は一定期間を社会から隔離されるという制裁を受け、無害化された後、再び社会へ復帰させられる」[56]ことになる。こうして犯罪者の人格矯正／社会復帰は、社会の責任として対応されることになった。そしてこのような対応を社会の責任として明確にしたのが、戦後福祉国家である。

（2）戦後福祉国家における犯罪者対策
1）刑事司法／福祉アプローチの誕生と衰退

犯罪対策が市民の関心事となり国政選挙で争点になったのは、1960年代に入ってからであり、政党のマニフェストに導入されることになった。しかし市民の感情や意見が刑事司法政策を大きく左右することはなかった。市民（中産階級）は犯罪に対する刑事司法／福祉アプローチ、すなわち犯罪者の治療／教育と社会復帰を支持していた[57]。それにはいくつかの理由が考えられる。①

戦後福祉国家からもっとも政治的／経済的な恩恵を受けていたのが中産階級に属する市民であったこと。②市民は犯罪に対する良心的態度、すなわち個人の責任だけでなく社会の責任も自覚し、応報／厳罰対応よりも治療／教育的処遇を支持／評価したこと。③中産階級は犯罪被害と無縁であったこと。犯罪多発地域に住居を構えておらず、日常生活において犯罪被害を直接受けることはなかった[58]ことなどによる。

市民は、犯罪に対して、劣悪な養育環境や宿命的な社会的／経済的諸条件と深い関連をもつものと考えており[59]、治療／教育や社会環境の改善が重要であると考えていた。したがって、市民や専門家のなかから、犯罪に対する応報的／厳罰的感情が湧き上がることはなかった。しかし、刑事司法／福祉アプローチの限界が露わになってきた。それは中産階層の犯罪に対する経験や認識が変化したことによる。頻繁に犯罪被害を受けることになり、市民と犯罪の社会的距離が縮まった[60]。

かつて犯罪は不平等に分布しており、犯罪犠牲者は特定地域に集中していた。犯罪とは地理的にも心理的にも遠い存在であった市民が、例えば、自動車管理、地下鉄利用、空き巣、夜中の一人歩き、子どもの登園／校など、犯罪対策を日常的に講じる必要が出てきた。中産階層の生活圏に（軽）犯罪が入ってきたのである。警察は資源を重大犯に集中させ、軽犯罪には真剣に取り組んでいるようには思えず、地域社会の紐帯／連帯は弱まる一方、国家（警察）による治安管理能力もあてにならなかった。犯罪被害の恐怖は市民生活の一部にしっかり組み込まれた。戦後福祉国家の恩恵を最も受けていた集団が以前よりもはるかに犯罪被害にさらされやすいことを自覚せざるをえなくなったのである。犯罪は中産階級が真剣に自己管理すべき問題であり、誰もが容易に被害者になってしまう時代になった[61]。

2）高犯罪社会と市民の不安心理：犯罪の新しい定義

刑事司法／福祉アプローチの衰退は、社会秩序の維持と統制という国家の根本を揺るがす問題であり、犯罪統制に関する新しい政治言説が必要となった。それが高犯罪社会という考え方である。日常的に頻繁に犯罪が起こる社会すなわち高犯罪社会では、犯罪を特別な出来事（リスク）とは考えない。犯罪

は「正常な社会」に包含されるリスクとして、「所与のもの」として考えられる。したがって、犯罪は多くの人にとって、予測不可能な「異常な出来事」ではない。それは交通事故のリスク対策と同様である。犯罪は計算できるリスクであり、避けられる事故となる[62]。そして、犯罪被害のリスクと自己責任を背負わされた市民の心理／意識に大きな影響を与えるのがメディアである。

　事件は、メディアによって、犯罪犠牲者に共感的で市民感情に則した物語に構築される。メディア報道（構築された物語）は、受け手に深い感情的反響を伴う体験を身体化させる[63]。こうして犯罪に対する「脅威、不安、怒り、憤怒」という感情が日常的に生起されてゆく。さらに日常の物的環境がこうした感情に拍車をかける。繁華街、交通要所、ビジネス街など、人通りの多いところには警備保障システムが張りめぐらされ、監視／モニターが日常化されている。犯罪との距離が近くなればなるほど、心理的感情的な距離も深まり、犯罪への不安恐怖も日常化されてゆく。日常的な不安は、ある事件（犯人）を契機（焦点）にして、突然、集団不安心理へと変質する[64]。一旦、集団不安心理が形成されてしまうと、事実関係は無視されてゆく。犯罪に対する無力さというトラウマは、何らかのアクションを引き出そうとする。「何かがなされなければならない」「誰かが非難されなければならない」という感情は、常習的犯罪者に向けられたり、政治的行動へ移されたりしてゆく[65]。

(3) 高犯罪社会におけるペドファイル対策：刑事司法と市民感情
1) ペドファイルの社会構築

　犯行動機の信憑性は、動機と犯行の因果関係すなわちメディアによって構築された物語を社会が受容できるかどうかにかかっている。犯行動機を解釈するのは社会のほうであり、受容されて初めて真実になる[66]。言語解釈にすぎない犯行動機は、あたかも犯人の内面の問題であるかのように仕立て上げられ[67]、しかも動機を語る言語が「法の言葉でも医学の言葉でもなく、社会の言葉すなわち社会的常識」[68]になっている。それは、専門家の言語に市民は納得できなくなっていることを意味する。

　ペドファイルという概念は、「人格」ではなく「具体的な行為」を指している。確かにペドファイルの主体は「児童に対する性的愛着を感じる成人男性」

ではあるが、児童性的虐待とペドファイルを素朴に結びつけることは危険である。性的虐待を受けた子どもの多くは「顔見知りの大人」による犯行である。また、子どもに重大な性的暴行を加え有罪判決を受けたケースはごくわずかである。このように、ペドファイルによる女児誘拐や殺人は、きわめて稀なケースであるにもかかわらず、メディアで取り上げられ報道されると、「正体不明の児童性的犯罪者」「残忍な児童性愛集団」「児童誘拐」「常習的性犯罪者」が「地域を徘徊している」というイメージが定着し、市民の不安は高まる。ペドファイルは「変質者」であり「生来性の異常人格者」になる。人格に異常をもつ危険人物が社会を徘徊しているにもかかわらず、市民（子ども）に対する安全保障対策は不十分で、野放しにされている、と[69]。ひとたび凶悪犯罪に襲われると不安が一気に増大する。犯罪者への恐怖は社会全体の脅威へと拡大される。正体不明の犯罪者に対する恐怖は、人々に過剰な防衛策を敷かせようとする[70]。

2）刑事司法と市民感情

　刑事司法／福祉アプローチの衰退は、市民の社会に対するリアリティの衰退を意味する。犯罪（者）は劣悪な養育環境や宿命的な社会的／経済的諸条件と深い関連をもつという考え方は、説得力をもちえなくなり、純然たる人格的な問題に収斂されてゆく[71]。司法刑事／福祉アプローチの衰退、性犯罪者情報へのアクセスの制限、自己責任によるリスク管理の要請は、市民に「加害者対被害者」という構図をもたらす。司法刑事／福祉アプローチは「犯罪者の利益」となり、「被害者の不利益」になってしまう。「被害者のために」は自ずと「犯罪者に厳しく」を意味するようになる[72]。そして、刑事司法に「被害者の応報感情に応えるという当事者主義的な観点が入り、厳罰主義と被害者問題とが一体化する」[73]ことになる。犯罪の社会的な側面に対してリアリティがなくなると、加害性と当事者性が表面に出てくる。

　こうして犯罪被害者が刑事司法の表面に躍り出ることになり、ミーガン法やサラ法のように被害者の名前が冠されるようになる。「事件を風化させてはならない」という決意は、加害者に対する怒りとなって表出されてゆく。被害者は刑事司法の主役となり、「市民の代弁者」として登場する。被害者は「不

幸な市民」ではなく、「市民の関心／利害」を体現する。犠牲者の経験は個人ではなく、集団の体験になっている。被害者を代弁して発言するものは誰でも、すべての人を代弁して物語ることになる。そして犯罪は「実際に／現実に」「誰にでも起こりうる」問題として市民の意識に浸透してゆく。刑事司法（法／政策）は、被害者（当事者）と市民感情に強い影響を受けることになる。応報感情や厳罰主義は、犯罪者を社会復帰させるための地道な取り組みを全く受け入れることはできない[74]。

(4) 高犯罪社会におけるペドファイル対策：予防の新しい意味
1) リスクマネジメントによる予防／管理

刑事司法は市民感情に配慮せざるを得なくなる。そして「犯罪に対する戦い」に代わる新しい政治的スローガン、「犯罪に対する厳しい姿勢」が登場する[75]。市民のフラストレーションを吸収して、国家への求心力を高めなくてはならない[76]。しかし、厳罰を徹底しても犯罪が減少するわけではない。政治的スローガンとは別に具体的な戦略が必要となる。

高犯罪社会では犯罪リスクは所与のものとされ、リスク回避は自己責任とされる。だからといって子どもに対する性犯罪リスクの回避を親の責任（自己責任）にすれば、ポーツマスでのような自警団的暴力に発展しかねない。そこで、性的犯罪者をリスクアセスメントし、その危険度に応じて規則的な監視から長期的な予防拘留までの施策を実施するという戦略がとられる[77]。その責務を担うのがMAPPAである。もっともMAPPAが性犯罪者を治療／教育し社会復帰させる刑事司法／福祉アプローチを採用したとしても、市民社会の理解を得ることが難しく、社会資本の浪費とされる[78]のであれば、MAPPAの責務とされる性犯罪者のコミュニティ再統合とは、彼らの動きを監視／管理／追跡することになる。犯罪リスクの予測によって、監視／管理／追跡を徹底し安全保障を達成するほうが効率的／効果的である[79]。「刑事司法／福祉アプローチの放棄」と「犯罪リスクの予測による監視／管理」は、ペドファイルを「法的主体」としてではなく「社会の危険な敵」として捉えることになる[80]。

2) コミュニティによる予防／管理

　このようなリスクマネジメントによる予防／管理を効率的／効果的に運営するためには、その土台に犯罪予防に敏感なコミュニティを必要とする。社会を犯罪被害から遠ざけるために、犯罪を起こしにくい環境を作ること[81]、すなわち「割れ窓理論」である。これはアメリカ・ニューヨーク州のジュリアーノ元市長が街の治安を回復させるために提唱した理論である。「建物の窓が割れているのを放置すれば、他の窓も間もなくすべて壊されるだろう」と例えられたように、小さな犯罪でも放置すると「誰も秩序維持に関心を払っていない」というサインを送ることになり、さらに犯罪が増えることになる。住民の治安意識も低下して秩序維持に協力しなくなり、犯罪を起こしやすい環境が生み出され、さらに環境を悪化させてしまう。そして、凶悪犯罪を含めた犯罪が多発するようになる[82]。

　どうすればよいのか。安心で安全な街づくりをするために、自治体、企業、地域が一体となって治安管理を推進してゆくことであり[83]、何よりも犯罪予防に敏感になった地域が、秩序を逸脱する振る舞いに常に注意を払い監視し、「小さな悪の芽」を摘んでゆくことである。すなわち、「犯罪機会をつぶす」とは、犯罪防止に敏感なコミュニティを形成し、犯罪予防は日常生活の一部であるという意識をコミュニティに植えつけ[84]、コミュニティ監視を強めてゆくことである。それは、コミュニティの絆の外に悪魔（ペドファイル）を追い払い、純粋なコミュニティすなわち道徳的秩序を回復させようとする試み（道徳原理主義）と同じである[85]。

　ペドファイル対策では、市民は女児殺害という現実を前にして、理念（刑事司法／福祉アプローチ）に有効な予防対策を期待することはできなくなった。だからといって、ペドファイルを「法的主体」としてではなく「社会の危険な敵」として捉え、市民への情報提供を徹底し、犯罪防止に敏感なコミュニティを形成したとしても、凄惨な事件を予防することは可能なのか、という問いかけが新たに始まることになる。

注 記

(1) 本章の論述では次の著書及び論文から多くのことを学んだ。①土井隆義（2003）『〈非行少年〉の消滅──個性神話と少年犯罪』信山社、②向井紀子／大月晶代（2005）「性犯罪者情報の管理・公開（諸外国の制度）」『レファレンス』（655）、③横山潔（2006）『イギリスの少年刑事司法』成文堂、④松井茂記（2007）『性犯罪者から子どもを守る──メーガン法の可能性』中公新書、⑤Garland, D.（1996）'The Limits of the Sovereign State: Strategies of Crime Control in Contemporary Society', *The British Journal of Criminology*, vol. 36（4）, ⑥Garland, D.（2000）'The Culture of High Crime Societies: Some Preconditions of Recent 'Law and Order' Policies', *The British Journal of Criminology*, vol. 40（3）, ⑦Critcher, C.（2002）'Media, Government and Moral Panic: the Politics of Paedophilia in Britain 2000-1', *Journalism Study*, vol. 3（4）, ⑧Parton, N.（2005）*Safeguarding childhood: Early Intervention and Surveillance in a Late Modern Society*, Palgrave.

(2) ①向井紀子／大月晶代（2005）「性犯罪者情報の管理・公開（諸外国の制度）」『レファレンス』（655）、②横山潔（2006）『イギリスの少年刑事司法』成文堂、③大場玲子／明石史子（2008）「3　英国」『法務総合研究所研究部報告38　諸外国における性犯罪の実情と対策に関する研究──フランス・ドイツ・英国・米国』法務総合研究所。

(3) 松井茂記（2007）『性犯罪者から子どもを守る──メーガン法の可能性』中公新書。
(4) 横山、前掲書、pp. 116-117。
(5) 同上、p. 62。
(6) 同上、pp. 78-79。
(7) 向井／大月、前掲書、p. 53。
(8) ①向井／大月、前掲書、p. 55、②横山、前掲書、pp. 308-309。
(9) ①向井／大月、前掲書、p. 56、②横山、前掲書、pp. 309-310。
(10) 大場玲子／明石史子（2008）「3　英国」『法務総合研究所研究部報告38　諸外国における性犯罪の実情と対策に関する研究──フランス・ドイツ・英国・米国』法務総合研究所、pp. 129-130。
(11) 同上、p. 130。
(12) 同上、p. 130。
(13) 同上、pp. 130-131。
(14) 同上、p. 132。
(15) ①向井／大月、前掲書、pp. 54-55、②横山、前掲書、pp. 314-347。
(16) 松井、前掲書、p. 8。
(17) 同上、pp. 34-37。
(18) 同上、pp. 37-39。
(19) ①Critcher, C.（2002）'Media, Government and Moral Panic: the Politics of Paedophilia in

Britain 2000-1', *Journalism Study*, vol. 3 (4), p. 522, ②Parton, N. (2005) *Safeguarding childhood: Early Intervention and Surveillance in a Late Modern Society*, Palgrave, p. 127.
(20) ①Critcher, p. 523, ②Parton, p. 127.
(21) *Ibid.*
(22) ①Critcher, p. 524, ②Parton, p. 127.
(23) ①https://kiseki-syougeki-news.blog.so-net.ne.jp/2014-08-10, ②http://www.eadt.co.uk/news/essex
(24) ①Critcher, p. 524, ②Parton, p. 128.
(25) *Ibid.*
(26) ①Critcher, p. 525, ②Parton, p. 128.
(27) Critcher, p. 524.
(28) *Ibid.*, p. 526.
(29) ①Critcher, p. 529, ②Parton, p. 130.
(30) Critcher, pp. 527-528, p. 530.
(31) Parton, *op.cit.*, p. 133.
(32) *Ibid.*
(33) Sir Michael Bichard (2004) *The Bichard Inquiry Report*, HC653, The Stationery Office, Bichard Report と略す。
(34) ①Bichard Report, p. 1, ②Parton, p. 134.
(35) Bichard Report, para. 6.
(36) Bichard Report, paras. 8-15.
(37) ①Bichard Report, paras. 73.1-73.4, ②Parton, p. 135.
(38) Bichard Report, paras. 79-80.
(39) Sir Christopher Kelly KCB (2004) *Serious Case Review, IAN HUNTLEY, North East Lincolnshire 1995-2001*, North East Lincolnshire ACPC, Kelly Report と略す。
(40) Kelly Report, para. 2.
(41) ①Kelly Report, paras. 29-30, ②Parton, p. 136.
(42) ①Kelly Report, paras. 12-30, ②Parton, p. 136.
(43) Kelly Report, para. 218.
(44) ①Kelly Report, para. 219, ②Parton, p. 137.
(45) ①阿部謹也 (1978)『刑吏の社会史——中世ヨーロッパの庶民生活』中公新書、②土井隆義 (2003)『〈非行少年〉の消滅——個性神話と少年犯罪』信山社、③芹沢一也 (2006)『ホラーハウス社会——法を犯した「少年」と「異常者」たち』講談社＋α新書。
(46) 阿部、前掲書、p. 40。
(47) 同上、p. 187。

(48) 同上、p. 96。
(49) 同上、p. 38。
(50) 同上、p. 54。
(51) 佐伯啓思（1996）『現代日本のリベラリズム』講談社、p. 119。
(52) 阿部、前掲書、p. 188。
(53) 同上、pp. 188-189。
(54) 同上、p. 190。
(55) 土井隆義（2003）『〈非行少年〉の消滅-個性神話と少年犯罪』信山社、pp. 242-244。
(56) 同上、p. 244。
(57) Garland, D. (2000) 'The Culture of High Crime Societies: Some Preconditions of Recent 'Law and Order' Policies', *The British Journal of Criminology*, vol.40 (3), pp. 352-354.
(58) *Ibid.*, pp. 356-357.
(59) *Ibid.*, pp. 356-357.
(60) *Ibid.*, p. 359.
(61) *Ibid.*, p. 359, p. 362.
(62) ①Garland, D. (1996) 'The Limits of the Sovereign State: Strategies of Crime Control in Contemporary Society', *The British Journal of Criminology*, vol. 36 (4), pp. 102-103, ②Kemshall, H. & Maguire, M. (2003) 'Sex offenders, risk penalty and the problem of disclosure to the community' in Matravers, A. (ed) (2003) *Sex Offenders in the Community: Managing and Reducing the Risks*, Cullompton, Willan Publishing. pp. 102-103, ③Garland (2000), *op. cit.*, pp. 446-447.
(63) Garland (2000), p. 362.
(64) *Ibid.*, pp. 364-366.
(65) *Ibid.*, p. 368.
(66) 芹沢一也（2006）『ホラーハウス社会――法を犯した「少年」と「異常者」たち』講談社＋α新書、p. 147。
(67) 土井、前掲書、p. 246。
(68) 芹沢、前掲書、p. 154。
(69) ①Kitzinger, J. (2004) *Framing Abuse: Media Influence and Public Understanding of Sexual Violence Against Children*, Pluto Press, pp. 155-156, ②芹沢、前掲書、p. 170。
(70) 芹沢、前掲書、p. 207。
(71) 土井、前掲書、p. 274。
(72) Garland (2000), *op. cit.*, p. 351.
(73) 土井、前掲書、p. 298。
(74) Garland (2000), *op. cit.*, pp. 350-352.

(75) Garland (1996), *op. cit.*, p. 448.
(76) *Ibid.*, p. 460.
(77) Kemshall & Maguire, *op. cit.*, pp. 103-106.
(78) Evans, J. (2003) 'Vigilance and vigilantes: thinking psychoanalytically about anti-paedophile action', *Theoretical Criminology*, vol. 7 (2), pp. 166-168.
(79) 芹沢、前掲書、p. 186。
(80) 同上、pp. 103-106。
(81) 同上、pp. 194-195。
(82) 同上、p. 197。
(83) 同上、p. 206。
(84) Garland (1996), *op. cit.*, pp. 454-455.
(85) ①Evans, *op. cit.*, pp. 167-171, ②芹沢、前掲書、pp. 196-200。

V部

ベビーP虐待死亡事件調査報告書とソーシャルワーク改革

8章

ベビーP虐待死亡事件とソーシャルワーク
——繰り返される第二のクリンビエ虐待死亡事件——

〔1〕はじめに：ベビーP虐待死亡事件[1]とは

　ビクトリア・クリンビエ虐待死亡事件が新労働党政権による児童社会サービス大改革の契機になったとすれば、ベビーP虐待死亡事件は新労働党政権の終焉を象徴する事件であった。新労働党政権には、ラミング報告書（クリンビエ虐待死亡事件）の勧告を汲んで実施されたECMはすべての子どもを対象とした早期予防対策であり、児童虐待防止に関しても十分な手立てを打ったという自信が少なからずあった。新労働党政権の関心もメディアが頻繁に取り上げ社会問題化してきた児童少年の反社会的行為に移っていった。その矢先にベビーP虐待死亡事件が、しかもクリンビエと同地区であるハーリンゲイで起こった。
　ベビーP虐待死亡事件が周知の事実となったのは、事件後1年以上経った2008年11月、加害者である3人の有罪判決がメディアで報道されてからである。しかもサン紙（大衆紙）がベビーPに関与したソーシャルワーカーを実名で報道し、責任追及（解雇を要求するキャンペーンの実施）する姿勢を明確にすると、世論は大きく動き出した。もちろんキャメロン（保守党）が党首討論でベビーP虐待死亡事件を取り上げブラウン首相と激しく衝突したことも少なからず影響しているであろう。政府（新労働党）には焦りがあった。サン紙が

描くシナリオに沿って世論が誘導され、政府の統制が効かなくなった。1年後には総選挙を控え失点を重ねたくない政府は、いくつかの調査委員会を立ち上げ、矢継ぎ早に調査（事件の解明と責任追及）を実施した。児童学校家族大臣のボールズ（Ed Balls :the secretary of state for children, schools and families）は児童サービス部長シュースミス（Sharon Shoesmith）の更迭解雇に踏み切った。これでけじめをつけ世論の鎮静化を図ろうとしたが、ベビーP虐待死亡事件の余韻は総選挙まで続いた。さらに後日、児童サービス部長シュースミスの解雇は不当であったことが高等法院で明らかにされる。そして解雇の根拠となった調査報告書の中立公正も疑われることになり、ベビーP虐待死亡事件は政治的スキャンダルに発展していった。

このように様々な問題が交錯した複雑な事件であり論点を整理するために、本章ではベビーP虐待死亡事件が児童虐待防止ソーシャルワークに与えた影響、次章ではベビーP虐待死亡事件が政治的スキャンダルに発展していった経緯に分けて考察する。

〔2〕ベビーP虐待死亡事件の社会／政治的背景：児童社会サービスを中心に

ベビーP虐待死亡事件の社会／政治的背景を、児童社会サービスを中心に整理しておく。新労働党政権第二期（2001年6月から2005年5月）も終盤に差しかかり総選挙を迎える頃になると、党／政府内はブレア（首相）派とブラウン（財務大臣）派の対立がより鮮明になってきた。新労働党政権第三期では、2005年5月から2007年6月の期間はブレア首相、2007年7月からはブラウン首相と彼の側近ボールズのイニシアティヴのもとで児童社会サービス改革とりわけ児童少年の反社会的行為の予防対策が進められてゆくことになる[2]。

(1) 新労働党政権第三期における児童社会サービス戦略
1) ブレア政権における児童社会サービス戦略[3]
再選に勝利したブレア首相は児童少年の反社会的行為の予防対策が望んだように進んでいないことを明らかにし、矢継ぎ早に新たな対策を打ち出すことになる[4]。その対象は反社会的行為を生み出す親の養育姿勢である。「ひどい振

る舞い」という広義かつ曖昧な概念を新たに導入し、幼少期の親業へ積極的な早期予防介入（家族介入）を試み、反社会的行為の芽を未然に摘んでしまうという戦略である。

このような過剰とも思える早期予防介入の試みは、シュア・スタートを含めた児童貧困対策が、それほどの成果を上げていないことへの苛立ちがある。その原因に関するブレア首相の見解は、1970年代にキース・ジョウゼフが唱えた「貧困（剥奪）悪循環」の繰り返しである[5]。「貧困（剥奪）悪循環」では、世代に跨る貧困（児童貧困）を克服するには、物質的な支援以上に文化的な支援すなわち親業や家族環境への支援が重視される。すなわち、サービスを提供しても「自ら利用しようとしない」「利用しても効果がみられない」集団、とりわけ社会的に孤立する問題家族への早期予防介入が、反社会的行為など社会的排除全般の効果的な予防策とされる。

2007年2月、子どものウェルビーイングに関するユニセフの発表によれば、イギリスは経済先進国21か国の最下位であった。時期を同じくしてロンドンでは凶刃／銃器による少年若者の殺傷事件が起こり、メディアはこぞってイギリスの将来を憂い子ども期の危機的状況を訴えた。ブレア首相は「160万人の子どもを児童貧困から解放した」と成果を強調する一方、少数の社会的に孤立した問題家族への対応は不十分であることを認め、児童少年の非行犯罪の温床になっていたことを示唆した。これらの家族に対して忍耐強く継続的に、場合によっては厳しい態度で臨むことを強い決意を込めて訴えた。

2）ブラウン政権における児童社会サービス戦略[6]

このようなブレア首相の強い決意にもかかわらず、2007年6月27日、ブラウンが首相に就任する。彼は児童学校家族省（Department of Children, Schools and Families: DCSF）を新設し初代大臣に側近のボールズを任命した。そして2007年12月11日には、「児童プラン：明るい未来の創設のために」[7]を公表し、ブラウン色を打ち出していった。児童プランは、子どもの潜在能力を最大限に発揮できるようあらゆる支援（とくに乳幼児期の早期介入）を提供するというECMの理念を継承している。またブレア首相が決意を込めて臨んだ児童少年の反社会的行為の予防、すなわち貧困悪循環による児童貧困の解消

と社会的に孤立した問題家族への積極的な対応も明確にしている。

　ブラウン色としての児童プランの特徴は、将来的な社会的排除の予防として、子どもの基礎学力の向上を達成目標に掲げ、学校（幼児教育施設を含む）など教育施設の役割を重視していることである。そればかりではない。学校や児童センター（シュア・スタート）は、子どもや家族がアクセスしやすい場所であることから、これらの施設を拠点にしてあらゆる家族のニーズに対応できるよう児童サービスと成人サービスを統合させ、早期予防介入を実施しようとする。過去10年間、新労働党政権は子どもの権利保障に積極的に取り組んだが、家族ニーズとの関連においてそれを検討するという姿勢は弱かった。しかし、貧困悪循環による児童貧困や社会的に孤立した問題家族への対応に取り組む中で、成人サービスを提供する専門家は、クライエントを利用者としてだけではなく子の親として、子の利益と安全の保障にも配慮（アセスメント）することを求められた。1970年に実施されたシーボーム改革による予防的家族サービスの復権である[8]。しかしながら、総選挙で新労働党は敗北し、児童プランの成果を確認できぬまま政権を去ることになった。

(2) 新労働党政権第三期における児童ソーシャルワーク

　新労働党政権における児童ソーシャルワーク（虐待防止も含む）の位置づけを明確にしておこう。第1はサービス統合／調整と専門性担保の問題である。2004年に児童サービスと成人サービスは独立した部署の管轄下におかれ、シーボーム改革で確立した専門職すなわちジェネリック・ソーシャルワーク[9]は完全に解体された。シーボーム改革ではフィールド福祉職経験のある社会福祉部長の管轄下でサービスが統合／調整された。しかし2004年以降、その統合／調整は児童トラストに委ねられる。児童サービス部長は児童トラストの運営に責任をもつが、管轄外の成人サービスへの影響力（サービスのマネジメント能力）は未知数であり、児童サービス部長の多くは教育職経験者であって、児童サービス専門職経験者は限られている。

　第2は児童ソーシャルワークに対する市民理解の問題である。ジェネリック・ソーシャルワークが解体され、児童ソーシャルワークの対象は虐待防止など自治体の保護や支援を必要とする子ども（looked after child）に限定される

ことになった。それは際限ない課業から解放され児童（虐待防止）ソーシャルワークの特殊専門化と見なすこともできる。しかしながらコミュニティを拠点とする早期予防介入[10]の多くは、シュア・スタートの児童センターのように政府直轄で運営され、しかも人材は保健医療および幼年／教育関係の専門職に委ねられ、児童ソーシャルワークは周辺的存在におかれた。コミュニティとの接点が大幅に縮小された結果、虐待防止ソーシャルワークの困難性とそれに伴うソーシャルワーカーの心身の負担に関する市民の理解は、ますます得られにくいものとなる。ただでさえ市民の中にはソーシャルワークに対して旧労働党の「浪費」というイメージがくすぶっており、ブレア首相率いる新労働党ですら政権奪取した当初は「第三の道」を掲げ、それとは区別を図ろうとしていた。虐待防止ソーシャルワークは、協働という脈絡で対応され、警察、顧問小児科医、司法関係者の責任も重大であるにもかかわらず、常に過失はすべて児童ソーシャルワーク専門職の責任となり、メディアや市民の容赦ない批判にさらされることになる。これらの不安はベビーP虐待死亡事件で現実のものとなっていった。

〔3〕ベビーP虐待死亡事件の概要[11]

2007年8月3日、12時10分、北ミドルセックス大学病院に運び込まれたベビーPの死亡が確認された。享年17か月。ベビーPは全身傷だらけで、肋骨（8か所）の骨折、脊椎骨の損傷、歯の欠損（一本は本児の結腸から発見）、指爪（2か所）と足爪（1か所）の剥離、耳部裂傷は犬の歯で引きちぎられたような傷痕であった。ベビーPは、児童関連専門職と相当な数の接触を持ち、しかも入退院を繰り返しており、さらに母親が虐待の疑いで2度も逮捕されているにもかかわらず、悲劇を避けることはできなかった。

本事件を理解する一助として、ベビーPの複雑な家族構成の変化を明確にしておきたい。虐待防止において家族構成は子どものリスクに大きな影響を及ぼす。これらの家族構成の変化はベビーPの死後、警察の調査で判明したものであり、生前には警察も含め多くの専門機関がベビーP（とその家族）と関係をもっていたが、どの専門機関も正確な家族構成を把握していなかった。

コネリー家の家族構成

2006年12月以前	トレイシー・コネリー、3人の女児、ベビーP（ピーター・コネリー）、2匹の犬
2007年4月頃	スティーヴン・バーカーが同居 合計：2人の大人／4人の子ども／2匹の犬
2007年7月頃	ジェイソン・オーウェン（バーカーの兄）、15歳の女友達、ジェイソンの3人の子どもが同居 合計：3人の大人／15歳の少女／7人の子ども／3匹の犬

出所：Jones, R.（2014）*The Story of Baby P: Setting the record straight*, Policy Press, p.50.

（1）2006年3月1日から12月11日まで

3月1日	ベビーP誕生（北ミドルセックス大学病院）。ハーリンゲイ区に両親と同居。
5月2日	ベビーP、嘔吐のためかかりつけ医を受診する（初回）。26日も同じ理由で通院。
7月7日	ベビーPの父親、ハーリンゲイ区の自宅を出る（別居）。
10月13日	ベビーP（8か月）、頭部と胸部の打撲傷のためかかりつけ医を受診する。母親によれば「階段から転げ落ちた」ことが原因らしい。
11月～12月	母親は男友達（33歳：バーカー）と自宅で同居を始める。
12月11日	ベビーPは、頭部の傷害、鼻柱、胸骨、右肩、臀部の打撲傷のためかかりつけ医に受診する。母親は興奮しその原因を説明できない。ベビーPは精密検査を受けるためにウィッティントン病院の小児科へ送致された。母親の説明によれば「長椅子から転げ落ちたり犬に噛まれたりした」ことが原因らしい。ベビーPはCYPSに送致される。

　2006年3月1日、生まれて間もないベビーPに対して保健訪問員による新生児訪問が始まった。保健訪問員はベビーPの健康状態を良好と判断したが、家族歴を考慮して「懸念」を示すホルダーに分類した（3.9）[12]。12月11日、母親はかかりつけ医に電話をかけ、ベビーPの前頭部にできた腫れ物（傷害）への対応を尋ねた。ベビーPを診察したかかりつけ医は精密検査を受ける必要があることを伝え（3.13）、ウイッティントン病院（Whittington Hospital NHS Trust）へ向かわせた。受診に際して母親は傷害ができたいきさつを合理的に説明をすることはできなかった（3.14）。それ以外にも臀部にできたひどい打撲傷、額や胸部にも多くの打撲傷痕が確認された（3.15）。精密検査の結果は「母親の説明では辻褄の合わない傷害」であり「故意による傷害」が疑われた。

ベビーPは児童若者サービス部（Child and Young People's Service: CYPS）に送致され調査が終了するまで入院することになった（3.16）。

(2) 2006年12月12日から12月22日まで

12月12日	CYPSは戦略会議（strategy meeting）を招集する。
12月15日	ベビーPは退院し母親の友人にケア委託される。警察の調査が実施される（13日より実施）。
12月19日	母親と祖母が暴行容疑で逮捕。2007年1月11日に保釈され自宅に戻る（祖母は起訴されず）。
12月22日	第1回児童虐待防止会議が招集。ネグレクトと身体的虐待を根拠にベビーPの名前が児童虐待防止登録に登録される。

　戦略会議にはソーシャルワーカーと警察官（ロンドン警視庁児童虐待防止担当官）が出席した。「ベビーPには被虐待の疑いがあり、47条調査および警察の調査が終了するまで自宅には帰さない」ことが確認された（3.18）。ベビーPは15日に退院しその養育は母親の友人に委託された（インフォーマルな養育一時委託）（3.21）。19日、警察は母親と祖母を逮捕した。

　警察は、ベビーPの両親が離別していること、自宅には母親とその子どもたちが居住し時々祖母が同居していること、そして母親には男友達がいることは確認していた。しかし男友達が家族と同居したりすることはあるのかという点については、2人に直接尋ね確認しなかった（3.23）。児童虐待防止会議が12月22日に招集された。ソーシャルワーカー、警察（虐待調査官）と司法関係者らが出席した。医療関係者は欠席したが顧問小児科医は詳細な報告書を提出した。そこには「傷害は故意による疑いがきわめて強い（very suggestive of non-accidental injury）」と診断されていた。ソーシャルワーカーは母親の生い立ちや家族背景に関する詳細な情報を提供した報告書を提出した。

　しかし傷害ができたいきさつやそのときの状況を正確に把握している者は、警察を含めて誰もいなかった。したがって「ベビーPの傷害はケア手続きの基準を満たしているが、CYPSにケア手続きを開始するよう促すことはできない」という曖昧な司法的見解が、総合的なアセスメントの結論となった（3.25、3.34）。すなわち虐待は確認されるが、親子分離すべきか、在宅のまま指導監督を強化するのかは、CYPSの判断に委ねるということである。ベビー

Pは身体的虐待とネグレクトの両方で児童虐待防止登録に登録された（3.29）。2人の年上のきょうだいのうち、1人はネグレクトで登録され、もう1人は登録されなかった（3.30）。

(3) 2006年12月23日から2007年3月16日まで

1月26日	ベビーPは保釈中である母親の養育に戻される。
2月19日	母親、パートナー（バーカー）、ベビーPは、ロンドン北部の公営住宅に移る。ソーシャルワーカーの交代。
2月22日	ベビーPの担当ソーシャルワーカーであるウォードが新居へ初めて家庭訪問する。母親は児童虐待防止登録に登録されたことに不満をもらす。傷害の原因は自分ではないことを主張する。
3月2日	ウォードは保健訪問員と一緒に、ベビーPの誕生日の翌日に家庭訪問する。ウォードはベビーPが床に頭部を押しつけたりぶつけたりしている様子を確認し、児童精神発達センターで受診できるよう連絡交渉する。
3月5日	母親がベビーPのきょうだいの1人を平手打ちしたところが目撃される。
3月8日	ウォードによる家庭訪問。ベビーPがソファに頭部を押しつけたりぶつけたりしている様子が確認される。
3月16日	児童虐待防止検討会議が招集。事前通告なしの家庭訪問を増やすことを確認。

1月24日に戦略検討会が招集された。「傷害が故意によるものであったとしても誰が加害者なのかわからない」という児童虐待防止会議の結論を確認するに留まった。警察は、自宅で飼っている犬をベビーPに近づけないことを条件に（犬がベビーPに噛みついた疑いがあるため）、ひとまずベビーPを自宅に返すことに同意した（3.35）。2007年1月26日、ベビーPは自宅に戻った。そして家族は2月19日に新居に移った。この時点でソーシャルワーカーがウォード（Ward, M.）に交代した（3.36）。3月5日、養護教諭がウォードに「母親が大声で怒鳴りつけ教室の外でベビーPのきょうだいの1人の頬を平手打ちした」ことを電話で伝えてきた。その子は1人で面接を受け暴行が確認された。しかし母親はすでに親業支援プログラムに参加していたので、それ以上のアクションは取られなかった（3.38）。3月16日の児童虐待防止検討会で、ソーシャルワーカーは通常の家庭訪問に加え、事前通告なしの家庭訪問を増やすことが確認された（3.41）。

(4) 2007年3月17日から6月1日まで

4月9日	母親は北ミドルセックス病院にベビーPを連れてゆく。ベビーPの頭部左側に大きな腫れ、それ以外にも顔面に打撲傷や引っかき傷の痕があり、頭部にはしらみが涌いていた。精密検査のため入院する。
4月11日	ベビーPは退院する。
6月1日	ベビーPは15か月になり、ウォードは事前通告なしの家庭訪問を行う。ベビーPは毛布にくるまってソファの上に横たわっていた。彼の顔は赤く顎の下には打撲傷痕があり目の下には赤い線痕があった。ウォードは警察へ連絡する。ベビーPは北ミドルセックス病院で受診し12か所の打撲傷が確認される。

　4月9日、母親はベビーPを北ミドルセックス病院救急部に連れてきた。左側頭部に（打撲による）大きな腫れが確認された。母親の説明によれば「4日前に同年齢の子どもに押されて暖炉に頭部をぶつけた」ことが原因らしい。受傷後4日も経っていたのである程度治癒しており、彼は元気そうに見えた。しかし今朝になって首痛を発し頭部は左側に傾けたままであった。さらに顔面には小さな打撲傷や引っかき傷の痕があり、頭部にはしらみが涌いていた（3.44）。ベビーPは精密検査のため入院した（3.45）。検査の結果、異常はみられず、医療関係者は母親の説明を信用しており、左側頭部以外の傷害はアレルギー体質によるものと診断された。ウォードは退院に合意し警察には連絡しなかった（3.46）。4月11日退院する。CYPSは暖炉ガードを給付した。

　6月1日、ウォードは事前通告なしの家庭訪問でベビーPの顎に打撲傷を確認する。ベビーPは北ミドルセックス病院救急部で受診した（3.51）。母親によれば「自宅に滞在していた友達の子どもとけんかした」ことが原因らしい。それ以外にも身体検査で12か所の打撲傷痕が確認され母親に説明を求めたが[13]、説明の合理性が確認できる傷痕はわずかである。特に医師が関心を寄せたのは左足首の傷痕であり、手で強くつかんだと思われる手形痕が残されていた。しかしベビーPは退院し自宅に返された。母親は親子分離されるのではないかと心配したが、週末に家族の友人がベビーP宅を訪れ滞在するようなので、CYPSはその友人にベビーPの安全確認を委ねることにした（3.52）。

(5) 2007年6月2日から7月10日まで

6月4日	戦略会議の実施
6月5日	母親は2度目の逮捕をされ警察より取り調べを受ける。
6月8日	児童虐待防止検討会の招集。警察（児童虐待防止チーム）が家庭訪問し、ベビーPの写真が撮られた。背骨の真ん中に打撲傷が確認された。
6月27日	オーウェン（37歳：バーカーの兄）が15歳の家出少女と一緒にベビーP宅に移住し、ベビーP、母親、パートナー（バーカー）との同居生活が始まる。ウォードは母親と連絡を取ろうとするが失敗に終わる。
7月2日	ウォードは母親と連絡が取れ、ロンドン北西部の伯父宅（重い病気を患っている伯父の看病のため）にいることが告げられる。後の裁判所審理で判明したことであるが、ベビーPは虐待により黒ずんだ目をしていたのでそれを隠すための行為であった。
7月9日	北ミドルセックス病院で受診し（ベビーPの）耳部と頭皮の感染症治療のために抗生物質が処方される。母親は保健訪問員との約束をキャンセルする。
7月10日	警察は、2006年12月のベビーPの傷害について「故意による疑いが強いが断定はできない」という結論を出す。

　警察はこれまでの傷害は「故意によるもの」と判断した。6月4日に戦略会議が招集され、47条調査の実施、ケア手続きを検討するための司法計画会議の招集、小児科医のアセスメントの確認、家族の友人によるベビーPの指導監督、母親とベビーPの交流、チャイルドマインダー（家庭保育士）の選考、警察とCYPSとの合同調査に関する取り決めが確認された（3.55）。翌日の6月5日、母親は2度目の逮捕をされ警察より取調べを受けた（3.57）。6月8日、児童虐待防止検討会が招集された。ウォードは6月1日の傷害を取り上げ、母親の説明では不十分であることを主張した。北ミドルセックス病院の身体検査では「故意による疑いが強い」という診断である。検討会では、次週に司法計画会議が招集され、裁判所命令（ケア命令）による親子分離の申請（ケア手続き）を検討することが確認された（3.58）。

　6月29日、母親がベビーPを「連れ去った」（交流の取り決めに反する行為）という連絡が、チャイルドマインダーよりウォードに届いた。ウォードは母親と連絡がつかず、7月2日になってようやく連絡がとれた。彼女の話によれば、伯父宅（重い病気を患っている伯父の看病のため）に滞在しており、伯父の健康次第で4日か9日に自宅へ戻る予定らしい（3.61）。7月9日、ハーリンゲ

イに戻り北ミドルセックス病院（ベビーPの受診）にいる母親と連絡が取れた（3.63）。ウォードは家庭訪問しすべての子どもの様子を確認した。ベビーPの耳は赤く爛れているようであった。7月10日、警察は2006年12月のベビーPの傷害について「故意による疑いが強いが断定はできない」という結論を出した。

(6) 2007年7月11日から7月25日まで

7月18日	ベビーPは保健訪問員より身体検査を受け再び体重の低下が確認された。ベビーPはまだ頭皮の感染症が完治していない。耳部の周辺に傷痕も見られた。
7月19日	ベビーPは北ミドルセックス病院（外来部）で受診した。耳部そして右手の爪に感染症がみられ、抗生物質が投与された。
7月23日	児童精神発達センターの診察予約がキャンセルされる。
7月24日	チャイルドマインダーは「感染症のためベビーPを預かることはできない」とウォードに伝えてきた。ウォードは母親に連絡しかかりつけ医の診察を受けるよう説得する。母親は保健訪問員との面接の約束を守らなかった。彼女によれば「忘れていた」らしい。
7月25日	裁判所命令（ケア命令）による親子分離の申請（ケア手続き）を検討する司法計画会議が開催された。その決定は、現在当ケースはケア手続きの水準を満たしていないが、この判断は今後の報告に応じて再検討されるべきであるという結論であった。

7月18日、ベビーP（母親同伴）は診療所で保健訪問員より身体検査を受けた。ベビーPの体重は減っていたが食欲は旺盛であった。しかし彼の左耳は外側が赤く、耳たぶは感染症にかかっているように見えた。母親はベビーPを再度病院（7月9日に受診）で診察を受けさせるよう助言された（3.64）。

7月19日、ベビーP（母親同伴）は北ミドルセックス大学病院（外来部）で受診したが直ちに救急処置部へ送られた。感染症の頭皮には血色に染まったかさぶたがあり、しらみが涌き、彼が引っかいた左耳の辺りに血痕が確認された。彼はひどく不衛生な状態に見えた。救急処置部はCYPSに連絡した（3.65）。7月23日、チャイルドマインダーが感染症のためベビーPを預かることはできないと連絡してきたこと、感染症の治癒に時間がかかりすぎておりすぐにかかりつけ医で受診することをウォードは母親に伝えた。

7月25日、親子分離の裁判所命令（ケア命令）を申請（ケア手続き）すべき

かどうかの司法計画会議が開催された。その決定は、現在当ケースはケア手続きの水準（親子分離を認めるケア命令の請求）を満たしていないが、この判断は今後の報告に応じて再検討されるべきである（3.67）という結論であった。

(7) 2007年7月26日から8月2日まで

7月30日	ウォードは家庭訪問しベビーPと面接するがこれが最後になる。ベビーPはバギーの中におり顔と手はチョコレート（を食べたあとの？）の汚れが付着しており、頭皮には抗菌性のクリームが塗られていた。これらはベビーPの傷害（虐待の痕跡）を隠すための方策であった（オーウェンの証言）。
7月31日	検察サービス局は、母親と祖母のベビーPに対する虐待（2006年12月）は「証拠不十分」という結論を出す。
8月1日	ベビーPは児童精神発達センターで受診する（以前に2度の予約キャンセルがあった）。顧問小児科医（Sabah Al-Zayyat）は身体と顔面に打撲傷を確認するが、精密検査は実施されなかった。
8月2日	母親は（ベビーPに関して）かかりつけ医の診察を受けないことにした。ウォードも前日に小児科医の診察を受けているので同意した。警察はベビーPに対する暴行（assault）の件でこれ以上アクションをとらないことが母親に伝えられた。
8月3日	12時10分、北ミドルセックス大学病院に運び込まれたベビーPの死亡が確認された。享年17か月。

　7月30日、ソーシャルワーカーによる（事前通告の）家庭訪問が実施されすべての子どもが面接を受けた。ベビーPの耳はただれ少し炎症していた。彼は頭のてっぺんに白いクリームをつけていた。母親は感染症がよくなったと考えていた。ベビーPの顔にはチョコレートが付着しており、ソーシャルワーカーはそれを落とすように求めた。家族の友達がそうするよう彼を別の部屋へ移したが、ソーシャルワーカーが帰るまでに現れなかった（3.68）。

　8月1日、ベビーPは児童精神発達センターで受診した。ベビーPは児童虐待防止登録に登録されているが、傷害に関して現在行われている調査の一環として送致されたのではない。顧問小児科医はベビーPの行動や症状から判断してウイルス性感染症の疑いがあると診断した（3.71）。この時点でベビーPは肋骨と背骨に骨折の疑いがあり、下半身に麻痺や痺れがあったと思われる。事

件後、顧問小児科医は「ベビーPは足を動かしていた」と証言している。また裁判所審理では「私はベビーPを診察した。風邪をひいていたが同年齢の他の子どもと比較して何か特別に問題があるようには見えなかった」「彼は介助なしに座っていた。彼の様子から判断して被虐待を疑う理由はなかった」と証言している。8月2日、母親は警察より傷害の件で訴追されないことが伝えられた（3.72）[14]。そして2007年8月3日、12時10分、北ミドルセックス大学病院に運び込まれたベビーPの死亡が確認された。

〔4〕SCRの見解[15]

　SCR（*Serious Case Review*: SCR）とは、深刻な虐待や虐待死亡事件に関与した自治体（区）が実施する虐待調査報告書であり、同時に内部評価報告書としての意味をもつ。そして今後同じような過ちを犯さないよう、いくつかの項目ごとに提言（4章「教訓」）がされている。それぞれの項目は「権威的な児童虐待防止ソーシャルワークの必要性」「協働システムの見直し」「普遍的サービスにおける予防的対応」「医学的／司法的根拠への過剰な信頼」「警察官とソーシャルワーカーの合同調査」「家族や友人への子どもの委託」「ケア手続きの役割」「虐待調査における積極性の欠如」「管理運営とスーパーヴィジョン」などである。いずれも児童虐待防止ソーシャルワークに深く関係するものばかりで、中でも「権威的な児童虐待防止ソーシャルワークの必要性」は4章全体の半分を占めており、6章「勧告」では15の勧告すべてがLSCB（Local Safeguarding Children Board: LSCB）とCYPSを対象としている。したがって、本事件以降の虐待防止ソーシャルワークに大きな影響を与えた「権威的な児童虐待防止ソーシャルワークの必要性」を中心にSCRの見解を要約する。

　なお、本章で扱うSCRは改訂版（やり直し版）である。最初（初版）のSCRは、事件の究明が徹底されておらず説明責任も曖昧であるという理由で、児童学校家族省大臣ボールズよりやり直しを命じられた。本当に初版SCRは「事件の究明が徹底されておらず説明責任も曖昧」な調査報告書だったのか。むしろボールズが命じた改訂版SCR（やり直し版）の方が、調査報告書として中立公正が担保されていないと後日評価されることになる。詳述は次章に譲るが、本

章では、当時中立公正な調査報告書と評価された改訂版SCR（やり直し版）に基づいて、ベビーPに関する虐待防止ソーシャルワークの評価を要約する。

（1）家族支援の妥当性？：未熟な初期アセスメント

　子どもは虐待されている疑いはあるが加害者を特定できない場合、リスクアセスメントの判断基準は、親（養育者）の子に対する愛情、育児に対する意欲や責任感に焦点が合わされる。47条調査（CYPS）、刑事調査（警察）、児童虐待防止会議は、これらをアセスメントする貴重な機会である（4.1.1）。しかし、意識的ではないにしても、母親は専門家の対応を慎重に探り、真実（事実経過）を明らかにしなくても親子分離されることはないと考えていたようである（4.1.2）。その原因は専門家があまりにも素朴に母親の説明を信用しすぎたことにある（4.1.3）。

　未熟な初期アセスメントを象徴する出来事は、2006年12月22日の児童虐待防止会議である。この会議は初期対応を検討し決定する重要な会議である。傷害ができた経緯やその時の状況を正確に把握はできていないが、ベビーPの傷害に関する顧問小児科医の診断は「故意によるもの」であり、ケア手続き（親子分離を認めるケア命令の請求）の基準に達していたはずである。しかし、ケア手続きの申請は慎重に避けられた。「重大な危害」（significant harm）の水準には達していないと判断されたのであろう。母親は幼少期に身体的及び心理的虐待を受けており[16]、それが親業や専門家との信頼関係の構築に与える影響をもっと慎重にアセスメントすべきであった（4.1.4）。

　このような結果になったのは、顧問小児科医など医療関係のスペシャリストが児童虐待防止会議に参加していないことに一因がある。その結果、故意による深刻な傷害が確認されたが、その経緯／事実関係が明らかにされていないという段階で、ベビーPを母親のもとに帰すという理解し難い対応になった（4.1.5）。また、児童虐待防止プランがすべての子どもに作成されていないこと、すなわち2人の年上のきょうだいのうち、1人はネグレクトで児童虐待防止プランが作成されたが、もう1人は作成されていないことも問題である。母親が「ベビーPに何が起こったのか」その真実を語ることを拒むのであれば、すべての子どもは「重大な危害」のリスクにあると考えプランを作成するのが

合理的である (4.1.8)。

　このような子どもに対する選別的な対応は「あなたの親業のすべてが問題なのではない」(特定の子に対する養育だけが問題) という間違ったメッセージを親に、そして協働する専門家にも送ることになる (4.1.9)。またベビーPのケアを家族の友達に一時委託したこともそうである。それは母親に対して「この程度の傷害なら親子分離はしない」「家族の養育を優先させている」という間違ったメッセージを送ることになる (4.1.11)。

　このようなCYPSの対応は、母親との信頼関係の構築を優先するあまり、母親の説明を素朴に受け入れ、その言動に振り回されている印象を与えるかもしれない。それには次のような脈絡や背景があったことにも留意しておく必要がある。それは、CYPSでは家族のもつストレングスを尊重し親業を向上／改善させることを家族支援における共通のエートスとしていたことである。実際に家族支援のスタッフは教育研修を受けており、上級マネジャーの中には虐待防止ソーシャルワークにも適用できると考えている者もいた。このようなソーシャルワークの手法もしくは哲学が何らかの影響を与えたと考えられる (4.1.21-23)。

　またベビーPのケアを家族の友達に一時委託したこともそうである。自治体は家族委託を優先しており、しかも公的な里親委託を行う前に拡大家族 (友人も含む) への委託を検討するよう指針に記されている。しかし被虐待のリスクがある子どもを家族委託するのが適切なのかどうか、慎重にアセスメントすべきであった。仮に家族委託するのであればベビーPの父親という選択はなかったのか。彼はベビーPの一時的な養育保護を申し出ており、休暇を取って準備していた。彼は親責任を有し、ベビーPとの関係も良好なはずである。「彼は以前にベビーPを平手打ちした」と虐待をほのめかす証言を母親がしたことで父親の申し出は却下された。親責任を有する父親の申し出を却下するのであれば明確な根拠が必要であり、母親の証言を慎重に検証すべきであった (4.6.1-2)。

(2) 権威的な対応の必要性：虐待防止の意味

　初期介入における重大な失敗は、母親の男友達の身分や生い立ちそして家族との関係を明確にできなかったことである。3月13日、ウォード (ベビーPの担当ソーシャルワーカー) は「ベビーPとの交流機会を増やしたい」と希望す

る父親と面接している。その時に父親は「男友達は家族と頻繁に交流している（同居の疑い）」「母親が子どもに暴行するとは考えられない（男友達による暴行の疑い）」ことを話している（3.40）。そうであれば「彼は友人であって家族の構成員ではなく子どもとかかわることはない」という母親の説明を素朴に信用した警察とCYPSの責任は大きいはずである。

　3月16日に児童虐待防止検討会が招集された。母親がベビーPのきょうだいに暴行を加えたこと（3月5日）、3月上旬の家庭訪問でベビーPの精神発達アセスメントが要請されたことなどが招集の理由である。この検討会では事前連絡なしの家庭訪問を積極的に行うことが確認された。その成果はたちまち現れ虐待の早期発見（6月1日）につながった[17]。ウォードはベビーPの傷害に関する母親の説明に納得できず医師（北ミドルセックス病院）の診察を求めた。傷害は「故意によるもの」という断定には至らなかったが、母親の説明には合理性がなく「偶然の結果とは考えにくい」という診断であった（4.1.15）。

　直ちに児童虐待防止検討会が6月8日に招集された。前回（3月16日に実施）以降、ベビーPには2度（4月9日、6月1日）に及んで深刻な傷害が確認されている。にもかかわらず専門家の出席状況は極めて悪い。本来ならこれまでの状況を振り返り、専門機関が把握している情報を総合して精緻なアセスメントを実施する機会であったはずである。虐待防止の中心的役割を担う専門職で出席したのはウォードだけで、医師、司法関係者、警察（報告書は提出）は欠席している。児童虐待防止プランで役割と責務を与えられたものは必ず全員出席すべきである。ハーリンゲイでは、児童虐待防止を優先施策として取り組む姿勢が専門機関の間で徹底されていない（4.1.16）。

　ここで必要とされるのは、家族に対する権威的アプローチ（authoritative approach）である[18]。母親は未熟な親業やネグレクトに対して、自ら向き合い改善する必要がある。それには「明確な達成目標」が短期的に設定される必要がある。重要なのは、目標の達成ではなく、課せられた要請に対する彼女の姿勢すなわち責任ある親であろうとする彼女の意志と行動である（4.1.12）。これらの要請は、達成に向けて親が真摯に取り組む姿勢を見せない場合、親子分離もやむをえないという示唆（権威的な対応）となる。すなわち、家族支援が効果的に機能するのは、児童虐待防止機関が権威的な対応を取り、家族

支援は親業を改善し親子分離を回避する機会であると親が理解した場合である（4.1.20）。そうするとベビーPに対するケア手続き（ケア命令による親子分離）の必要性を考慮する司法計画会議の招集に7週間もかかったことは問題である。これは司法サービスの管理運営上の問題もあるが、ソーシャルワーク上級管理職（マネジャー）や司法関係者が当ケースのリスクを把握できていないことに問題[19]がある（4.1.18）。

　確かに、明確な根拠がない場合に親子分離することは、専門家に大きな責任を負わせることになる。このような判断が間違いであるかもしれないという覚悟のもとで、進んで困難と向き合わねばならないときがあるかもしれない。何もせず子どもが虐待を受けるよりは、そのほうがよいのではないだろうか（4.8.3）。そうすると、伯父の看病であったとしても、自宅から遠く離れた伯父宅にしばらく滞在していたことに関する対応は大きな問題である。トレイシー（母親）には児童虐待防止プランの対象となる子がいるばかりか、最近のベビーPの傷害で逮捕され警察の調査を受けている。彼女は通告もせず許可なくすべての子どもと一緒に自宅を離れ専門家による監督の目を逃れている。専門家は母親が「責任ある親」として行動しているのかどうかを常時確認していたとは思えず、許可なく居住地を変更した場合、どのような結果になるのかということも警告していない（4.8.4）。彼女が戻ったとき、ベビーPの耳にはただれ、腫れによる疾患がみられた。感染症の疑いがあったが医師による診察はなく、原因の究明もされていない。彼女の釈明はすべて、その信憑性を検証すべきであった（4.8.5）。

〔5〕児童虐待防止ソーシャルワークへの直接的影響

（1）虐待防止（Child Protection）への揺り戻し[20]

　ベビーP虐待死亡事件がソーシャルワークへもたらした影響の1つは、1990年代の虐待防止（Child Protection）への揺り戻しである。虐待調査報告書に該当するSCRでは、勧告のすべてがCYPSとLSCBを対象にしており、とりわけCYPSに対しては4章の半部以上を割いて「権威的な児童虐待防止ソーシャルワークの必要性」が訴えられている。権威的（authoritative）という言葉は、

表8-1　ケア命令申請数の経年比較

ケア命令の申請数					
	2007/08	2008/09	2009/10	2010/11	2011/12
全申請数	6323	6488	8832	9204	10218
2007/08対比増加率（％）	-	2.6	39.7	45.6	61.5
前年度対比増加率（％）	-	2.6	36.1	4.2	11.0
児童人口1万人における申請率	5.8	5.9	8.0	8.3	9.2

出所：Children and Family Court Advisory and Support Services: Cafcass（2012），p.2.

47条調査や一時保護、ケア命令による親子分離を積極的に行うという意味ではない。緊急に親子分離を必要とするハイリスクでないかぎり、家族支援が優先される。しかし家族支援が効果的であるためには、「親業支援プログラムの参加も含め親に提示された課題や約束の達成が親子分離を回避することができる」と親が理解するあるいは親に理解させる必要がある。このような意味である。

しかし、本事件は国会の党首討論で取り上げられ、サン紙がCYPS責任者の解雇キャンペーンを実施し、児童サービス部長が解雇されるに至っては、権威的という言葉の真意を汲み取る余裕は現場にはなかった。学校や保健訪問員などからソーシャルワーカーへ送致される子どもの数が急増し、同時にケア命令の申請（親子分離）も急増した（表8-1）。

ケア命令の申請数は2008年9月482件、10月492件、12月716件、2009年1月663件、2月657件、3月739件となっており、2008年12月以降申請数は極端に増えている。経年比較すると2009年から急増している。47条調査や一時保護、ケア命令による親子分離を積極的に行うことが、虐待防止の早期予防介入の主流になった。1990年代の虐待防止への揺り戻しとはこのような意味である。そしてこのような揺り戻しには、サン紙のキャンペーンも少なからず影響している。このキャンペーンが実施されてから、児童虐待防止ソーシャルワーク専門職の補塡及び雇用維持が以前にも増して困難になった。2009年1月、新たに着任したハーリンゲイの児童サービス部長は、他のロンドン特別区に一時的なソーシャルワーカーの人的支援（欠員補塡のための緊急応援）を要請したが、他の特別区もそのような余裕はなかった[21]。もっともこれらの問題はロンドンに限られたことではなく、イングランドの57％の自治体でも同様

の問題を抱えており、児童ソーシャルワーク職の欠員は13％に達している[22]。児童虐待防止ソーシャルワークに対する市民社会の理解と支援がなく、過失に対して過酷な責任追及が専門職個人に向けられるのであれば、その職を全うしよう思う者は誰もいないであろう。専門職の欠員補填ができない現状で子どもの安全確保（虐待防止）が要請されるのであれば、47条調査や一時保護、ケア命令による親子分離が頻繁に行使されることは容易に想像がつく。

（2）ソーシャルワーク専門職の見直し[23]

ベビーP虐待死亡事件がソーシャルワークへもたらした影響のもう1つは、ソーシャルワーク専門職の現状に政府の関心を向けさせたことである。ボールズ（政府）は世論の鎮静化を図るため矢継ぎ早に調査委員会を立ち上げたが、その中の1つにソーシャルワーク課題検討委員会（Social Work Task Force：SWTF）がある。SWTFはソーシャルワーカーの効果的な職務遂行（専門性の行使）を妨げる様々な理由を検証し、2009年末までに報告書まとめることを任務とした[24]。その報告書では、ソーシャルワークの現状すなわちソーシャルワークを実践する基盤が全く脆弱であることが述べられている。「優れたソーシャルワークは対人援助を行うフィールドの専門職に委ねられている。そして専門職の力量は、質の高い研修制度、法令や規則、上級管理職のリーダーシップに左右される。ソーシャルワーカーは自らの専門性に自信をもち、職務にやりがいとアイデンティティを感じ、職場環境に信頼を託せるとき、大きな力を発揮できる。しかし現在のソーシャルワークはこれら基本的な条件があまりにも脆弱である。人的な補填維持、研修制度、リーダーシップ、市民の理解度など、これらすべての弱点が悪循環のスパイラルをもたらしている[25]」と。

そしてメディア報道についても言及される。衝撃的な虐待事件が起こるとメディアは、市民社会を味方につけてソーシャルワーカーだけを不当かつ過剰に批判する。その結果、強大な世論のうねりとなってソーシャルワーカーに襲いかかることに彼（女）らは強い憤りを感じていることが指摘されている[26]。メディアは大衆の興味をわしづかみにし発行紙が売れる内容、すなわちわかりやすい物語で扇動的かつ衝撃的な内容を構築する。専門職個人を悪魔のように仕立て上げた物語は、その人が就労している職業の社会的価値を貶め、就労し

ている人たちの気持ちや意欲を萎えさせてしまうことにもなりかねない。それは前述した悪循環のスパイラルに拍車をかけることになる。

　SWTFの勧告は概ね政府に受け入れられ、ソーシャルワーク改革委員会（Social Work Reform Board: SWRB）が設立されることになった。SWRBは改革を進めるにあたって、ソーシャルワーク・マネジメントにおける官僚的規制の問題を取り上げている。新労働党政権はサービスの質の保証と効率的運用を担保するために、指標による到達目標を明確にした業績達成マネジメントを導入し、対人援助におけるソーシャルワーク実践では、指針、手続き、マニュアルによる規制を強めた。これらの規制には、虐待死亡事件調査報告書の勧告を忠実に実践し改良を重ねた成果として受け継がれているものも数多くある。確かに詳細な規制は一定の専門性を担保し、説明責任を明確にする。しかし、指針、手続き、マニュアルなど政府が作成した規制に縛られたソーシャルワークは、専門家の裁量を狭め専門性やモチベーションの低下につながりかねないという声が現場から数多く寄せられている。実際にソーシャルワーカーは規制遵守に伴う事務処理に多くの時間を割かれ、職務時間全体の半分以上、場合によっては7割を占めるという。子どもや家族とのソーシャルワークよりも説明責任を担保する文書作成に多くの時間が割かれている。このように、新労働党政権によるサービスの質の保証システムの抜本的な見直しが要請されることになった[27]。しかし、間もなく新労働党は下野し、ソーシャルワーク改革は連立政権下で取り組まれることになった[28]。

〔6〕児童虐待防止ソーシャルワークへの間接的影響

(1) ラミング報告書とは[29]：児童保護／虐待防止の進捗状況に関する全国調査

　衝撃的な虐待（死亡）事件が起こると、ビクトリア・クリンビエ事件までは政府が指名した委員長（調査委員会の設置）の下で調査報告書が作成され勧告が出された。その勧告に従って自治体は改革に取り組み、同じ過ちは2度と繰り返さないことを明らかにする。そして、市民社会は専門職の説明責任と自治体の真摯な取り組みを評価して、世論は落ち着くことになる。ところが今回はサン紙が描く筋書に沿って世論が誘導され、ソーシャルワーク専門職および自

治体への批判は容赦なく、政府の統制も効かなくなった。しかも自治体が作成したSCRは、事件の究明が徹底されておらず説明責任も曖昧であるという理由で、ボールズによりやり直しを命じられた。いつ世論の矛先が政府に向かうか予測がつかず、児童社会サービス改革（ECMなど）の抜本的な見直しを迫られることにもなりかねない。そこで立ち上げられたのがラミング卿を委員長とする調査委員会である。この調査委員会の目的は、ベビーＰ虐待死亡事件の調査ではない。新労働党政権の児童社会サービス改革の成果（児童保護／虐待防止施策の進捗）を公正に評価することにある（ラミング報告書）。これらの取り組みには不十分なところもあるが、概ね目的は達成されており、ベビーＰ虐待死亡事件は例外的なケースであることを権威ある委員会が明らかにすることで市民を納得させること、すなわち世論の鎮静化を図ろうとする目論見があった。実際はそのように事は運ばなかったのではあるが。以下、ラミング報告書の児童保護／虐待防止ソーシャルワークに関連する部分を中心に検討する。

（2）政府各省庁の改革

　ラミング報告書は、児童社会サービス改革の進捗（5年間）に関して「政府はECMをはじめとして様々な児童保護／虐待防止に関する政策および指針を立案／実施し、相当の成果を収めてきた。拡大学校やシュア・スタート（児童センター）など早期予防介入の新しいモデルは全国的に展開され、子どもや家族のニーズに柔軟かつ創造的に対応してきた」と評価する。しかし「虐待やネグレクトから子どもを予防保護する施策に関しては、さらに改良の余地がある」(pp.3-4)とされ、児童保護／虐待防止を担うフィールドワーカーを支援するために、「政府と地方が直ちに起こすべきアクション」が提言される(pp.4-6)。

　第1は、保健医療、司法、内務、児童学校家庭の各省（大臣）は、児童保護／虐待防止が優先施策であることを明確にし、各省庁協働で取り組むこと。中央政府内で協働体制が担保されてこそ、地方での施策／サービスの統合／調整が可能となる。

　第2は、児童学校家庭、保健医療、内務の各省（大臣）は、ソーシャルワーカー、保健訪問員、警察官（児童虐待防止担当）の地位／身分、教育研修／専

門性、職員数／欠員補塡が不十分であることを理解し直ちに対策を講じること。そして法務大臣は、ケア命令（裁判所による親子分離）の審理に要する時間（平均45週間）を短縮し、費用負担（ケア命令の申請）を軽減するよう緊急に対策を講じること。

　第3は、財源確保の問題であり、児童保護／虐待防止に関する予算は、過去の支出や児童虐待防止プランの対象となっている子どもの数を基準とするのではなく、実際のニーズやリスクへの対応に必要な支出を基準として計上されること（7.6）。自治体の児童保護／虐待防止に関する予算は、学校教育関連の予算（特定財源）と異なり一般財源から計上されているが、財務状況（税収）とは切り離して必要予算は担保されなくてはならない（7.7）[30]。

　第4は、これらの改革を推進するにあたり、内閣府に全国児童保護／虐待防止対策部（National Safeguarding Delivery Unit: NSDU）を設置すること。NSDUとは、児童若者を対象とする地方サービス改革(本報告書の勧告を推進)のために、関係省庁と協議してアクションを起こすための部署であり3年を時限とする（6.20）。NSDUは改革の進捗状況を3か月ごとに内閣家族児童若者専門委員会（Cabinet Sub-Committee on Families, Children and Young People）に報告し、議会には年次報告書を提出する（6.21）[31]。

　これらの提言はECM：CfCの進捗をより徹底強化させることを目的としている。すなわち、フィールドでサービスを提供する専門家及びスタッフの専門性向上と労働環境の改善を目的とした地方サービス改革案であり、それが実現可能となるよう政府の責務を明確にしたものといえる。

(3) 地方自治体の改革

　続いて地方での具体的な取り組みに移るのだが、まずフィールドで実務を担う児童ソーシャルワーク従事者の現状が語られる。彼（女）らは子どもの安全保障に大きな貢献をしているにもかかわらず、その貢献や専門性が社会から正当に評価されずモチベーションの低下を招いており、とくに児童ソーシャルワークの分野で顕著である。それにはソーシャルワーカーに対するメディアの対応（否定的／非難的報道）そして一向に改善されない劣悪な就労環境にも少なからず原因がある。粗末なスーパーヴィジョン、過剰なケース担当量、資源の

不足、不十分な教育研修といった劣悪な就労環境の中で高まるストレスを抑えながら、身を粉にして子どもの安全保障のために奔走しても、社会から正当に評価されていないと実感すれば、モチベーションを低下させ職を離れていくであろう。そうすると専門職の定足数の維持／補塡が困難になり、多くの子どもを危害にさらすことになる。とくに児童虐待防止ソーシャルワークはそうであり、シンデレラ・サービス（Cinderella service）と呼ばれている（5.1-5.4）。このような現状は「過去5年間、児童保護／虐待防止が優先施策として取り組まれてこなかったことの証である」（1.8）と厳しく総括される[32]。

　そこで自治体が早急に取り組むべき組織的な課題が2つ挙げられる。1つは組織構造の問題であり、普遍サービス（早期予防介入）と選別サービス（児童保護／虐待防止）との関係である。普遍サービス（早期予防介入）の提供は児童トラストが中心となり、ECMの5つの目的達成を任務とする。選別サービスにおける児童保護／虐待防止はLSCBの責任となる。児童トラストは、専門機関が児童保護／虐待防止に財源担保も含めてどの程度貢献／関与しているのか確認しておく必要がある（7.6）。児童トラストとLSCBは緊密な関係の構築を必要とするが、役割と責任の明確な区別は必要であり、児童サービス部長がLSCBの委員長を務める場合、児童トラストの委員長を兼ねてはならない（7.3）。また児童サービス部長以外の人物であっても、同一人物が児童トラストとLSCBの委員長を兼ねてはならない（7.4、勧告）。このように児童トラストとLSCBの役割と責任を明確に区別する一方で、児童保護／虐待防止の早期予防介入として、成人サービスと子どもサービスの統合調整が提言される。成人サービスを提供する専門家は、クライエントを利用者としてだけではなく子の親として、子の利益と安全の保障にも配慮することが要請されており、1970年に実施されたシーボーム改革による予防的家族サービスの復権である。これらはブラウン政権の児童プランの中ですでに取り組まれている（4.4）。

　もう1つは組織人事の問題であり、行政と政治に関するものである。行政に関しては、児童サービス部長が児童保護／虐待防止の実務経験のない場合、部内に相当の専門性と経験を有するソーシャルワーク関係者を上級マネジャーに指名すること（2.13）である。教育部と児童サービス課（社会福祉部）を統合させて新設した児童サービス部では、児童ソーシャルワークの実務経験（専門

性）のない部長（教育経験者）を多く生み出すことになった（2.13）。行政上級管理職とフィールドとの間で一貫した専門性を担保することが改革のねらいである。政治に関しては、子どもの安全と福祉の向上に責任をもつ主任児童問題対策地方議員（Lead Member for Children's Service）を直ちに任命すること（2.7）である。区議会と主任児童問題対策地方議員は児童保護／虐待防止が優先施策であることを明確にし、予算の確保や政策の立案／遂行などに反映されるよう保証すること、すなわち社会的共同親としての責務の遂行を徹底させることが改革のねらいである。これら2つはECMで提言されているが、取り組みが不十分で期待通りの成果を上げていない自治体への強い要請と考えてよいであろう。

　ソーシャルワークの専門性に関しては、次の5点に関する見直しが要請された。第1は初期アセスメントである。近年、初期アセスメントでThreshold（敷居、入口）という言葉がよく使われているが、法的な裏づけがないにもかかわらず高い水準に設定され、サービスの提供を制限している。財源的制約あるいはスタッフの不足という事情があったにせよ、ニーズの選別は1989年児童法17条の理念に反することになる（3.11-12）。

　第2は業績指標（Performance Indicator: PI）である。PIは個別機関の運営管理と目標達成に焦点が合わされており、関係機関と優先施策を共有すること（協働）が難しい。PIの達成がどの程度サービスの改善／向上に貢献し子どもに良い結果をもたらしたのか、という評価は曖昧なままである（2.3）。

　第3はマニュアル／手続き化である。ソーシャルワークはマニュアル／手続き化され、その遵守と（PIで指示された）目標達成が過剰に強調されるが、必ずしもソーシャルワークの専門性の向上に貢献していない。専門性の向上には、高い質を備えた組織的なスーパーヴィジョンを可能とする就労環境の整備が必要である（3.15）。

　第4はデータシステムである。ICS（Integrated Children's System）の入力がチェック式アセスメント／記録になっている。アセスメント項目が多く内容も豊富であるが、必ずしも専門的な判断や実践に貢献していない（実用的でないこと）、情報入力に時間を取られ家族と直接交流する時間がもてないことを懸念する声も多い（3.17）。

第5はソーシャルワークの質（専門性）を査察するOfstedである。2007年以降Ofsted（Office for Standards in Education）は、社会ケア査察委員会（Commission for Social Care Inspection: CSCI）の所轄であった自治体児童サービスの査察を引き継ぐことになった。しかしOfstedは教育分野を専門として評価を行う組織であり、児童保護／虐待防止の査察に関する専門性が担保されていない（6.2-6.5）[33]。

〔7〕ベビーP虐待死亡事件と連立政権

間もなく新労働党政権は総選挙で敗北し下野する。そして2010年5月より保守党キャメロンを首相する連立政権が発足する。最後にベビーP虐待死亡事件が児童政策／ソーシャルワークに与えた影響を、連立政権との関連で整理しておこう。

（1）早期予防介入の後退[34]

ベビーP虐待死亡事件は、虐待防止対策には十分な手立てを尽くしたという政府の自信を突き崩し、改めて虐待防止の困難性とその実務を担うソーシャルワーク専門職の現状に政府の関心を向けさせることになった。しかし、虐待防止に関しては、1990年代のChild Protectionへ回帰し、47条調査や一時保護そしてケア命令による親子分離が積極的に行われた。ではECMで実施されたすべての子どもを対象とした早期予防介入との関連はどうだったのだろうか。連立政権は、新労働党と同様に虐待防止とソーシャルワーク専門職を優先施策とし積極的に改革に取り組む姿勢を鮮明にした。ところが発足間もなく公的負債を縮小するため緊縮財政に舵を切り、自治体の児童サービス予算は大幅に削減されることになる。貧困家族を対象としたシュア・スタートも大きな打撃を受けた。それは虐待やネグレクトを含めた子どもの社会的排除や貧困の早期予防介入の後退を意味する。その結果、ソーシャルワーカーに送致される、リスクやニードのある子ども数は急増し、それに対応できるソーシャルワーカーを自治体は維持し補塡することができない。ソーシャルワーカーの職務担当量は増え、精神的かつ身体的な負荷が高まり、専門性を揺るがすことになりか

ねない。このような脈絡で虐待防止に取り組もうとすれば、1990年代のChild Protectionへの回帰をさらに強めてゆくのは当然であろう。

（2）政府規制の撤廃[35]

　ソーシャルワーク専門職に関しては、運営管理の手法すなわちマネジリアリズムに対する批判が、SWRBやラミング報告書で明らかにされたように、与野党問わず出されていた。マネジリアリズムは、公的サービスに民間営利の手法を取り入れ、予算の効率的運用による最高成果の達成を目的としており、新労働党が実施したベストバリューもそうである。ただし、新労働党政権は、予算の効率的運用に足元をすくわれサービスの質が蔑ろにされないよう業績指標（Performance Indicator: PI）により優先施策と到達目標を明確にし、ソーシャルワークに関しては、詳細なマニュアルや手続きの遵守により専門性を担保しようとした。さらに、電子情報システムにより常時成果が問われる（監視される）仕組みも構築された。いずれも政府主導による規制の強化であり、サービスの質の担保だけでなく迅速な組織改革も併せて実行しようとした。しかし、このような規制は、ソーシャルワーカーの裁量を狭めたり、膨大な数の電子アセスメント・シートへの入力に時間を取られ家族とのかかわりが割かれたりするなど、必ずしも専門性の向上につながらない（実用的でない）という声が現場から多く寄せられた。総選挙に向けて保守党は、これらの政府主導による規制強化をかつての旧労働党の「大きな政府」（過度の介入）に重ね合わせ批判を強めていく。同時にすべての子どもを対象とした早期予防介入では、すべての子どもの個人情報がデータベースにされ、必要時に専門家が情報交換(共有)できるCPd（コンタクトポイント・データベース）が導入されたが、膨大な運用経費に見合う効果が確認されず、何よりも個人のプライバシーに対する重大な侵害として撤廃が要求された。いずれも新労働党の児童社会サービス大改革は予期せぬ結果を招き、与野党から批判を受けることになった。

　連立政権が発足すると直ちにCPdは廃止された。そして、小さな政府（大きな社会）と公的支出の削減という脈絡において、サービスの質の担保とソーシャルワークの専門性の向上を目的とした政府の規制は徹底的に排除されてゆく。残されたのは市場原理による自由裁量と最高成果の追求である。

注　記

(1) ベビーPおよび個人名についてふれておく。新労働党政権時に自治体（実際はLSCB）が実施した虐待報告書（*Serious Case Review*）では、個人情報に配慮して、内容は要約の公開に制限され個人名も伏せられていたが、連立政権（2010年5月以降）に移ると完全公開されることになった。ベビーPの実名（Peter）も明らかにされたが、当事件を表わす用語として広く浸透しているためベビーPを使用することにする。

(2) Parton, N. (2014) *The Politics of Child Protection: Contemporary Developments and Future Directions*, Palgrave Macmillan, p. 60.

(3) 「ブレア政権における児童社会サービス戦略」の論述に関しては、次の文献及び論文の指定箇所を参照したり要約引用したりした。①Parton, N. (2009) 'From seebohm to Think Family: Reflections on 40 years of policy change of statutory children's social work in England', *Children and Family Social Work*, Blackwell, pp. 72-73, ②Parton, N. (2014), *op. cit.*, pp. 60-62.

(4) Respect Action Plan（Respect Task Force, 2006年1月）, Reaching Out: An Action Plan on Social Exclusion（HM Government, 2006年9月）Reaching Out: Progress in Social Exclusion（Cabinet Office, Social Exclusion Task Force, 2007年2月）などである。

(5) Welshnman, J. (2007), *From Transmitted Deprivation to Social Exclusion: Policy, Poverty, and Parenting*, The Policy Press.

(6) 「ブラウン政権における児童社会サービス戦略」の論述に関しては、次の文献及び論文を参照したり要約引用したりした。①Parton, N. (2009), *op. cit.*, pp. 73-76, ②Parton, N. (2014), *op. cit.*, pp. 62-67.

(7) Department of Children, Schools and Families (2007) *The Children's Plan: Building Brighter Futures*, The Stationery Office.

(8) Cabinet Office, Social Exclusion Task Force (2008) *Think Family: Improving the life chances of families at risk*, Cabinet Office.

(9) ジェネリック・ソーシャルワークによるサービス提供システムとは、次のような内容のことをいう。社会福祉部に所属する1人の自治体ソーシャルワーカーがあらゆる範疇の利用者を受け持ち、ケースワークからコミュニティワークまでの広範な課業を遂行する（ジェネリック・ソーシャルワーク）。コミュニティを基盤として地区チームを編成し、地域住民と連携しながら早期予防介入に努める。もっとも虐待防止など高度の専門性を要するハイリスク・ケースでは、地区チームにも含まれている特殊専門家による支援（スペシフィック・ソーシャルワーク）と連携して対応する。

(10) ECMは1990年代の家族支援（Family Support）と虐待防止（Child Protection）の対立（実際は虐待防止が優先された）を超克し、すべての子どもが潜在能力を開花

させライフチャンスを有効に活かし社会で自立できるよう支援することを目的とした。これらの目的を達成するために、政府は社会的排除（児童虐待も含まれる）の早期発見／予防介入を優先施策と位置づけ、相当な資源を投入した。

(11) 本節の論述について、時系列表に関しては、① 'Timeline: The short life of Baby P', *The Guardian*, Tuesday 11 November 2008（http://www.theguardian.com/society/2008/nov/11/baby-p-death）、時系列表の解説及び説明（文章）は、② Haringey LSCB（2009）*Serious Case Review: Baby Peter, Executive Summary*, February 2009（https://www.haringeylscb.org/sites/haringeylscb/files/executive_summary_peter_final.pdf）より引用あるいは要約引用した。時系列表の解説及び説明（文章）の②からの引用箇所は、文末に引用パラグラフを表記した。

(12) 生後間もないベビーPが家族歴を考慮して「懸念」に分類された理由について、コネリー夫妻の生い立ちに触れておく。ベビーPの母親トレイシーは1981年レスターで生まれる。実母と継父が離婚する1984年まで当地区に居住していた。両親には家庭内暴力が絶えなかった。トレイシーは実母と一緒にロンドンで暮らすようになった。兄はレスターで父親と暮らしていた。1988年3月、継父が突然死亡したため、兄はロンドンで暮らしている母子のもとに引取られる。彼は攻撃的な性格で落ち着きがなく、学校で暴力をふるっていた。自宅では、妹に暴力をふるった。1990年5月、彼は母親による身体的虐待でイズリントンの児童虐待防止登録に登録される。1991年、10歳のトレイシーはネグレクトにより児童虐待防止登録に登録される。彼女の身だしなみと衛生状況に問題があった。彼女の受けた養育環境では、暴力と虐待が絶えなかった。1992年6月、児童虐待防止登録から削除された。彼女は児童精神医療センターに送致され、特別な教育ニーズへの対応が必要と判断された。1993年、彼女はイズリントン社会福祉部が運営する（居住制）特別教育支援施設に通っていた。1997年、彼女が16歳のとき、将来の夫となるコネリー氏と出会う。彼の生い立ちに関する詳細は不明であるが、公的サービスの保護や支援を受けた記録は残っていなかった（*Serious Case Review*, 2.1-2.4）。

(13) Timeline: The short life of Baby P, pp. 2-3.

(14) *Ibid*., pp. 4-5.

(15) Haringey LSCB（2009）*Serious Case Review: Baby Peter, Executive Summary*, February 2009（https://www.haringeylscb.org/sites/haringeylscb/files/executive_summary_peter_final.pdf）. 引用箇所は文末に引用パラグラフを表記した。

(16) 母親トレイシーの幼少期については注記（12）を参照のこと。

(17) 6月1日（2007年）の訪問で傷害が発見され警察に伝えられたが、警察とソーシャルワーカーの合同調査に関しては、ソーシャルワーカーが状況をアセスメントしその必要があると判断すれば連絡するように要請された。このような取り決めは、警察の関与について、他のサービスの裁量に委ねられるといった誤った認識をもたらす危険がある（*Serious Case Review*, 4.5.1）。

(18) 権威的（authoritative）という言葉は、以前にはジャスミン・ベクフォド虐待死亡事件調査報告書（1985年：委員長ブロム・クーパー）で使われた。詳細は田邉泰美（2006）『イギリスの児童虐待防止とソーシャルワーク』明石書店を参照のこと。

(19) このように専門家が迅速な対応の必要性を把握できておらず、さらに協働／連携による精確なコミュニケーションの欠如という管理運営上の問題が加わったことで、予防介入の機会を失うことがいくつかあった。1つは親業支援プログラムの母親の参加に関するものである。プログラムをコーディネートしたソーシャルワーカーは、ベビーPとそのきょうだいの保護（虐待防止）を最優先とし、親業の改善／向上を長期的なものと考えていたが、その意図が伝わっていなかった。母親は13課題のうち9課題に出席したが、ベビーPとの同伴出席は4課題だけである。欠席や同伴出席をしていない場合、ベビーPの安全確認のためにソーシャルワーカーと連絡する取り決めがされていなかった（4.2.1）。もう1つは児童精神発達センターでの診察に関するものである。ベビーPの虐待リスクが精確に伝わらず診療予約が5か月先になった。児童虐待防止プランの対象であることは伝えられたが、47条調査が実施されていることは伝えられなかった。47条調査の実施が伝わっておれば、48時間以内に診察されたはずであるとセンターは述べている（4.2.2）。頭を振ったりぶつけたりする行為は、深刻なネグレクト、家庭での苦痛やフラストレーションによるものなのかどうかを判断することが診察の理由であることが伝わっていなかった（4.2.3）。文末パラグラフは*Serious Case Review*からの引用。

(20) 「虐待防止（Child Protection）への揺り戻し」の論述に関しては、次の文献及び論文の指定箇所を参照したり要約引用したりした。①Jones, R.（2014）*The Story of Baby P: Setting the Record Straight*, Policy Press, p. 283, pp. 285-287, ②Parton, N.（2010）'Child protection and safeguarding in England: changing and competing conception of risk and their implication for social work', *British Journal of Social Work*, pp. 14-15.

(21) ①Curtis, P.（2009）'Baby P council issues urgent for staff', *The Guardian*, 26 January（www.theguardian.com/society/2009/jan/26/haringey-social-workers-baby-p), ②Mahadevan, J.（2009）'Care figures soar in Haringey', *Children and Young People Now*, 22, September（https://www.cypnow.co.uk/cyp/news/1053694/care-figures-soar-in-haringey）.

(22) Jones, R.（2014）*op. cit.*, p. 285. 原資料はLombard, D.（2009）'LGA survey finds mounting recruitment and retention problems', *Community Care*, 5 May（www.communitycare.co.uk/Articles/Article.aspx?liAryticleIFD=111471, 現在このアドレスによる閲覧は不可）.

(23) 「ソーシャルワーク専門職の見直し」の論述に関しては、次の文献及び論文の指定箇所を参照したり要約引用したりした。①Jones, R.（2014）, *op. cit.*, p. 283, pp. 285-287, ②Parton（2010）, *op. cit.*, pp. 14-15.

(24) Parton (2014), *op. cit.*, p. 72.
(25) Social Work Task Force (2009) *Building a safe, confident future: The final report of the Social Work Task Force: November 2009*, London, Department of Children, Schools and Families, pp. 5-6.
(26) *Ibid.*, p. 48.
(27) Social Work Reform Board (2010) *Building a safe, confident future: one year on*, London, Department of Children, Schools and Families, December 2010, p. 5.
(28) これらのソーシャルワーク改革は連立政権下で実施されたが、特別驚くことでもない。ベビーP虐待死亡事件後2007年10月、保守党影の児童大臣Tim Loughtonを委員長とする超党派で構成された委員会が報告書（Conservative Party Commission on Social Worker (2007) *No more blame game: The future for children's social worker*）を出版した。そこではSWRBと同様に、メディア報道のあり方が批判され、新労働党が導入した業績達成マネジメント、指針／手続き／マニュアルによる官僚的規制に対して見直しが求められていた。また保守党議員Oliver Letwin（保守党政策立案ブレーン）は、2009年1月、ベビーP虐待死亡事件に関して「ベビーPの死は規制の失敗であった」とコメントしている。すなわち、規制にはrule-based regulationとjudgment-based regulationがあるが、ベビーPのケースはrule-based regulationの失敗である、と。rule-based regulationの下で要請されるすべてのことは実施されたが虐待死を防げなかった。規制強化とその遵守が必ずしも専門性の向上に寄与するわけではないことを主張した（Sparrow, A. (2009) 'Death of Baby P highlights failure of regulation says Letwin', *The Guardian*, 27 January (www.gardian.co.uk/politics/2009/jan/27/baby-p-oliver-letwin)。これらの主張は連立政権誕生後、LSE教授Eileen Munroによって再度取り上げられ、Munro Report（Munro, E. (2011) *The Munro review of child protection: Final report: A child-centred system*, Cm. 8062, May 2011, London, Department of Education）につながってゆく（以上の論述に関してはJones, R. (2014), *op. cit.*, pp. 278-282を参照したり要約引用したりした）。
(29) Lord Laming (2009) *The Protection of Children in England: A Progress Report*, HC330, 12 March 2009, The Stationery Office. 引用箇所は文末に頁数あるいはパラグラフとして提示する。同様に注記（30）～（33）における文末のパラグラフも同報告書の引用箇所を表す。
(30) 財源に関しては、児童ソーシャルケアの支出は近年大幅に上昇しており、2001年1月の29億ポンドから2007年8月の55億ポンドへ約2倍に上昇している。これらの増加は予防介入対策、児童センター、拡大学校、若者支援、家族／親業支援など、政府が積極的に力を入れている分野である。このような取り組みは評価できるが、一方で児童虐待防止への積極的な資源投資というイニシアティブが弱められることにもなりかねない（7.5）。十分な資源が児童虐待防止と普遍的予防サービス（早期予

防介入)に適正に配分される必要がある。児童トラストは、他の機関の財源が児童保護／虐待防止にどの程度貢献／支援しているのか、またプールされた財源は有効利用による最大限効果をもたらしているのかどうかを理解しておく責任がある (7.6)。

(31) NSDUの主な具体的任務は、①内閣家族児童若者専門員会と協力して勧告推進のタイムスケジュールを明確にする、②タイムスケジュールに沿って改革が進むようすべての児童トラストを支援する、③児童サービス、保健医療、警察の児童保護／虐待防止に関する理解と認識の向上を目指す、④すべての地方(現場)サービスにおいて児童保護／虐待防止を優先施策とし、これらの優先施策が実行される地方行政管理システムの改革を支援する、⑤現場サービスがより効果的に児童保護／虐待防止が遂行できるよう、現場サービスの文化(エートス)を変革する、⑥政府官僚やOfstedと協力してSCRの勧告推進を支援する、などである(勧告、pp. 71-72)。

(32) 自治体児童ソーシャルワーカーの定員不足は2006年に9.5％(教員0.7％)に達し転職率も9.6％と非常に高い。自治体の64％が児童ソーシャルワーカーの欠員補填に苦労しており(2008年)、39％はその維持に困難をきたしている。いくつかの自治体では、ソーシャルワーカーの半数以上は1年未満の経験しかない新任スタッフである(5.2)。ソーシャルワーク教育研修は2003年に改正され専門性向上に取り組んだが、その成果は未だに不十分である。新規有資格ソーシャルワーカーの3分の2は、教育研修を実用的で専門性向上に資しているとは考えていない(5.9)。学生はある特定のクライエント(範疇)を支援する(実践的な)技術や知識を学ぶことなく多くの課題に対応している。現在、児童虐待防止の経験がなくても、自治体内で働いたことがなくても、(有資格)ソーシャルワーカーとして認定されることが可能であり、任命されると直ちに他の経験を積んだスタッフと同量の児童虐待防止のケースを担当させられる。現在の教育研修は、特殊専門性(スペシャリズム)を習得することなく卒業生は児童ソーシャルワークの現場に配属されてはならず、1年後に(児童ソーシャルワークチームへの現場配置も含めて)特殊専門性の資格を認可するよう改正すべきである(5.10)。

保健訪問員は児童虐待防止とりわけ乳幼児の対応に重要な役割を果たす。161に及ぶSCRの評価によれば、(虐待死したかあるいはひどい虐待を受けた)児童の47％は1歳未満であるが、わずか12％だけしか児童虐待防止プランの対象になっていない。早期予防発見という観点から、普遍サービスにおける保健訪問員の役割は重要である(5.21)。にもかかわらず、保健訪問員の数は過去3年間に10％落ち込んでおり、ケース担当量は勧告された300家族あるいは400人の子どもをはるかに上回り、500人の子どもを担当する保健訪問員は40％以上、1000人以上は20％になっている。保健訪問員の69.2％は、最も脆弱な子どものニーズに対応できる資源をもっていないことが指摘されている(5.22)。さらにいくつかの職務上の混乱もある。保健訪問員は普遍サービスの提供を担うが、複雑なニーズをもつ家族への支援も要請

される。ソーシャルワーカーのケース担当が増加すると、保健訪問員は児童サービスに送致された虐待ケースを担当するようなことも起こりうる (5.23)。

(33) 2007年以降Ofstedは、社会ケア査察委員会（Commission for Social Care Inspection: CSCI）の所轄であった自治体児童サービスの査察を引き継ぐことになった。しかし関係者からはOfstedの査察の精度と専門性に関する不満の声がたびたび聞かれる (6.2)。その理由は、Ofstedの専門は教育分野であり、児童保護／虐待防止の専門性が担保されていないことにある。CSCIがOfstedへ吸収合併されたとき、何人かの児童保護／虐待防止の専門査察官はCSCIからOfstedに移ったが、多くの者はその職を去った (6.5)。児童保護／虐待防止に関する専門的査察が可能となるよう、直ちに組織改革に取り組むことが勧告された (p. 63、勧告)。またSCRに対するOfstedの外部評価に関する不満の声も多く聞かれる。OfstedはSCRを外部評価する際、システムの改善や専門性の向上に貢献するような評価と勧告を行うべきである (p. 66、勧告)。

SCRは、深刻な虐待（死亡）ケースに関する自治体の調査報告書であり、緊急に取り組むべき施策や組織改革そして教訓などが提言される。ところがSCRの査察員は機関の記録文書や資料にアクセスする権限をもっておらず、関係者の主体的な協力にほとんど依存しており、必要とするすべての情報を収集するのは困難な状況にある (6.9)。SCRの委員長は、記録文書や資料そしてスタッフすべてにアクセスできるよう保障されるべきである (p. 64、勧告)。SCRでは守秘義務の徹底が重要となる。ケース当事者および関係者への配慮は当然であるが、情報提供者への配慮も重要である。SCRの質は情報提供者の協力に負うところが大きい。すなわち、内部通告／告発者（情報提供者）の身分保障がなければ協力を嫌がるであろう。完全な報告書の公開はその必要があるとされる人物および関係機関以外にはされてはならない (6.12)。したがって、質の高い要約報告の公開が極めて重要になる (6.13)。

(34)「早期予防介入の後退」に関する論述では、次の文献及び論文の指定箇所を参照したり要約引用したりした。①Jones, R. (2014), *op. cit.*, p. 283, ②Parton, N. (2010), *op. cit.*, pp. 13-15.

(35)「政府規制の撤廃」に関する論述では、次の文献及び論文の指定箇所を参照したり要約引用したりした。①Jones, R. (2014), *op. cit.*, p. 283, ②Parton, N. (2010), *op. cit.*, pp. 15-17.

9章

政争そしてスキャンダルとしての
ベビーP虐待死亡事件[1]
―― スケープゴートにされたソーシャルワーク ――

〔1〕もう1つのベビーP虐待死亡事件:「政争そしてスキャンダル」の意味

　「スケープゴートにされたソーシャルワーク」……何とも陰鬱な気分に襲われる副題である。ビクトリア・クリンビエ虐待死亡事件が新労働党による児童社会サービス改革の契機になったとすれば、ベビーP虐待死亡事件はその終焉を象徴するかのようであった。ベビーP虐待死亡事件は政治的に利用されスキャンダルに発展していく中で、メディアと市民社会は執拗にソーシャルワーカーの責任を追及していく。2008年11月11日、ベビーP虐待死亡事件(2007年8月3日)の加害者である2人の男性と母親に有罪の審判が下された。メディア報道に扇動された市民は、ハーリンゲイ特別区(ハーリンゲイと略す)の児童サービス部長とソーシャルワーカーを徹底的に糾弾した。そのインパクトはマリア・コルウェル事件やビクトリア・クリンビエ事件よりもはるかに強く長期に及び、2010年5月の総選挙まで続いた。このような一連の騒動で主要な役割を果たしたのがサン紙(大衆紙)であることは間違いない。
　2008年12月1日、児童学校家族大臣のボールズ(Ed Balls: the secretary of state for children, schools and families)は児童サービス部長シュースミス(Sharon Shoesmith)の解雇を記者会見で発表する。虐待死亡事件で最高責任

者の解雇が大臣より一方的に通告されたのは初めてである。シュースミスは解雇を不服とし控訴する。そして2011年5月27日、控訴院（High Court's Court of Appeal）はシュースミスの控訴を認め「彼女はスケープゴートにされた。不正な手続による誤った解雇である」と審判を下した[2]。控訴審理の中で、彼女が解雇される根拠となった「地区合同見直し調査報告書」（*Joint Area Review*: JAR）、その結論を追認した2度目（やり直し）の「深刻な虐待ケースの見直し調査報告書」（*Serious Case Review*: SCR）のいずれもが、独立性が担保された公正な調査ではなく、政治的介入の疑いがあったことが明らかにされた。さらにレベソン報告書（2012年11月末に公表）の調査過程で、その疑いがより強められた。ベビーP虐待死亡事件は政治的に利用され、最後はスキャンダルに発展していった。

〔2〕ベビーP虐待死亡事件をめぐるメディアと政治の対応

（1）警察、CYPS、政府の対応

　有罪の審判が下された2008年11月11日、ロンドン・イブニング・スタンダード紙は一面を大きく割き、過去の虐待死亡事件で何度も指摘された同じ過ちの繰り返しであり、しかもハーリンゲイは以前にもビクトリア・クリンビエ虐待死亡事件の渦中にあったことを指摘した。さらに翌日のガーディアン紙では核心をつく記事が載せられた。ベビーP虐待死亡事件はポスト・クリンビエ改革の成果を、例えば社会福祉部と教育部を統合させた児童若者サービス部の新設、ハイリスクの子どもを支援する協働体制としての児童トラストの構築などを、いま抜本的に問い直さなければならないと指摘し、新労働党政権の取り組みに対して厳しい評価を下した[3]。

　バーカー、オーウェン、コネリーの有罪判決が出た直後、SCRの公表に先駆けてロンドン警視庁はベビーP虐待死亡事件に関する声明を発表した。その内容はこうである。「警察は虐待調査の取り組みが不十分であったが、それは結果にさほど大きな影響を与えるものではない。母親は虐待を隠すために巧みに嘘をつき専門家のアセスメントを惑わせ、警察の調査を妨害した。それでも警察は児童若者サービス部（Child and Young People's Service: CYPS）にケア

表9-1　2008年11月のベビーP虐待死亡事件に関する政府とメディアの対応

11月11日
・スティーヴン・バーカー、ジェイソン・オーウェン、トレイシー・コネリーの有罪が確定
・ロンドン警視庁が本件に関する声明を発表
・初版SCRの要約の開示を記者会見で発表
・ボールズはラミング卿を任命し、児童虐待防止制度改革の進捗状況に関する全国調査の実施を発表
11月12日
・ベビーPの血で染まったシャツの写真と傷害に関する身体検査図が紙面に掲載
・サン紙は当事件の責任者を追及する姿勢を明確にする。マリア・ウォード（ソーシャルワーカー）、ギル・クリストゥ（チームリーダー）、シャロン・シュースミス（児童サービス部長）の写真が掲載される
・ブラウン首相とキャメロン（保守党）が党首討論で衝突
・ボールズがハーリンゲイの児童虐待防止システムに関する緊急のJAR（教育／福祉、保健医療、警察の査察委員会による合同調査：Ofsted, the Health Commission, Her Majesty's Inspectorate Constabulary）を発表
・ボールズがSCRのやり直しを発表
11月13日
・ベビーPの対応に責任を有する専門職の解雇を要求したキャメロンのコラムがサン紙（大衆紙）に掲載
11月15日
・サン紙はベビーPの写真を掲載。そしてベビーPの対応に責任を有する6人の専門職の解雇を要求
11月26日
・サン紙は首相官邸に140万人の署名による「解雇の請願書」を提出
12月1日
・ボールズは18日前に発表したJARを受け取る。記者会見でシュースミスの児童サービス部長職の更迭を発表（12月8日に解雇）

出所：Jones, R.(2014)*The story of Baby P: setting the record straight*, Policy Press, p.102, p.151より筆者が作成した。

手続の開始（親子分離を求めたケア命令の申請手続き）を強く求めたが、何らアクションは取られなかった」と。こうして警察は自らの不手際に対する批判の矛先をかわし、アクションを起こさなかったCYPSと嘘をつき調査を妨害した母親にすべての責任を押し付けた[4]。

児童サービス部長（LSCB委員長も兼務）のシュースミスも声明を発表した。その内容はこうである。彼女は本件に関するハーリンゲイ（CYPS）の責任を認めつつも、「ベビーPに関与した2人のソーシャルワーカーと司法関係者には書面による警告を与えたが、解雇や辞職に該当する者はいない。近年Ofsted（Office for Standards in Education）の査察では児童サービス部は良い評価を与えられた」と。しかしメディアも世論も、ロンドン警視庁の声明に沿って構築されたベビーP虐待死亡事件の物語を受け入れていた。事態の鎮静化を図ろうとしたこの声明は、責任逃れとも受け止められ、メディアからの批判を煽ることになった。政府（児童学校家族省、Department for Children, Schools and Families: DCSF）も事態の鎮静化に乗り出した。ボールズがラミング卿を委員長とする（児童虐待防止制度改革の進捗状況に関する）全国調査の実施を発表した。この調査はマリア・コルウェル事件やビクトリア・クリンビエ事件のように、ベビーP虐待死亡事件に関して政府が実施する公式調査ではない。新労働党の児童虐待防止制度改革に対する抜本的な見直しや批判が高まっている中で、全国的な改革（ECM）の進捗状況とその成果を検証し、ベビーP虐待死亡事件は稀なケースであることを明らかにすれば、批判的な世論やメディアからの攻撃を抑えられるという目論見があった[5]。

（2）ブラウンとキャメロンとの衝突

　こうして政府もハーリンゲイもベビーP虐待死亡事件に対する厳しい世論やメディアからの批判を鎮静化できると考えていた。しかし翌日（11月12日）、ベビーPの対応に責任を有する専門職の正式な謝罪が得られていない（とくに児童サービス部長シュースミス）ことに立腹したキャメロン保守党党首は、関係者らの解雇を要請した記事をロンドン・イブニング・スタンダード紙に投稿し掲載される[6]。サン紙はベビーPの特集を組み、紙面である約束を宣言する。「サン紙はベビーPの一件を決して忘れないだろう。この小さな子どもの生涯に対する代償は支払われなければならない。その代償が責任者によって支払われるまで我々は諦めない」[7]と。当事件の責任者を追及する姿勢を明確にし、マリア・ウォード（ソーシャルワーカー）、ギル・クリストゥ（チームリーダー）、シャロン・シュースミス（児童サービス部長）の写真を掲載した。

そして同日の党首討論でブラウンとキャメロンが衝突し、下院は大混乱になった。ブラウンは得意の経済分野で論争し点数を稼ごうとしていたが、キャメロンは突如ベビーPに関する質問をブラウンに突きつけた。ブラウンはその質問には準備をしておらず、キャメロンのやり方は選挙目当て (party politics) であると批判した。それに対してキャメロンがやり返すといった感情的な討論が続いた。それは未曾有の金融／経済危機を前にして有効な打開策を講じることができない苛立ちが、ベビーP事件に憑依したかのようであった[8]。その夜、ボールズは緊急に次の取り組みを発表した。

①ハーリンゲイの児童虐待防止システムに関する緊急のJAR（教育／福祉、保健医療、警察の査察委員会による合同調査：Ofsted, the Health Commission, Her Majesty's Inspectorate Constabulary）の実施。実質的なハーリンゲイにおけるベビーP虐待死亡事件調査報告書に該当する。②SCRのやり直し。初版SCRはLSCBの監視の下で作成された。しかしLSCB委員長はシュースミス（児童サービス部長兼務）であるため、公正な調査及び評価が担保されていないと判断された。③ソーシャルワーク課題検討委員会（Social Work Task Force）の設置。ソーシャルワーカーが効果的に職務を遂行できない理由を検証し2009年末までに改善案をまとめる[9]。

（3）サン紙のキャンペーンと政府の対応

11月13日、ベビーPの対応に責任を有する専門職の解雇を要求したキャメロンのコラムが、今度はサン紙に掲載される。ベビーP虐待死亡事件への関心は、2008年末から2009年にかけてメディアと政治を支配した。経済が戦後最も急速に衰退し、秋には金融不安や信用不安に直面していたにもかかわらずである[10]。11月15日、サン紙はベビーPの対応に責任を有する管理職及び専門職の解雇と加害者の終身刑を要求した署名嘆願書を首相官邸に提出する。このキャンペーンは開始2週間で150万人の署名を集めており、今までで最も成功を収めた大規模なキャンペーンであるといわれている。キャメロンとサン紙、それぞれの思惑は違っていたかもしれないが、ハーリンゲイのソーシャルワーク専門職をターゲットにした解雇を要求し、政府を追い詰める点では一致していた。もっともキャメロンとサン紙が解雇を裏づける証拠をもっていたのかど

うかは定かでない。ここでは手続きの正当性への配慮は微塵もみられない[11]。
　政府は明らかに守勢に追い込まれた。選挙調査では保守党に後れをとり経済状況も回復の出口が見えてこない。1992年の総選挙以来、政党にとってサン紙の支持を取りつけることは重要である。サン紙が支持した政党はどちらであろうと1992年以来総選挙で負けていない。メディアを敵に回すことを恐れた政府は、何らかのアクションを取る必要が出てきた。12月1日、JARを受理し内容を精査したボールズは、1996年教育法における権限を行使し、児童サービス部長シュースミスの更迭を発表、8日に解雇される。同日、上級管理職の2人が辞任に追い込まれ、のちに（2009年4月）4人の専門職も解雇された。とりわけシュースミスの解雇は、関係者に衝撃を与え動揺を広げた。児童虐待死亡事件で専門職が解雇されることは、今までになかった[12]。政府は、ECM改革の実施で再びクリンビエ事件のようなことは起こらないはずであり、メディアや世論をコントロールしてきた公式調査はもう必要ないと考えていた。公式調査の役割は自治体が実施するSCRに委ねられた。しかしSCRと政府はメディアや世論を統制できなかった。政府の公式調査に代わって世論を誘導したのがサン紙である。ベビーP虐待死亡事件は、サン紙の描く筋書に沿って展開されていった[13]。そしてシュースミスが解雇を不当として闘う姿勢を示した時、メディアや市民の関心はさらに高まり、ベビーP虐待死亡事件の余韻は2010年総選挙まで続いた。

〔3〕JARに対する政治的介入

（1）政治的介入の疑惑：JARの書き直し
　Ofsted[14]の主導で作成されたJAR[15]は実質的なハーリンゲイにおけるベビーP虐待死亡事件調査報告書であり、ボールズが取るべきアクションの根拠を明確にしたという意味で重要である。しかし結論や勧告に至るまでのプロセスには「不正な政治的介入」があったのではないかという疑惑がもたれ、のちにシュースミスの解雇に関する司法審査（judical review）の中で明らかにされてゆくことになる。
　その疑惑とはこうである。JARの原案は短期間ではあるが、実際にハーリン

ゲイの児童虐待防止システムを査察した査察チームによって準備された。しかしその原案はDCSF上級官僚とOfsted上級職員の間で何回も協議され17回書き直された。その書き直しはOfsted上級職員の手によるもので、彼らは児童社会サービスの専門職経験もなければハーリンゲイの児童虐待防止システムに関する知識も全くない。書き直されるにつれて、児童虐待防止システムの積極的な評価は削除され、否定的な評価が追加されてゆく[16]。査察の最中である11月20日、原案の協議の際にOfsted上級職員は、ボールズ側近のDCSF官僚より「ボールズはアクションを起こせる明確な根拠を求めている……JARではベビーPに関与した機関の責任とその評価が明確にされる必要がある」[17]という趣旨の注文を受けている。ボールズは関係者の責任を明確にして処分を科すことで、ベビーP虐待死亡事件に関してはこれで終息させたいという強い思いがあったのだろう。しかし「機関の責任とその評価」という漠然とした根拠では児童サービス部長シュースミスの更迭／解雇には至らない。そこで査察チームの原案にはなかった「リーダーシップとマネジメントの問題」が付け加えられる。すなわち児童虐待防止システムの運営管理における重大な問題は、最高責任者であるシュースミスの「リーダーシップとマネジメント能力の欠如」にあり、彼女の責任は免れないという厳しい評価を導くためのものである[18]。このような厳しい評価はもっぱらCYPSとその責任者（児童サービス部長）に向けられ、保健医療サービスやロンドン警視庁に対する評価や勧告は削除されていった[19]。

(2) 政治的介入の疑惑：JARの評価変更

　ではJARの内容を検討してみよう。JARの「結論」では、児童虐待防止システムの運営責任者からフィールドワーカーまでの問題点が指摘されたが、それはCYPSだけでなく保健医療サービスやロンドン警視庁にも及んでいる。ところが「勧告」では、14の勧告すべてがCYPSを対象としており、保健医療サービスやロンドン警視庁に関するものはない。これは3つの機関（教育／福祉、保健医療、警察：Ofsted, the Health Commission, Her Majesty's Inspectorate Constabulary）から選出された7人の査察官で構成された査察チームが作成した原案と大きく異なる。原案では「勧告」が33あり、12は機関協働の問題、

11が保健医療サービス、8が児童若者サービス（CYPS）、3が警察になっており、CYPSの優れた実践もいくつか記録されている。Ofsted上級職員の手で書き直された修正原案では、もっぱらCYPSに対する厳しい評価ばかりが目立つ。しかしその内容を裏づける根拠を見出すことができないと査察チームは異議を申し立て、保健医療サービスとロンドン警視庁に対する特別な勧告を含めるよう要請したが、いずれもOfsted上級職員に拒否された[20]。

このようにJARは児童（虐待防止）サービスに対して厳しい評価を下したが、それは「唐突な評価の変更」であった。というのは、CYPSに対する2006年JARの評価はgoodであり、「積極的な改革により優れた成果を達成した」として児童サービス部長のリーダーシップを高く評価している。また2007年のOfstedによるCYPS全体の評価はgoodでありサービスの運営管理もgoodであった[21]。今回、OfstedはCYPSの評価を劇的に変化させた。そして12月1日の記者会見でボールズはJARに基づきCYPSを厳しく批判する。「もはやgoodの面影はない」と[22]。

（3）ボールズ（政府）の対応

ところで、JARがボールズに提出された（12月1日）その前夜、彼はOfstedの手で何度も修正された最終原稿を受け取り、政府関係者、DCFS官僚らと一晩中見直しを検討している。独立性が担保されなくてはならないJARの原案が政治家や官僚の最終チェックを受けるということは、あってはならないはずである。本来なら最終チェックする立場にあるのは児童サービス部長シュースミスである。彼女は最終原稿に目を通し事実関係や内容そして結論に関して意見を述べたり訂正を求めたりすることができる。そのような機会は一切与えられなかった[23]。それどころか1996年改正教育法497A（4B）条項に基づき解雇される。この条項による児童サービス部長の解雇は稀なケースである。正当な雇用手続（proper employment process）なく解雇されるため、このような決定に対して彼女が反論を述べる機会が保障されていない[24]。

このような事実関係をみると、JARの目的は「シュースミスを児童サービス部長の役職から更迭し解雇することにあった」といっても過言ではないだろう。そしてボールズはCYPSの専門職に対しても同様に厳しい態度で臨んだ。11月

12日、初版SCRを受理したボールズはコウグラン（Coughlan, J.：ハンプシャー児童サービス部長）をハーリンゲイに配置転換し、児童虐待防止ソーシャルワークに関して政府指針に従った適正な手続き／取り決めが設定され遵守されているかどうかを監視させた[25]。そして12月1日、シュースミスは児童サービス部長職を解任され新たにコウグランが任命される。そしてボールズはCYPSをターゲットにした調査や査察を矢継ぎ早に発表する。1つは新たに就任したコウグランにCYPSのスタッフの能力を検討し、毎月報告書を提出するよう要請した。さらにOfstedに対してCYPSをアウトソーシングすべきかどうかを判断するための調査を実施し、その結果を6月末に報告するよう要請した[26]。これらはスタッフに心的抑圧を与え、組織の動揺をもたらすことになった。

〔4〕SCRのやり直し（改訂版SCR）

（1）SCRとは：SCRのやり直し

　SCRとは深刻な虐待や虐待死亡事件に関与した自治体（区）が実施する虐待調査報告書であり、同時に内部評価報告書としての意味をもつ。虐待死が判明すると直ちに当児と関与した機関には、ケース記録やファイルが変更もしくは改ざんされないよう管理保管する責任が生じる。これらのケース記録やファイルに基づいて関与機関は当児への対応を見直し、内部評価書を作成する。この内部評価書はベビーP（とその家族）の対応に関与していないマネジャーあるいは上級専門職によって準備される。そして各々の機関が用意した内部評価書を総合して、全体的な視点からSCRが作成される。SCRの主筆者はベビーP（とその家族）の対応には一切かかわりのない独立した専門家が任命される。これらのSCRの作成過程は政府指針[27]に明記されており、LSCBの専門委員会が監督する。こうして作成されたSCRはOfstedより外部評価を受けることになる。2008年12月、ベビーP問題が騒々しい中、Ofstedは50のSCRの評価（2007年4月／2008年3月）を公表した。そのうち、20はinadequate、18はadequate、12はgood、outstandingはなかった。inadequateの場合、一部見直し改訂するか全面的なやり直しとなる[28]。

　ベビーP虐待死亡事件に関してハーリンゲイが実施したSCRは、JARの中で

表9-2 ハーリンゲイが実施したSCRに対するOfstedの評価

Whittington Hospital NHS Trust	: good
Metropolitan Police	: good
Haringey Legal Service	: good
FWA	: adequate
Haringey children's social care service	: inadequate
Haringey schools	: inadequate
North Middlesex University Hospital/ Great Ormond Street Hospital NHS Trust	: inadequate

出所：Jones, *op. cit.*, p.119より筆者が作成した。

Ofstedより評価された。全体評価はinadequate、それぞれの専門機関に対して表9-2のような評価を下した。これらの評価は、SCRの進捗を監督するLSCB委員長シュースミスが客観的かつ公正な調査報告書に取り組んでおらず、児童サービス部長としての責任を免れようとしている疑いをメディアや市民に抱かせることになる。ただちにボールズはやり直し（改訂版SCR）を命じ、LSBC委員長シュースミスは解任され、新たにバッドマン（Badman, G.：ケント児童サービス部長を最近退職、元学校長）が任命された。改訂版SCRは、クリスマスや新年休暇も含めてわずか12週間で作成し、2月末にOfstedへ提出することが要請された[29]。この改訂版SCRはハーリンゲイが実施したベビーP虐待死亡事件に関する正式な調査報告書として政府より認可された。なお、初版SCR、改訂版SCRいずれも新労働党政権では、個人情報や守秘義務に配慮して要約編纂されたものが公開されたが、保守党はSCRの完全公開を選挙公約にしており、連立政権の2010年10月に完全公開された[30]。

ところで、ハーリンゲイがベビーP死亡直後に実施したSCR（初版SCRと略す）とやり直しを命じられたSCR（改訂版SCRと略す）を比較すると、はたして初版SCRに対するOfstedのinadequateという評価は適正なのかどうか。初版SCRこそ客観的かつ公正な調査報告書であり、むしろgoodと評価された改訂版SCRこそ問題があるのではないかという疑念すら生じてくる。

表9-3 初版SCRと改訂版SCRの比較

SCR	初版SCR	改訂版SCR
共通	独立した執筆者、LSCB専門委員会がプロセスを監督	
所要時間	2007-08年：完成まで9か月(実際は14か月)	2008年12月〜2009年2月：完成まで11週間(クリスマス・新年休暇含む)
実施主体	2007年8月、LSCB(委員長シュースミス)の監督下で実施	2008年12月、児童学校家族大臣が新たなLSCB委員長を任命しLSCBにやり直しを命じる
実施時期	ベビーP死後直ちに実施	ベビーP死後1年5か月経過して実施
内容	全体129頁、「結論・教訓」は64パラグラフ、「勧告」は46パラグラフ	全体73頁、「結論」は8パラグラフ、「勧告」は15パラグラフ
公開	2008年11月に編纂要約が出版	2009年5月に編纂要約が出版
評価	Ofstedより inadequate	Ofstedより good
世論	ベビーPに対するメディアや市民の関心は薄い	ベビーPに対するメディアや市民の関心は強い
勧告対象	すべての機関に勧告 精査され包括的な説明、分析、勧告。	LSCBと児童若者サービスだけをターゲット。ロンドン警視庁、NHS、司法サービスには勧告なし

出所：Jones, op. cit., p.210, p.213より筆者が作成した。

(2) 初版SCRと改訂版SCRの比較検討

1) 初版SCR[31]

　2007年8月6日（ベビーP死後3日め）、LSCBは初版SCRの実施を決定しOfstedに伝えた。LSCBのSCR専門委員会が8月8日に招集され、2007年9月から2008年7月までに7回会合が開かれた。初版SCRでは、多くの専門家が相当な時間ベビーPとかかわり様々なアセスメントを実施したが、①ベビーPの傷害と打撲傷の原因、②ベビーPの家族構成（母親であるトレイシーと男友達のバーカーとの関係）について、最後まで明確な結論を出せなかったことが厳しく批判されている[32]。これらは虐待ソーシャルワークにおいて極めて基本的かつ最も重要な確認事項である。なぜそれができなかったのか。トレイシーは専門家の目を欺き見せかけの信頼関係を構築することが巧みであった。もちろん専門家は彼女の子育てが未熟であることを承知していたが、支援に対して時として見せる彼女の真面目な姿勢や積極的な取り組みを素朴かつ過大に評価し、彼女を信頼していたところがあった。それが家族構成を最後まで確認できなかったことにもつながっている。いずれの専門家も、トレイシーと4人の

子どもという家族構成は把握できていたし、バーカーは彼女の男友達の1人であることを知っていたが、バーカーあるいはオーウェンがベビーPの家に移り住んでいること（同居）は知らなかった。それは、2006年12月から2007年8月の間にトレイシーを2度逮捕し、刑事調査を実施したロンドン警視庁でさえそうである。ベビーP死後の警視庁調査によれば、2007年2月頃すなわち狭い住居から広々とした住居に転居した頃からバーカーとの同居が始まったようである。もしこのような事実が分かっておれば、ベビーPのリスクアセスメントも違ったはずである。すでに専門家がトレイシーを信頼し子育て支援へ焦点を移している段階で、リスクアセスメントの見直しを促すことができるのは、トレイシーとバーカーあるいはオーウェンとの関係（家族構成）だけである。このような理由で、2度の逮捕による刑事調査を実施しておきながら、家族構成を明確にできなかったロンドン警視庁の責任も非常に大きいことが、初版SCRでは明確にされた[33]。初版SCRでは45の勧告がされが、その内訳は、5はLSCB、4は家族福祉支援サービス、9はグレート・オーモンド・ストリート病院、1は地方NHSサービス、1はNHS地域保健医療サービス、13はCYPS、7は司法サービス、2は学校、3はロンドン警視庁となっており、すべての機関に勧告が出された[34]。

2）改訂版SCR[35]

改訂版SCRは2008年12月から2009年2月にかけて、新しく就任したLSCB委員長バッドマンの監視下で慌ただしく実施された。その間SCR専門委員会の会合は7回開かれたが、クリスマスや年末年始の休暇を含めると、調査や報告書作成に要した時間は20〜25日程度であった[36]。

なぜこんなに慌てたのだろうか。ボールズ（政府）がベビーP問題に毅然とした態度をとり早期終息（市民やメディアによる批判の鎮静化）を図りたいという思いがあったからであろう。LSCB委員長を解任し、新たに就任した委員長の下でSCRをやり直す。初版SCRに対するOfstedの評価はinadequateであった。やり直しのSCRではOfstedよりadequate、できればgoodの評価を得たい。そして責任者の出処進退を問う。市民やメディアに対する政府の毅然とした態度とはこのような内容である。それはJARと同じくシュースミスとCYPS

に狙いを定めたものである。すなわち、シュースミス解雇の正当性を担保し、ベビーPに関与したソーシャルワーカーの責任を問うものであった[37]。

実際に改訂版SCRの内容をみると、初版SCRとは異なり15の勧告すべてがLSCBとCPYSだけを対象にしている。母親を2度逮捕し2度の刑事調査を実施しながら家族構成すら確認できなかったロンドン警視庁、ケア命令の申請に関する専門的知識がないため適切な助言ができず親子分離ができなかった司法サービス、セントアン病院（St Ann's Clinic）での小児医療サービスの責任を負うグレート・オーモンド・ストリート病院については一切勧告されていない[38]。

批判の矛先はさらに児童若者サービスとソーシャルワーカーへ向けられてゆく。改訂版SCRでは、実務の検証に際して「……専門家の実践をよく理解し適正な判断をするには、社会的、経済的、知識的脈絡を踏まえて検討する必要がある」[39]ときわめて的確かつ重要な指摘がされている。すなわち、専門性（研修の質と量）、職務担当量、資源、組織、協働、政策、手続きなど専門的実践を支える脈絡をよく理解した上で個別対応を検討する必要がある、と[40]。これが改訂版SCRの基本姿勢である。ところが結論の部分で財源と資源に言及されている箇所をみると、思わず目を疑いたくなるような記述が飛び込んでくる。「2005年以降の児童社会サービスの予算をみると全体的な資源の減少はみられない。さらなる積極的な資源投入があれば異なる結果をもたらしたかどうかを判断することは難しい。しかし、（フィールド）ソーシャルワーカーの職務担当量とその対応（専門性）を詳細に検討すれば、さらなる資源投入があったとしても結果に影響を与えたとは思われない」[41]と。換言すれば「財源も含め一定水準の物的資源は担保されている。問題は虐待防止システムの運営管理とソーシャルワークの専門性である」という判断であり、児童サービス最高責任者（部長）とベビーPに関与したソーシャルワーカーに対して厳しい評価を下した[42]。

3）2つのSCR共通の問題点：シーバート＆ホウディス報告書[43]

2つのSCRに共通する問題点は、セントアン病院で提供された小児医療サービスに関して徹底した調査検証がされていないことである。すなわち、児童虐待防止プランで要請されたベビーPの小児科アセスメントは、4か月先に延

ばされたばかりか(虐待死直前の8月の)受診の際にはアセスメントが実施されなかった理由の解明である。小児医療サービスは2008年4月から独立法人NHS地域保健医療サービス(Primary Care Trust)との委託契約により、グレート・オーモンド・ストリート病院(Great Ormond Street Hospital: GOSH)が提供することになった。すなわち2008年4月からGOSHがセントアン病院運営の全責任を負うことになったが、それ以前もセントアン病院の医師の派遣(雇用)に対する責任を負っている。したがって、2007年夏、ベビーPがセントアン病院で受診した際の医療行為についてはGOSHにも相当の責任があるはずである[44]。

この検証は卓越した2人の医師、シーバート教授(Sibert:元カーディフ大学児童保健衛生学教授、顧問小児科医)とホウディス医師(Hodes:カムデンNHS地域保健医療サービス顧問小児科医)によって実施された[45]。その検証報告がシーバート&ホウディス報告書である。当初、GOSHの最高責任者は、ベビーPの死の直前の2007年8月、セントアン病院で診察した顧問小児科医アル-ザヤット(Dr. AL-Zayyat)の医療行為を検証の対象として要請していた。しかし2人の医師は、アル-ザヤット顧問小児科医の医療行為はその脈絡を、すなわちセントアン病院の職場環境や管理運営システムを踏まえて検証する必要があること[46]を理解し検証対象を拡げた。

検証の結果は次のとおりである。①アル-ザヤット顧問小児科医は児童虐待防止の実務経験はなく研修も受けておらず、顧問小児科医の役職に相応しい専門性を有していない。本来なら任命されるべきではなかった。彼女の専門は児童発達(child development)と重度の障害のある子どもである。②にもかかわらず児童虐待防止を専門とする国選指定医(named doctor)がおらず、彼女をスーパーヴァイズできる者がいない。③本来4人の顧問小児科医が必要なところを2人で対応しており、児童虐待防止ケースのほとんどは経験の少ない医師あるいは専門外の医師が対応している。④セントアン病院では看護師を含めた病院スタッフが適切に配置されていないため、その業務は医師が代行しており医師の職務負担が非常に大きい。⑤北ミドルセックス病院と緊密な連携がとれていないため、セントアン病院の医師が専門的な検査を必要と判断し依頼しても迅速に対応してもらうことが難しい。また北ミドルセックス病院で診察された

内容がセントアン病院の医師にも伝わっていない[47]。これらの理由から、ベビーPに対する彼女の医療行為について、その責任をすべて彼女に負わせることはできない。むしろそうならざるを得なかったと結論づけた。このようにセントアン病院の小児医療サービスの責任を負うGOSHに対して深刻かつ重大な懸念を明らかにしたのである[48]。

　ではシーバート＆ホウディス報告書がJARやSCRでどのように扱われたのか検討してみよう。

　JARではシーバート＆ホウディス報告書の完全版は受理されたが検討されなかった。査察官によれば「この報告書は、現在の子どもの安全保障（safeguarding）にかかわるシステムではなく、過去の特別な事件に関する一個人の医療行為を対象としたものである。したがって報告書の内容はJARの検討対象にはならない」という。シーバート＆ホウディス報告書では、セントアン病院の職場環境や管理運営すなわち地域小児医療サービスという広範な脈絡まで検討されたことが十分に理解されていない[49]。

　初版SCRではGOSHに対して5つの特別な勧告がされている。しかしながらセントアン病院の脈絡的な問題、すなわち職場環境や管理運営システムといった最も重要な問題は明らかにされていない。というのは初版SCRで利用できたのはシーバート＆ホウディス報告書の要約編纂版であり、これらの脈絡的な問題は削除されていたからである。シーバート＆ホウディス報告書の完全版はGOSHよりLSCBへ送付されなかった。GOSHによれば「現在進行中の刑事訴追（の審理）に影響を与えないよう報告書の完全公開は差し控えるべきである」とロンドン警視庁から助言された（そのように理解した）からであるという。もっともロンドン警視庁はこのような事実を否定しているのだが[50]。

　改訂版SCRでは、GOSHはシーバート＆ホウディス報告書（完全版）をLSCB委員長バッドマンに送付したというが、バドマンは受理していないと述べ、双方の見解が異なる。真相は定かではないが、確かなことは改訂版SCRではシーバート＆ホウディス報告書の完全版どころか要約編纂版すら手元になかったことである。GOSHへの勧告がなかったのは、このような理由からである。2人の顧問小児科医がセントアン病院で提供される小児医療サービスの深刻かつ重大な懸念を明らかにしGOSHの責任を問うた報告書は、いずれの

検証報告書でも取り上げられなかった[51]。世界最高峰の小児病院と称されるGOSHの責任は追及されることはなかった。

〔5〕ベビーP虐待死亡事件の責任問題

(1) 責任追及されたソーシャルワーク
1) ソーシャルワーク責任者の解雇

2008年12月1日、ボールズの記者会見の前に事態は慌ただしく動いた。メーハン区長（Mehan, G.: Leader of the Council）とサントリー主任児童問題対策地方議員（Santry, L.: Lead Councillor for Chilren's Services）が辞職に追い込まれた[52]。そしてシュースミスは直ちに職務停止が告げられ、8日の懲戒審査に出席するよう指示される。そこで解雇が通告された。解雇の根拠はOfstedの主導で実施されたJARの結果によるもので、ハーリンゲイが独自に調査した情報に基づいて審査された結果ではない。彼女は不服申し立てを行ったが、解雇は覆らなかった[53]。

表9-4 辞職・解雇に追い込まれた管理職、議員、専門職

辞職	メーハン区長（Mehan, G.: Leader of the Council） サントリー主任児童問題対策地方議員（Santry, L.: Lead Councillor for Chilren's Services）
解雇	シュースミス児童サービス部長（Shoesmith, S.: Director of Children Services） ヒッチン児童家族サービス副部長（Hitchen, C.: Deputy Director, Children and Families） プリース児童安全保障委員会委員長（Preece, C.: Head of Safeguarding） クリストゥ・チームマネジャー（Chistou, G.: Team manager） ウォード・ソーシャルワーカー（Ward, M.: Social worker）

出所：Jones, op. cit., p.155より筆者が作成した。

解雇されたのはシュースミスだけではない。クリストゥ（Christo, G.：チームマネジャー）とウォード（Ward, M.：ソーシャルワーカー）は2008年4月と5月に懲戒審査を受けた。ソーシャルワークにおけるいくつかの問題が明らかになり文書による警告は与えられたが、懲戒解雇に相当する重大な過失は認められなかった。これは懲戒審査の結論であり区長（Council's Leader）、事務総長（Chief Executive）、司法サービス局長（Head Legal Services）、人事局

長（Head of Human Relations）も同意した[54]。2人の雇用は保証され職務を継続した。ところがサン紙をはじめとするメディアの解雇要求が日々に高まり世論もそれに同調してゆく。事務総長は懲戒審査のやり直しを宣言する。2人は再度懲戒審査を受け解雇される。同時にヒッチン児童家族サービス副部長（Hitchen, C.: Council's Deputy Director for Children and Families）、プリース児童安全保障委員会委員長（Preece, C.: Head for Children's Safeguarding）も解雇された。ベビーPに関与したソーシャルワーク専門職及び上級責任者はすべて解雇されたことになる[55]。

2）ソーシャルワーク責任者による控訴

　一方、シュースミスは解雇にあたって公正な手続きが踏まれていないとして、高等法院司法審査（High Court judicial review）に、ハーリンゲイ、Ofsted、ボールズ（児童学校家族大臣）を訴えた。司法審査に際してシュースミスはOfstedにレポートの提出を要求する。Ofsted主導で実施されたJARでは、CYPS（とりわけ虐待防止ソーシャルワーク）の評価に関して政治的な介入があり不当な評価がされたこと、すなわちJARでは、当初7人の査察官による査察ではgoodと評価されたにもかかわらず、政治的な介入によりinadequateへ評価を変更された疑いがあり、司法の場でそれを明らかにしようとした。司法審査は2009年10月に行われた。Ofstedは関係資料の提出を求められるが、証拠隠滅を思わせるような行動があり対応の不手際が際立った[56]。

　Ofstedより提出された資料によれば、実際に査察した査察官による最初の評価と17回書き直された最後の評価を比較すると大きく異なる。書き直しが重ねられるにつれて、批判の対象はCYPSに集中していく。それと並行してサービスの運営管理責任者（シュースミス）に対する厳しい評価が付け加えられ、NHSや警視庁に対する批判的な評価は削除されていく[57]。このような不可解な評価の変更は、ボールズ側近上級官僚とOfsted上級マネジャーの政治的な介入によるものではないかという疑いが強まり、Ofstedと政府は窮地に追い込まれたかにみえた。

　しかし2010年4月、司法審査の結果、シュースミスの訴えは退けられ「不当解雇ではない」と判断された。もっともボールズやOfstedの主張がすべて受け入れ

たわけではない。またハーリンゲイの解雇手続きも公正なものであるとは思えないと指摘もされている。しかしCYPSの評価に関して、不正な政治的介入（評価の変更）があったことを示す具体的な根拠はなかったと判断された[58]。シュースミスは直ちに控訴した。2011年5月、控訴院（Court of Appeal）は、シュースミスの解雇にあたって公正な手続きが踏まれていないことを確認し、ボールズとハーリンゲイの不正を認めた。控訴院判事はシュースミスに関して「彼女には（彼女自身に）いかなる問題があったとしても、司法手続きに従って公正に対応される資格があるはずでありスケープゴートにされてはならない」というコメントを特別に出した。「シュースミスはスケープゴートにされた」。控訴院の公式見解である。ただし、Ofstedに関しては「公正な義務を遂行した」とする司法審査が再認された[59]。

　ウォード、クリストゥ、ヒッチンは「不当な解雇」であるとして雇用審判所に訴えた。訴えは認められず（2010年10月）、ウォードとクリストゥは直ちに不服申し立てをする。しかし「不当解雇ではない」（2012年5月）との判断が下され、控訴院に控訴したが却下された。ハーリンゲイの懲戒審査は公正さを欠くところがあったかもしれないが、未熟な専門職判断に対して2人は責任を負うべきであり解雇は妥当であるという判断である[60]。総合ソーシャルケア協議会（General Social Care Council: GSCC）は2人のソーシャルワーカーとしての登録を検討した。GSCCに登録されないと再びソーシャルワーカーとして現場復帰できない。2010年5月、GSCC倫理委員会審査（Conduct Committee hearing）の結果、登録抹消に該当するほどの重大な過失があったとは思われないとの判断から、ソーシャルワーク専門職としての資格は担保された[61]。ただし、2人は解雇に続き16か月の職務停止を受けていたが、ウォードはさらに2か月、クリストゥはさらに4か月の延長が言い渡された[62]。

(2) 責任追及された小児医療サービス

　2008年11月に始まったサン紙の解雇要求キャンペーン。まさしくこの時期にソーシャルワーク上級責任者は解雇された。クリストゥとウォードに関しては、最初の懲戒審査では文書による警告は受けたが、懲戒解雇に相当する重大な過失は認められないという結論であった。ところが懲戒審査のやり直しが

決定し解雇される。同様のことが小児医療サービス上級責任者に対しても起こった。サン紙の解雇要求キャンペーンの真只中、医療監察委員会（General Medical Council: GMC）により2人の医師登録が停止された。

ベビーPの死亡直前に診察したアル‐ザヤット顧問小児科医と一般家庭医はGMCの倫理審査を受けた。アル‐ザヤット顧問小児科医の倫理審査は、ベビーPの死後1年経った2008年8月11日に実施された。GMCは、彼女の医療行為に関する最終的な判断が出るまで、「スーパーヴィジョンのもとで」という条件で彼女の勤務を認めた。9月、虐待死亡事件関係者の裁判が始まったとき、彼女は条件の見直しのため再度倫理審査を受けることになったが、変更はなかった。2008年11月21日、3度目の倫理審査が実施された。彼女の医療行為に関する最終的な判断がでるまで医師登録は停止される[63]ことになり、職務の継続は不可能になった。彼女は健康状態がすぐれず倫理審査を受けられる状態ではなかった。彼女は2010年にイギリスを去り、出身地のサウジアラビアに戻った。そしてGMC登録からの抹消を自ら申し出て2011年に認められた。彼女の医療行為に関する判断は下されなかったが、イギリスでの医師登録は認められていない。一般家庭医に関しては、2009年2月、GMCは18か月間の医師登録を停止した。2011年7月に職場復帰している[64]。

（3）責任追及を逃れたロンドン警視庁と司法サービス

ロンドン警視庁は、2度母親を逮捕しその都度刑事調査を実施したが、最初の刑事調査を実施してからベビーPが死亡するまでの8か月間、訴追するための根拠（虐待の有無）どころか家族構成すら確認できず、結論を先送りしたままの状態が（調査中）続いた[65]。このようなロンドン警視庁の失態は、2009年4月、スクープされる。BBCロンドンの政治担当編集長が初版SCR（完全版）のコピーを入手し、ロンドン警視庁の失態を明らかにした。その内容はこうである。①ベビーPの傷害に関する写真撮影に1週間かかった。室内（虐待現場）写真が撮られていない。②ソーシャルワーカーと同伴して家庭訪問していない。母親との会話の詳細な記録がない。③検察サービス局がロンドン警視庁にベビーPの傷害に関する独立した医学的所見を求め、専門医によって実施されることが確認された。しかし担当の警視がロンドン警視庁の他部署に異動し実

施されなかった。異動に際して引き継ぎがされていない。④2か月間もケース担当官が不在でベビーPに関する継続的な関与がされていない。⑤2007年6月、ベビーPが入院した際、母親は逮捕されたが傷害の写真撮影に1週間もかかっている。またベビーPの（年上）のきょうだいと面接をしていない。⑥誰と同居しているのか、家族構成を明らかにできていない（母親に質問していない）。もし積極的に調査しておれば男友達の存在（同居）が明らかにされたはずである[66]。

　とりわけ検察サービス局が要請した医学的所見が得られなかったことは、訴追するための根拠を失い虐待の有無を曖昧にさせてしまう。このようにBBCロンドンの政治担当編集長は、ロンドン警視庁の失態を明らかにして責任を追及した。もっともこれらの問題を、2008年11月（12月にボールズが記者会見をする前）の時点で政府関係者は知っていたはずである。にもかかわらず、キャメロンやボールズは責任を追及しないし、警視庁を管轄する内務省は沈黙したままである。何よりもサン紙は警視庁関係者の解雇を要請していない。JARやSCRでも触れられていない[67]。責任追及がない以上、ロンドン警視庁内で懲戒審査や倫理審査が行われるわけがない。

　事務弁護士は文書による警告を受けたが、職務は継続している。ベビーPの傷害の件で2度、児童サービス部はケア命令（裁判所命令による親子分離）の申請が可能かどうかについて助言を求めている。2007年夏、事務弁護士（司法サービス）の判断は、ケア命令に相当する重大な虐待（の司法根拠）は確認されないというものであった。しかしそれは専門的な司法判断であったのかどうか検討の余地がある。ハーリンゲイでは、ケア命令の申請に精通する児童虐待専門の事務弁護士が不足しており、ベビーPのケースでも、最近補填された契約事務弁護士が対応している。専門的な知識や経験が少ないにもかかわらず、上級職員からのスーパーヴィジョンや外部の司法事務所から専門的な助言を受けるシステムが確立していない。初版SCRでは司法サービスに関して、ケア手続きに精通した司法専門家の補填が勧告されている。改訂版SCRでも、司法サービスは全く効果的に機能しておらず専門性も担保されていないという厳しい指摘がされている[68]。

〔6〕スケープゴートにされたソーシャルワーク

（1）レベソン委員会の設置：メディアの不正と政界との癒着

　それにしても、なぜメディアはCYPSの関係者だけをターゲットにして執拗に批判を繰り返すのか。またそれに政治家（新労働党）や政府（児童家庭学校省）も追随してゆくのか。そして、不徹底な刑事調査によりベビーPの家族構成を最後まで明確できなかったという失態を犯した警察は、なぜ批判されなかったのか。田中孝宣、藤田幸久、小林恭子の所論[69]に拠りながら、その理由に迫るのが本節の目的である。そこにはメディア、政治家、警察との間に親しすぎる関係があった。それを明らかにしたのがレベソン報告書（とその調査過程）である。

　2011年7月、キャメロン首相は、イギリスの新聞界の文化、慣習、倫理を検証（盗聴など報道関係者の不正行為の調査）するために、控訴院判事のレベソン（Leveson, B.）をリーダーとする独立調査委員会を設置した。その調査報告書がレベソン報告書（2012年11月）であり、過去300年にわたって新聞界が享受してきた「報道の自由」（自主規制）に対して、「報道の倫理」を高めるために法律に基づく規制、監督機関の設置を勧告した。報道内容に外部規制が加えられることになり、新聞界にとって大きな脅威である。

　レベソン委員会が設置されるきっかけになったのが、日曜大衆紙「ニューズ・オブ・ザ・ワールド」（News of the World: NoW）の電話盗聴事件である。電話盗聴事件とは、NoW記者と私立探偵が王室関係者の携帯電話の留守番メッセージを違法に聞いていたことが発覚し、2007年に実刑判決が下された事件のことである。このような盗聴は大規模かつ組織ぐるみでされていたのではないかという疑いがくすぶり続けた。ガーディアン紙（2009年7月）、アメリカ・ニューヨーク・タイムズ紙（2010年9月）は、盗聴は大規模かつ組織ぐるみであったと報道した。しかしNoWのみならずイギリスのメディア委員会もそのような疑惑を否定した。警察も記者個人の犯罪事件として捜査を広げず、ガーディアン紙報道の際にも再捜査に応じなかった。

　事態が急変したのは、2011年7月4日、ガーディアン紙が2002年少女誘拐

表9-5　NoWの電話盗聴疑惑：メディアと政府の癒着

2000年5月		ブルックス、NoW編集長就任
02年3月		少女誘拐殺人事件
03年1月		クールソン、NoW編集長に就任。ブルックス、サン紙編集長に就任
06年8月		盗聴容疑で記者ら2人が逮捕
07年1月		逮捕された2人の記者に禁固刑が下る。クールソン、NoW編集長を辞任
	5月	イギリス・メディア委員会がNoWの組織的な盗聴行為疑惑を否定
	6月	キャメロン保守党党首がクールソンを広報責任者に任命
09年7月		ガーディアン紙が、NoWが組織的な盗聴を行っていたと報道。
	9月	**ブルックス、イギリス・ニューズ・インターナショナル社のCEOに就任**
10年5月		キャメロン連立政権発足。キャメロン首相がクールソンを官邸報道局長に任命
	9月	アメリカ・ニューヨーク・タイムズ紙が、クールソン氏がNoW編集長として在職中に不正な盗聴行為に積極的に関与していたと報道
11年7月4日		ガーディアン紙が、2002年少女誘拐殺人事件についてNoWの盗聴疑惑を報道
	8日	クールソン逮捕
	10日	NoW廃刊
	13日	**ブルックス逮捕、警視総監辞任**
	19日	マードックを議会へ召喚

出所：①吉田智賀子（2010）「再捜査の可能性と境界への影響　ニューズ・オブ・ザ・ワールド盗聴事件」(http://www.news-digest.co.uk/news/news/in-depth/6939-notw.html, 30/09/2010, Vol.1269), p.1, ②田中孝宣（2011）「盗聴取材でマードック帝国に激震──広がる波紋・メディア規制強化論も」メディアフォーカス、『放送研究と調査』2011年9月号 (https://www.nhk.or.jp/bunken/summary/research/focus/421.html), p.1 より筆者が作成した。

殺人事件におけるNoWの盗聴疑惑を報道したことからである。ロンドン南部で失踪した少女ミリー・ダウラー（当時14歳）の携帯電話に不正にアクセスし伝言メッセージを聞き出した。そして古い伝言メッセージが消去されていたため両親は娘がまだ生きていると思い、望みをつないでいた。しかし半年後、遺体で発見される。スクープのためなら犯罪被害者まで盗聴し、しかも両親に残酷な希望を抱かせた同紙の過剰取材に対する国民の怒りは凄まじかった。警察もようやく重い腰を上げることになった。

　この盗聴事件でNoWの元編集長クールソン（Coulson, A.）ら10人が逮捕された。そして4000人に及ぶ盗聴を組織的に行っていた疑いがあることも判明した。この事態を受けてNoWの発行元ニューズ・インターナショナル社は、

イギリスで最多の発行部数を誇った日曜大衆紙NoWの廃刊を決定した。7月10日、168年の歴史に幕を閉じることになった。

事件は政界に飛び火した。キャメロン首相は元NoWの編集長だったクールソンを2011年1月まで官邸の主席報道官として雇用しており、任命責任が問われた。そしてNoWおよび大衆紙サン（2紙は同じ発行会社）の元編集長で、発行元ニューズ・インターナショナル社のCEOにまで昇進したブルックスはキャメロン首相と個人的な深いつながりがあった。そのブルックスも逮捕されてしまう。さらに警察との親しすぎる関係も表面化した。情報入手のため警察関係者に違法な謝礼を払っていたとされるほか、盗聴事件に関与したと疑われるNoWの関係者が高額の給与をもらって警察の広報担当として雇われていたことが発覚した。盗聴事件に関する捜査が緩かったこと、とりわけ2009年にガーディアン紙がNoWの組織的な盗聴の疑いを報道した際に再捜査を簡単に却下したのには、このような警察と新聞界（マードック系列）の癒着があったのではないかと疑惑がもたれ、当時の警視総監と、2009年の再捜査を却下した幹部が辞任に追い込まれた。窮地に追い込まれたのは首相も同じである。そこで首相が立ち上げたのがレベソン委員会であった。

（2）レベッカ・ブルックスとメディア報道：報道倫理の崩壊

これらのNoW盗聴疑惑事件で明らかになったことは、新聞界（マードック系列）、警察、政治家との癒着であり、パワーエリートたちの公私とも親しすぎる関係である。ベビーP虐待死亡事件報道の背景には、このような関係があったことを心得ておく必要があるだろう。そしてNoW盗聴疑惑事件で逮捕されたレベッカ・ブルックス（Rebekah Brooks）こそが、ベビーP虐待死亡事件報道のキイパーソンであった。彼女はNoW編集長（2000～03年）、サン紙編集長（2003～09年）を務め、2009年にはアメリカのメディア王ルパート・マードック（Rupert Murdoch）が率いるメディア・エンターテイメントの大手ニューズ・コーポレーション（News Corp）のイギリス子会社ニューズ・インターナショナル（News International）の最高経営者（CEO）にまで昇りつめている[70]。彼女自身がレベソン調査委員会で証言したように、キャメロン首相とは極めて親しい関係にあった。そして彼女がサン紙の編集長を務めていた

2008年11月こそ、サン紙の描く筋書に沿ってベビーP虐待死亡事件の物語が構築されたときであった。

　2000年、サン紙の副編集長から若くしてNoWの編集長へ昇格したブルックスが最初に取り組んだのがサラ・ペイン誘拐殺害事件であり、犯罪犠牲者を支援するためのキャンペーンであった。2000年7月1日、8歳の少女サラ・ペインが誘拐され、懸命の捜査もむなしく17日遺体で発見される。犯人は被害者の近隣に住む性犯罪の前科のある男性であり、以前からサラに対して性犯行を企んでいたことが逮捕後明らかになった。23日、NoWはペドファイル（児童性愛者）問題を全面的に取り上げ、サラ法の制定を訴えた。サラ法とは、児童性愛者（有罪判決を受けたもの）が近隣に居住する／している場合、地元住民は警察よりその情報提供を受けることができるとする法令であり、イギリス版ミーガン法といえる。それと並行してペドファイルに対する「名指して辱めよ」（Name and Shame）キャンペーンを実施し、前科のあるペドファイル49人の顔写真、居住地、有罪判決や犯行を詳細に公表した。さらにコミュニティで生活している10万人のペドファイルの詳細も公表することを約束した。NoWの報道後、各地で児童性犯罪者追放のデモが起こり、一部は自警団的暴力（Vigilantism）に発展した。情報が掲載された男性にのみならず、児童性犯罪とは関係のない無実の市民が誤って襲撃されたりする事件が相次いだため、報道への批判が高まり、NoWは同様の記事の連載を中止している[71]。

　犯罪犠牲者への強い思いに駆られた過剰な報道キャンペーン。ところが驚くべき事実が明らかにされる。サラ法制定のためのキャンペーンに参加していた母親サラ・ペイン（娘の名前もサラという）は活動のためにブルックスより携帯電話を与えられた。その通話がNoWに雇われていた私立探偵に盗聴されていたことが、NoWの電話盗聴事件を調査していたロンドン警視庁（2010年）より明らかにされた[72]。また2002年、イギリス南部ソーハム地区で10歳の小学生女児2人が殺害されたソーハム事件[73]においても犯罪被害者家族に対する電話盗聴が行われていた。スクープのためには不正手段も厭わないNoW（ブルックス）の姿勢に市民は言葉を失った。

(3) スケープゴートにされたソーシャルワーカー[74]

　ところで、NoWの報道キャンペーンをサラ事件とベビーP虐待死亡事件とで比較してみると、前者では加害者として児童性犯罪者をターゲットにしていたが、後者では加害者である家族同居人（トレイシーの男友達）よりもソーシャルワーカーが過剰にターゲットにされた。キャメロン保守党党首と共同戦線を張り、責任者（ソーシャルワーカー）の処分をめぐって政府（新労働党）を追及してゆく姿勢には、ブルックスの政治的判断が少なからず働いたように思いてならない。ここで留意しておかなくてはいけないのが、イギリス新聞界と政治との関係である。

　イギリス新聞界はその論調によって総選挙の結果を左右できるといわれるほど政治に対して強い影響力をもつ。しかもイギリスで販売される新聞の4割はマードック系であり、1992年以来、サン紙が支持した政党はどちらであろうと総選挙では負けていない。新労働党政権にとってサン紙（2003〜09年ブルックス編集長）の支持を取りつけることは、次の総選挙を考えると最重要となる。このような理由から政府はサン紙の要請を丸呑みし、シュースミスら関係者に対して厳しい処分を科した（科すようハーリンゲイに圧力をかけた）のであろう。一方、2度の刑事調査を実施しておきながら家族構成を確認できないという失態を犯した警察は、メディアとの親密すぎる関係から批判のターゲットを免れてゆく。

　公費で雇われながら、子どもの命を救えなかったソーシャルワーカーの存在は、保守党にとって、旧労働党の「大きな政府」「官僚制」「非効率的」「税の浪費」といった負のイメージを市民に喚起させるのに、格好のターゲットであった。新労働党政権は旧労働党と何ら変わりないことを訴えるのは、保守党が世論の支持を得るもっともたやすい方法である。一方、新労働党政権はそうならないようソーシャルワーカーを切り捨て（解雇）、早く決着をつけようとする。もちろん中央省庁における政治力も影響しているであろう。治安／安全保障（警察）や医療サービスと比較して、ソーシャルワークははるかに弱い。ソーシャルワーカーはスケープゴートにされた。そしてサン紙の要請を丸呑みした新労働党政権。しかしブルックスは、サン紙は2010年の総選挙では新労働党から保守党へ支持を変えるようマードックを説得する。NoWとサン紙は2010年総

選挙前に新労働党支持を取り下げた。それが総選挙にどれほどの影響を与えたかはわからない。ブラウン政権が下野することになったのは事実である。

注 記

(1) 筆者は、本章の論述に関連する様々な出来事に関して断片的に情報収集していたが、全体像を整理して把握するまでには至っていなかった。2014年に出版されたJones, R.（2014）*The Story of Baby P: Setting the Record Straight*, Policy Press は、筆者の要望に応えてくれた貴重な文献である。したがって、本章の論述に関してはJones, *op. cit.* に拠るところが大きいことをおことわりしておく。

(2) ①Parton, N.（2014）*The politics of child protection: Contemporary developments and future directions*, Palgrave Macmillan, p. 69, ②Jones, *op. cit.*, p. 174, p. 310, ③Court of Appeal（2011）Judgement approved by the Court, Neutral Citation Number:［2011］EWCA Civ642, paras. 134-135.

(3) Parton, *op. cit.*, p. 70.

(4) ①Jones, *op. cit.*, p. 75. 原資料はMetropolitan Police（2008）'Baby death: Man found guilty', Press release, 11 Nobember（http://content.met.police.uk/News/Baby-death-Man-found-guilty/1260267755559/125, 現在このアドレスによる閲覧は不可), ②Siddique, H. & Jones, S.（2008）'Two men found guilty of causing Baby P's death', *The Guardian*, 11 Nobember（www.guardian.co.uk/society/2008/nov/11/childprotection-ukcrime), ③Parton, *op. cit.*, pp. 74-77.

(5) Parton, *op. cit.*, p. 71.

(6) *Ibid.*, p. 72.

(7) *Ibid.*, pp. 82-83.

(8) ①Daily Star（2008）'Spat was shameful', *The Times*, 13 November, p. 9, ②Treneman, A.（2008）'Shame, they cried, And they were right', *The Times*, 13 November, p. 10, ③Parton, *op. cit.*, p. 71, ④Jones, *op. cit.*, pp. 80-81.

(9) Parton, *op. cit.*, p. 72.

(10) *Ibid.*, p. 72.

(11) *Ibid.*, pp. 83-84.

(12) *Ibid.*, pp. 73-74.

(13) *Ibid.*, p. 79.

(14) 社会ケア査察委員会（Commission for Social Care Inspection: CSCI）は、児童／成人の社会ケアサービス（児童虐待防止サービスも含む）の査察に優れた専門性をもち、サービスの改善に成果を収め、関係者より高い評価を得ていた。しかし、2005年財務大臣ブラウンの声明に基づき、CSCIは2007年4月に解体され、児童社会ケアサービスの査察はOfstedへ、成人社会ケアサービスの査察はHealthcare Commission

（現在は Care Quality Commission: CQC）へ統合されることになった（Jones, op. cit., p. 131）。Ofstedの査察に関しては、教育サービスにおける査察手法がそのまま児童社会サービスに適合するのかという疑問が関係者の間で指摘されていた。2008年12月、アトキンソン児童サービス部長会会長（Maggie Atkinson: the President of the Association of Director of Children's Services）は「Ofstedの査察では、あまりにも法令／手続きの遵守に重点がおかれている。法令／手続きの遵守、専門的判断の行使、結果の達成、これら3のバランスを配慮して査察を行うべきである」「査察の結果が実践の質の向上につながっているとは思えない」という趣旨の書簡を Ofsted の最高責任者を送っている（Jones, op. cit., pp. 132-133）。

(15) Ofsted, Health Commission and Her Majesty's Inspectorate of Constabulary (2008) *Joint Area Review: Haringey Children's Services Authority Area*, London, Ofsted.

(16) ①High Court (2010) Rejoinder on behalf of the claimant to ofsted's reply dated 26 February 2010 and the submissions of the Secretary of state and council dated 22 and 23 February 2010, R (*on the application of Sharon Shoesmith*) and (ⅰ) *ofsted* (ⅱ) *the Secretary of State for Children, Schools and Families* (ⅲ) *Haringy Council, co/2241/2009*, ②Jones, op. cit., p. 103. 原資料は The Sun (2010) 'Ofsted "changed Baby P report"', 1 April (www.thesun.co.uk/sol/homepage/news/291537/ofsted-changed-Baby-report, 現在このアドレスによる閲覧は不可), ③BBC News (2010) 'Ofsted changed Shoesmith report', 1 April (http://news.bbc.co.uk/1/hi/education/8599616.stm), ④Jones, op. cit., p. 103, p. 114.

(17) R (*on the application of Sharon Shoesmith*) and (ⅰ) *ofsted* (ⅱ) *the Secretary of State for Children, Schools and Families* (ⅲ) *Haringy Council, co/2241/2009*, p. 14.

(18) Jones, op. cit., pp. 117-118.

(19) *Ibid.*, p. 103, p. 114.

(20) *Ibid.*, pp. 116-117.

(21) ①Ofsted (2006) London Borough of Haringey children's services Services Authority Area, *Joint Area Review*, p. 4, ②Ofsted (2006), op. cit., p. 27, ③Ofsted (2007) 2007 Annual Performance Assessment of Services for Children and Young People in the London Borough of Haringey, 26 November, p. 10, ④Jones, op. cit., p. 119.

(22) Jones, op. cit., p. 105.

(23) *Ibid.*, p. 105, p. 109.

(24) *Ibid.*, pp. 107-108.

(25) *Ibid.*, p. 104.

(26) *Ibid.*, p. 110, p. 112.

(27) Department for Education and Skills (DfES) (2006) *Working together to safeguard children: A guide to inter-agency working to safeguard and promote the welfare of children*.

(28) Jones, *op. cit.*, p. 119, p. 194.
(29) *Ibid.*, p. 112.
(30) *Ibid.*, p. 213.
(31) Haringey LSCB (2008) *Serious Case Review 'Child A'*, Executive summary, November 2008.
(32) Jones, *op. cit.*, pp. 196-197.
(33) ①Haringey LSCB (2008), *op. cit.*, p. 5, ②Haringey LSCB (2008), *op. cit.*, p. 7, ③Jones, *op. cit.*, pp. 198-199.
(34) Jones, *op. cit.*, p. 200.
(35) Haringey LSCB (2009) *Serious Case Review 'Child A'*, Executive summary, March 2009.
(36) Jones, *op. cit.*, pp. 203-204.
(37) *Ibid.*, p. 205.
(38) *Ibid.*, p. 207.
(39) Haringey LSCB (2009), *op. cit.*, p. 9.
(40) Jones, *op. cit.*, p. 205.
(41) *Ibid.*, p. 68.
(42) *Ibid.*, p. 209.
(43) Sibert, J. & Hodes, D. (2008) *Review of children protection practice of Dr Sabah Al-Zayyat*, London, Great Ormond Street Hospital NHS Trust
(44) Jones, *op. cit.*, pp. 214-215, グレート・オーモンド・ストリート病院は、トロント小児病院、ボストン小児病院と並び称される世界最高峰の小児病院。
(45) *Ibid.*, p. 215.
(46) Sibert & Hodes, *op. cit.*, p. 2.
(47) ①Sibert & Hodes, *op. cit.*, p. 7, pp. 17-18, ②Jones, *op. cit.*, pp. 216-217.
(48) ①Sibert & Hodes, *op. cit.*, p. 17, ②Jones, *op. cit.*, p. 218.
(49) ①Donovan, T. (2010) 'Great Ormond Street Report on Baby P "not disclose"', BBC News, 12 April (http://news.bbc.co.uk/2/hi/uk_news/england/london/8616529.stm), ②Jones, *op. cit.*, p. 221.
(50) ①Great Ormond Street Hospital(2011) 'MP asked to withdraw "incorrect and unsubstantiated" allegation', Press release, 22 June, ②Jones, *op. cit.*, p. 220. 原資料はGilligan, A. (2001) 'Great Ormond street tries to lie its way out of trouble', *The Daily Telegraph*, 5 July (http://blogs.telegraph.co.uk/news/andrewgilligan/100095432/great-ormond-street, 現在このアドレスによる閲覧は不可), ③Donovan, T. (2011) 'MP tells Great Ormond Street chief to quit over over Baby P', BBC News, 9 June (www.bbc.co.uk/news/uk-england-london-13715065), ④Jones, *op. cit.*, pp. 219-220.
(51) ①Great Ormond Street Hospital (2011), *op. cit.*, ②Donovan, T. (2011), *op. cit.*,

③ Jones, *op. cit.*, pp. 221-222.
(52) Jones, *op. cit.*, p. 129.
(53) Jones, *op. cit.*, pp. 151-153.
(54) Jones, *op. cit.*, p. 154. 原資料はShoesmith, S. (2012) 'Case of Baby P social workers crucial for future of profession', *Community Care*, 19 June.
(55) Jones, *op. cit.*, p. 154.
(56) ① BBC News (2009) 'Shoesmith demands Ofsted report', 12 October (http://news.bbc.co.uk/2/hi/uk_news/england/london/8302842.stm), ② Butler, P. (2009) 'Sharon Shoesmith lawyers demands Ofsted documents', *The Guardian*, 12, October (https://www.theguardian.com/society/2009/oct/12/shoesmith-demands-ofsted-documents), ③ Curtis, P. (2009) 'Ofsted chief will be told to attend emergency meeting over Haringey review', *The Guardian*, 13 October (www.theguardian.com/society/2009/oct/13/ofsted-chief-haringey-review), ④ Williams, R. (2009) 'Judge demands explanation from Ofsted on Baby P emails', *The Guardian*, 2 December, p. 8, ⑤ Jones, *op. cit.*, pp. 166-167.
(57) Jones, *op. cit.*, p. 170.
(58) ① Harrison, A. (2010) 'Baby Peter sacking was lawful, the High Court rules', 23 April (http://news.bbc.co.uk/1/hi/education/8639496.stm), ② Jones, *op. cit.*, pp. 170-171.
(59) ① Butler, P. (2010) 'Sharon Shoesmith given leave to appeal against court ruling on dismissal', *The Guardian*, 1 September (https://www.theguardian.com/society/2010/sep/01/sharon-shoesmith-appeal-ed-balls), ② Court of Appeals (2011) Judgement approved by the Court, Neutral Citation Number: [2011] EWCA Civ642, paras. 37-38, 134-135, ③ Jones, *op. cit.*, pp. 174-175.
(60) Jones, *op. cit.*, p. 160, p. 181.
(61) ① General Social Care Council (GSCC) (2010) *Notice of Decision of the Conduct Committee*, Case reference: 1042389, p. 10, ② Jones, *op. cit.*, p. 163. GSCCとはすべての社会福祉サービス従事者の教育研修、資格認定、職業倫理などを管轄する独立した法定団体。GSCCが認可した研修を受け（ソーシャルワーカー：筆者加筆）ケアワーカーとしての資質と能力を有すると判断されたものはGSCCに登録される。したがって、対人援助において重大な過誤や虐待が訴えられた場合、調査が実施され事実であれば、除名あるいは再登録のための条件提示など懲戒手段が適用される（矢部久美子（2002）「GSCCの設置が決まるまでの経緯」『月刊総合ケア』12(4)、pp. 52-55、「GSCCの成り立ちと作業をめぐって」『月刊総合ケア』12(5)、pp. 52-55より要約引用）。
(62) Jones, *op. cit.*, p. 161.
(63) Care Quality Commission (CQC) (2009) *Review of the involvement and action*

taken by health bodies in relation to the case of Baby P, May 2009, p. 13.
(64) ①Daily Mail（2011）'Baby P doctor struck off after failing to spot abused boy had broken back', 11 February（www.dailymail.co.uk/news/article-1356068/BabyP-doctor-struck-failing-spot-abused-boy-broken-back.html），②BBC News London（2011）'Baby P doctor removed from medical register by GMC', 11 February（www.bbc.co.uk/news/uk-england-london-12429911），③Field Fisher Waterhouse（2011）*R（on the application of Sabah Al-Zayyat）v General Medical Council*–Queen's Bench Division（Administrative Court）–25 November 2010, Public and Regulatory Law Alert（www.ffw.com/publications/all/alerts/prg-alert-january-2011），④Dyer, C.（2011）'Baby P doctor is allowed to remove herself from medical register', *British Medical Journal*, 14 February（www.bmj.com/content/342/bmj.d1015.extract），⑤Jones, *op. cit.*, p. 164, pp. 255-256.
(65) Jones, *op. cit.*, p. 261.
(66) ①Donovan, T.（2009）'Police "Culpable in Baby P case"', BBC News, 9 April（http://news.bbc.co.uk/1/hi/england/london/7991820.stm），②Jones, *op. cit.*, pp. 224-225.
(67) Jones, *op. cit.*, p. 225.
(68) ①Jones, *op. cit.*, p. 157. 原資料はThe Daily Telegraph（2009）'Baby P: Haringey Council's Lawyers admit he "should have been in care before he died"', 22 May（www.telegraph.co.uk/news/uknews/BabyP/5365020/Baby-P-Haringey-Council-lawyers-admit-he-shoud-have-been-in-care-before-he-died.html, 現在このアドレスによる閲覧は不可），②Jones, *op. cit.*, p. 158. 原資料はBarret, D., Harrison, D. & Sawer, P.（2008）'Baby P: Now spotlight falls on lawyer who sided with mother. Haringey's legal department decided evidence was too flimsy', *The Daily Telegraph*, 16 November（www.telegraph.co.uk/news/uknews/law-and-order/3464202, 現在このアドレスによる閲覧は不可），③Haringey LSCB（2008）*Serious Case Review 'Child A'*, Executive summary, November 2008, p. 15, ④Haringey LSCB（2009）*Serious Case Review 'Child A'*, Executive summary, March 2009, p. 63, ⑤Jones, *op. cit.*, pp. 155-158.
(69) ①田中孝宣（2011）「盗聴取材でマードック帝国に激震――広がる波紋・メディア規制強化論も」メディアフォーカス，『放送研究と調査』2011年9月号（https://www.nhk.or.jp/bunken/summary/research/focus/421.html）、②藤田幸久（2011）「盗聴スキャンダル・新たな摘発捜査を打ち出す」（http://blogs.yahoo.co.jp/yfujita_mystery/35144179.html, 2016年1月27日閲覧）、③小林恭子（2005）「英・性犯罪者の情報公開――1　目立つ大衆紙の住民扇動」（http://ukmedia.exblog.jp/1454686/）、④小林恭子（2005）「英・性犯罪者の情報公開――1　目立つ大衆紙の住民扇動」（http://ukmedia.exblog.jp/1454686/）、⑤小林恭子（2012）「『泣く子も黙る？』超パワフルな英新聞界が法による規制の可能性に　徹底抗戦！その1」（https://news.

yahoo.co.jp/byline/kobayashiginko/20121129-00022572/)、⑥小林恭子（2013）「英新聞界メディアの報道規制はどうなる？『レベソン報告書』の概要とは」(https://news.yahoo.co.jp/byline/kobayashiginko/20130503-00024708/)。本節の論述では、これらの論文以外にも⑦クローズアップ現代（2011）「盗聴する英国メディア——揺れる報道の自由」(https://www.nhk.or.jp/gendai/articles/3134/1.html)、⑧Jones, op. cit., p. 64から多くのことを学んでいる。

(70) ①AFP/Danny Kemp（2012）「盗聴疑惑の英女性編集長、証言で首相や高官も道連れに？」(https://www.afpbb.com/articles/-/2877393)、②Jones, op. cit., p. 65.

(71) ①田邉泰美（2009）「英国児童虐待防止研究——児童性的虐待（ペドファイル：児童性愛者／集団）対策に関する一考察（その1）」『園田学園女子大学論集第43号』pp. 126-127、②Jones, op. cit., p. 66、③小林恭子（2005）「英・性犯罪者の情報公開——1　目立つ大衆紙の住民扇動」(http://ukmedia.exblog.jp/1451686/)。

(72) ①Jones, op. cit., p. 67、②藤田幸久（2011）「盗聴スキャンダル・新たな摘発捜査を打ち出す」(http://blogs.yahoo.co.jp/yfujita_mystery/35144179.html)。

(73) ソーハム事件：「2002年、英南部ケンブリッジ州ソーハムで10歳の小学生女児2人が殺害された。逮捕されたのは、少女たちが通っていた学校の管理人だった。強盗容疑の他、十代の少女たちと強制的に性行為を行ったとして数度告訴されていたが（犠牲者らが後で告訴を取り下げるなどして有罪には至らず）、担当した複数の地元警察や関連団体の間の連絡が不備で、必要な情報が破棄されるなどの人的エラーもあり、こうした情報が雇用した学校側に伝わっていなかった。大衆紙を中心としたメディアは、管理人とその交際相手で同じ小学校で教員補助をしていた女性（管理人のアリバイの偽証で有罪）に関してのゴシップ、中傷、事実の裏打ちのない記事を連日報道した。この女性は殺害行為に全く関与していなかったが、過熱報道が人々の憎悪心を誘発し、裁判所から拘留所に戻る護送車の通り道に多くの人が集まり、「死ね」などと叫ぶ声があがった。報道が陪審員の判断を曇らせ、裁判の行方に及ぼすことを懸念した法務長官は、報道自粛を要請する声明を発表した。男性は2003年末、殺人罪で終身刑となった。教員補助の女性は2年近くの服役後、今年2月釈放された。高等法院は、この女性に新しい名前、身元を与え、一生涯、個人情報の報道を禁止する命令を出した。姿格好が似ている女性たちが市民に襲われる事件が数件起きており、教員補助の女性の身の安全を守るための措置だった」。小林恭子（2005）より引用。

(74) 本節の論述では、次の論文の指定箇所を参照したり要約引用したりした。①田中孝宣（2011）「盗聴取材でマードック帝国に激震——広がる波紋・メディア規制強化論も」メディアフォーカス、『放送研究と調査』2011年9月号（https://www.nhk.or.jp/bunken/summary/research/focus/421.html）、②小林恭子（2012）、③Parton, op. cit., p. 73、④Jones, op. cit., p. 252.

VI部
新労働党政権の社会統治とソーシャルワーク

10章

新労働党政権の児童社会サービス改革がソーシャルワークに与える影響と変化[1]

　新労働党政権における児童社会サービス改革が、ソーシャルワークに与えた影響とその変化を、社会統治とオーバーラップさせて検討するのが、本章の目的である。具体的にいえば、新労働党政権による児童社会サービス改革の到達点は、ベストバリュー（Best Value）という脈絡で実施された、普遍的な早期予防介入（*Every Child Matters*: ECM, 2003）とアウトカムズ・フレームワーク（*Every Child Matters; Change for Children*: CfC, 2005）であり、これら2つの政治理念／手法がソーシャルワークにどのような影響と変化をもたらしたのかを考察することになる。したがって、最終章にあたる本章は、新労働党政権における児童関連施策とソーシャルワークの総括に該当すると考えてもらってよい。

　ベストバリューとは、「すべてを市場原理に委ねるのではなく、行政経営／管理を強化することで、効率／効果的に最高のアウトカムズ（サービスの量と質）達成を目的とし、その達成程度は、監査／査察システムによる精査を受けて市民に情報公開される。そして次の改善計画にフィードバックされ市民に対する説明責任が果たされるという一連のアプローチである」[2]と、さしあたり定義しておく。すなわちベストバリューとは、マネジリアリズムによる社会サービス改革（現代化）のことであり、マネジリアリズムをソーシャルワークに浸透／徹底させたのがアウトカムズ・フレームワークである。

なお、本章では、ベストバリューとマネジリアリズムは同義で使用していること、ソーシャルワークは虐待防止も含めた児童ソーシャルワークであることを、おことわりしておく。

〔1〕「刷新された社会民主主義」の社会統治：4つのモデルを手掛かりに

　新労働党政権が掲げる「刷新された社会民主主義」は、旧労働党の社会民主主義ともサッチャリズムの市場原理主義とも自らを峻別し、両者の良いところを引き出しながら社会問題の解決に取り組もうとしており、プラグマティックな政治手法ともいえる。そこでニューマン（Newman, J., 2001）が提示した社会統治の4つのモデルは、新労働党政権の社会統治を理解する上で多くの示唆を与えてくれる[3]。4つのモデル[4]とは、中央からの統制が強い「官僚／階層モデル」、効率と成果を優先する「経営／管理モデル」、多様なニーズに対して連携による柔軟な対応をする「開放モデル」、自らの力で問題解決に取り組む「自己統治モデル」である。4つのモデルは、それぞれ親和性をもつもの、反発し合うもの、バランスを保ちながら共存しているものなど、様々な組み合わせが考えられる。すなわち、様々な政治意図／目的が異種交配することで、当初想定されていた結果とは異なる結果になることも多々みられることになる。図10-1は4つのモデルの「変化の力動性」を表したものである。図10-2は「政府の現代化」（統治モデル）、図10-3は「社会サービスの現代化」（統治モデル）に「ソーシャルワーク専門職の統治」をオーバーラップさせたものである。これらの図と4つのモデルを手掛かりに、新労働党政権の社会統治を検討する。

(1) 政治／政策に関する社会統治

　新労働党政権の政治／政策は、「アクティヴな市民社会」の構築を目的とする。「アクティヴな市民社会」の基盤となる「コミュニティの連帯」を再生するために、市民に対して「新たな個人主義」すなわち「他者や共有知への配慮」「権利には責任を伴うことの自覚」を要請している。そして政府は、市民社会やコミュニティに対して、それぞれの自治を尊重しながら、社会問題を解決するパートナーとして位置づけて、地方の多様なニーズに対して省庁横断的にかつ迅

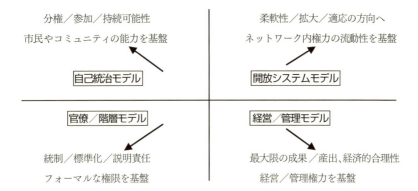

図10-1　変化の力動性

出所：Newman, J.（2001）*Modernizing Governance*, Sage Publication, p.38.

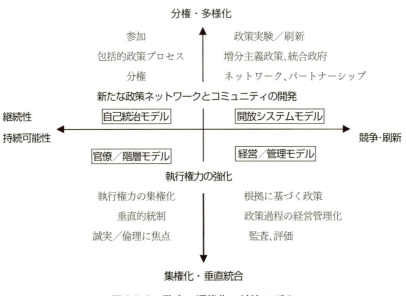

図10-2　政府の現代化：統治モデル

出所：Newman, J., *op. cit.*, p.79.

速な対応をめざしている。したがって、新労働党政権の政治／政策における社会統治は、「自己統治モデル」「開放モデル」を志向しているといえよう。

しかしながら、地方の取り組みに対しては、進捗状況の管理、目標達成の評価、サービスの質的保証を図るために、指標や監査システムを活用した遠隔／間接的な統制が、官僚機構よりも強められている。効率／効果の追求、アウトカムズ重視、質の保証、情報公開と説明責任を、すべて市場に委ねるのではなく、行政経営／管理を強化することで担保しようとしており、「経営／管理モデル」（マネジリアリズム）を強く志向しているといえるであろう。

(2) 社会サービスとソーシャルワーク専門職に関する社会統治

では社会サービスとソーシャルワーク専門職に関する社会統治はどうであろうか。

1) シーボーム改革（1970年）の社会統治[5]

自治体ソーシャルワーク専門職を確立したのはシーボーム改革（1970年）である。シーボーム改革では、児童部と福祉部さらに教育、保健、住宅各部局の一部を統合再編させた新しい部局である社会福祉部（Social Service Department: SSD）が設置された。社会福祉部の職員は、専門職資格と経験をもつソーシャルワーカーで構成されており、専門職官僚制が確立する。官僚機構の弊害を排除するために、人口5万から10万規模を単位に地区チームを配属し、コミュニティのインフォーマルなネットワークと協力しながら、個人や家族のニーズに柔軟に対応できる総合かつ調整されたサービスが提供される[6]。ソーシャルワーク専門職は官僚機構に所属しながら、政府の規制からは一定の距離を置き、専門職としてのアイデンティティと自己統治を失うことなく、コミュニティとの関係を重視していた。「官僚／階層モデル」「自己統治モデル」「開放モデル」が共存していた。

2) ECM改革（2003年）、CfC改革（2005年）の社会統治

ECMとCfCの両改革では、サービスの質を担保しながら、効率／効果的な手法で最高のアウトカムズを達成することが、ソーシャルワーク専門職に対し

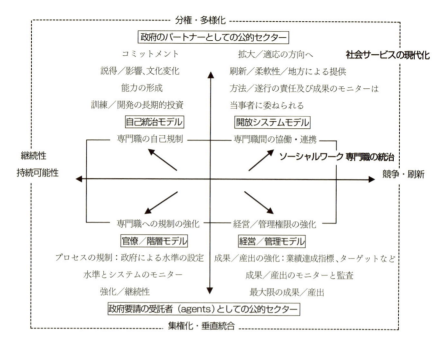

図 10-3　サービスの現代化（変化モデル）と専門職の統治
出所：Newman, J., *op. cit.*, p.87, p.97 より筆者が加筆修正し作成した。

て要請された。すなわち、社会サービスとソーシャルワーク専門職はマネジリアリズム（ベストバリュー）の強い影響下におかれることになった（図10-3参照）。

　専門職官僚制は、利用者の多様なニーズに柔軟に対応できず、非効率／効果的と判断され、組織改革に手を加えられると、ソーシャルワーク専門職の自己統治も解体されてゆく。それはソーシャルワークにおけるアイデンティティの動揺、すなわち精神分析の強い影響を受けた臨床的／治療的ケースワークや心理社会的アプローチとしてのソーシャルワークの衰退を意味する。それに代わる新たなソーシャルワークが、1990年代から欧米で広がりを見せた「根拠に基づくソーシャルワーク」（Evidence Based Social Work: EBS）である。EBS[7]

とは、医学分野における科学的根拠に基づいた医療行為というアプローチをソーシャルワークに導入したものであり、「効率／効果的な手法によるアウトカムズの達成」という課題に応えられるものとして、その開発に政府も積極的に取り組んだ。科学的根拠とは、現在までに実証的に証明され信頼性が担保された調査結果を意味する。このように物事の真理へ「観察と実験と検証」によって向かおうとする実証主義に科学的根拠を求めるのであれば、対象を分析するとき、その分析する主体は匿名性を帯びることになる[8]。それは、ソーシャルワークにおけるアセスメントにおいて、「臨床知」や「価値」「規範」といったものが活かされる余地を制約し[9]、「専門職の自己統治」という脈絡を剥がしてゆく。ECM改革における社会サービスとソーシャルワーク専門職の社会統治は、「経営／管理モデル」（マネジリアリズム）を強く志向しているといえるであろう。

〔2〕児童虐待防止システムの発展とソーシャルワークの変化[10]
―― 普遍的な早期予防介入（ECM, 2003）とアウトカムズ・フレームワーク（CfC, 2005）に至るまで ――

新労働党政権の社会サービスとソーシャルワーク専門職に対する社会統治では、マネジリアリズムの影響を強く受けていることが明らかになった。本節では、児童虐待防止システムの発展とソーシャルワークの変化を、シーボーム改革（1970年）からECM改革（普遍的な早期予防介入：2003年、アウトカムズ・フレームワーク：2005年）に至るまで、マネジリアリズムの影響を視野に収めながら整理しておきたい。なお、ジェネリシズム／ジェネリック・ソーシャルワークに関する論述では、津崎哲雄の所論[11]に多くを拠っている。

(1) シーボーム改革とジェネリック・ソーシャルワーク
1) シーボーム改革とジェネリシズム

イギリスにおける自治体ソーシャルワーク専門職を確立したのは、シーボーム改革である。シーボーム改革では、サービス提供に際して、全般的ケース担当方式と地区チームが採用された。利用者の範疇別に特殊専門化（スペシフィック・ソーシャルワーク）されていた社会福祉サービスは、ジェネリシズムに基づく全般的ケース担当方式（ジェネリック・ソーシャルワーク）に変更され、

表10-1　シーボーム改革（1970年）とソーシャルワーク

組織改革	シーボーム改革
実務構造	社会福祉部（Social Service Department: SSD）の新設 児童部、福祉部、保健部の統合：すべての範疇のニーズのある利用者を対象 社会福祉部長：ソーシャルワークの実務及び関連業務の経験者
介入手法	コミュニティに拠点をおく地区チーム（ジェネリック及びスペシフィック・ソーシャルワーカーによる混成チーム）による予防介入（家族福祉）サービス
専門性	ジェネリック・ソーシャルワーク 精神分析を根拠とする臨床的／治療的ケースワーク、精神分析の影響が強い 心理社会的アプローチとしてのソーシャルワークと親和的 内面への積極的関与
質の担保	CCETSW（中央ソーシャルワーク教育研修協議会）による規制 ソーシャルワーク専門職による自己統治

　1人のソーシャルワーカーがすべての利用者を担当することになる。シーボーム改革に合わせて三大教育研修協議会が統合され、中央ソーシャルワーク教育研修協議会になり、専門職教育研修に関するあらゆる業務を引き受けることになった。その結果、自治体社会福祉部の職員は、専門職資格と経験をもつソーシャルワーカーで構成され、サービスの専門性が高められると同時に、専門職官僚制が確立されることになった[12]。

　ところで、ジェネリシズムという用語の発端は、1954年ロンドン経済政治大学に設置されたジェネリック研修課程であり、それはソーシャルワークの専門職として統合を促進する教育研修のあり方の原則を意味するものであった[13]。ジェネリック研修課程の導入に尽力したヤングハズバンド（Younghusband, E.）は、専門職としてのソーシャルワークを確立するためには、いかなる分野／領域にも共通する知識と技能の体系を学びうる教育研修課程を制度化し、有資格ソーシャルワーカーがある分野／領域から他の分野／領域へ移動を可能にする必要がある、と考えた[14]。すなわち、ジェネリシズムとは、すべてのソーシャルワークに共通し職業として明確なアイデンティティを与えてくれる知識と技能の体系を表現するために採用された用語であり[15]、ヤングハズバンドは、ケースワークに焦点を絞ることがソーシャルワークのアイデンティティを明確にし、専門職化につながりやすいと考えていた[16]。もっとも彼女には、イギリスの伝統である社会的アプローチをケースワークに統合したいという強い思いがあり、心理社会的アプローチに依拠するアメリカのソー

シャル・ケースワークは、精神分析の強い影響下にあるにもかかわらず、最も採用しやすいモデルであった[17]。ここで再度確認しておきたいことは、1954年にロンドン経済政治大学に開設されたイギリス初のジェネリック・ソーシャルワーク研修課程は、ソーシャル・ケースワーク課程であった[18]ということである。

2) ジェネリシズムの変質とソーシャルワーク

ところでシーボーム改革は、このようなジェネリシズムの意味を根本的に変えてしまうことになる。シーボーム改革では、利用者の範疇別に特殊専門化されていた社会福祉サービスは、コミュニティを基盤とした、誰もがアクセス可能なスティグマのない、予防的家族福祉サービスとして再編成される。一連の児童少年法改革による非行／少年犯罪の予防は、コミュニティによる家族支援と精緻なアセスメントによる家族介入という新たなソーシャルワーク課業を明らかにした。このような脈絡を踏まえれば、シーボーム改革がコミュニティを基盤とする予防的ソーシャルワークを志向したのは当然のことかもしれない。しかし、そもそもジェネリシズムとは、すべてのソーシャルワークに共通した知識と技能の核心を確定し、アイデンティティを明確にするために採用された用語であり、イギリス初のジェネリック・ソーシャルワーク研修課程は、ソーシャル・ケースワーク課程であった[19]。ところが、シーボーム改革がコミュニティを基盤とする予防的ソーシャルワークを志向したことにより、ソーシャルワークのアイデンティティが明確にされないまま多くの課業が付け加えられ、ソーシャル・ケースワークは拡散し、社会的ケア業務との境界が曖昧になってしまった[20]。ジェネリシズムは「ソーシャルワークに共通した知識と技能」という意味から、「ソーシャルワークにおける諸活動の全般性（ジェネラリティ）」という意味へ変化することになった[21]。

(2) ジェネリック・ソーシャルワークと虐待防止

1) 虐待防止ソーシャルワーク[22]

このようなソーシャルワークの本質的な変化は、虐待防止にどのような影響を与えたのであろうか。虐待の早期発見と再発の予防には、コミュニティの積

極的な関与と協力（見守り／通報から家族支援まで）が必要であり、シーボーム改革がコミュニティを基盤とする予防的ソーシャルワークを志向したこと、すなわち社会的ケアの領域まで任務を拡大したことは、虐待防止の責務を取り込んだともいえなくない。一方、虐待防止では、精確なアセスメントによる家族介入（裁判所命令による強制的な親子分離）という高度の専門性が要請される。利用者の範疇別に専門性が確立されていたスペシフィック・ソーシャルワークから、すべての範疇の利用者を対象とするジェネリック・ソーシャルワークへ移行し、さらに社会的ケアにまで手を拡げるとなれば、家族介入という高度の専門性を担保することは困難を極めることになる。虐待防止は、ケースワーク（家族介入）と社会的ケア（コミュニティを基盤とする予防的ケア）の双方において、高度の専門性を要求することになったといったほうが適切なのかもしれない。

　このような脈絡において、イギリスではマリア・コルウェル事件（1970年）を契機に地区児童虐待検討委員会（Area Review Committee: ARC、1974年DHSS通達）が設置された。ARCは社会福祉部の虐待防止への取り組み、すなわち地区チームを基盤とするジェネリック・ソーシャルワークの限界を補い、虐待防止の専門性向上を目的とした委員会といえる。虐待防止では質の高い専門家の連携が要請される。それは、情報マネジメント（情報交換／収集）の質がアセスメント及び介入判断に大きな影響を与えるからである。ARCは専門家の円滑な連携を担保／促進し、情報交換／収集による精確なアセスメントの実施、アセスメントに基づく協働体制の確立（役割分担と責任所在の明確化）、マニュアル／手続きによる対応の明確化とリスクの排除に取り組んだ。このように虐待防止にケース・マネジメントの手法が取り入れられシステムが合理化されたことには、マネジリアリズムとの親和性を認めることができる。ただし、この時期のマネジリアリズムはマネジメントの合理性を意味し、専門性の向上（精確な予防介入）を目的にしていた。

2）シーボーム改革の挫折と虐待防止ソーシャルワークの変質[23]

　このようにマリア・コルウェル事件を契機に発展していった虐待防止システムは、1970年代後半以降、新たな展開を迎えることになる。児童虐待が市民

の関心を釘づけにし、社会問題として認知されるに至ると、ジェネリック・ソーシャルワークにおける虐待防止の取り組みは優先度を高め、多くの資源が集中した。ところが1970年代に入ると経済成長はマイナスに転じ、社会サービスの支出は厳しく制限された。その結果、シーボーム改革の理念である予防的家族福祉サービスの展開を頓挫させてしまった。コミュニティを基盤とする家族支援を積極的展開させることで、虐待を早期発見し深刻化を予防するのではなく、裁判所命令による親子分離が頻繁に行われるようになった。すなわちジェネリック・ソーシャルワークにおける虐待防止は、ハイリスク・ケースの選別による強制的な親子分離が中心となった。ハイリスク・ケースへの絞り込みは、財源統制と親和性を強め、普遍主義から選別主義への方向転換を余儀なくされた。このような強制的な親子分離の頻繁な採用は、虐待（死亡）を未然に防げなかったことによる市民からの批判を過剰に受け止めた結果でもあり、虐待防止におけるジェネリック・ソーシャルワークの専門性の担保が急務となった。しかし専門性の担保では、人的資源の増加および教育研修の充実を望むことはできず、マニュアル／手続きの改正と開発およびその徹底が中心となった。マニュアル／手続きは一定の専門性を担保するが、過度の依存はソーシャルワーカーの裁量を制限することにもなりかねない。この時期のマネジリアリズムは、マネジメントの合理性の中に財源統制と親和的な効率性を浸透させてゆき、専門性の向上はマニュアル／手続きの改正と開発およびその徹底に置き換えられていった。

3）家族支援（Family Support: FS）と虐待防止（Child Protection: CP）の見直し[24]

　1990年になると社会福祉部の構造改革により、児童サービス（1989年児童法）と成人サービス（国営保健医療サービス及びコミュニティ・ケア法）が分離され、事実上、1人のソーシャルワーカーがすべての範疇の利用者を担当する全般的ケース担当方式（ジェネリック・ソーシャルワーク）は解体されることになる。

　さて、1989年児童法は、裁判所命令による親子分離は最後の手段として極力控え、コミュニティを基盤とする家族支援を積極的に展開させることで、虐

待の早期発見および深刻化を予防する方向へ軌道修正を図ろうとした。1989年児童法はシーボーム改革の理念を復権させたといえるであろう。ところが予防的な家族支援を積極的に展開させる財源的裏づけは乏しく、しかも同法では虐待調査（児童法47条）の権限が自治体に付与されたことで、47条虐待調査が頻繁に実施された。すなわちジェネリック・ソーシャルワークにおける虐待防止は、相変わらずハイリスク・ケースの選別に集中し、手法が強制的な親子分離から47条虐待調査に移されただけであった。

このような現状を実証的データで裏づけし問題提起したのが、『児童虐待防止：調査研究からのメッセージ』（1995年）であり[25]、家族支援（Family Support: FS）と虐待防止（Child Protection: CP）の関係を見直すよう訴えられた。関係の見直しとはこうである。ハイリスクのある子は虐待防止、ニード（ハイリスクでない）のある子は家族支援という分類区別は誤りである。家族支援の充実は予防的ケア（ハイリスクをもつ子の発生と再発の予防）であると同時に虐待防止（ハイリスクをもつ子への対応）である、と。このように虐待防止における家族支援との関係は、90年代の最大の懸案であったが、より正確に言えば、70年代後半から虐待防止が抱え込んできた問題であった。

(3) 普遍的な早期予防介入とアウトカムズ・フレームワーク

1）ECM改革（2003）と普遍的な早期予防介入

ECM改革（2003）では、すべての子どもに平等な機会の提供を保障し、その機会を活かせるよう子どもの潜在能力を引き出し開花させることが、すべての大人（政府、自治体、市民）の責任とされた。このようなことを可能とする施策として、就学前の子どもを重点的に対象とした普遍的な早期予防介入が実施された。ハイリスクの子どもを早期発見し専門的サービスにつなげ、社会的排除に陥らないよう予防するとともに、就学時における教育的／経済的格差の是正に取り組むという壮大な計画である。こうして家族支援（FS）と虐待防止（CP）の統合という懸案は克服される。その対象も約40万人（家族支援の子ども）から約1100万人（すべての子ども）となり、専門家同士の間でより精確かつ効率的な情報交換／収集が要請され、とりわけ虐待防止では、電子情報テクノロジーへの依存が高まることになった。早期予防介入では、児童

トラストによる省庁／部局横断的専門家統合チームがコミュニティに拠点をおき対応する。社会福祉部は解体され、教育部と社会福祉部児童サービス課等の児童関連社会サービスを統合した児童サービス部（Department of Children's Services: DCS）が新設される。部長の多くは教育経験者で占められた。児童サービスは特殊専門的ケース担当方式（スペシフック・ソーシャルワーク）に戻され専門性は高められたが、自治体に保護されている子どもや虐待防止などリスク・ケースに限定され、コミュニティを基盤とする予防的ケアや就学前早期予防介入などの任務は中心的課業ではなくなる。事実上、シーボーム改革（1970年）の成果は終焉を迎えることになった。

2）CfC改革（2005）とアウトカムズ・フレームワーク

　CfC改革（2005）では、ECM（2003）を地方で実施するための国家フレームワークが提供される。国家フレームワークとは、ECM（2003）で明示された、子どもの健全な成長と発達に関する5つの到達目標の進捗状況を監査／査察するために、業績達成指標（Performance Indicator: PI）が貼り付けられたアウトカムズ・フレームワークのことである。すなわちアウトカムズ・フレームワークでは、効率／効果的に最高のアウトカムズ（サービスの量と質）達成が目的とされ、プロセスと結果については、PIによる目標到達度の客観的評価、その評価に基づく継続的なサービスの改善（サービスの質の保障と向上）といったマネジメント・サイクルが義務づけられることになる[26]。そして、これらの課題に応えられ、しかも合理性／客観性／科学性を持ち合わせたアプローチとして、EBSがソーシャルワーク専門職に浸透してゆく。もっとも、科学的根拠を何に求めるのかについては議論の余地はあるが、反精神分析アプローチとして、例えば学習理論を根拠とする行動療法アプローチは、観察可能な行動それ自体を対象とし、行動変容を客観的に測定して介入効果を評価する点で[27]、合理性／客観性／科学性を持ち合わせており、EBSの1つとして考えられるであろう。このようにアウトカムズ・フレームワークは、児童関連社会サービスやソーシャルワークにマネジリアリズムを深く浸透させることになった。

　次節からは、マネジリアリズムという脈絡で実施される「普遍的な早期予防介入」「アウトカムズ・フレームワーク」とは、どのようなアプローチ／内容

表10-2 ECM（2003）／CfC（2005）改革とソーシャルワーク

組織改革	ECM（2003）／CfC（2005）改革
実務構造	児童サービス部（Department of Children's Services: DCS）の新設 教育部と社会福祉部児童サービス課を中心に児童関連社会サービスを統合 児童サービス部長：教育経験者が主流となる
介入手法	コミュニティに拠点をおく地区チーム（児童トラストによる省庁／部局横断的専門家統合チーム）による普遍的な早期予防介入（家族福祉）サービス
専門性	スペシフィック・ソーシャルワーク（DCSは虐待防止などハイリスク・ケースに限定） 根拠に基づくソーシャルワーク（EBS）や行動療法ソーシャルワークなど、合理的／客観的／科学的アプローチと親和的
質の担保	効率／効果、アウトカムズ、質の保証、情報公開／説明責任への積極的な関与 GSCC（総合ソーシャルケア協議会）による規制、政府（保健省）の影響力が強く民間人が半数近く占める マネジリアリズム（業績達成指標、マニュアル／手続き）よる政府の遠隔／間接統治

であり、ソーシャルワークにどのような影響と変化をもたらしたのかを検討する。

〔3〕普遍的な早期予防介入とソーシャルワーク
——マネジリアリズムの脈絡から——

本節では、マネジリアリズムという脈絡で実施される普遍的な早期予防介入について検討する。

普遍的な早期予防介入とは、すべての子どもの潜在能力を引出し開花させるというECMの理念を実現させるために、就学前の子どものリスクを早期発見し専門的サービスにつなげ、社会的排除に陥らないよう予防するとともに、就学時における教育的／経済的格差の是正に取り組むという壮大な計画である。しかし、そのアプローチとは、「リスク集団という大きな網をかけ、その集団を構成する多数のリスク要因に該当する者を選別し、リスクの蓋然性を判断して予防介入を行い、必要であれば専門的サービスにつなげる」[28]というアプローチであり、「電子情報テクノロジーを積極的に活用し、個人の内面へのかかわりを迂回した効率／効果的なアプローチ」であるといえよう[29]。もっとも、これらのアプローチは、リスク社会における人間観および連帯（社会）観の変

化と連動している。以下では、ロザンヴァロン、三上剛史の所論[30]に拠りながら2つの予備的考察を用意し、のちに普遍的な早期予防介入というアプローチの内容と目的を明らかにする。

(1) 予備的考察1：リスク社会の人間観——個人を単位とする社会

近代化とは、伝統的共同体の楔から人々を引き離し個人化するプロセスであり、2つの段階がある。伝統的共同体からの解放を第1の近代化とすれば、いま進行しているのは自由を手にした個人が支えの拠り所としていた共同体（中間団体）から解放される第2の近代化である。自由との引き換えに共同体による保護機能を手放し、自己責任において様々なリスクと直接対峙しなくてはならない時代の到来である[31]。

このような社会の流動化すなわち「社会的なもの」の曖昧化は、社会的存在としての人間のアイデンティティも流動化させる[32]。アイデンティティの確立には、その基盤に安定した長期的な人間／社会関係を必要とする。人間／社会関係が安定しておれば、生きていく上で必要される知識も自然に吸収することができるだろうし、将来への見通しも予測できる。しかし人間／社会関係が流動化すれば、必要とされる知識を意識的に取捨選択し、状況の変化に適宜対応できるフットワークを身につけなければならない[33]。常に自らの生活態度を反省的にモニターし再帰的に生きること、すなわち自己点検と編集を常時繰り返しながら、自己（アイデンティティ）を確立する必要が出てきた[34]。「個人というものが純粋に個人の判断とパフォーマンスによって成立するカテゴリーになりつつある。自分の行為に対しては自分のみが自己責任を負わねばならない」[35]。このように個人そのものが社会の単位になり、自己責任においてリスクと直接対峙しなくてはならない社会をリスク社会という。

(2) 予備的考察2：リスク社会の連帯（社会）観——統計学の役割

1) リスク社会以前の連帯（社会）観——統計学の役割

福祉国家における「社会的なもの」を通じての統治には、公助と共助がある[36]。公助とは、所得の再分配（垂直再分配）のことであり、市場経済の結果としての不平等を公平性の観点から、所得の移転を通じて一定以上の生活をすべての

人に保障する。共助とは、リスクの社会化（水平再分配）のことであり、不確実なリスクに対して集団で備えるというもので、保険としての機能をもつ[37]。ここで取り上げるのは、リスクの社会化すなわち連帯（連帯と責任の調和）の哲学と（保険）統計学の役割についてである。

　自己責任と契約による社会システムは、産業が発展し生産過程が複雑化されてくると限界が露わになった。自己責任の原理が成立するためには、その適用範囲が明確にされる必要がある。ところが生産過程が複雑化されると、労働災害も個人に帰される部分とそうでない部分との区別化が難しくなる。さらに貧困は社会構造上の問題としてその原因をすべて個人に帰することができなくなった[38]。

　19世紀を通じて発展してきた統計学は、リスクを比較／計算可能（客観的）なものとした。そうすると責任の所在をめぐる問題は、個人の責任という主観的観念ではなく、リスクという客観的観念に基づいて検討されることになる。個人についての判断は後景に退き、個人の過失や態度は二次的なものになった。統計学によるリスクの客観化は、事故や災難は個人の責任ではなく、すべての者が同じリスクに従属すると捉えることを可能にした。「個人のデータは消去され、それは統計学的秩序のなかで、ある集団のもつ一般的性格のなかに解消された」[39]。すなわち、あらゆる種類の災害／災難が、ある1つの範疇（疾病、老齢、失業など）にまとめられ、同じ形式のもので考察されることを可能にした[40]。

　このような統計学による人間や社会の数値化（平均や分布）は、一見、非人間的に見える。しかしそれは「分割することができない有機的全体としての社会」[41]すなわち「我々は同じ社会を作る同じ人間同士である、それゆえ社会を分割することはできない」「個々の個体はみな同等の存在である」[42]という理念を現していた。

2）リスク社会の連帯（社会）観——統計学の役割の変化

　現在このような連帯の哲学は崩壊しつつある。福祉国家を支えていた連帯という哲学では、リスクは平等に分配されていると同時に、偶然的な性質をもつと考えられていた[43]。例えば、ロールズの「無知のベール」（各個人は自らの

属性について、一切の情報をもっていないという仮定）[44]もそうである。ロールズの格差原理とは、「もっとも恵まれない者にとっても利益をもたらす可能性がある場合にのみ、不平等は容認される」という考え方であり、「自分自身もっとも恵まれないものになりうると個人が予期するにちがいない」（無知のベール）からこそ、この原理は通用する[45]。いわば「社会的なもののもつ不透明性が公平感覚の暗黙の条件になっていた」[46]のである。個人の利益を尊重しながら、偶然性（不透明性）を媒介することで、他者性を獲得していた。

　ところが不透明性の透明度が高まり「無知のベール」が引き裂かれつつある。例えば、予防医学の発展は、遺伝の予見しうる器質的原因を暴き出す。そうすると、リスクは偶然ではなく個人的なものなる[47]。また排除や長期失業が可視的になり、定常であることが明らかにされると[48]、自らの生活態度を反省的にモニターし再帰的に生きることが求められる社会では、排除や貧困の原因は本人の資質にあるとされる。偶然性が排除され、因果関係が社会的に構築されたとしてもそれを社会が容認すれば、人々は個人の「違い」を組み入れた「結果の公正」（平等ではない）を求めるようになり[49]、社会の凝集性（他者性）は弱められてゆく。

　統計学はリスクを比較／計算可能（客観的）なものとし、個人についての判断は二次的なものにした。すべての者が同じリスクに従属すると捉えることを可能にした。個人のデータは消去され、ある集団のもつ一般的性格（集合的傾向性）のなかに解消された[50]。リスクの社会化である。しかし今、統計学はこのような関係を反転させる。ある集団に配置された個人は、集団のもつ一般的性格を通じて個人データが再生される。個人の属性が明確にされ自己責任が前景に押し出される。リスクの個人化である。

（3）2つの予備的考察の整理と普遍的な早期予防介入の考察視点

　2つの予備的考察を整理しておこう。人間／社会関係の流動化は、社会的存在としての人間のアイデンティティも流動化させる。自らの生活態度を反省的にモニターし、自己点検と編集を常時繰り返しながら、自己（アイデンティティ）を確立しなくてはならない[51]。個人そのものが社会の単位になり、自分の行為に対しては自分のみが責任を負わねばならないリスク社会の到来である[52]。

このようなリスク社会という脈絡で「刷新された社会民主主義」を検討してみよう。「刷新された社会民主主義」では、すべての市民に対して自己統治をなしうること、すなわち自己の資本化と倫理的／道徳的振る舞いが要請される。自己の資本化とは「就労可能性の向上に積極的に取り組み、就労へつなげること」であり、倫理的／道徳的振る舞いとは「コミュニティの連帯に参画し、アクティヴな市民社会の構築に貢献すること」である。これらの要請を満たすことが自己責任を果たすことであり、それができず社会的排除に陥る（可能性のある）者に対しては、支援の手が差し伸べられることになるが、同時にリスク集団に分類されることになる。

　リスクに共同連帯で対応する社会（リスク社会以前）では、リスクは平等に分配されると同時に偶然的な性質をもつと考えられている。したがって、リスク集団に分類された個人は、個人の判断や属性は消去され、集団のもつ一般的性格（集合的傾向性）のなかに解消される。リスクの偶然性が他者性を獲得することになる。一方、リスクに自己責任で対応する社会（リスク社会）では、リスクの偶然性が排除され他者性は消失することになる。したがって、リスク集団に分類された個人は、集団のもつ一般的性格（集合的傾向性）を媒介して個人の属性が再生され、自己責任が前景に押し出されると同時に、個人の属性を組み入れた結果の公正が求められるようなる。

　そうすると、普遍的な早期予防介入とは、「リスク集団という大きな網をかけ、その集団を構成する多数のリスク要因に該当する者を選別し、リスクの蓋然性を判断して予防介入を行い、必要であれば専門的サービスにつなげる」[53]というアプローチであるならば、リスク集団の構築とリスク集団を単位とする予防介入は、効率／効果的な社会統治において重要な役割を果たす。では、どのようにしてリスク集団は構築されるのか、そしてリスク集団を単位とする予防介入は、シーボーム改革の予防介入とどのように異なるのであろうか。

(4) 普遍的な早期予防介入：リスク集団の構築とリスク集団を単位とする予防介入
1) 個人の属性の断片化

　個人の行動や属性は、内面との関連において総合的に捉えられるのではなく断片化される。断片化されたその情報はあらゆる資源から収集され、コンピュ

ータによる統計処理（保険数理的な計算技術）を通じて集合的傾向性（統計的相関性）をもつリスク集団に再構築される[54]。行動は個人の内面との関連ではなく、統計によって把握された集合的傾向性との関連となる。多くのデータを集めればそこに傾向性が現れる。個人の内面を対象とする臨床知ではない。すべての人々を対象とする予防介入をより効率／効果的に実施するには、「一人ひとりの内面に入り込むよりも、集団として見た際に相関として表われる諸行動の集まりとして人間を捉えたほうが、結果としては有効なのである」[55]。すなわち、大きな監視の網をかけた上で、リスク要因として引っかかるものだけに注目する方が効率／効果的である[56]。

2）個人の属性の再構築

　しかし、アセスメントを経てあるリスク集団に配置されると、リスク集団の集合的傾向性（at risk population）は、個人固有の特質であるかのように因果関係（at risk person）に置き換えられる[57]。ここで確認しておきたいことは「リスクの社会化」における統計学の役割である。統計学は、リスクを「比較／計算可能なもの」とすることで、個人の責任という主観的観念を放逐した。「個人のデータは消去され、それは統計学的秩序のなかで、ある集団のもつ一般的性格のなかに解消された」[58]。内面を迂回することで、すべての者が同じリスクに従属すると捉えることを可能にした。リスクの社会化である。確かにリスク集団による効率／効果的な社会統治においても、「個人のデータは消去され」、それを「ある集団のもつ一般的性格のなかに解消」される。しかし、リスク集団としてチェックされると、リスク集団の集合的傾向性を通して個人の内面が構築される。個人の内面を迂回したリスク集団による効率／効果的な予防介入は、内面と行動における因果関係を構築する。「リスクがある」ということは「足の大きさ」や「手のサイズ」のように個人固有の特質になってしまう。リスクの個人化である。

　ECMを取り上げてみよう。①普遍的な早期予防介入を効率／効果的に行うために、様々なリスク集団が構築され、集中／専門的サービスの対象となる子どもは、これらのリスク集団のいずれかに回収される。そして児童社会問題はリスク集団ごとに用意されたプログラムに分散される[59]。②さらにECMでは

「幼少期の親業／養育」と「子どもの健全な成長と発達」との間に因果関係があることを、慎ましやかに示唆されたことにより、(a) リスク集団の集合的傾向性が個人固有の特質に置き換えられることになり、(b) ソーシャルワーカーにとって予測（prediction）が診断（diagnosis）よりも重要になってくる[60]。

3）シーボーム改革との比較：「社会」と「個人の内面」を迂回した介入

　リスク集団を単位とする予防介入は、70年代シーボーム改革で実施された予防介入とは、次の2点において異質である。1つは社会的なものを迂回した介入であること。社会は「リスク集団の結合」として捉えられため[61]、「社会連帯」「共同責任」という理念を迂回した[62]、リスク集団を通じての包含（統治／統合）となる。包含が達成されなかった場合、リスク集団の集合的傾向性が個人の特質として認知され、社会的脅威／不安の程度に応じて、リスク集団の管理が行われることになる[63]。もう1つは個人の内面を迂回した介入であること。シーボーム改革における予防介入では、精神分析学、心理学、社会学から知の正当性を調達し、利用者（親子）の内面への洞察を深め治療／援助関係を構築した。しかし、リスク集団を単位とする予防介入では、行動は個人の内面との関連ではなく、統計によって把握された集合的傾向性との関連となり、内面への深い働きかけは避けられることになる。

〔4〕アウトカムズ・フレームワークとソーシャルワーク
　　　──マネジリアリズムの脈絡から──

　アウトカムズ・フレームワークは、ソーシャルワークにマネジリアリズムを深く浸透させた。その結果、マネジリアリズムはソーシャルワークにどのような影響と変化をもたらしたのかを本節では検討する。

　「効率／効果的なアプローチによる最高のアウトカムズの達成」というマネジリアリズムの要請は、ソーシャルワークに科学的根拠を求めるようになった。すなわち、科学的根拠に基づく実践は効率／効果的であり、最高のアウトカムズが達成されるはずであるという論理である。このように専門性の担保を科学的根拠に求めるアプローチは、実証主義の影響を色濃く受けている。実証主義

表10-3 シーボーム改革とECM改革におけるソーシャルワークの特質比較

組織改革	シーボーム改革	ECM改革
統治形態	ソーシャルワーク専門職による自己統治	マネジリアリズム（業績達成指標、マニュアル／手続き）よる政府の遠隔／間接統治
特徴	内面への積極的関与	効率／効果、アウトカムズ、質の保証、情報公開／説明責任への積極的な関与
学的根拠	精神分析	合理的／客観的／科学的アプローチを兼ね備えた実証主義や行動心理学など
支援方法	臨床的／治療的ケースワーク、心理社会アプローチとしてのソーシャルワーク	根拠に基づくソーシャルワーク（EBS）行動療法ソーシャルワーク

とは「観察と実験と検証」によって物事の真理へ向かおうとする科学的態度のことである[64]。しかし、自然科学における実証主義的な方法がソーシャルワークに適応し、生活問題を精確にアセスメントすることができるのかという素朴な疑問は、決して解消されたわけではない。本節では、ソーシャルワークと実証主義との親和的な関係に至るまでの経緯を検討[65]するにあたって、少し時代を遡りソーシャルワークと精神分析との関係から始めることにする。

(1) ソーシャルワークと精神分析

本項における、戦前と戦後のソーシャルワークと精神分析との関係については、津崎哲雄の所論[66]に拠りながら、その全体像を明らかにする。

1) 戦前のソーシャルワークと精神分析

イギリスのソーシャルワークと精神分析との関係は、1908年児童法による少年裁判制度に始まる。少年裁判制度の実績が積み重ねられるにつれて、社会は非行／少年犯罪の予防に関心を向けることになる。1925年シリル・バート（ロンドン大学教育学教授）が『年少非行児童』を出版し、予防対策には、児童の精神的／心理的側面に併せ、家族関係や社会環境の検討も必要であること、そしてアメリカで評価されていた児童相談クリニックが必要であること訴えた。これらの訴えは、のちにイギリスで広がる児童相談運動の契機となった[67]。

また、1925年少年裁判所治安判事ストレイチー夫人は、アメリカの児童相談クリニックを訪問し、帰国後、非行防止関連のソーシャルワーク団体の代表者

を集め、児童相談クリニック設立に協力する約束を取りつける。そしてアメリカのコモンウェルス基金に資金援助を要請し、承諾されることになる。同基金の支援を受けて、5名のソーシャルワーカーが児童相談クリニックの精神科ソーシャルワーク専門職の水準を修得できるよう、ニューヨーク・ソーシャルワーク大学児童相談研究所で研修を受けることになる（1927〜1928年）。この5名は帰国後、各地に設立される児童相談クリニックにおける精神科ソーシャルワークの基礎を築き上げることになった[68]。

そして1929年、イギリス初のソーシャルワーク専門職研修課程であり、アメリカのそれと比較して遜色のない精神保健ソーシャルワーク研修課程がロンドン大学経済政治大学院に開設される。同課程の教員は、アメリカで研修を受け、精神分析に精通した熟練の精神科ソーシャルワーカーであった[69]。しかしながら戦前のソーシャルワークはクライエントの環境調整が主流を占め、精神分析／精神医学より知を調達しクライエントの内面に深くかかわる臨床／治療的アプローチは限られていた。

2) 戦後のソーシャルワークと精神分析

戦後、イギリスの児童ケアは、精神分析（A・フロイト、ボウルビィ、ウィニコット夫妻）の影響を強く受けることになる。親と家庭生活を共にすることができない子どもに対する制度／政策を調査し、改革プランを明確にしたカーティス報告（1946年3月中間報告、9月最終報告）では、大規模入所施設の解体と家庭的養護（養子縁組／里親）の優先的選択、児童ソーシャルワーカー養成のための専門的（大学院水準）研修課程の設置が勧告された。カーティス報告の勧告は、児童ケア制度においては1948年児童法に結実し、児童ソーシャルワークの専門性においては、3大学（ロンドン、バーミンガム、リヴァプール）に児童ケア研修課程が設立されることになった（1947年）[70]。いずれの研究課程も児童疎開に関わった精神科ソーシャルワーカーが中心的役割を果たしており、彼（女）らはみな精神保健ソーシャルワーク研修課程の修了者であった。ロンドン大学経済政治大学院研修課程のチューターはクレア・ブリトン女史（後のウイニコット夫人）であり、イギリスの児童ソーシャルワーカーの人材養成（自治体児童部の人的保障及び専門性の担保）に決定的な影響を与え

続けた⁽⁷¹⁾。

　そしてソーシャルワークの専門職確立を目論むヤングハズバンドは、1947年と1951年にソーシャルワーカーの雇用と研修に関する調査報告書（カーネギー報告書）を提出している。1951年調査報告書（第2カーネギー報告書）に基づいて、1954年ロンドン大学経済政治大学院にイギリス初のジェネリック・ソーシャルワーク研修課程が開設される。当研修課程は、アメリカの心理社会的アプローチに依拠したソーシャル・ケースワーク課程であり、精神分析が色濃く反映されていた⁽⁷²⁾。

(2) ソーシャルワークと反精神分析
1) シーボーム改革の挫折：ソーシャルワークの動揺

　ソーシャルワークにおける精神分析の影響を決定的にしたのが、1960年代に始まる一連の児童少年法改正である。児童少年法の成立は、家族問題への予防的介入を合法化し、ソーシャルワークを市民社会に認知させる契機となった。このような市民社会の認知は、ソーシャルワークが精神分析と強い親和性をもつところが大きい。それは内面（主体性）に積極的な意味と価値を見出した時代のエートス、例えば実存主義の影響が少なからずあった。このような内面に対する働きかけは、社会的逸脱者のパーソナリティを支援し社会復帰をめざす社会民主主義的アプローチ、常に自らの生活を反省的にモニターし自己利益となるよう最善の選択を心がける合理的経済人という概念にも通ずるところがある。すなわち、精神分析による内面への積極的なアプローチは、産業化／近代化／民主主義の理念と一致した⁽⁷³⁾。そしてソーシャルワークを市民社会に認知させたのが、シーボーム改革（1970年）である。シーボーム改革（1970年）は、コミュニティを基盤とした、誰もがアクセス可能なスティグマのない、普遍的な予防的家族福祉サービスを確立した。シーボーム改革の理念は、戦後福祉国家（社会民主主義）をコミュニティのレベルで具体化させるものであり、シーボーム改革が市民に抵抗なく受け入れられたのは、介入によりあらゆる問題は解決されるはずであるという福祉国家に対する信頼が醸成されていたからであろう。

　確かにシーボーム改革は市民のニーズの掘り起こしに成功した。社会福祉

部が対象とする利用者の数は劇的に増加した。しかし1973年の石油危機以降、経済成長はマイナスに転じ、市民のニーズに対応できる社会的資源は制約され、選別主義への政策転換を余儀なくされた[74]。新自由主義派は、大きな財政出動を伴う福祉国家は「浪費的」「非効率」と批判し、マイナス経済成長の原因を福祉国家に求め、市場原理による改革を訴えた。また、児童虐待死亡事件では、市民（納税者として）は、ソーシャルワークに対して「支払いに見合う価値」(Value for Money: VFM) のある職務を遂行していないという判断を下した。失った市民社会の信頼を取り戻すために、ソーシャルワークは、制約された社会的資源という厳しい条件の下で、市場原理とは一線を画しながら、効率／効果的なアプローチによる最高のアウトカムズ達成に取り組んだ。

2）ソーシャルワークにおける反精神分析アプローチ

ソーシャルワークにおける効率／効果性の問題は、反精神分析アプローチという視点から、ソーシャルワーク専門職の中でも取り上げられていた。

精神分析の強い影響を受けた医学モデルとしての臨床的／治療的ケースワークやそれを基盤とする心理社会的アプローチとしてのソーシャルワークでは、面接を主とする治療介入が中心となるため、長時間を要することが多く非効率的で、しかもその効果が曖昧であるという批判を受けることになった[75]。これらの批判に応えられる新たなアプローチが、行動心理学（学習理論）を理論的根拠とする行動療法アプローチである。行動療法アプローチの特徴は、津田耕一の所論[76]によれば、治療介入では、内面の深層に働きかけたり行動の原因を過去に遡ったりせず[77]、観察可能な行動それ自体が対象とされる。目的は行動変容であり具体的かつ現実的に設定されるので援助計画も明確である。クライエント自身も治療介入の目的やプロセスそして進捗状況を理解しやすい。比較的短期間で介入を行うことができ、しかも行動変容を客観的に観察し測定することができるため、目標到達度や介入効果を評価することができる[78]。

また、課題中心アプローチは、処遇効果が同じであれば援助期間は短い方が優れているという考え方に基づいたアプローチがあり、短期処遇を目的とする[79]。芝野松次郎の所論[80]によれば、このアプローチは次の3つを特徴とする。1つめはクライエントの行動ではなく問題が分類されること。問題の捉え方、援助

可能な問題の選択基準、問題に対する課題の設定、遂行の手続き、到達目標とその効果というように、診断のデータベースと系統的な援助プロセスのフレームワークが提示される[81]。2つめは、援助期間が明確にされること。クライエントとの信頼関係に基づき、早い段階で援助期間と課題を設定することで、処遇効果を高めることができる。処遇期間は6週間から12週間までとする。3つめは、無意識の世界は対象としないこと。クライエントが意識して訴える問題で、自らの力で解決できる可能性のある問題が処遇の対象とされる[82]。

　精神分析の強い影響を受けた医学モデル・アプローチへのアンチテーゼとして登場してきたこれらのアプローチは、アウトカムズを重視し、援助プロセスが具体的かつ客観的であり（説明責任の明確化）、援助期間も明確かつ短期を目標（効率）としている点で合理的／客観的／科学的なアプローチといえる。ソーシャルワークという対人援助の中へ、効率／効果、到達目標、説明責任を持ち込んだことで市民のソーシャルワークに対する不信や不満を払拭することに貢献したが、福祉国家は非効率／効果的であると批判し市場原理による再編を目論む新自由主義と親和的な関係にあった。しかし、これらの反精神分析アプローチは、ソーシャルワーク専門職の自己統治におかれており、新自由主義とは一線を画していたことは確かである。

(3) ソーシャルワークとマネジリアリズム
1) ソーシャルワークとベストバリュー：
業績達成指標（Performance Indicator: PI）によるマネジリアリズムの浸透

　1990年代に入ると内部市場が社会福祉サービスにも導入（1993年）され、マネジリアリズムが浸透してゆく。例えば新公共経営（New Public Management）では、営利民間セクターの経営管理手法が公的セクターに導入され、効率／効果的なサービスへの改革が目論まれた。すなわち、営利民間セクターに公的サービスを丸投げするのではなく、行政管理／経営を強化することで、小さくても強い政府（効率／効果性の追求）を実現しようとする[83]。

　効率／効果的なサービスとは、「納税者」としての市民にとって「支払に見合う価値」（Value for Money: VFM）のあるサービスのことであり、サービスの質が担保される必要がある。すなわち、サービス提供者は市民に対して情報

公開の責任を負う。市民は監査システムより情報提供を受け、「消費者」としてサービスのパフォーマンスを監視し、質が伴わないサービスであれば改善を要求する権利をもつ。このような「消費者」としての市民は「市民憲章」（1991年、1997年）で明確にされた。とりわけ1997年の新市民憲章では、サービスの透明性／情報公開がより徹底され、PIによる目標到達度の客観的評価が明確にされた。市民はVFMにおける「納税者」、市民憲章における「消費者」として位置づけられることになる。このように市民目線からサービスの効率／効果性を追求し最高のアウトカムズを達成する試みは、ベストバリュー（Best Value: BV, 2000）において、到達点にたどり着いたとみなすことができる[84]。

このようなベストバリューに至る過程は、ソーシャルワークにマネジリアリズムを浸透させ、専門職官僚制に動揺をもたらし、ソーシャルワーク専門職の自己統治を解体させてゆくことになった。そもそも、ソーシャルワーク専門職の規制（外部からの統治）には多くの困難が伴う。専門家は独自の知識とアイデンティティをもつ専門職団体に所属し自己統治されており、公的サービスの中でも相対的に自律している。また専門職団体においても共通の理論に裏づけられた実践が確立されているわけでもなく、多様な学派が存在しており、専門職の活動を規制することは難しい[85]。

このように自己統治と自律性をもつソーシャルワーク専門職の規制で大きな役割を果たしたのがPIである。PIによる目標到達度の評価は、league tablesで市民に公開され、低調なパフォーマンスであれば財源配分に影響を及ぼすことになる。PIは、自己統治としてのソーシャルワーク専門職の活動を市民に公開し、目標到達度と財源的裏づけをリンケージさせることで、競争的環境の中で生き残るための指標となる。そこには資源的脈絡への配慮は微塵もない。ソーシャルワーク専門職は目標到達度（アウトカムズ）を過剰に意識せざるをえず、目標到達ためのプロセス（ソーシャルワーク）は効率／効果的な方法を選択せざるをえなくなる[86]。

ベストバリューの理念である、効率／効果性の追求、アウトカムズ重視、質の評価、情報公開と説明責任は、ソーシャルワークにおける反精神分析アプローチと合致する。そして反精神分析アプローチの特徴である合理性／客観性／科学性が結びつき、根拠に基づく実践（Evidence Based Practice: EBP）とい

う新たなソーシャルワーク・アプローチが、自己統治も奪われたソーシャルワーク専門職の中に浸透してゆくことになる。ソーシャルワーク専門職とりわけソーシャルワーク・アプローチとしてのEBPは、EBS（Evidence Based Social Work）と呼ばれる。既述のように、学習理論を根拠とする行動療法アプローチも、観察可能な行動それ自体を対象とし、行動変容を客観的に測定して介入効果を評価する点で、合理性／客観性／科学性を持ち合わせており、EBSの1つとして考えられるであろう。EBSは1990年代から欧米で広がりを見せ、イギリスでは保健省が1996年にEBSの研究開発に積極的な財源投資をしている[87]。保健省が奨励する「お墨つき」のソーシャルワーク・アプローチといえるであろう。

2）科学的根拠に基づく合理的実践としてのEBS（Evidence Based Social Work）

EBSとは、医学分野における科学的根拠に基づいた医療行為というアプローチを社会福祉実践(ソーシャルワーク)に導入したものである。科学的根拠とは、現在までに実証的に証明され信頼性が担保された調査結果を意味する。EBSは、秋山薊二の所論[88]によれば、科学的根拠に基づく合理的実践を志向するが、実践方法に関する意思決定は利用者と協働（価値観の共有）で行われる。すなわちEBSは、科学的根拠と利用者の価値観を総合させ、実践方法に関する最善の意思決定を追求するものといえる。したがって、意思決定された実践方法は合理性／客観性／科学性が担保されており、効率的に／効果的なアウトカムズが得られるはずである。実際にこのような期待されたアウトカムズが得られたかどうかを確認するために、個別評価が行われることになる[89]。このようにEBSを科学的根拠に基づく合理的実践と考えるのであれば、真っ先に導入されたのは虐待防止ソーシャルワークであったといえるかもしれない。政府は、虐待防止ソーシャルワークの専門性担保を目的とした個別ケースの対応フローチャート／マニュアルを作成／公表している。例えば、Working Together（1988年）やProtecting Children（1988年）などである[90]。また精確な初期アセスメントを目的とした共通アセスメントフレームワーク（2000年）[91]では、アセスメント項目ごとに詳細なチェック・ボックスが張りつけられ、最後にチェックしたアセスメント項目と担当者の所見を総合して、初期アセスメントが可

能となるよう構成されている。

　専門性の担保を科学的根拠に求めるEBSは、医学モデルに準拠したアプローチであるが、同じく医学モデルに準拠し、専門性の担保を精神分析や力動精神医学に求める心理社会的アプローチとはずいぶん様子が異なる。専門性の担保を科学的根拠に求めるアプローチには、イギリス経験主義の伝統が色濃く反映されている。経験主義とは、認識や知識の根拠を経験や観察に求める哲学的な立場であり、経験に依存しない純粋思考に知識の根拠を求める（デカルトに代表される）大陸の合理主義と鋭く対立する。知識の根拠を実験と観察に求め、個別の実験と観察の蓄積から真理や普遍的な法則を導きだす（帰納法）という近代科学の基礎としての経験主義は、フランシス・ベーコン（1561-1626）によって門戸を開かれることになった[92]。このように経験主義が17世紀の「科学革命」の影響下に成立した思想であるならば、19世紀の「科学の制度化（第二次科学革命）」の影響下に成立した思想は、経験主義の系譜を汲む実証主義である。実証的とは、経験的事実に基づいて正当化された確実な知識を意味する。そこから経験的事実のみを知識の唯一の源泉として認め、感覚的経験によって確証できない超感覚的実在や形而上学的実体を無意味として否定するような哲学的立場が実証主義と呼ばれる[93]。すなわち実証主義とは、物事の真理へ「観察と実験と検証」によって向かおうとする科学的態度のことである[94]。そして、このような観察と実験に基づく自然科学の経験的方法を知識獲得の最善のモデルとみなし、人文・社会科学をも同化吸収しようとする強い傾向をもっていた[95]。

3）EBSとマネジリアリズム

　このような自然科学の経験的方法がソーシャルワークに適用できるのかという問題がある。例えば生物学的医学の場合、原因と結果が因果関係で結ばれており「厳密性」が求められる[96]。一方、生活問題を抱える生身の人間を対象とするソーシャルワークでは、山口光治の所論[97]に次のような指摘がある。「様々な課題が複合的に連鎖し、原因と結果を直接的な因果関係で捉えることは難しい。生活問題が解決されなくても潜在的な可能性が引き出されることもあり、支援過程が評価されることもある」、と。ここで必要とされるのは、野

家啓一[98]が指摘するように「適切性」であろう。すなわち科学的厳密性を追求しながら、一方で「臨床知」や「価値」「規範」といったのもが必要とされることになる[99]。実証主義において対象が分析されるとき、その分析する主体は匿名性を帯びることになる[100]。そうすると「臨床知」や「価値」「規範」といったものが分析に際して活かされなくなる。EBSでは、実践方法に関する最善の意思決定を行うに際して、科学的根拠と利用者と価値観を総合させており、分析（アセスメント）の主体は担保されている。しかしながらEBSがソーシャルワークへ積極的に導入された時期は、ベストバリューによる「アウトカムズの重視、効率／効果性の追求、サービスの質の担保、情報公開と説明責任」が徹底され出した時期と重なる。それがソーシャルワークにどのような影響をもたらすのか、虐待防止ソーシャルワークを取り上げ検討してみよう。

「科学的根拠に基づく合理的実践」モデルとして保健省が作成した「個別ケースの対応フローチャート／マニュアル（以下フローチャート／マニュアルと略す）」や「アセスメントフレームワーク（以下フレームワークと略す）」は、ベストバリューの理念や目的を達成させるツールであるという神話を生み出す。常にアウトカムズに対して厳しい市民目線に晒されている虐待防止ソーシャルワークでは、「フローチャート／マニュアル」や「フレームワーク」の遵守は市民に対する説明責任、すなわち「なぜこのような対応をしたのか」「なぜこのようなアセスメントになったのか」ということを説明する際の根拠となり得る。しかし、アウトカムズ、効率性、市民目線を過剰に意識するあまり、「フローチャート／マニュアル」や「フレームワーク」への依存を過度に強めるのであれば、ソーシャルワーカーの裁量を狭めることになる。「根拠に基づく」とは、「実践方法に関する最善の意思決定を行う」ための根拠を意味するはずなのに、アウトカムズや効率性を優先するための根拠や自己防衛／弁護（虐待防止はできなかったが「フローチャート／マニュアル」「フレームワーク」は遵守されていた）するための根拠になりかねない。また「フレームワーク」では、アセスメント項目毎に詳細なチェック・ボックスが多数張りつけられており、それら（ペーパーワーク）に要する時間は利用者と接触する時間を大幅に短縮する。利用者とソーシャルワーカーいずれも匿名性を強く帯びることになる。

〔5〕新労働党政権の社会統治と児童ソーシャルワーク

　最後にこれまでの考察を整理しまとめとしたい。新労働党政権におけるECM改革は、まさしく児童社会サービス大改革であった。すべての子どもの潜在能力を引き出し、ライフチャンスを積極的に活かせるよう支援し、成人期への健全な移行を目的とした。そして就学前の子どもを重点とした普遍的な早期予防介入を実施し、リスクのある子どもを早期発見して専門的サービスにつなげ、社会的排除に陥らないよう予防するとともに、就学時における教育的／経済的格差の是正に取り組んだ。またソーシャルワークにおいては、アウトカムズ・フレームワークにより、目標と成果が明確にされ、達成度はPIにより評価されることになり、「効率／効果性の追求、成果重視、サービスの質の管理、情報公開と説明責任」が徹底されることになった。もちろん、「効率／効果性の追求、成果重視、サービスの質の管理、情報公開と説明責任」はソーシャルワーク専門職の自己統治において追求されていたが、ECM改革ではアウトカムズ・フレームワークやPIによる政府の遠隔／間接統治がより強められることになった。政府は、政府主導で改革のペースを速め、サービスの質と量を管理保証しながら、児童貧困の撲滅と子どものウェルビーイング（ECMの5つの目標）達成を早期に実現しようとしていた。

　市場原理理にすべてを委ねるのではなく行政管理／経営を強化することで、効率／効果的に最高のアウトカムズを達成しようとする場合、資源的脈絡や個別援助の質への配慮がなおざりにされ、効率／効果、成果達成が過剰に追求されると、ソーシャルワーカーと利用者いずれもが匿名性を強く帯びることになる。新労働党政権が、旧労働党の社会民主主義ともサッチャリズムの市場原理主義とも自らを峻別し、両者の良いところを引き出しながら社会問題の解決に取り組むプラグマティックな政治手法を採用しているかぎり、このような不安は払拭されない。

　普遍的な早期予防介入では、シーボーム改革との比較で既述したように、社会は「リスク集団の結合」として捉えられたため[101]、「社会連帯」「共同責任」という理念を迂回した介入となる[102]。そして、このようなリスク集団による

介入は、個人の内面を迂回した介入を意味する。行動は個人の内面との関連ではなく、統計によって把握された集合的傾向性との関連となり、内面への深い働きかけは避けられることになるからである。社会的包含を目的とした様々な支援プログラムがリスク集団に対して用意されるが、「社会連帯」「共同責任」という社会的理念との結びつきを弱めた介入では、社会的包含に向けた忍耐強い支援をどこまで期待することができるかは定かではない。社会的不安／脅威、市民感情に配慮されたリスク集団の管理が優先される。このように「社会的なもの」と「個人の内面」を迂回した介入は、「内面でなく行動」「原因ではなく蓋然性」「正義（理念）ではなく危害の最小化」と親和性を強めてゆくことになる[103]。

ソーシャルワークでは、アウトカムズ・フレームワークを通じて、マネジリアリズムが徹底されていくことになった。すなわち、最高のアウトカムズを達成するために、合理的／客観的／科学的なアプローチが要請されることになった。EBSがそうである。政府が作成した詳細な虐待防止フローチャートやマニュアル／手続き、さらに共通アセスメントフレームワークもそうである。また反精神分析アプローチとしての行動療法アプローチや課題中心アプローチも含まれるであろう。アウトカムズを重視し、援助プロセスが具体的かつ客観的であり、援助期間も明確かつ短期を目標（効率）としている点で合理的／客観的／科学的なアプローチといえる。

このような合理的／客観的／科学的なアプローチがソーシャルワーカーに受容されたのは、目的と手段のギャップが解消されること、すなわち対人援助という不透明かつ複雑な世界に秩序と確実性をもたらしてくれたからであろう。心の複雑なメカニズムに深く介入せず、観察可能な現実行動を対象とし、目標（行動変容）を設定して援助計画を立てることで、結果（介入効果）を測定することができ、説明責任を明確にすることができる。このようなアプローチは、介入の効果（行動変容）をPIにより客観的に評価分析できる点で、アウトカムズ・フレームワークに適応する。コスト・パフォーマンスも良く、これらのアプローチの修得において特別に高度な専門的訓練を必要としないことも、受容された大きな一因であることは確かである[104]。

ここで確認しておきたいことは、個別援助の質である。実証主義に科学的根

拠を求めるEBSでは、対象をアセスメントするときに、分析する主体が匿名性を帯び、「臨床知」や「価値」「規範」を活かす余地を制約するリスクがあった。しかしEBSは、科学的根拠と利用者の価値観を相互させ、実践方法に関する最善の意思決定を行うことを目的としている。また行動療法アプローチでは、心の深層への働きかけはされないが、クライエントとの信頼関係は重視され[105]、課題中心アプローチでは、自我への働きかけすなわち自我の問題解決能力の向上が処遇の目標にされている[106]。このように合理的／客観的／科学的なアプローチにおいても、利用者との個別的な信頼関係を基盤に支援計画が立てられている。

ただし、合理的／客観的／科学的なアプローチがソーシャルワーク専門職に浸透してきた時期は、ベストバリュー（マネジリアリズム）が徹底され出した時期と重なる。すなわち、合理的／客観的／科学的なアプローチは、行政管理／経営を強化することで、最高のアウトカムズの達成を目論むベストバリューの脈絡に呑み込まれ、資源的脈絡や個別援助の質への配慮はなおざりにされた。ソーシャルワークは「長期から短期へ、全体から部分へ、深層から表層へ」と変化を余儀なくされ、利用者の内的世界への関与や模索は弱められることになった[107]。

新労働党政権におけるECM改革すなわち児童社会サービス／ソーシャルワーク改革は、政府主導で進められた創造的な実験である。とりわけソーシャルワーク改革では、専門性を担保するために、「効率／効果性の追求、成果重視、サービスの質の管理、情報公開と説明責任」が徹底され、政府のソーシャルワークに対する遠隔／間接統治すなわち介入と規制は強められた。その結果、ソーシャルワーク専門職の自己統治は弱められ、ソーシャルワーカーの裁量も制約された。政府の介入と規制による専門性の担保は、かならずしも個別支援の質の向上を担保するものではないという評価がフィールドから多く寄せられた。

創造的な実験には必ず想定外の結果がつきまとう。これらの否定的な評価や結果は克服すべき課題であって、ソーシャルワークの質の向上を目的とした政府の積極的な介入と規制は、部分的な修正は必要であったとしても、政府の責任が明確にされており、それ自体否定されるべきものではない。しかしながら、その成果（否定的な評価や結果の克服）が確認されることなく、新労働党政権

は下野することになった。

　連立政権が発足すると、小さな政府（大きな社会）と公的支出の削減という脈絡において、サービスの質の担保とソーシャルワークの専門性の向上を目的とした政府の介入と規制は、継続すべき部分と修正すべき部分が仕分けされることなく、徹底的に排除されてゆく。8章で既述したように、残されたのは市場原理による自由裁量と最高成果の追求である。

注記

(1) 本章の考察は、① Newman, J. (2001) *Modernizing Governance: New labour, Policy and Society*, Sage Publications, ② Webb, S. A. (2006) *Social Work in a Risk Society: Social and Political Perspectives*, Palgrave Macmillan. より多くの示唆を受けた。

(2) 田邉泰美（2006）『イギリスの児童虐待防止とソーシャルワーク』明石書店、pp. 274-290。

(3) Newman, *op. cit.*, pp. 33-39.

(4) 4つのモデルとは、次のような内容である。Newman, *op. cit.*, pp. 33-39 より要約引用する。

官僚／階層モデル（hierarchical model）：官僚／階層システムを特徴とし、事案は法／手続きに則って精確かつ適正に対処される。意思決定はトップダウンで行われ、柔軟性／融通性には欠けるが、説明責任は明確である。変化よりも継続性が重視され、変化は法令や規則／指針の制定（改正）通じて行われる。安全、標準、秩序、リスクの最小化が重視される。社会問題に関しては、省庁連携による対応よりも、省庁の管轄／機能に分割された縦割り対応となる。官僚機構を通じて政策が立案され、一旦実施されるとフィードバックや修正の余地は少ない。パートナーシップが必要な場合、統制と説明責任が担保される新たな構造／組織を設置して対応される。

経営／管理モデル（rational goal model）：分権的行政システムを特徴とし、短期間に最大限の成果／結果の産出を目的とする。変化はインセンティヴの向上（達成度の評価／制裁）によってもたらされる。しかし、指標や達成目標が設定され、到達度は監査の対象となり、中央集権的である。成果／結果に対する説明責任は明確であるが、政策立案／遂行（プロセス）に対する説明責任は、官僚／階層モデルよりも曖昧である。社会問題は「測定可能な単位」例えば不登校児、無断欠席児などに分割して対応される。パートナーシップは、成果／結果の達成において効率／効果的手段である場合に限られる。NPM（New Public Management）が代表例である。

開放システムモデル（open systems model）：多くの資源がネットワークを形成し、個々のフィードバックを通して、相互に関連しあいながら運動する非線形的システ

ムを特徴とし、新しい変化に迅速に対応できるようシステムを自ら構成／再構成してゆく。同時に環境への働きかけも行い、システムと環境との境界を新たに創造してゆく。権限は分散／分権かつ流動的であり、長期的成果に焦点が合わされる。自発的グループの活動から統合政府（省庁連携）まで含まれる。このモデルは政策の立案と遂行の区別／境界が流動的で説明責任は曖昧にみえるが、実質的には非常に明確である。

　自己統治モデル（self-governance model）：市民やコミュニティが、自らの力で問題解決に取り組めるよう、自己統治能力を開発し育成することを目的とする。すなわち、個人に対して市民（コミュニティの一員）としての自覚と責任を促し、持続的な相互支援／利益という関係の構築を支援することになる。新労働党のシュアスタート、社会的排除防止対策などがそうである。但し、新労働党はパートナーシップという脈絡において自己統治を位置づけている。それは社会問題解決のパートナーとして市民の政治プロセスへの積極的な参加／分権（参加型分権的社会統合）という意味から、政治プロセスに市民を巻き込むことで政策の正当性をより強固なものにする（包摂型政府主導的社会統合）という意味まで含まれる。

(5) 津崎哲雄（2003）『ソーシャルワークと社会福祉――イギリス地方自治体ソーシャルワークの成立と展開』明石書店、pp. 92-130。
(6) 田邉、前掲書、pp. 91-93。
(7) EBSの記述に関しては、次の文献／論文の指定個所を参照したり要約引用したりした。①野家啓一（2001）「『実証主義』の興亡―― 科学哲学の視点から」『理論と方法』16（1）、数理社会学会、pp. 3-8、②与那城務（2003）「実証主義」（http://www.geocities.jp/deepbreathinghp/jissho.htm、2017年7月10日閲覧）③秋山薊二（2011）「エビデンスに基づく実践（EBP）からエビデンス情報に基づく実践（EIP）へ――ソーシャルワーク（社会福祉実践）と教育実践に通底する視点から」『国立教育政策研究所紀要』第140集、pp. 29-44、④山口光治（2014）「ソーシャルワークにおけるエビデンス・ベースド・プラクティス――高齢者虐待の事例検証を通して」『国際経営・文化研究』18（2）、pp. 111-123。
(8) 与那城、前掲論文。
(9) 野家啓一（2001）「『実証主義』の興亡――科学哲学の視点から」『理論と方法』16（1）、数理社会学会、p. 15。
(10) 本節の考察では、次の文献／論文の指定個所を参照したり要約引用したりした。① Parton, N.（2009）'How to explore and develop child welfare system: the English experience', https://www.fruehehilfen.de/fileadmin/user_upload/fruehehilfen.de/pdf/Prof._Nigel_Parton_English_01.pdf, pp.1-25, ② Lonne, B., Parton, N., Thomson, J. & Harries, M.（2008）*Reforming Child Protection*, Routledge, pp. 38-65, ③津崎哲郎／橋本和明編著（2008）『児童虐待はいま――連携システムの構築に向けて』ミネルヴァ書房、pp. 188-195。

(11) 津崎哲雄（2003）『ソーシャルワークと社会福祉――イギリス地方自治体ソーシャルワークの成立と展開』明石書店、pp. 223-254。
(12) 田邉、前掲書、pp. 92-93, p. 96。
(13) 津崎、前掲書、p. 224。
(14) 同上、p. 225。
(15) 同上、p. 231。
(16) 同上、p. 283。
(17) 同上、p. 283。
(18) 同上、p. 282。
(19) 同上、p. 282。
(20) 同上、p. 231。
(21) 同上、p. 230。
(22) 田邉、前掲書、pp. 96-97, pp. 117-118。
(23) 同上、pp. 130-143、pp. 164-166、pp. 188-194。
(24) 同上、pp. 231-248。
(25) Department of Health（1995）*Child Protection: Messages from Research*, HMSO.
(26) 田邉、前掲書、p. 277。
(27) 津田耕一（2005）「行動療法とソーシャルワーク」久保紘章／副田あけみ編著（2005）『ソーシャルワークの実践モデル――心理社会的アプローチからナラティブまで』川島書店、p. 74、p. 86。
(28) 三上剛史（2010）『社会の思考――リスクと監視と個人化』学文社、p. 71を参照。
(29) 同上、p. 65, pp. 72-73。
(30) ①ピエール・ロザンヴァロン著、北垣徹訳（2006）『連帯の新たなる哲学――福祉国家再考』勁草書房、②三上剛史（2010）『社会の思考――リスクと監視と個人化』学文社。
(31) 三上、前掲書、p. 34。
(32) 同上、p. 11。
(33) 同上、p. 94。
(34) 同上、p. 27。
(35) 同上、p. 35。
(36) 広井良典（1999）『日本の社会保障』岩波新書、p. 131。
(37) 同上、pp. 105-106。
(38) ロザンヴァロン、前掲書、p. 16。
(39) 同上、p. 32。
(40) ①同上、p. 19、②三上、前掲書、p. 53。
(41) 三上、前掲書、p. 54。
(42) 同上、p. 56。

(43) ロザンヴァロン、前掲書、p. 23。
(44) 広井、前掲書、p. 118。
(45) ロザンヴァロン、前掲書、p. 52。
(46) 同上、p. 51。
(47) 同上、p. 31。
(48) 同上、pp. 23-24。
(49) 同上、p. 53。
(50) 同上、p. 32。
(51) 三上、前掲書、p. 27。
(52) 同上、p. 35。
(53) 同上、p. 71参照。
(54) 重田園江（2003）『フーコーの穴——統計学と統治の現在』木鐸社、pp. 208-209。
(55) 同上、p. 208。
(56) 三上、前掲書、p. 71。
(57) Webb, S. A. (2006) *Social Work in a Risk Society*, Palgrave Macmillan, pp. 151-152.
(58) ロザンヴァロン、前掲書、p. 32。
(59) Webb, *op. cit.*, p. 63.
(60) *Ibid.*, pp. 68-69.
(61) *Ibid.*, p. 44.
(62) *Ibid.*, p. 54.
(63) *Ibid.*, p. 136.
(64) 与那城、前掲論文。
(65) 本節の論述では、次の文献や論文の指定箇所から多くのことを学んだ。①津崎哲雄（2003）「英国ソーシャルワークにおける精神分析の影響」同著『ソーシャルワークと社会福祉——イギリス地方自治体ソーシャルワークの成立と展開』明石書店、②津田耕一（2005）「行動療法とソーシャルワーク」久保紘章／副田あけみ編著（2005）『ソーシャルワークの実践モデル——心理社会的アプローチからナラティブまで』川島書店、③芝野松次郎（2005）「課題中心ソーシャルワーク」久保紘章／副田あけみ編著（2005）『ソーシャルワークの実践モデル——心理社会的アプローチからナラティブまで』川島書店、④野家啓一（2001）「『実証主義』の興亡——科学哲学の視点から」『理論と方法』16 (1)、数理社会学会、⑤秋山薊二（2011）「エビデンスに基づく実践（EBP）からエビデンス情報に基づく実践（EIP）へ——ソーシャルワーク（社会福祉実践）と教育実践に通底する視点から」『国立教育政策研究所紀要』第140集。
(66) 津崎哲雄（2003）「英国ソーシャルワークにおける精神分析の影響」同著『ソーシャルワークと社会福祉——イギリス地方自治体ソーシャルワークの成立と展開』明

石書店。
(67)　同上、p. 268。
(68)　同上、p. 270。
(69)　同上、p. 271。
(70)　同上、p. 280。
(71)　同上、p. 281。
(72)　同上、p. 282。
(73)　Webb, *op. cit.*, p. 114.
(74)　田邉、前掲書、p. 132。
(75)　津田、前掲論文、p. 73。
(76)　津田耕一(2005)「行動療法とソーシャルワーク」久保紘章／副田あけみ編著(2005)『ソーシャルワークの実践モデル──心理社会的アプローチからナラティブまで』川島書店。
(77)　同上、p. 75。
(78)　同上、p. 74。
(79)　芝野、前掲書、p. 94。
(80)　芝野松次郎(2005)「課題中心ソーシャルワーク」久保紘章／副田あけみ編著(2005)『ソーシャルワークの実践モデル──心理社会的アプローチからナラティブまで』川島書店。
(81)　同上、pp. 95-97。
(82)　同上、p. 96。
(83)　田邉、前掲書、pp. 274-290。
(84)　次の文献／論文の指定個所を参照したり要約引用したりした。①マイケル・パワー著、國部克彦／堀口真司訳(2003)『監査社会──検証の儀式化』東洋経済新報社、p. 14, p. 59, pp. 60-61, p. 73, p. 126、②Munro, E. (2004) 'The Impact of Audit on Social Work Practice', *British Journal of Social Work*, 34 (8), pp. 175-181.
(85)　次の文献の指定個所を参照したり要約引用したりした。①パワー著、國部／堀口訳、前掲書、pp. 91-93, pp. 130-134, pp. 141-150, pp. 156-162、②Newman, *op. cit.*, pp. 83-85.
(86)　次の文献／論文の指定個所を参照したり要約引用したりした。①Tilbury, C. (2004) 'The Influence of Performance Measurement on Child Welfare Policy and Practice', *British Journal of Social Work*, 34 (2), pp. 225-241, ②Newman, *op. cit.*, pp. 83-103.
(87)　Webb, *op. cit.*, p. 157.
(88)　秋山薊二(2011)「エビデンスに基づく実践(EBP)からエビデンス情報に基づく実践(EIP)へ──ソーシャルワーク(社会福祉実践)と教育実践に通底する視点から」『国立教育政策研究所紀要』第140集。

(89) ①秋山、前掲論文、p. 29-44、②山口光治（2014）「ソーシャルワークにおけるエビデンス・ベースド・プラクティス――高齢者虐待の事例検証を通して」『国際経営・文化研究』18（2）, pp. 111-123。

(90) ① Department of Health and Social Security and the Welsh Office（1988）*Working Together: A guide to arrangement for inter-agency co-operation for the protection of children from abuse*, HMSO. Working Together は、1991 年、1999 年、2006 年には増補改訂、2010 年にも改訂されたが内容（量）は少なくされた。② Department of Health（1988）*Protecting children: A guide for social workers undertaking a comprehensive assessment*、英国保健省編、森野郁子監訳（1992）『児童虐待――ソーシャルワークアセスメント』ミネルヴァ書房。この指針はジャスミン・ベクフォド虐待死亡事件（1984）の反省を踏まえて作成されたものであり、「初期介入の終了後に用いる、長期計画を目的としたアセスメント」である。

(91) 共通アセスメントフレームワークに関しては、6章を参照。

(92) ①柴田悠（2012）「経験主義」、大澤真幸／吉見俊哉／鷲田清一編集、見田宗介編集顧問『現代社会学事典』弘文堂, p. 337、②伊東光晴編（2004）『岩波現代経済学事典』岩波書店, p. 24。

(93) 野家、前掲論文、pp. 3-8。

(94) 与那城、前掲論文。

(95) 野家、前掲論文、p. 4。

(96) 同上、p. 15。

(97) 山口光治（2014）「ソーシャルワークにおけるエビデンス・ベースド・プラクティス――高齢者虐待の事例検証を通して」『国際経営・文化研究』18（2）, p. 121。

(98) 野家啓一（2001）「『実証主義』の興亡―― 科学哲学の視点から」『理論と方法』16（1）、数理社会学会。

(99) 同上、p. 15。

(100) 与那城、前掲論文。

(101) Webb, *op. cit.*, p. 44.

(102) *Ibid.*, p. 54.

(103) *Ibid.*, p. 136.

(104) *Ibid.*, p. 121.

(105) 津田、前掲論文、pp. 82-83。

(106) 芝野、前掲論文、pp. 94-99。

(107) Webb, *op. cit.*, p. 121.

結章

副題の3つのテーマから全体を振り返って

　最後に、副題として表された3つのテーマ「子ども社会投資」「児童社会サービス改革」「虐待死亡事件」から全体を振り返り、要点を整理するとともに、本書が日本への何らかの示唆になることを願いつつ、結章としたい[1]。

〔1〕子ども社会投資

　ビクトリア・クリンビエ虐待死亡事件（2000年）の調査報告書は、児童社会サービス大改革（ECM）へとつながっていった。虐待調査報告書の勧告がどの程度、政策や専門職実務に反映されるかは、社会的背景／脈絡と密接な関係がある。その背景／脈絡の1つは、ブレア政権のドブソン保健大臣及び彼の指揮下におかれた上級官僚（1997年）たちが、社会的共同親という理念を、社会的養護制度の施策理念として採用し、一連の制度改革に取り組んだこと、もう1つが子ども社会投資であり、政治的に構築された子ども社会投資という政策理念が、社会的共同親という超歴史的な理念に、上書きされた状態が出来上がったことである。

　子ども社会投資という政策理念は、社会的排除の予防として児童貧困対策の脈絡から生まれた。社会的排除の脅威とは、一時的な生活リスクが長期化し回復の目途が立たず深刻な貧困を引き起こし、家族のライフチャンスを決定づけ、

さらに悪いことに「次世代へと連鎖すること」であり、このような「世代を跨ぐ負の連鎖」は過去と同様に今日においても強く残っている。戦後福祉国家は、社会保障と大衆教育のレベルを向上させ、市民の社会的リスクに対する対応力を高めはしたが、社会的出自や家族背景が人々のライフチャンスに与える負の影響を、絶ち切ることはできなかった。

　そこで就学前の乳幼児期がターゲットになる。就学前乳幼児期(の生活の質)への積極的な社会投資は、子どもの潜在能力を開花させ、子どもの認知能力の発達を促すことになる。それは子どもの学業達成を保障しゆくゆくは就労展望を高め、経済成長や社会公正(社会的排除の予防)の達成にも貢献することになる。人々が人生の早い段階でいだくことのできる将来の展望に、大きな格差があってはならない[2]。生来のそして幼少期を通じて個人が自ら責任を負うことができない特質を抱えたり、あるいはそのような環境におかれたりしているがゆえに展望を自ら閉ざすこと、これこそが児童貧困問題の核心であり、児童貧困対策は福祉国家の近未来像に大きな影響を与える政治的アジェンダとなる。

　こうして子ども社会投資では、社会保障／社会福祉の根本的な組み換え、すなわち不平等がもたらす悪影響に事後的に対処(再分配)するのではなく、事前の社会保障として可能性の再分配が提起されることになる。その対象として就学前乳幼児期の子どもと家族に光が当てられ、それを財務省(財務大臣ゴードン・ブラウンであり後の首相)が積極的に支援し予算を担保することになった。もっとも、幼少期も含めた人的資本への社会投資によってライフチャンスを活かすことができ就労できたとしても、市場による報酬の格差をすべて個人の責任に帰することはできない。負の格差を余儀なくされる者に対して、社会公正という観点から制度的な再分配が必要となる。

　イギリスでは、児童貧困の予防対策として親の就労機会を高めるために、就労支援を目的としたコネクションズ・サービスと失業救済を目的としたニューディールの二段構えで対応された。また給付つき税額控除も実施され、低所得の就労有子世帯(単親世帯)が手厚く保護(再分配効果)された。好調なイギリス経済を背景に、ニューディールでは一定の成果を収めたが、所得格差は拡大した。グローバル市場における知識集約型産業では、職業訓練を受けて就労できたとしても、保障されるのは必要最低限度の生活賃金保障でしかないとい

う厳しい現実を垣間見ることになる。児童貧困の克服も遠い道のりといわざるをえない。

　子どもを含めた人的資本への社会投資を社会／経済政策の脈絡で捉え直してみると、市場の暴走に対する国家の規制介入の必要性は認識されているが、資源配分（再分配）としての市場機能への介入は慎重に避けられ、人々が市場から期待される役割を担える能力の涵養に重点がおかれることになる。そうすると人的資本への社会投資は、左派によるサプライサイド・エコノミクス（供給経済学）という定義も可能だが、実際は新古典派経済学とずいぶん親和的であるのも事実である。このように制度的な再分配が有効に機能していないという事実は、社会が社会公正や不平等／格差の是正といった超越的な理念によって統治／統合されていないことを物語っている。社会は様々な集団の結合と捉えられ、各々の集団のニーズやリスクと、国家優先目標や市民社会の要請とを勘案して、プラグマティックに対応が決められることになる。ここに人的資本への社会投資の限界がある。

　子どもを重点とした人的資本への社会投資に、長期的な視点で積極的な効果（就労機会を高め経済成長や社会公正を達成すること）を期待するのであれば、グローバリゼーション（グローバル資本主義）に対する何らかの規制が必要となるであろう。グローバル企業（資本）の統制下におかれた国家は、市場開放、規制緩和、法人税の軽減、雇用の流動化といった企業が活動しやすい環境整備を行う。制度的な再分配や社会サービスの充実といった社会保障／社会福祉による国民生活の手厚い保障は、自由な企業活動を阻害するものとして受け入れられないだろうし、資本はより良い条件を求めて国外に移るであろう。「社会が社会公正や不平等／格差の是正といった超越的な理念によって統治／統合されていない」とは、このような現実を指す。それでも経済成長が見込まれるのであれば、これらの現実から国民の目をいくらか逸らすことができたかもしれない。

　しかしグローバル資本主義も限界が露わになった。その限界について、水野和夫の所論[3]を筆者なりに要約すると次のようになる。国民に利潤が還元される「実物投資空間」を国内外において拡大できず、資源も高騰してゆき、期待された利潤を得ることができなくなった。資本の投資対象（フロンティア）

が消滅し、市場が有限であることが判明した。確かに「電子・金融空間」では経済成長が見込めても、多くの国民に利潤が還元されるものではない。そうすると国内において貧富格差が拡大かつ固定化されてゆき、多くの中産階層は下方へ引きずられ、二極化してゆくことになる。中産階層の解体である。

　グローバル資本主義に対して、国際的な協調による何らかの規制が必要となるであろう。と同時に「福祉国家の現代化」を超えた新たな国家ヴィジョンが必要に迫られている。

〔2〕児童社会サービス改革

　幼少年期における子ども社会投資は、児童社会サービス改革の成果であるECMで実施されることになる。ECMでは、すべての子どもの潜在能力を開花させ、ライフチャンスを積極的に活かせるよう支援し、成人期への健全な移行が目的とされた。そして就学前の子どもを重点とした普遍的な早期予防介入を実施し、リスクのある子どもを早期発見して専門的サービスにつなげ、社会的排除に陥らないよう予防するとともに、就学時における教育的／経済的格差の是正に取り組まれた。

　子どもとその家族の多様なニーズやリスクに対応するには、統合されたサービスが地方で提供されよう地方改革（社会的共同親の徹底）を必要とする。自治体は、児童関連政策／法規の立案／策定や予算確保に責任をもつ（議会に働きかける）地方議員（主任児童問題対策委員）と、児童ソーシャルワークの専門性と実務に責任をもつ児童サービス部長の任命が義務づけられ、この2人を両輪として地方改革が進められる。その具体的なプランが児童トラストとアウトカムズ・フレームワークである。

　児童トラストとは、児童／若者に関係するあらゆるサービスの統合、業務委託、予算や資源の共同管理／使用に関する方策を決定する組織連合体のことであり、民主的な手続きで児童／若者の声を地方政策に反映させる回路も整備されている。これらの任務は2004年児童法で規定されており、児童トラストは自治体が社会的共同親としての責務を実行する実働組織体といえる。アウトカムズ・フレームワークとは「効率／効果性の追求、成果重視、サービスの質の

管理、情報公開と説明責任」を徹底するための政府主導による行政改革であり、それぞれの目標に指標が張りつけられ、外部評価による到達度の測定が可能となる。

　児童トラストにおける現場最前線での統合されたサービスの提供で活用を期待されたのがCPd、CAF、ICSであった。すべての子ども（約1100万人）の基本情報を管理し、必要であれば専門家の間で即座に情報を伝達／開示／共有できるCPdは、早期予防介入の手段として、新労働党が取り組んだ創造的な実験といえるかもしれない。様々な問題を抱えつつ施行までたどり着いたが、間もなく政権交代により廃止され、十分な評価がされなかったのは残念である。

　CPdという手法は廃止されたが、普遍的な早期予防介入への要請が消滅したわけではない。膨大な数を対象とする早期予防介入では、リスク集団という大きな網をかけ、その集団を構成する多数のリスク要因に該当する者を選別し、リスクの蓋然性を判断して予防介入を行うのが効率／効果的といえるかもしれない。リスク集団とは、個人の行動や属性に関する情報を、内面との関連ではなく断片化された情報としてあらゆる資源から収集し、コンピュータによる統計処理を通じて集合的傾向性（統計的相関性）をもつ集団として構築されたものである。すなわち、個人の行動や属性は、個人の内面との関連ではなく、統計によって把握された集合的傾向性との関連となる。そうすると、アセスメントを経てあるリスク集団に配置されると、リスク集団の集合的傾向性は、個人固有の特質であるかのように因果関係に置き換えられるという危険を孕むことになる。

　CAF、ICSに関しては、その効果と貢献度が認められているものの、個人情報の脱身体化／脱社会化という不安を抱えており、その点でCPdと共通している。重要とされる情報は、データベースの要請（フォーマットされた質問項目）によって決められる。また、個人のアイデンティティは、ニードやリスクに関連する様々なファクター（質問項目）に分解され、家族関係や社会的脈絡から切り離された（出入力が容易な）情報端末に作り変えられる。これらの情報端末は、帰属先の個人から切り離されるが、再結合が可能な状態におかれる。予防介入におけるリスクアセスメントのための対象創出（カテゴリー・アイデンティティ）であり、診断よりも予測が重要になる。そして何よりも根本的な問題は、情報入力という事務業務に膨大な時間が割かれ、利用者（子ども

や親)の内面に関する深い洞察は弱まる一方で、カテゴリー・アイデンティティへの依存は深まり、利用者との間で培われるはずの信頼は、情報とシステムに対する確信へ移されてゆくことである。

　このような傾向はソーシャルワークにおける変化と軌を一にしているのかもしれない。ソーシャルワークでは、アウトカムズ・フレームワークを通じて、マネジリアリズムが徹底され、合理的／客観的／科学的なアプローチが要請されることになった。このようにソーシャルワークの専門性を科学的根拠に求めるアプローチは、実証主義の影響を色濃く受けている。それは、精神分析学、心理学、社会学から知の正当性を調達し、利用者（親子）の内面への洞察を深め治療／援助関係を構築した臨床的／治療的ケースワークや心理社会アプローチとしてのソーシャルワークとはずいぶん異なる。対人援助において、内面には深く介入せず、観察可能な行動を対象とし、目標（行動変容）を設定して、結果（介入効果）は指標により客観的に評価分析される点で、アウトカムズ・フレームワークに適応する。合理的／客観的／科学的なアプローチという点では、政府が作成した詳細な虐待防止フローチャートやマニュアル／手続き、さらに共通アセスメントフレームワークもそうである。このような合理的／客観的／科学的なアプローチがソーシャルワーク専門職に浸透してきた時期は、ベストバリュー（マネジリアリズム）が徹底され出した時期と重なる。すなわち、行政管理／経営を強化することで、最高のアウトカムズの達成を目論むベストバリューの脈絡に呑み込まれ、資源的脈絡や個別援助の質への配慮は、必ずしも十分ではなかった。

　リスク集団やカテゴリー・アイデンティティに基づく予防介入としてのソーシャルワークでは、個人の内面への深いかかわりは迂回されたアプローチとなるが、それは合理的／客観的／科学的根拠に基づく実証主義的ソーシャルワークでも同様である。このようなアプローチは、「社会はリスク集団の結合」という政治理念によって目論まれた効率／効果的な社会政策／サービスの運用と整合性をもつ。「社会はリスク集団の結合」という政治理念は、社会が超越的な理念／価値観（社会公正や不平等／格差の是正など）によって統治／統合されていないこと、すなわち理念／価値観から切断された社会統治であり、リスク管理による社会秩序の維持と呼ぶに相応しいであろう。あらゆる資源から情

報収集し、リスク計算によって事前に行動を予測し、介入し、統制する。このような意味において、個人の内面への深いかかわりを迂回したアプローチは社会も迂回することになる。

　ソーシャルワークとは、利用者とソーシャルワーカーが共有された時間や場所をもとに信頼関係を培い、共同でニーズを顕在化させ社会的資源と結びつけてゆくプロセスである。利用者の潜在的ニーズは、利用者個人の体験や社会的脈絡に制約されている。その制約は、ソーシャルワーカーとの関係において、弛緩し新たな解釈の余地が生まれ、ニーズとして顕在化し社会的資源との接点が見えてくることになる。ソーシャルワークに最高のアウトカムズの達成（効率／効果）を期待するのであれば、ソーシャルワークの原点に立ち戻り、そこから実証主義に裏づけされた合理的／客観的／科学的なアプローチを再検討することが求められるはずである。

〔3〕虐待死亡事件

　児童虐待防止の根源的な意味をイギリスの脈絡に沿っていえば、「社会的養護児（被虐待児）の『真の親代わり』になれるエートスが政治家と市民（社会）の間に定着し、そのエートスを具体化させる政策、法律、財源、専門職実務が社会に確立／担保されること」であると筆者は考えている。このようなエートスが定着しているからこそ、虐待死亡事件調査委員会が立ち上げられ、報告書の勧告が制度改革や実務改善に結びつくことになる。そして勧告が具体化された程度は、社会的共同親と民主主義の理念が、どの程度市民社会に浸透し根づいているのか、すなわち市民社会の成熟度を示す指標といえる。

　ところで「市民社会の成熟度」とは何を意味するのだろうか。筆者は「制度を共有し合う他者への関心や配慮を常にもち、不利益な立場を強いられる人たちがいてそれが正当化できないものであるのなら、制度の在り方を見直し変えてゆくことに多くの市民が何らかのかかわりをもつこと」と考えている[4]。だとすれば、最近のイギリスの動向を、虐待事件を通してみてみると、少し陰りを感じざるをえない。

　今日の児童虐待防止システムを築いたのは虐待死亡事件調査報告書であった

といっても過言ではない。ビクトリア・クリンビエ虐待死亡事件調査報告書は児童社会サービス大改革（ECM）の扉を開いたし、ベビーP虐待死亡事件調査報告書はソーシャルワーカーの厳しい現状に光を当て市民社会に訴えた。その一方で、ベビーP虐待死亡事件（2008年）では、SCRに代わり大衆紙サンが虐待事件の解明と世論をリードした。虐待事件の解明といっても、加害者に対する極刑、ソーシャルワーク関係者に対する「名指して辱める」行為と解雇の請求といった内容であり、発行部数を上げるためのスキャンダル化である。SCRは、かつての政府主導の虐待死亡事件調査と違って、世論を統制できるほどの権威と市民の信託を持ち合わせていないことが、明らかになった。

そしてシャノン・マシューズ事件（2008年）は、今までの虐待死亡事件とは異なる特異性が際立った虐待（誘拐）事件であったがゆえに、イギリス労働者階級の貧困層に対する差別と偏見を明らかにすることになった。当事件の概要と社会的背景との関連については、オーウェン・ジョーンズ『チャヴ――弱者を敵視する社会』[5]（以下、『チャヴ』と略す）に拠りながら考察を進めてゆく。

イギリス中部デューズベリーで2008年2月に9歳の少女が行方不明となり、24日後の3月14日、自宅から1マイルも離れていない犯人宅（アパート）のソファーベッドの上で発見された。そして母親のカレン・マシューズとそのパートナーのおじが逮捕される。母親は報奨金を得るために自分の9歳の娘を誘拐し、わが子が発見されないよう屋根の梁に紐でつないだり、ソファーベッドの中に隠したり、騒がないよう薬を飲ませたりしたという[6]。そして人々の怒りの矛先は、母親と彼女らが所属する階級に向かった。「労働者階級のコミュニティはみな堕落し、無気力で仕事を嫌い、道徳心にかけ、不潔で性的にだらしなく、ひどくすると獣じみた完全失業者の集まり」になりつつあるというイメージの定着にメディアは手を貸し、保守党は便乗した[7]。カレンは無職で生活保護を受給していたことから、社会保障の「たかり屋」として攻撃された。そしてベビーP虐待死亡事件（2008年11月）は、貧しい労働者階級（とりわけ生活保護受給者や公営住宅入居者）に対する偏見（「野生化した下流階級」）を助長することになった[8]。「いまやみな中流階級」であり、労働者階級から抜け出せないのは、個人の性格や行動、選択の結果であると理解されるのが、今日の世論であると『チャヴ』では指摘されている[9]。

ショッキングな虐待（死亡）事件が起こると、市民の関心は、当家族の特異性や公務従事者の責任を鋭く追及する方向に向かうことが多々ある。大衆メディアが少なからず加担しているのも事実である。虐待調査報告書はその軌道修正をはかり、世論を再構築することになる。「本来救えたはずのケースなのに救えなかったのはなぜか」という前提から、事実関係が徹底的に精査され、関係機関の対応と問題点、責任が明確にされる。調査対象となった家族の人間性や人格、さらに家族が所属する階級に対する批判や攻撃は一切ない。当事件に対する責任は、社会的共同親という理念に基づき、国や自治体が背負うものであることが明確にされる。政治家と市民の中に社会的養護児（被虐待児）の真の親代わりになれるエートスを定着させる役割である。

　シャノン・マシューズ事件やベビーP虐待死亡事件では、市民の制度を共有し合う他者への関心や配慮は、排除と偏見、自己責任へ向かっているように感じられ、しかもそれを助長もしくはそれに便乗する大衆メディアと政権党という構図は、けっしてイギリスだけに限られたことではない。調査報告書の提言と勧告が具体化された程度は、市民社会の成熟度と密接な関係にあることを心に留めておく必要があるだろう。

注　記
(1) 「結章」は、子ども社会投資、児童社会サービス改革、虐待死亡事件という3つの視点から全体を振り返った内容になっており、引用に関してはすでに本論で注記を表示しているものは省略した。
(2) 齋藤純一（2017）『不平等を考える――政治理論入門』ちくま新書、p. 120。
(3) ①水野和夫（2017）『閉じてゆく帝国と逆説の21世紀経済』集英社新書、p. 35、p. 42、pp. 52-53、p. 110、②水野和夫（2014）『資本主義の終焉と歴史の危機』集英社新書、p. 29、p. 78、p. 89。
(4) 齋藤、前掲書、p. 18、p. 51、p. 56、p. 60 より示唆を受け、筆者がまとめた。
(5) オーウェン・ジョーンズ著、依田卓巳訳（2017）『チャヴ――弱者を敵視する社会』海と月社。
(6) 同上、p. 28、p. 30。
(7) 同上、p. 36。
(8) 同上、p. 33、p. 43。
(9) 同上、p. 18。

補 遺

本書は『園田学園女子大学論文集』に発表した論文に基づいて作成された。

1 「英国児童虐待防止研究——ビクトリア・クリムビエ事件と児童ケア改革」『園田学園女子大学論文集』第40号、2006年。
2 「英国児童虐待防止研究——児童社会サービス改革と児童虐待防止」『園田学園女子大学論文集』第42号、2008年。
3 「英国児童虐待防止研究——児童性的虐待（ペドファイル：児童性愛者／集団）対策に関する一考察（その1）」『園田学園女子大学論文集』、第43号、2009年。
4 「英国児童虐待防止研究——児童性的虐待（ペドファイル：児童性愛者／集団）対策に関する一考察（その2）」『園田学園女子大学論文集』、第44号、2010年。
5 「ベビーP虐待死亡事件とラミング報告書——繰り返される第二のクリンビエ事件」『園田学園女子大学論文集』第45号、2011年。
6 「英国児童虐待防止研究——労働党政権における児童福祉／虐待防止施策のソーシャルワークへの影響と変化」『園田学園女子大学論文集』第46号、2012年。
7 「英国児童虐待防止研究——子ども投資の社会哲学的根拠とその実際（児童貧困対策）」『園田学園女子大学論文集』第47号、2013年。
8 「英国児童虐待防止研究——コンタクトポイント（CPd: ContactPoint database）、共通アセスメントフレームワーク（CAF: Common Assessment Framework）、児童情報管理システム（ICS: Information Children's System）が児童（虐待防止）ソーシャルワークに与える影響について」『園田学園女子大学論文集』第48号、2014年。
9 「英国児童虐待防止研究　子ども投資の社会哲学——ギデンズ、エスピン-アンデルセンらの社会哲学を中心に」『園田学園女子大学論文集』第49号、2015年。
10 「政争そしてスキャンダルとしてのベビーP虐待死亡事件——スケープゴートされたソーシャルワーク」『園田学園女子大学論文集』第51号、2017年。

あとがき

　前書『イギリスの児童虐待防止とソーシャルワーク』（明石書店、2006年）の「あとがき」で、2001年6月以降（ブレア政権第二期以降）の児童社会サービス改革については、時期を改めて論じる予定であると約束してから、筆者の遅々とした研究ゆえに、本書を出版するまでに13年あまりが経ってしまった。本書で扱った分野は多岐に及んでおり、哲学、政治、経済、法律、行政に関する論述では誤解があるかもしれない。また新労働党政権の様々な取り組みに関する評価では、筆者の視点が反映されるため過大あるいは過小評価が散見されることもあるかと思われる。読者のご指導を仰ぎつつ今後の研究に役立てたい。

　日本においても、虐待死亡事件を契機に、子どもに対する市民社会の関心が高まり、政府もようやく重い腰を上げるようになった。官邸で開かれた児童虐待防止に関する関係閣僚会議では、首相自らが虐待事件に言及し、「子どもの命を守るためにあらゆる手段を尽くす」「児童虐待の根絶に向けて総力を挙げて取り組む」という強い決意が表明され、新たな対策が取りまとめられた（2019年3月8日）。守ることができたはずの女児の命を守れなかったことに対する市民（大人）の後悔と現状の虐待防止システムに対する絶望感が、首相のこのような強い決意を引き出すことになったのであろう。今後の虐待防止に向けた政府の本気度、すなわち首相の強い決意をどれほど具体化させ虐待防止システムの改革／発展に取り組まれたかを検証するには、イギリスでの取り組みは1つの指標になるかもしれない。

　もっとも政府の本気度を引き出すには、多くの市民が、制度を共有し合う他者への関心や配慮を常にもち、不利益な立場を強いられる人たちがいるのであれば、制度の在り方を見直し変えてゆくことに何らかのかかわりをもつことが

重要となる。というのも、「虐待死亡事件（報告書）が児童虐待防止システムの発展をもたらした」というのは歴史的事実であったとしても、矛盾に満ちた言説である。市民社会の目が届かない家庭の内部で、絶対的な権力者の暴力と心的圧力に支配されており、死をもってしか自らの窮状を外部（市民社会）に訴えることができなかったという現実を、私たちは心に刻んでおく必要があるだろう。

　本書に収められた論文は、筆者が園田学園女子大学短期大学部に着任してから執筆されたものである。故一谷宣宏前理事長、今井章子元学長には、多忙な短大業務に振り回される中、自由な研究時間の確保にご理解とご配慮を頂いた。このような環境に恵まれたからこそ、本書を書き上げることができた。

　前書に引き続き本書においても、津崎哲雄京都府立大学名誉教授のご支援がなければ到底完成させることはできなかったであろう。2018年の5月下旬から3か月にわたって、先生の体調が決して万全ではない中、本書の一次原稿を丁寧に査読していただき、貴重な助言と指導を賜るだけでなく、出版社の紹介まで労を執っていただいた。筆者の年齢になればこれらすべてを自己責任でやらなければならないものを、（筆者に対する）「不甲斐ない」という思いをぐっと堪えて、辛抱強くご支援を頂いた。本書で十分に触れることのできなかった社会的共同親に関しては、ボブ・ホルマン著、津崎哲雄／山川宏和共訳『社会的共同親と養護児童――イギリス・マンチェスターの児童福祉実践』（明石書店、2001年）、新労働党の社会的養護の現代化に関しては、津崎哲雄『英国の社会的養護の歴史――子どもの最善の利益を保障する理念・施策の現代化のために』（明石書店、2013年）の第Ⅱ部と補遺Ⅰ・Ⅱを合わせて読んでいただければ、本書の理解がより深まるものと思われる。

　最後に、厳しい出版事情のなか、本書の意義を理解していただき、出版に至るまで様々なご配慮をいただいた明石書店編集部深澤孝之氏、丁寧な編集作業をしていただいたうえに、原稿を精査し貴重な助言をいただいた辛島悠氏には、衷心より感謝申し上げます。

著者略歴

田邉 泰美（たなべ やすみ）
  1961年　京都に生まれる。
  1987年　明治学院大学社会学部社会福祉学科卒業
  1992年　佛教大学大学院社会学研究科博士後期課程（社会学・社会福祉学）、単位取得。
  2000年　園田学園女子大学短期大学部幼児教育学科教員、現在に至る。
社会学博士（社会福祉学専攻）
著書・訳書『イギリスの児童虐待防止とソーシャルワーク』（明石書店、2006年）
    児童虐待死亡事件調査報告書『マリア・コルウェル』（津崎哲雄／田邉泰美共訳、英国ソーシャルワーク出版会、1991年）
専攻：子ども家庭福祉、保育実習指導Ⅰ・Ⅲ、社会的養護、イギリスの児童虐待防止／ソーシャルワーク

現代イギリスの児童虐待防止とソーシャルワーク
新労働党政権下の子ども社会投資・児童社会サービス改革・虐待死亡事件を検証する

2019年12月25日　初版第1刷発行

著　者　田邉 泰美
発行者　大江 道雅
発行所　株式会社 明石書店
　　　　〒101-0021
　　　　東京都千代田区外神田6-9-5
　　　　TEL　03-5818-1171
　　　　FAX　03-5818-1174
　　　　http://www.akashi.co.jp
　　　　振替 00100-7-24505

組版　明石書店デザイン室
印刷・製本　モリモト印刷株式会社

（定価はカバーに表示してあります）

ISBN978-4-7503-4943-5

〈出版者著作権管理機構　委託出版物〉
本書の無断複製は著作権法上での例外を除き禁じられています。複製される場合は、そのつど事前に、出版者著作権管理機構（電話 03-5244-5088、FAX 03-5244-5089、e-mail: info@jcopy.or.jp）の許諾を得てください。

イギリスの児童虐待防止とソーシャルワーク
田邉泰美著 ◎6300円

英国の社会的養護当事者の人権擁護運動史
マイク・スタイン著 世界人権問題叢書88 津崎哲雄訳
意見表明による劣等処遇克服への歩み ◎4800円

ソーシャルワーク 人々をエンパワメントする専門職
ブレンダ・デュボイ、カーラ・K・マイリー著 上田洋介訳 ◎20000円

子ども虐待対応におけるサインズ・オブ・セーフティ・アプローチ実践ガイド
子どもの安全(セーフティ)を家族とつくる道すじ
菱川愛、渡邉直、鈴木浩之編著 ◎2800円

「三つの家」を活用した子ども虐待のアセスメントとプランニング
ニキ・ウェルド、ソニア・パーカー、井上直美編著 ◎2800円

子ども虐待 家族再統合に向けた心理的支援
児童相談所の現場実践からのモデル構築
千賀則史著 ◎3700円

子ども虐待対応における保護者との協働関係の構築
家族と支援者へのインタビューから学ぶ実践モデル
鈴木浩之著 ◎4600円

虐待された子どもへの治療【第2版】
医療・心理・福祉・法的対応から支援まで
ロバート・M・リース、ロシェル・F・ハンソン、ジョン・サージェント編
亀岡智美、郭麗月、田中究監訳 ◎20000円

アタッチメント 子ども虐待・トラウマ・対象喪失・社会的養護をめぐって
庄司順一、奥山眞紀子、久保田まり編著 ◎2800円

アメリカの子ども保護の歴史 虐待防止のための改革と提言
ジョン・E・B・マイヤーズ著 庄司順二、澁谷昌史、伊藤嘉余子訳
明石ライブラリー147 ◎5500円

社会的養護の子どもと措置変更
養育の質とパーマネンシー保障から考える
伊藤嘉余子編著 ◎2600円

ソーシャルペダゴジーから考える施設養育の新たな挑戦
マーク・スミス、レオン・フルチャー、ピーター・ドラン著 楢原真也監訳 ◎2500円

社会的養護のもとで育つ若者の「ライフチャンス」
選択肢とつながりの保障、「生の不安定さ」からの解放を求めて
永野咲著 ◎3700円

児童相談所改革と協働の道のり
子どもの権利を中心とした福岡モデル
藤林武史編著 ◎2400円

児童福祉司研修テキスト 児童相談所職員向け
金子恵美編集代表 佐竹要平、安部計彦、藤岡孝志、増沢高、宮島清編 ◎2500円

要保護児童対策調整機関専門職研修テキスト 基礎自治体職員向け
金子恵美編集代表 佐竹要平、安部計彦、藤岡孝志、増沢高、宮島清編 ◎2500円

〈価格は本体価格です〉